Conceptualiser les classes de mots

À la recherche d'une grammaire utile aux élèves, dans la continuité et la cohérence

P.I.E. Peter Lang

Bruxelles · Bern · Berlin · New York · Oxford · Wien

Morgane Beaumanoir-Secq

Conceptualiser les classes de mots

À la recherche d'une grammaire utile aux élèves, dans la continuité et la cohérence

GRAMM-R. Études de linguistique française
Vol. 44

Publié avec le soutien financier de l'ÉSPÉ de l'Académie de Versailles.

Cette publication a fait l'objet d'une évaluation par les pairs.

Toute représentation ou reproduction intégrale ou partielle faite par quelque procédé que ce soit, sans le consentement de l'éditeur ou de ses ayants droit, est illicite. Tous droits réservés.

© P.I.E. PETER LANG s.a.
   Éditions scientifiques internationales
   Brussels, 2018
   1 avenue Maurice, B-1050 Bruxelles, Belgium
   brussels@peterlang.com ; www.peterlang.com

ISSN 2030-2363
ISBN 978-2-8076-0817-7
ePDF 978-2-8076-0818-4
ePub 978-2-8076-0819-1
Mobi 978-2-8076-0820-7
DOI 10.3726/b14136
D/2018/5678/31

Information bibliographique publiée par « Die Deutsche Bibliothek »

« Die Deutsche Bibliothek » répertorie cette publication dans la « Deutsche Nationalbibliografie » ; les données bibliographiques détaillées sont disponibles sur le site <http://dnb.ddb.de>.

« Alors, qui a tort, les grammaires ou les enfants[1] ? »

---

[1] François, Cnockaert & Leclercq (1986).

À Marie-Laure

Sommaire

Table des figures 13
Introduction 21

Partie 1
Le tri de mots ou comment entrouvrir la boite noire de la conscience grammaticale des élèves

1. Les données du problème : un état de la recherche et des choix 31
2. Présentation du dispositif expérimenté et des conditions du recueil de données qualitatives 57
3. Analyse détaillée des énoncés soumis aux élèves 75
4. Le problème statistique 109

Partie 2
Comment les classes grammaticales viennent aux élèves ?

1. Un regard d'ensemble sur les performances des élèves 127
2. Analyse croisée des mots codés : typologies et identification par les élèves 147
3. À la recherche des procédures des élèves 247

Partie 3
Les questions ouvertes par cette expérimentation, entre linguistique et grammaire

1. Évolutions et évaluations des compétences 285
2. Les élèves et la langue 319
3. La grammaire, pour quoi faire ? 357

Conclusion 363

Bibliographie 367

Annexes 377

Table des annexes numériques 419

Table des matières 423

Table des figures

Figure 1:	Analyse des déterminants : recensement par classes et sous-classes	83
Figure 2:	Analyse des déterminants : recensement en fonction du nombre de lettres, relevés afférents	85
Figure 3:	Analyse des déterminants : fréquence (liste d'É. Brunet)	87
Figure 4:	Analyse des déterminants : recensement sur la base des marques de variation en genre et en nombre	87
Figure 5:	Analyse des noms : recensement sur la base des caractéristiques sémantiques	89
Figure 6:	Analyse des noms : fréquence (liste d'É. Brunet)	90
Figure 7:	Analyse des noms : recensement sur la base des caractéristiques syntaxiques à gauche du nom	91
Figure 8:	Analyse des noms : recensement en fonction de la présence d'adjectifs épithètes	92
Figure 9:	Analyse des noms : recensement selon la fonction du groupe nominal	93
Figure 10:	Analyse des noms : recensement en fonction du nombre	95
Figure 11:	Analyse des adjectifs : recensement sur la base des caractéristiques sémantiques	96
Figure 12:	Analyse des adjectifs : fréquence (liste d'É. Brunet)	97
Figure 13:	Analyse des adjectifs : recensement selon la fonction du groupe adjectival	98
Figure 14:	Analyse des adjectifs : recensement sur la base des variations morphologiques de genre	99

Figure 15:	Analyse des adjectifs : recensement sur la base des variations morphologiques de nombre	99
Figure 16:	Analyse des adjectifs : conversions et dérivations identifiables en synchronie	100
Figure 17:	Analyse des verbes : fréquence (liste d'É. Brunet)	102
Figure 18:	Analyse des verbes : recensement en fonction du sujet	103
Figure 19:	Analyse des verbes : recensement des cas de présence de rupteurs entre sujet et verbe	104
Figure 20:	Analyse des verbes : recensement en fonction du nombre	104
Figure 21:	Analyse des verbes : recensement en fonction du temps verbal auquel ils sont conjugués	105
Figure 22:	Analyse des pronoms : recensement par classes et sous-classes	106
Figure 23:	Analyse des pronoms : fréquence (liste d'É. Brunet)	106
Figure 24:	Analyse des pronoms : recensement selon la fonction	107
Figure 25:	Analyse des pronoms : recensement des pronoms ayant au moins un homonyme grammatical	107
Figure 26:	Nombre d'élèves pour chaque tri	128
Figure 27:	Utilisation des classes grammaticales pour chaque tri	128
Figure 28:	Moyennes des scores de réussite par tri	131
Figure 29:	Scores de réussite par élève et par tri pour la catégorie des déterminants	132
Figure 30:	Scores de réussite par élève et par tri pour la catégorie des noms	133
Figure 31:	Scores de réussite par élève et par tri pour la catégorie des verbes	134
Figure 32:	Scores de réussite par élève et par tri pour la catégorie des adjectifs	134
Figure 33:	Scores de réussite par élève et par tri pour la catégorie des pronoms	135
Figure 34:	Pourcentage de réussite globale moyen par tri	142

Figure 35:	Recherche de corrélation entre performance et inflexion de la courbe de progression	143
Figure 36:	Moyennes des scores d'identification pour les déterminants	148
Figure 37:	Répartition des accidents d'identification en fonction du nombre de lettres (≤3 ou ≥4)	149
Figure 38:	Codage mot à mot de *quelques*	150
Figure 39:	Codage mot à mot de *certains* et *chaque*	153
Figure 40:	Codage mot à mot de *leur, leurs* et *cette*	154
Figure 41:	Codage mot à mot de *sa*	156
Figure 42:	Codage mot à mot de *ses*	157
Figure 43:	Codage mot à mot de *son*	158
Figure 44:	Codage mot à mot des articles élidés	159
Figure 45:	Codage mot à mot des déterminants numéraux	161
Figure 46:	Moyennes des scores d'identification pour les verbes	164
Figure 47:	Extraction du codage mot à mot des verbes par types d'élèves	165
Figure 48:	Codage mot à mot des verbes de CM1-2	172
Figure 49:	Codage mot à mot des verbes en CM1-6 et CM1-7	173
Figure 50:	Pourcentages d'accidents d'identification des verbes selon que le sujet appelle un accord au singulier ou au pluriel	175
Figure 51:	Codage mot à mot des verbes en CE2-8	176
Figure 52:	Codage mot à mot des verbes en CM1-5, pour les groupes S2 et S3	177
Figure 53:	Codage mot à mot des verbes en CM1-11, pour les groupes S2 et S3	178
Figure 54:	Codage mot à mot des verbes dérivés d'une base nominale	180
Figure 55:	Pourcentages d'accidents d'identification des verbes en fonction de caractéristiques syntaxiques	184
Figure 56:	Moyenne des données de codage mot à mot des verbes dont le sujet est un pronom autre que personnel, pour les groupes S2 et S3	185
Figure 57:	Codage mot à mot des verbes précédés de *se*	186

Figure 58:	Pourcentage d'accidents d'identification en fonction de l'appartenance ou non à la liste de Brunet	187
Figure 59:	Codage mot à mot des verbes attributifs autres que « est » et « sont »	189
Figure 60:	Moyennes des scores d'identification pour les noms	197
Figure 61:	Pourcentages d'accidents d'identification des noms en fonction de leur appartenance à la liste de Brunet	198
Figure 62:	Cas d'homographes présents dans la liste de Brunet	199
Figure 63:	Pourcentages d'accidents d'identification des noms en fonction de leur nombre	200
Figure 64:	Pourcentages d'accidents d'identification des noms en fonction des caractéristiques de leur référent	202
Figure 65:	Codage mot à mot des noms de CM1-5	204
Figure 66:	Codage mot à mot des noms de CM1-6	207
Figure 67:	Codage mot à mot des noms renvoyant à des actions	209
Figure 68:	Pourcentage d'accidents d'identification des noms en fonction de la détermination	211
Figure 69:	Noms n'étant pas précédés par un déterminant	212
Figure 70:	Pourcentage d'accident d'identification des noms en fonction de la présence d'adjectif(s) dans le syntagme nominal	212
Figure 71:	Codage mot à mot de CM1-13	213
Figure 72:	Pourcentage d'accidents d'identification des noms en fonction de la fonction occupée par le groupe nominal	214
Figure 73:	Moyenne des scores d'identification pour les adjectifs	217
Figure 74:	Pourcentage d'accidents d'identification des adjectifs en fonction de leur type	218

Figure 75:	Pourcentage d'accidents d'identification des adjectifs en fonction de leur relation sémantique au caractérisé	218
Figure 76:	Présence d'un regroupement intitulé « couleur »	219
Figure 77:	Comparaison des moyennes d'utilisation des intitulés « couleur » et « adjectif »	220
Figure 78:	Codage mot à mot des adjectifs de couleur	222
Figure 79:	Pourcentage d'accidents d'identification des adjectifs en fonction de leur présence dans la liste d'É. Brunet	223
Figure 80:	Pourcentage d'accidents d'identification des adjectifs en fonction du marquage du genre et du nombre	224
Figure 81:	Pourcentages d'accidents d'identification des adjectifs dans les cas de conversion et de dérivation, et en fonction du type de bases	225
Figure 82:	Codage mot à mot des adjectifs issus d'une conversion de base verbale	226
Figure 83:	Pourcentages d'accidents d'identification des adjectifs selon la fonction occupée par ceux-ci	227
Figure 84:	Moyennes des scores d'identification pour les pronoms	228
Figure 85:	Proportion d'erreurs d'identification des pronoms	229
Figure 86:	Sophia, CM1-4	232
Figure 87:	Sophia, CM1-6	233
Figure 88:	Codage mot à mot des pronoms *le, la* et *les*	234
Figure 89:	Codage mot à mot des pronoms compléments conjoints élidés	235
Figure 90:	Codage mot à mot de *leur, certains* et *tous*	236
Figure 91:	Ampleur de la présence des pronoms dans le regroupement « mots invariables »	238
Figure 92:	Exemple de liste scolaire de mots invariables	239
Figure 93:	Tableau des pourcentages d'élèves identifiant correctement des pronoms personnels sujets, par tri et par pronom	241

Figure 94:	David, CM1-12	242
Figure 95:	Tableau des pourcentages d'élèves identifiant correctement des pronoms personnels, par tri et par pronom	243
Figure 96:	Tableau des pourcentages d'élèves identifiant correctement des pronoms autres que personnels, par tri et par pronom	244
Figure 97:	Quelques représentations de l'utilisation des catégories grammaticales par les élèves	248
Figure 98:	Moyennes relatives à l'utilisation de regroupements « je ne sais pas », mises en regard avec l'apparition des classes grammaticales	251
Figure 99:	Moyenne de nombres de classes grammaticales par tri	252
Figure 100:	Justifications écrites des élèves de S1 pour les catégories des déterminants et des noms	256
Figure 101:	Justifications écrites de Camila, Sharon et Sofia (appartenant au groupe S2) pour les catégories des déterminants et des noms	258
Figure 102:	Justifications écrites de Bandjigou, Brahim, Hicham, Philipe et Yasmine (appartenant au groupe S3) pour les catégories des déterminants et des noms	260
Figure 103:	Hicham CM1-8	264
Figure 104:	Célia CM1-8	265
Figure 105:	Justifications écrites de Cihan, David et Jennee (appartenant au groupe S1) pour la catégorie des verbes	268
Figure 106:	Justifications écrites des élèves de S1 pour la catégorie des pronoms	279
Figure 107:	Scores et moyennes par groupes pour les verbes	287
Figure 108:	Anti-scores et moyennes par groupes pour les verbes	288
Figure 109:	Différences et moyennes par groupes pour les verbes	289
Figure 110:	Scores et moyennes par groupes pour les adjectifs	291

Figure 111:	Anti-scores et moyennes par groupes pour les adjectifs	292
Figure 112:	Différences et moyennes par groupes pour les adjectifs	294
Figure 113:	Comparaison des proportions d'élèves en fonction de la valeur de la différence pour les adjectifs	295
Figure 114:	Cartographie de l'identification des verbes pour l'évaluation repère de début de CM1	298
Figure 115:	Cartographie de l'identification des verbes pour l'évaluation repère de début de CM2	299
Figure 116:	Cartographie de l'identification des verbes pour la classe étudiée, au début de CM1	300
Figure 117:	Cartographie de l'identification des verbes pour la classe étudiée, au début de CM2	302
Figure 118:	Cartographie de l'identification des adjectifs pour l'évaluation repère de début de CM1	304
Figure 119:	Cartographie de l'identification des adjectifs pour l'évaluation repère de début de CM2	305
Figure 120:	Cartographie de l'identification des adjectifs pour la classe étudiée, au début de CM1	307
Figure 121:	Cartographie de l'identification des adjectifs pour la classe étudiée, au début de CM2	308
Figure 122:	Camila CM1-8	346

Introduction

Longtemps, nous nous sommes persuadée comme tant d'autres que la grammaire était une et indiscutable, nous avons vu dans le système que l'on nous avait enseigné une vérité, une vérité indépendante des intelligences qui l'avaient enfantée. Peut-être parce que nous étions dans la catégorie des bons élèves, une de ceux que l'on dit « scolaires », les natures et les fonctions n'avaient guère de secret pour nous, du moins c'est l'image que l'école puis le collège nous renvoyaient. Mais, vingt-cinq années plus tard, après avoir été dans les classes, après avoir parlé aux élèves, après avoir recueilli dans la bouche des enseignants l'amertume des échecs successifs, nous nous disons que l'élève appliquée que nous étions avait surtout compris la nécessité du lien, l'urgence de faire système, au point de s'interroger sur cette étrange énigme : pourquoi donc le verbe n'a-t-il pas de fonction ? Alors, au moment de déplier ce qui fait problème dans l'enseignement de la grammaire, l'essentiel semble là : construire un système, le rendre visible aux yeux de tous, pas seulement pour celle qui plus tard en ferait son cheval de bataille, si ce n'est d'orgueil. Nous reprendrons ici les propos du rapport des IGEN de juin 2013 sur la mise en œuvre des programmes de 2008[1] :

> La majorité d'entre eux [les enseignants] manquent de connaissances, ne perçoivent pas la langue comme un système et n'ont pas la vue d'ensemble qui leur permettrait d'établir une hiérarchisation entre les notions à étudier, une progression, des relations fructueuses entre domaines.

pour mieux faire le choix par la suite de centrer les questions sur le travail et les acquisitions de l'élève. Après tout, nombre d'enseignants sont eux-mêmes d'anciens élèves qui n'ont pas construit un système pertinent pour décrire la langue.

Sur ce point, il est tentant de critiquer la grammaire dite scolaire pour son incapacité à faire système, justement. À force d'emprunter aux différentes méthodes d'analyse construites par les grammairiens et

---

[1] Claus *et al.* (2013, p. 25).

ensuite les linguistes, elle propose effectivement une partition quelque peu discordante, que d'autres ont déjà dénoncée[2]. Mais, en tant que formatrice d'enseignants, nous ne pouvons nous économiser la question des transferts possibles, des obstacles sociaux, culturels ou encore de la prise en compte de la tradition dans ce qu'elle a de fixateur, de rassurant. Aussi, il s'agit dans notre démarche de faire avec la grammaire scolaire, avec la grammaire prescrite, non pas d'élaborer un tout autre référentiel, construit de toutes pièces à côté de celle-ci. Ce choix pragmatique s'inscrit dans la volonté de positionner une recherche en didactique, telle qu'Elisabeth Nonnon la décrit, qui

> prenne réellement en compte les contraintes du travail enseignant, celle du temps (le temps de préparation et de correction, la durée du temps à occuper avec les élèves…), celle du nombre (un collectif important et hétérogène qu'on ne peut gérer comme un tutorat…), celle de la quantité des contenus prescrits (programmes, rentabilité de l'investissement en temps scolaire…)[3].

À ces contraintes s'ajoute le poids de la doxa, « modèle disciplinaire en acte » dont Claudine Garcia-Debanc définit ainsi les vecteurs : « L'enseignant de français se réfère aux programmes en vigueur mais aussi aux programmes antérieurs, aux notions et pratiques qui ont été travaillées lors de sa formation initiale, aux références professionnelles des collègues de son établissement scolaire, voire à ses propres souvenirs d'élèves[4]. »

Dès lors, travailler sur les classes de mots, sur les « natures », terme scolaire s'il en est, c'est accepter de se positionner au centre d'un système possible bien qu'inconfortable, d'un enjeu d'enseignement actuel, inévitable, omniprésent dans les instructions officielles comme nous le verrons par la suite, mais aussi dans ce qu'Yves Chevallard a nommé « noosphère ». Entre un savoir savant toujours en discussion et un savoir enseigné dont l'apparent immobilisme mérite d'être questionné, se situe ce « véritable sas par où s'opère l'interaction entre ce système et l'environnement sociétal »[5], lieu de toutes les certitudes : les dictionnaires, voire même certains écrivains, semblent détenir la solution de ce qui apparait pour les seconds comme un fonctionnement naturel. Si les dictionnaires constituent une référence qui n'est jamais remise en cause

---

[2] Chervel (1977).
[3] Nonnon *et al.* (2010, p. 43).
[4] Garcia-Debanc *et al.* (2010, p. 24).
[5] Chevallard (1985).

en matière de nature de mots, l'assise théorique de leurs catégorisations demeure le plus souvent implicite. Le succès rencontré par un ouvrage comme *La grammaire est une chanson douce*[6], notamment dans les milieux enseignants, montre à quel point la noosphère se réjouit devant une interprétation simple, rassurante et conforme aux savoirs plus ou moins fixés durant la scolarité. « L'article entrait par une porte, l'adjectif par une autre. Le nom arrivait le dernier. […] ils ressortaient ensemble se tenant par la main, accordés, tout masculin ou tout féminin[7]. » La syntaxe est un jeu d'enfant, l'orthographe une histoire d'amour. Lisant *La grammaire en s'amusant*, chacun se berce du même genre de fable :

> En quelque sorte. Il y a deux nombres : le singulier et le pluriel. Un nom est au singulier s'il ne désigne qu'*un* être ou *une* chose, et au pluriel s'il en distingue plusieurs. Là encore, ton nouveau copain l'article va t'assister en te soufflant la bonne réponse, l'article ce précieux petit mot qui annonce et précède toujours le nom : *le*, *la*, *un* désignent le singulier, comme *les* et *des* le pluriel. Tu diras et tu écriras « un match », « des cerises », « le jardin », et rien qu'à la mine de l'article tu sauras le genre et le nombre[8].

Ces discours ne relèvent pas réellement de la vulgarisation, mais davantage de la mise en fiction de représentations communément partagées. Leur réception très positive dans le corps enseignant nous renseigne sur les représentations construites autour des classes grammaticales : il suffit de les rendre moins abstraites, de les incarner, pour que tout obstacle soit levé[9]. Elles ne poseraient aucun problème conceptuel, en soi. Et pourtant…

Prendre les classes grammaticales pour ce qu'elles sont, des figures imposées par la terminologie et les compétences visées par l'Éducation nationale, des piliers de la représentation de la grammaire communément partagée, le défi est nécessaire : les relations entre grammaire et orthographe n'ont plus besoin d'être présentées. Mais peut-être est-il nécessaire de préciser que l'horizon d'attente institutionnel est bien celui des compétences métagraphiques des élèves, nous y reviendrons. Pour accorder, notamment, il est bien nécessaire de se munir d'une

---

6 Orsenna E. (2001). *La Grammaire est une chanson douce*. Paris : Stock, coll. « Le Livre de poche ».
7 Orsenna E., *op. cit.*, p. 87.
8 Rambaud P. (2007). *La Grammaire en s'amusant*. Paris : Grasset, pp. 85-86.
9 C'est aussi la promesse d'un ouvrage de didactique ayant énormément d'écho depuis sa parution : Bellanger A. & Bellanger F. (2008). *Réussir son entrée en grammaire au CE1*. Paris : Retz.

catégorisation efficace de l'unité mot. Par conséquent, il s'agit d'être en prise avec la réalité du tissage par les élèves de ces concepts fondateurs de la grammaire. En effet, confrontée à la production de la recherche en didactique de la grammaire, il nous est apparu que s'il est bien un champ qui n'ait pas été labouré, c'est celui du travail effectif des élèves face aux classes de mots. Que savent les élèves sur les déterminants, les adjectifs, les noms, les pronoms, ou encore les verbes[10] ? Comment construisent-ils ces concepts dont la complexité est telle que leurs définitions occupent de nombreuses pages dans les grammaires et échappent à plus d'un adulte, enseignants compris ? Peut-on établir une progression dans les outils dont ils se servent, dans les procédures qu'ils utilisent ? Nous voulons ouvrir la boite noire de l'étude de la langue, percevoir l'intelligence des élèves au travail face au problème de la description des objets de la langue. Il s'agit de faire suite au travail de Helga Kilcher-Hagedorn, Christine Othenin-Girard et Geneviève de Weck en allant du *Savoir grammatical des élèves*[11] vers les savoir-faire grammaticaux de ceux-ci.

L'étude exploratoire qui suit s'appuie donc sur une durée : deux ans de suivi d'une cohorte de quinze puis vingt élèves, avec en invariant l'enseignante, qui a successivement eu en charge un CE1-CE2 puis un CM1 incluant les CE2 de l'année précédente, auxquels se sont ajoutés cinq nouveaux. Ces niveaux de classe ont été choisis pour leur caractère central pour ce qui est des apprentissages grammaticaux à l'école élémentaire : de fait, l'étude de la langue apparait dans les emplois du temps des classes de CE1 et se déploie largement jusqu'au CM2. Les progressions officielles[12] sont ainsi faites que les élèves, au CE1, « apprennent à identifier la phrase, le verbe, le nom, l'article, l'adjectif qualificatif, le pronom personnel (formes sujet) » : ils sont censés maitriser les métatermes renvoyant aux natures des mots variables. La question de l'utilisation d'« article » au détriment de « déterminant » pourrait être glosée par la suite, mais la connaissance supposée de cette terminologie explicitée dans les instructions officielles permet de proposer comme tâche évaluative une consigne du type « souligne les verbes », puis « souligne les adjectifs », ce qui est pratique pour effectuer des pré- et post-tests. Par ailleurs, s'adresser à des élèves qui n'ont qu'un an de grammaire explicite derrière eux permet

---

[10] Cette classe grammaticale étant celle qui concentre un nombre important de travaux, comme les autres, elle est néanmoins peu abordée du point de vue des procédures des élèves, hormis dans les travaux récents de P. Gourdet, j'y reviendrai.
[11] Kilcher-Hagedorn, Othenin-Girard & de Weck (1987).
[12] Nous citons celles en cours au moment du recueil de données (MEN, 2008).

d'éviter de se heurter à un comportement trop figé par rapport aux tâches d'identification. Je pense ici à un élève de CM2 de Carrières-sous-Poissy qui, lors d'un premier tri de mots à visée grammaticale, avait refusé avec véhémence de renoncer à l'étiquette « adjectif numéral cardinal » pour réunir « quatre » et les autres déterminants présents dans l'énoncé qui lui était soumis. L'enseignement de la grammaire s'accompagne parfois d'une calcification des savoirs que nous souhaitions éviter. En situant notre étude dans un CE2 de Trappes, dans une zone défavorisée de la banlieue parisienne, nous pensions toucher des élèves dont les profils permettraient la mise à jour d'une progression dans la conceptualisation des classes de mots sans trop de parasitage engendré par les apprentissages déclaratifs antérieurs.

Mais cette recherche est surtout fondée sur une ingénierie didactique, le tri de mots à visée grammaticale, choisie pour sa capacité à faire émerger les procédures des élèves, pour son appui sur des énoncés et non sur des listes, pour l'utilisation de situations-problèmes amenant les élèves vers la tâche complexe de perception d'une portion du système linguistique. Proposé par C. Tisset[13] parmi d'autres manipulations au moment de l'essor de l'« observation réfléchie de la langue »[14], ce dispositif a été repris et précisé par le biais du développement d'une suite de trois séances ritualisées visant la catégorisation des mots d'un énoncé bref à travers une étape individuelle, un travail de groupe et une mise en commun en collectif classe. Considérant les objectifs que nous nous étions imposés, il nous fallait en effet mettre les élèves en demeure d'expliciter leurs choix, de fournir des éléments argumentatifs lors d'échanges verbaux portant sur l'identification des classes de mots. Le cadrage serré des consignes passées aux élèves avant les temps de groupe ou encore pendant les phases de mise en commun et les interactions maître-élève a permis l'émergence d'un discours grammatical portant majoritairement sur les procédures d'identification et les caractéristiques des classes grammaticales.

Ces choix – niveau de classe, ingénierie didactique – en ont engendré un autre : cette étude exploratoire porte sur l'acquisition des classes grammaticales variables, c'est-à-dire sur l'identification des déterminants, noms, adjectifs, verbes et pronoms, ainsi que sur la construction des concepts afférents. Bien que les instructions officielles pour l'école

---

[13] Tisset (2010).
[14] MEN (2002).

élémentaire[15] fixent au moment du recueil de corpus comme objectif l'« identification, selon leur nature, des mots suivants : les verbes, les noms, les déterminants (articles définis et indéfinis, déterminants possessifs, démonstratifs, interrogatifs), les adjectifs qualificatifs, les pronoms (personnels, possessifs, relatifs, démonstratifs et interrogatifs), les adverbes, les prépositions », il était délicat d'intégrer ces deux dernières catégories, car leurs critères d'identification sont complexes, les adultes eux-mêmes s'y perdent très régulièrement, que la commutation, procédure centrale plus ou moins visée pour les cinq classes variables, fonctionne assez mal et surtout que leur identification n'entre pas en jeu dans les chaines d'accord, ou, du moins, secondairement. Les priorités pragmatiques rencontrent ici en bonne part la faisabilité cognitive, et les objectifs institutionnels, tels qu'ils étaient définis pour la fin du cycle 3, n'étaient pas en jeu de façon aussi urgente qu'en CM2. Il ne sera pas non plus question d'éventuelles subdivisions internes aux classes de mots ; le dispositif choisi vise la catégorisation par nature à un premier niveau, pas la construction de sa sous-structure. L'enseignement des déterminants en élémentaire, lorsqu'il aborde celle-ci, donne à voir et à apprendre de façon descendante des listes fermées. Cet apprentissage ne permet pas d'argumentation, l'élève sait, ou il ne sait pas, mais il ne peut en aucun cas justifier sa réponse. D'ailleurs, compte tenu que les tris de mots proposés s'appuient sur des énoncés brefs construits pour l'activité, et pas sur des textes authentiques, ils permettent de construire un paradigme, non de rendre compte du fonctionnement des déterminants en discours, ce qui relèverait d'une étude ultérieure. En résumé, il s'agit de rechercher les fondements du système de catégorisation des mots à partir d'une progressive objectivation des indices, des procédures, des arguments qui peuvent être avancés par les élèves pour le justifier. Il nous a semblé que, pour ce faire, les cinq classes de mots variables délimitaient un champ de réflexion nécessaire et suffisant. Notre hypothèse de départ a été de considérer que la conceptualisation des classes de mots ne pouvait être effective que dans la confrontation de ce que la tradition a appelé les différentes « parties du discours » : autrement dit, le cheminement le plus efficace serait la comparaison des différentes classes de mots plutôt que l'étude successive de chacune d'entre elles.

Il pourra être reproché à cette étude de n'être pas suffisamment écologique : nous avons formé l'enseignante à cette ingénierie didactique

---

[15] MEN (2008).

et sa mise en œuvre dans la classe a vraisemblablement eu un impact non négligeable sur les savoirs et les savoir-faire des élèves. Il était quasi impossible de trouver dans les pratiques enseignantes des mises en œuvre existantes qui auraient permis un recueil de données équivalent, et il n'était pas question de faire l'inventaire des pratiques enseignantes, mais de recueillir des démarches d'élèves. Dès lors, le biais de l'effet-maitre autant que celui de l'effet-formateur est assumé comme une donnée initiale du problème.

L'organisation de la matière pourra peut-être surprendre, mais nous avons choisi de lui donner la courbe de notre cheminement plutôt que de la faire entrer dans des structures plus courantes pour ce type d'écrit.

Dans une première partie, nous poserons le contexte de cette recherche, en dépliant ses différentes facettes. Un état de la recherche nous amènera à une présentation argumentée de l'ingénierie didactique mais aussi des conditions de recueil de données. La part d'orientation linguistique de cette partie permettra l'analyse des énoncés utilisés, tandis qu'une entrée statistique explicitera les choix faits en matière de transcription et de gestion des données collectées.

Dans une deuxième partie, nous exposerons les résultats obtenus grâce aux filtres construits, mais aussi les zones grises, essayant de construire sur la base de cette étude exploratoire des hypothèses suffisamment précises pour faire l'objet de discussion. Il s'agira d'une part de rendre compte des effets d'ensemble observables, tant du point de vue des classes grammaticales que de celui des élèves, afin de construire respectivement à propos de ces angles de lecture des progressions et des typologies. Alternant entre grain fin et regroupements signifiants, l'analyse des mots pour chaque classe grammaticale tentera d'en dresser le portrait à la fois prototypique et multiple. Cette partie s'achèvera avec la mise en perspective des procédures déclarées par les élèves, à l'horizon de celles qui se dessinent par le biais de leurs différents traitements des mots des énoncés.

Dans un troisième temps, nous effectuerons une sorte de revue des questions soulevées par notre étude. Pour commencer, nous nous interrogerons sur l'efficacité de l'ingénierie en même temps que celle des performances relatives des élèves en matière d'identification de verbes et d'adjectifs, par le biais d'un retour sur les évaluations des élèves au début du CM1 puis au début du CM2. Ces évaluations seront commentées grâce à des évaluations repères, passées par une centaine d'élèves d'écoles diverses, permettant de contextualiser les données obtenues pour la classe observée. Puis, à l'aune de ces résultats, mais aussi de ceux qui auront été détaillés dans la partie deux, il s'agira de penser la linguistique du point de vue des élèves, d'essayer de percevoir leur rapport à la langue à travers l'exemple des parties du discours. Mais il sera également question de leur rapport aux outils qui leur sont fournis voire imposés : terminologie, manipulations et gestion d'énoncés. Enfin, parce qu'il nous apparait qu'elle est inévitable, nous nous poserons la question des finalités de la grammaire, prisme globalisant les tensions et les frustrations, les réussites et les échecs.

Partie 1

Le tri de mots ou comment entrouvrir la boite noire de la conscience grammaticale des élèves

1. Les données du problème : un état de la recherche et des choix

Notre démarche prend sa source dans un constat de formatrice observant le tout-venant des classes et leur quotidien grammatical, du CE1 au CM2[1]. Mais la nécessité de cette expérimentation nous vient bien davantage encore d'un autre constat, de lectrice des revues de la didactique du français cette fois : il nous semblait n'y avoir trouvé que fort peu d'études longitudinales concernant les compétences réelles des élèves dans le domaine linguistique. En 1996, Francis Grossmann et Claude Vargas le déploraient déjà : « On dispose encore de trop peu de recherches empiriques sur les activités grammaticales menées à l'école, et sur les compétences effectives des enfants dans ce domaine[2]. » Une quinzaine d'années plus tard, dans un numéro bilan de la même revue *Repères*, Marie-Laure Elalouf[3] les cite en ouverture d'un chapitre qui met en valeur les avancées de la recherche concernant la description des pratiques enseignantes, et les changements de points de vue afférents. Dans ce cadre, nous souhaitions explorer la seconde voie indiquée par Francis Grossmann et Claude Vargas et aller voir du côté des « compétences effectives » des élèves, en matière d'analyse grammaticale.

1.1. Quelle connaissance avons-nous des savoirs des élèves ?

Nous avons voulu nous intéresser à des concepts fondamentaux en même temps qu'à des métatermes parmi les tout premiers à être enseignés, à savoir les classes grammaticales. Dans les mots « verbe », « nom », ou encore « déterminant », très communément employés en classe dès le CE1, il nous semblait que résidait la source d'un très grand nombre de malentendus.

---

[1] De la cinquième à la huitième année de primaire.
[2] Grossmann & Vargas (1996, p. 10).
[3] Elalouf (2012, p. 9).

1.1.1. Les études portant sur l'identification des classes de mots

Dès lors, nous avons essayé d'interroger la littérature afin de faire le point sur les savoirs des élèves, mais aussi sur leurs savoir-faire, étant entendu que la récitation de leçons de grammaire, les procédures déclaratives, nous intéressaient de façon moins aigüe : nous voulions comprendre comment les élèves réfléchissaient, pas évaluer leur capacité à répondre de façon conventionnelle à une tâche[4].

À une date antérieure aux regrets de Francis Grossmann et Claude Vargas, Frédéric François, Danielle Cnockaert et Sabine Leclercq[5] avaient publié une étude qui nous a tout de suite intéressée, ne serait-ce qu'en raison de la clôture de son résumé : « Alors qui a tort : les grammaires ou les enfants ? » En effet, s'abstenant de considérer l'apprentissage grammatical dans un rapport à une norme linguistique figée, ils suggèrent « que si les enfants échouent (parfois) dans leurs classements, c'est peut-être parce que les critères sont nécessairement variés ou conflictuels et donc que la "bonne définition" n'existe pas »[6]. Ce point de vue prend place dans une étude d'orientation psycholinguistique, s'appuyant sur des matériaux recueillis pour un certificat d'orthophoniste, et qui, par conséquent, ne fait aucunement mention des pratiques des enseignants. Dans ce cadre, les tâches soumises aux élèves étaient de « classer en noms, verbes et adjectifs d'une part (en donnant les raisons) et de définir d'autre part quatorze mots », ces mots étant dits aux élèves. Il s'agit donc d'une identification décontextualisée, sans énoncé cadre, et à choix multiples, sans possibilité pour l'élève de manifester que la tâche est infaisable, sauf à ne pas répondre. Les noms, tous au singulier, sont précédés d'articles, tantôt indéfinis, tantôt définis, les verbes sont à l'infinitif et les adjectifs sont fléchis au masculin singulier. Par ailleurs, les auteurs ont posé ces mêmes questions à 25 élèves de CE2 et 25 élèves de CM2 d'une même école du 20ᵉ arrondissement de Paris. Avec des résultats qui diffèrent peu entre les deux niveaux de classe, la tâche de classification s'avère assez fortement échouée. Mais il est clair que les auteurs s'en préoccupent peu, recherchant, et trouvant, dans les propos des élèves des caractéristiques valables, des arguments recevables, y compris dans l'erreur. Les justifications des élèves mettent en lumière le verbe comme une « catégorie assimilante », accueillant aisément des intrus, tandis qu'à l'opposé celle du nom est souvent

---

[4] C'est pourquoi, bien que nombreuses ces dernières années, les évaluations nationales ne nous sont d'aucun recours : elles permettent d'encoder de façon quasiment binaire l'identification ou la non-identification d'un mot en tant qu'appartenant à une classe grammaticale, mais ne donnent pas d'indication sur le cheminement retenu par l'élève, et donc sur les savoir-faire de ce dernier.

[5] François, Cnockaert & Leclercq (1986, pp. 26-39).

[6] *Ibid.*, p. 27.

attribuée, comme par défaut, lorsque le mot ne semble être ni un verbe ni un adjectif. Les auteurs remarquent une importante fluctuation des justifications – y compris pour un même élève – en fonction des mots soumis, mais pas de progression ou de changement dans leurs typologies entre CE2 et CM2. Lire leurs résultats amène naturellement à se poser la question de la saillance, ou encore du prototype, notamment lorsqu'ils évoquent « de bons candidats-noms » (*éléphant*) ou encore « de bon candidats-verbes » (*courir*). Définitionnelle, la seconde tâche soumise aux élèves permet aux auteurs de reconfigurer la triade de classes grammaticales traditionnelles en caractérisant chacune d'entre elles par le biais des modalités choisies par les élèves pour construire les définitions. Ainsi apparaissent même des sous-catégories, par exemple pour les noms :

Noms :   d'êtres : classés/décrits (*éléphant*)
d'objets fabriqués : « c'est pour » (*cartable*)
d'agents : action correspondante (*boucher*)
abstraits : rétablissement de la forme originale verbale ou adjectivale, exemple et/ou conditions d'emploi typiques (*travail, liberté, mensonge*)[7].

Ainsi reconfigurée, la catégorisation des mots lexicaux met en avant un certain degré d'aboutissement, qui n'était certes pas perceptible dans le premier exercice d'étiquetage. Les « remarques pour conclure » constituent une occasion pour les auteurs d'aller plus loin, à la fois dans les objectifs à assigner à l'exercice sémiotique, mais aussi dans la définition des limites d'une approche structuraliste.

La tradition structuraliste nous a répété à satiété que connaitre c'était établir des rapports, qu'on ne pouvait pas définir le nom, le verbe ou l'adjectif en eux-mêmes, mais par leur relation d'opposition, de complémentarité. Certes, mais ce qui a caractérisé « le structuralisme » comme vision du monde, c'est de penser d'abord que ces rapports constitutifs étaient homogènes, internes au système et d'autre part suffisants[8].

En somme, face à un système mouvant, les « paquets de déterminations »[9] établis par les élèves seraient une meilleure réponse que le système de la langue tel que des linguistes pourraient être amenés à le figer en synchronie. Si, pour les auteurs, « les possibilités paraphrastiques

---

[7] *Ibid.*, p. 36.
[8] *Ibid.*, p. 37.
[9] *Ibid.*, p. 39.

importent plus que les systématicités structurelles »[10], nous nous interrogeons sur les utilisations potentielles de ce type de discours. Nous en retiendrons que les élèves ont un savoir sur la langue qui peine à se manifester avec les outils métalinguistiques fournis par l'École, et, à travers elle, toute une tradition grammaticale : les termes de « verbe », « nom » ou « adjectif » ne seraient en fait pas porteurs d'un système qui pourrait rencontrer les représentations des élèves de l'école élémentaire, alors même que ces représentations existent et proposent un système cohérent. Néanmoins, si cet article prend le contre-pied des points de vue habituellement adoptés lorsqu'il s'agit de juger de compétences grammaticales[11] et offre une vision réellement inspirante de ce qui se construit chez les élèves, il nous semble passer rapidement sur les enjeux de la possibilité d'une interface entre enseignants et apprenants. Notre culture de formatrice nous amène à faire réapparaitre les apories des situations de classe, et le fossé qui les sépare des perspectives dégagées par cette recherche semble bien large.

Deuxième jalon dans notre quête de littérature[12], *Le Savoir grammatical des élèves*, paru à la même période à tel point que sa bibliographie ignore le précédent, offre des passations parentes, bien que de nombre et de nature sensiblement différents, mais surtout aboutit à des conclusions qui ne sont pas sans rapport avec les éléments que nous venons d'exposer, ne serait-ce qu'en soulevant cette « question d'intérêt général : faut-il enseigner la grammaire ? »[13]. Cette recherche s'inscrit dans le cadre de la comparaison entre deux écoles de Suisse au tournant de l'« enseignement rénové », l'une étant censée l'appliquer, l'autre pas. Nous ouvrons ici une brève parenthèse de nature institutionnelle. En effet, alors qu'en France, les programmes comme la terminologie grammaticale pour l'école primaire en vigueur à cette époque (circulaire du 25 octobre 1976) donnent une liste de termes sans définitions, en Suisse, la rénovation du français s'est accompagnée de la publication d'un ouvrage adopté

---

[10] *Ibid.*, p. 38.
[11] Évaluations sommatives pour la plupart d'entre elles, ayant pour objectif de mesurer un écart entre ce que déclare les élèves et le système de la langue tel que les instructions officielles le définissent, notamment à travers les terminologies, mais aussi au travers des programmes successifs.
[12] Carole Fisher (2004) déplore le caractère unique de ce type d'études : « Force est de constater que quelques quinze ans plus tard *Le savoir grammatical des élèves* ne connait guère de concurrent et demeure encore le seul ouvrage d'envergure entièrement consacré aux représentations grammaticales des élèves » (p. 385).
[13] Kilcher-Hagedorn, Othenin-Girard & de Weck (1987, quatrième de couverture).

par les Départements de l'instruction publique des cantons de Berne, Fribourg, Vaud, Valais, Neuchâtel et Genève, *Maitrise du français*, ainsi que d'une formation linguistique des enseignants aux principes de la grammaire distributionnelle pour les opérations de classement sur l'axe paradigmatique et de combinaison sur l'axe syntagmatique et de la grammaire générative pour le schéma abstrait de la phrase. Cette recherche d'ampleur[14] a donc proposé à des élèves de deuxième primaire à sixième primaire[15] deux types de tests d'identification d'une part des noms et d'autre part des adjectifs, l'un à partir d'une liste de mots, l'autre, à partir d'un texte[16]. Les auteurs s'appuient de fait sur l'usage des métatermes « nom » et « adjectif », elles évaluent « la maitrise de notions abordées en classe »[17], et en rendent statistiquement compte par un codage binaire de l'erreur et de la réussite. Élément très intéressant de cette recherche, comme pour la précédente, la question suivante est posée aux élèves, à la suite de l'identification au sein d'une liste de mots : « pourquoi est-ce que c'est des noms ? », l'interrogation étant reprise de façon similaire dans l'épreuve concernant les adjectifs[18]. Cet élément permet une approche plus qualitative que quantitative, approche privilégiée par les auteurs, sachant que la fluctuation des élèves concernés[19] ne leur permet qu'une approche quantitative prudente.

Concernant les noms, l'étude met en évidence l'importance des traits sémantiques. Les auteurs s'étaient appuyées sur une catégorisation de ce type pour constituer des ensembles avec les noms utilisés. L'analyse des résultats confirme la pertinence de ce critère, avec une distinction concret *vs.* abstrait qui s'affine : « Il semble donc y avoir une relation entre la difficulté à reconnaitre qu'un mot est un nom et le degré de complexité que la conceptualisation du référé de ce nom exige. » Les

---

[14] Son influence sur le long terme se jauge à sa présence récurrente et sur le long terme dans la plupart des bibliographies sur le sujet.
[15] Équivalent à un empan CE1-6ᵉ dans le système scolaire français.
[16] L'étude comporte également une partie concernant l'identification du complément d'objet direct, dont la méthodologie est évidemment d'une autre nature. Pour éviter d'éparpiller le propos, nous en ferons l'économie ici.
[17] *Ibid.*, p. 44.
[18] *Ibid.*, p. 46.
[19] Ce sont rarement les mêmes classes qui ont passé les épreuves sur liste et les épreuves sur texte, pour un même niveau et une même école. Cela rend d'ailleurs cette étude parfois difficilement lisible, lorsqu'elle prend le point de vue de la progression d'une année sur l'autre : certaines comparaisons nous semblent par conséquent problématiques.

exemples de *camarade* et de *cri* illustrent assez bien le propos[20]. Les procédures déclarées par les élèves sont en revanche massivement d'ordre syntaxique[21], et, bien que la difficulté des élèves à identifier les noms dans le texte soit partiellement corrélée à la présence/absence ou au type de déterminant, il faut se souvenir que ces justifications ont été produites à l'occasion de l'épreuve sur liste de mots. Les élèves ne déclarent guère ce qu'ils font, et la difficulté de ce type de recueil de procédures nous apparait flagrante, dans une étude qui ne prend guère le parti d'une immersion dans les classes, mais plutôt qui tente une sorte de photographie prise par un opérateur extérieur[22]. Autre constat, la tâche de repérage des noms au sein d'un texte constitue un degré de difficulté beaucoup plus important, que les auteurs justifient par l'impossibilité d'appliquer une procédure systématique à cause du trop grand nombre de mots, ce qui engendrerait « une démarche hybride [...], avec plus de référence au sens que dans l'Ensemble [passation sur liste], en raison de la difficulté qu'ils auraient à être rigoureux dans l'application de techniques précises »[23].

Pour ce qui est des adjectifs, les auteurs ne constatent que très peu d'impact de la morphologie, alors même qu'ils avaient choisi ce filtre pour constituer des sous-catégories, mais une importance assez forte de la dimension sémantique, qui cette fois se retrouve dans les justifications des élèves à la suite de l'épreuve sur liste. Les explications sémantiques sont en nombre plus important, suivies par des déclarations d'ordre syntaxique. La fréquence joue un rôle important, notamment concernant l'identification des adjectifs dit « transcatégoriels » : lorsque le nom correspondant est plus fréquent, l'adjectif n'est pas reconnu (par exemple pour *bête* ou *indienne*)[24]. Autre impact relevant de la fréquence, les adjectifs familiers des leçons de grammaire sont mieux reconnus : nous retrouvons ici une sorte d'apprentissage par liste non pensé par les acteurs, mais terriblement efficace. À l'opposé, les adjectifs fréquemment engagés dans des expressions proches du figement sont moins bien reconnus. Comme pour les noms, la difficulté de l'épreuve sur texte est mise en

---

[20] *Ibid.*, p. 84.
[21] « D'un point de vue quantitatif, on remarque que la plupart des arguments relevés sont de type syntaxique, même dans l'école où l'on fait pourtant traditionnellement appel à des définitions sémantiques ; on n'a très exactement relevé que neuf arguments sémantiques sur 129 dans l'École A et 12 sur 160 dans l'École B ». *Ibid.*, p. 62.
[22] Les passations ne sont jamais effectuées par les enseignants.
[23] *Ibid.*, p. 85.
[24] *Ibid.*, p. 125.

avant, à la fois pour des raisons similaires, de difficulté à gérer la masse de mots concernés, mais aussi, selon les auteurs, en raison de l'absence de procédures morphosyntaxiques efficaces, l'adjectif ne présentant pas la même régularité de structure d'insertion phrastique que le nom. Dans l'épreuve sur texte, « c'est la plupart du temps à partir de caractéristiques sémantico-fonctionnelles communes que des éléments ne fonctionnant pas comme des adjectifs dans le Texte ont été faussement reconnus comme tels »[25]. C'est un phénomène que nous avons souvent été amenée à observer dans des classes ordinaires : à partir du moment où l'adjectif est défini comme facultatif et apportant une précision, tout élément phrastique de type complément de phrase, complément de nom et autre composant pouvant être ainsi interprété est susceptible d'être désigné comme adjectif. Ce glissement d'un métaterme de nature de mot vers une définition fonctionnelle nous semble constituer un courant puissant handicapant la conceptualisation de la classe grammaticale de l'adjectif.

Mais revenons sur la dimension sémantique par le biais de l'opposition concret *vs.* abstrait. Nous avons trouvé particulièrement intéressant le bref développement que les auteurs lui accordaient en synthèse.

> On retrouve donc dans les résultats quelque chose de semblable à l'opposition concret/abstrait qui se marquait très clairement dans les résultats aux épreuves portant sur le nom, surtout si l'on prenait soin de la redéfinir à la lumière de considération psychogénétiques. L'élaboration requise par la conceptualisation du signifié d'un nom abstrait serait analogue à celle qui intervient dans la conceptualisation d'une propriété exprimée par un adjectif. Toutefois, chaque fois que la conceptualisation d'une propriété s'appuie sur certains critères précis – constitués à travers l'expérience individuelle autant que sociale – elle semble prendre un statut en quelque sorte plus concret, et l'évocation du concept en question semble en être facilitée[26].

Ce redécoupage des territoires abstrait/concret nous parait poser un problème didactique aigu : si la difficulté d'identification provient de l'expérience du monde, alors la grammaire n'y est plus pour grand-chose, en tout cas, elle est mise en touche par le contexte à la fois social et personnel. Elle est peut-être même sommée de s'intéresser aux apprentis linguistes qu'elle prétend outiller. Et l'écho avec l'article de Frédéric François, Danielle Cnockaert et Sabine Leclercq ne nous échappe pas, en ce sens qu'il s'agit là de la capacité de l'élève à définir le monde, à

---

[25] *Ibid.*, p. 128.
[26] *Ibid.*, pp. 126-127.

s'appuyer sur son expérience pour observer la langue. Et reparait donc la nécessité de permettre aux élèves d'investir les mots de la grammaire avec leurs connaissances sur le monde. D'ailleurs, en « conclusion de la partie expérimentale », Helga Kilcher-Hagedorn, Christine Othenin-Girard et Geneviève de Weck développent l'idée que les élèves retiendraient davantage les exemples que les institutionnalisations et règles que ceux-ci sont censés illustrer[27]. L'analogie serait dès lors le moteur premier des apprentissages en contexte scolaire, les contenus enseignés échappant, de fait, au contrôle du maitre, qui ne voit pas forcément ce que les exemples qu'il a choisis induisent.

> Les connaissances des élèves, faites à la fois de ce que l'enseignement cherche à leur transmettre et de leur savoir plus intuitif, forment ainsi un agglomérat composite et mouvant, souvent générateur de confusions. Dans cette interaction complexe, le poids des différentes « dimensions » varie, de façon que l'un ou l'autre de ces aspects l'emporte de cas en cas et influence plus directement les procédures de repérage des éléments dans les épreuves.

Nous en retirons que les raisonnements des élèves apparaissent basés sur des traits saillants, chaque mot candidat à l'identification étant pourvu d'un trait saillant pour un élève donné, mais que, dans la mesure où ce trait saillant est variable en fonction de l'expérience de l'élève, l'identification d'un mot donné ne va pas forcément offrir les mêmes prises et les mêmes difficultés à tous les élèves. Si nous ajoutons à cela la variation des performances en fonction du support choisi, liste, texte, mais aussi, ce que la recherche n'évoque pas, texte produit par l'élève, et donc non-normé, alors la fluctuation importante des résultats observés n'étonne plus.

Du point de vue de la progression des savoirs, les auteurs mettent en évidence des prototypes qui sont construits tôt, dès la deuxième primaire pour certains, mais qui évoluent peu, tandis qu'ils nécessiteraient d'être complétés, complexifiés pour permettre une réelle efficacité, notamment dans le contexte d'un énoncé textuel. Elles l'expliquent par la superposition chronologique de notions étudiées séparément, ce qui ne permet pas de réelles comparaisons et qui tend à renforcer des procédures qui seraient de types différents en fonction des classes de mots considérées : le repérage de la structure « déterminant + nom » du côté du nom, des caractéristiques sémantico-fonctionnelles pour l'adjectif, des

---

[27] *Ibid.*, p. 192.

Les données du problème 39

traits morphologiques pour le verbe[28]. Enfin, les auteurs mettent le doigt explicitement sur la zone douloureuse du champ de l'enseignement de la grammaire : quand les notions elles-mêmes sont des cotes mal taillées par la linguistique et les grammaires qui l'ont précédée, les représentations des élèves sont d'autant plus flottantes.

Nous ajouterons qu'à travers les écarts observés entre résultats et procédures déclarées, nous retenons également de cette étude que les élèves préfèrent se justifier par la syntaxe, quand ils ont à leur disposition des procédures de ce type. Pourtant, ils fonctionnent peu avec ces outils. Nous posons l'hypothèse d'un discours déclaratif perçu par les élèves eux-mêmes comme satisfaisant, avouable, mais, dans les faits, non opérationnel, pragmatiquement inapplicable, et de façon encore plus aigüe dans le cadre d'un énoncé. Nous citerons ici pour autre exemple le scolairement célèbre « le verbe est un mot qui se conjugue », argument monolithique donné par les élèves de CE2 interrogés par Patrice Gourdet[29], dont la fréquence n'a d'égale que l'inutilité, en l'état.

Dans les années 1980 en France, les mises en œuvre sont variées, suivant ou non les préconisations du plan Rouchette, avec une forte prégnance des définitions sémantiques, alors qu'en Suisse un mouvement de rénovation de l'enseignement du français, qui a rencontré au début des résistances dans l'opinion, bénéficie d'un fort appui institutionnel (manuels, guides pédagogiques, formations) : ces deux études se tenant dans des contextes institutionnels différents arrivent pourtant à des conclusions voisines.

---

[28] Concernant le verbe, les auteurs évoquent plus qu'elles ne détaillent leurs travaux (cf. p. 189). Ainsi, lorsqu'elles affirment que les élèves « se fondent essentiellement sur la présence des désinences verbales », nous ignorons s'il s'agit des procédures déclarées par les élèves, ou de celles qu'elles ont déduites des résultats des épreuves. Par ailleurs, il y aurait à questionner dans le détail les données effectivement recueillies sur un critère qu'elles affirment être d'ordre syntaxique (affirmation que nous nuancerions volontiers) « qui consiste à associer un pronom personnel à la forme verbale potentielle ».

[29] Gourdet (2009). Dans son codage des attributs du verbe, Patrice Gourdet (pp. 118-119) distingue 5 entrées : sémantique, morphologique, syntaxique, phonologique et non grammaticale. Le premier niveau de l'entrée morphologique est l'utilisation du verbe « se conjugue » sans plus de précision ou de mots tels que « conjugaison ». Parmi les élèves qu'il suit dans 5 classes sur toute l'année de CE2, il note que 31 % donnent des explications morphologiques quasi identiques, sans évolution tout au long de l'année (pp. 313-314).

1.1.2. Des connaissances sur les parties du discours avant la grammaire

Puisque les élèves construisent et organisent des savoirs en s'appuyant sur leurs expériences d'usagers de la langue, nous avons cherché à savoir ce qui existait avant l'enseignement explicite de la grammaire. La partie du travail de Clairelise Bonnet, Irène Borgeaud et Anne-Marie Piguet[30] plus spécifiquement centrée sur le volet recherche nous apporte des éclairages convaincants. Cherchant à montrer l'efficacité d'une séquence d'apprentissage construite autour de la devinette, la méthodologie utilisée repose sur l'entretien clinique piagétien : en début puis en fin d'année scolaire, des élèves de premier cycle du primaire[31] sont amenés à répondre à une série de questions calibrées pour rendre compte de « la connaissance et la conscience du langage » de ces jeunes élèves. Cette recherche se situe donc dans le champ de la chronologie des apprentissages, en amont des deux études précédemment analysées. Les auteurs parviennent à dégager six niveaux de maitrise afin de catégoriser les élèves. Partant d'un premier niveau auquel l'enfant ne distingue pas réellement le signe et ce que celui-ci désigne, elles détaillent ensuite un deuxième niveau qui voit l'apparition de la manipulation d'unités sonores sur lesquelles il peut avoir une opinion, mais dont la taille et la pertinence varient en fonction du contexte de l'échange. Le troisième niveau est marqué par la reconnaissance de l'unité mot, isolé et pourvu de « propriété phoniques et référentielles », que l'enfant peut manipuler ; ces propriétés sont renforcées au niveau quatre, et enrichies de la dimension orthographique. Nous nous sommes particulièrement intéressée aux niveaux 5 et 6, témoignant des représentations les plus évoluées.

Selon cette recherche, au niveau 5, la pleine conscience du sens des signes coïncide avec l'évincement des mots grammaticaux du statut de mot, l'élève ne reconnaissant comme mot « que des mots pleins sémantiquement »[32]. Même si les auteurs s'y arrêtent peu, il est frappant par ailleurs que les définitions proposées par les élèves[33] soient toujours bâties à partir d'un mot de la même catégorie grammaticale que celle du

---

[30] Bonnet, Borgeaud & Piguet (2008, pp. 55-89).
[31] Les auteurs évoquent « une classe multi-âge du premier cycle » (p. 84), soit des élèves de 6, 7 ou 8 ans, ce qui équivaut aux CP et CE1 français, nous semble-t-il.
[32] *Ibid.*, p. 72.
[33] En effet, une partie de l'entretien piagétien est consacrée à la demande de définition d'un certain nombre de mots.

mot sur lequel ils étaient interrogés, ce qui n'était pas le cas jusque-là : au niveau 4, les élèves proposent plutôt des gloses plus ou moins narratives, revenant sur des expériences du monde vécues ou rapportées. Cela se vérifie également pour les catégories qui ne sont pas considérées comme des mots, par exemple, « je », défini par « ça veut dire moi » ou encore « c'est le contraire de tu »[34].

Le niveau 6 entrouvre le rideau de ce que pourrait être le système des parties du discours avant l'enseignement de la grammaire, voire malgré celui-ci : à ce stade, les élèves semblent tenter de mettre en cohérence les premiers métatermes qui leur sont fournis et l'organisation qu'ils ont préalablement ébauchée. Les exemples de représentations d'élèves ont pour point commun une ligne de démarcation entre mot et non-mot qui tend à ressembler à celle qui sépare mot lexical et mot grammatical, même si elles ne coïncident pas exactement. Ainsi « pour une élève, seuls les noms sont des mots. Elle les oppose aux non mots que sont pour elles les verbes, les déterminants et les pronoms[35]. » Pour un autre, le système est identique mais sous la catégorie « mots » se trouvent les noms et les adjectifs. La ligne de partage ébauchée par les auteurs renvoie bien à la façon dont les mots désignent ou non, ou encore désignent de façon différente, le monde.

> Spontanément, l'enfant de ce niveau observe qu'il y a dans le langage des mots qui ont du sens tout seuls, et d'autres unités qui n'apportent une information et qui n'ont du sens que lorsqu'elles sont accompagnées d'autres mots. Il aurait besoin que l'on prenne en compte cette observation, qu'on l'explicite, qu'on la nomme et qu'on lui montre comment la concilier avec les premières notions grammaticales utilisées en classe[36].

Effectivement, les formulations d'élèves reprises dans l'ouvrage montrent cette oscillation, la difficulté à gérer concurremment l'opposition mot/non-mot et la partition scolaire en trois ou quatre classes grammaticales[37]. Cela amène naturellement les auteures à s'interroger

---

[34] Par exemple, pour définir « je », au niveau 4, un élève propose : « je fais, je c'est un mot », ou encore « je par exemple c'est moi, on rajoute quelque chose : je joue dans l'eau », tandis qu'au niveau 5, l'élève cité dit « c'est le contraire de tu ». *Ibid.*, pp. 71 et 75.
[35] *Ibid.*, p. 76.
[36] *Ibid.*, p. 77.
[37] Les élèves interrogés utilisent les classes grammaticales suivantes : verbe, nom, pronom et/ou déterminant.

sur la façon dont cette bipartition initiale, dite « croyance spontanée »[38], pourrait être prise en charge par l'enseignement.

La lecture de cette recherche avec un œil de linguiste suscite des curiosités. Résumant les caractéristiques du niveau 5, Clairelise Bonnet, Irène Borgeaud et Anne-Marie Piguet affirment que l'enfant « catégorise en mots et non-mots selon qu'ils sont des mots pleins sémantiquement ou de petits mots outils comme *et, puis, le, je, sur* »[39]. Mais qu'en serait-il des mots qui traversent et transgressent ces protocatégories ? Quid de *quelques*, par exemple ? Les « mots outils » ne sont pas tous petits et, surtout, les mots « pleins sémantiquement » pas tous grands[40]. Comme si elle était faite au passage, incidemment, l'évocation du critère de la taille des mots nous laisse sur notre faim. Clairelise Bonnet revient sur ces paliers dans la catégorisation en conclusion d'une étude concernant des séquences didactiques d'apprentissage multi-épisodique du vocabulaire dans des classes primaires et secondaires (élèves de 6 à 15 ans)[41]. Elle centre le premier palier sur la capacité à utiliser le mot de façon autonymique. Au second palier, qui nous intéresse plus directement, elle reprend la distinction entre les mots sémantiquement pleins, reconnus comme tels par l'élève, et « d'autres unité de la langue qui [n'ont pas de signification pour celui-ci] et qu'il ne reconnait plus comme mot ». Elle envisag dès lors une diversité de classifications simples, binaires, afin d'approcher plus progressivement les notions grammaticales : « longs mots/petits mots, mots lexicaux/mots outils, mots français/mots d'une autre langue… ». Le troisième palier consiste en une « hiérarchisation des mots selon leur sens, indépendamment de leur forme ». L'élève est alors capable de nombreuses opérations de type recherche de synonymes ou d'hyperonymes, mais peine à construire un système de type métalinguistique, nécessitant une « pensée abstraite et formelle » qu'il n'atteint qu'au quatrième et dernier stade présenté. Ainsi, préconisant une meilleure connaissance des acteurs de l'enseignement de cette entrée progressive dans le monde des mots, l'auteure engage à déplacer « le projecteur sur chacune de leurs facettes : leur sonorité, leur morphologie, leur sens, leur organisation ». Cela nous semble constituer un contrepoint constructif aux savoirs définitionnels

---

[38] *Ibid.*, pp. 77 et 82.
[39] *Ibid.*, p. 88.
[40] D'ailleurs, pour une question portant sur le jugement des cas d'homophonie, les auteurs ont choisi les couples *pain/pin* et *ver/verre*, c'est-à-dire des « petits » mots, monosyllabiques (cf. p. 103).
[41] Bonnet *et al.* (2012, pp. 186-189).

précocement apportés et peu efficients que l'École tente de construire à propos des classes grammaticales.

1.2. L'horizon de la didactique de l'orthographe

Autre point de vue qui a retenu notre attention, les recherches de ces trente dernières années concernant l'enseignement-apprentissage de l'orthographe se structurent au fil des études en un champ assez cohérent, caractérisé par la prise en compte des représentations des élèves. De plus, les relations entre étude de la langue et maitrise orthographique constituent un questionnement non seulement inévitable, mais de surcroît constructif.

1.2.1. Pour un champ d'exploration des représentations des élèves

Carole Fisher[42] en fait un état des lieux synthétique en 2004, différenciant les courants de la psychologie cognitive et de la linguistique ou psycholinguistique génétique pour mieux en pointer les manques pragmatiques, en comparaison avec les progrès accomplis en didactique des sciences. En effet, les nombreuses recherches en sciences se sont davantage approprié le concept même de représentation, et Carole Fisher revient ainsi sur l'articulation pensée entre l'étude des représentations, l'étude des obstacles et l'élaboration de dispositifs didactiques. De manière contrastive, la didactique de la grammaire semble en net retrait, comme arrêtée à l'« incitation à faire s'exprimer les représentations des élèves en classe et à en tenir compte (mais comment, justement ?) », et l'auteure précise que la matière à enseigner et les contraintes qui s'appliquent sur l'apprenant sont profondément différentes, des sciences à la langue. Si la didactique de l'orthographe est en pointe, elle ne serait pas encore parvenue à développer suffisamment l'ingénierie capable de cibler les obstacles nécessaires à faire bouger les représentations[43].

Les travaux de Catherine Brissaud et Danièle Cogis participent grandement des évolutions du champ de la didactique de l'orthographe,

---

[42] Fisher (2004, p. 386).
[43] Au Canada, Carole Fisher et Marie Nadeau ont par ailleurs expérimenté et analysé des ingénieries didactiques telle la dictée zéro faute. Nous y reviendrons dans le chapitre suivant 1.2.2.

notamment en l'articulant à l'injonction d'« observation réfléchie de la langue » des programmes de 2002[44]. Elles montrent que derrière des gestes orthographiques considérés comme basiques, tel l'accord sujet-verbe, se cachent des procédures complexes, et des propriétés linguistiques peu accessibles[45]. Leurs travaux sont articulés avec la classe à double titre ; d'une part parce qu'elles vont jusqu'à l'élaboration des dispositifs didactiques appelés de ses vœux par Carole Fisher, afin d'aboutir à un ouvrage de transposition destiné aux enseignants[46], d'autre part parce qu'elles s'appuient sur des entretiens métagraphiques, c'est-à-dire sur ce que déclarent les élèves interrogés sur les graphies qu'ils produisent. Ce dernier point retient notre attention parce que cette méthode permet de mettre à jour des « conceptions-obstacles, procédures et savoirs déjà-là »[47]. Cependant, creusant la même veine didactique que Ghislaine Haas[48] ou André Angoujard[49], Catherine Brissaud et Danièle Cogis pensent l'argumentation autour des différentes graphies comme le cœur de ce que peut être un apprentissage intelligent de l'orthographe, par le biais des différentes phrases du jour, notamment[50]. Décrivant l'activité cognitivo-langagière des élèves lors des échanges autour des justifications de graphies, elles parviennent à des constats qui s'appliquent certes aux connaissances orthographiques, mais aussi et surtout aux savoirs grammaticaux qui en sont la condition.

> Cependant, aucun élève ne parvient à rassembler tous les critères linguistiques à lui seul. Ce que révèle le dispositif, c'est bien que les élèves ont besoin de la formulation d'autrui pour produire une formulation plus adéquate et, de proche en proche, construire collectivement un *texte du savoir* plus satisfaisant, intégrant d'autres points de vue sur l'objet que ceux perçus au départ (Nonnon, 1996).
>
> Le dispositif met aussi en lumière pourquoi peu d'élèves utilisent spontanément les règles et la métalangue, alors que tout l'enseignement traditionnel table dessus : n'ayant qu'une idée vague de la notion de sujet, ils ne peuvent le nommer. *Sujet* et *verbe* ne sont d'ailleurs employés que par les

---

[44] MEN (2002).
[45] Cogis & Brissaud (2003, p. 51).
[46] Brissaud & Cogis (2011).
[47] Cogis & Brissaud (2003, p. 61).
[48] Haas (1999).
[49] Angoujard (2007, première édition 1994).
[50] Brissaud & Cogis (2011), voir la « phrase donnée du jour » p. 55 et la « phrase dictée du jour » p. 64, entre autres dispositifs proposés par les auteures.

trois élèves qui concourent à produire la définition de l'accord en [47] dans un travail conjoint de reformulation. La règle et la métalangue sont ici le point d'aboutissement d'une activité cognitivo-langagière interactive.

L'étayage du discours d'autrui permet l'élaboration d'une réflexion plus poussée, et cette réflexion peut permettre d'aboutir à l'utilisation du métalangage. Ce renversement de perspectives nous intéresse parce qu'il permet de sortir d'une vision aporétique des savoirs grammaticaux qui ne seraient formulables, et donc utilisables, que par les élèves qui maitrisent la terminologie. Si l'on s'autorise à penser l'usage des termes grammaticaux comme une fin, comme la partie émergée d'un iceberg qui existerait avant qu'on ne l'aperçoive, alors l'enseignement intelligible et intelligent de la grammaire redevient pensable. Il convient dès lors de concevoir des dispositifs qui constituent des situations-problèmes, supports d'échanges, de verbalisations, de reformulations dans une approche progressive, y compris des notions constituant la base de la grammaire scolaire, à savoir les classes grammaticales. De même que Catherine Brissaud et Danièle Cogis espèrent des déplacements de posture de la part des enseignants, les appellent à « plonger [en compagnie de leurs élèves] les mains dans le moteur, le cambouis et la pâte dont notre langue est (en partie) faite »[51], nous souhaitons trouver des dispositifs permettant de considérer l'activité grammaticale autrement que dans une perspective d'entomologiste plus ou moins pointilleux.

L'idée didactique qui fonde les propositions de Catherine Brissaud et Danièle Cogis consiste à partir d'une situation-problème orthographique afin de construire des connaissances grammaticales, ce qui représente un renversement de la perspective traditionnelle qui veut que soient enseignées des notions de grammaire pour permettre des productions graphiques normées. Ainsi, Danièle Cogis explicite que « l'enjeu d'une telle séquence d'orthographe [argumentation autour de l'accord pluriel dans un groupe nominal de type "de + adjectif + nom"] n'est donc pas tant de "corriger" *long* ou *profond* en répétant la règle, mais de faire élaborer le syntagme nominal comme un groupe dont tous les membres sont morphologiquement solidaires, en amenant les élèves à passer du particulier au général par des opérations linguistiques »[52]. Il s'agit bien là de construire des savoirs et des savoir-faire réutilisables, pragmatiques au sens de conçus à l'échelle de ce que peuvent gérer les élèves. La

---

[51] Cogis & Brissaud (2003, p. 66).
[52] Cogis (2004, p. 82).

démarche nous convainc notamment par cet aspect : elle est praticable avec tous les élèves, elle ne suppose pas un savoir abouti sur la langue, elle reconfigure, organise, enrichit, rend utiles les conceptions des élèves sur le système linguistique : « ici, dans les reformulations successives, sous leur apparente redondance, [les élèves]font circuler des points de vue comme une charade, et finalement construisent des savoirs »[53].

1.2.2. Quelles interactions entre grammaire et orthographe ?

Malgré les tentatives désespérées de certains concepteurs de manuels pour les distinguer de façon étanche, les sous-disciplines traditionnelles de l'école que sont la grammaire et l'orthographe ne peuvent être dissociées, *a minima* en ce qu'elles se retrouvent dans l'ensemble des phénomènes morphosyntaxiques, du point de vue linguistique, et donc dans les besoins des apprentis scripteurs, du point de vue didactique et pragmatique de la classe.

C'est un constat récurrent exprimé dans les salles des maitres comme dans les halls de séminaires : en matière d'orthographe (bien qu'en des termes différents), la réussite aux exercices décontextualisés « masque l'incapacité des élèves à mobiliser en production de texte ce qu'ils paraissent maitriser en exercice. Nadeau (1995) a bien expliqué pourquoi : ils n'obligent pas l'élève à faire un raisonnement grammatical complet, ils n'exercent pas la discrimination, la reconnaissance des contextes dans lesquels l'élève va devoir appliquer la règle en situation d'écriture »[54]. Particulièrement visés dans ce propos, les exercices lacunaires constituent une sorte de situation de laboratoire très – et donc trop – éloignée de la vraie vie et des contraintes du scripteur. S'il est nécessaire d'établir des progressions, de choisir des entrées dans le système, il faut également concevoir les ponts sans lesquels tout transfert est illusoire. Effectivement, Marie Nadeau dénonçait déjà en 1996 des cahiers d'exercices fondamentalement éloignés de la réalité des tâches et des savoirs nécessaires à la morphosyntaxe : « L'étape d'identification est presque toujours absente et la recherche du mot avec lequel faire l'accord est généralement facilitée par une syntaxe simplifiée et peu variée[55]. » Aussi, les enseignants tendent à favoriser des pratiques de classe

---

[53] *Ibid.*, p. 83.
[54] Fisher & Nadeau (2009, pp. 212-213).
[55] Nadeau (1996, p. 144).

qui sembleraient porter leurs fruits rapidement : se passer de l'analyse grammaticale, utiliser des repérages de surface (présence de déclencheurs de l'accord, par exemple, ou encore utilisation de codage graphique), le tout sur des contextes sécurisés permet de mettre en réussite précocement. Plus de vingt ans après, le constat n'a guère changé, la même Marie Nadeau, cette fois accompagnée de Carole Fisher, conclut :

> En effet, les recherches sur l'acquisition de la morphographie du français écrit menées sur de plus vastes corpus démontrent toutes, comme nous l'avons vu précédemment, que le rendement des élèves est grandement affecté par divers facteurs, notamment le contexte syntaxique. Cela suggère qu'à l'école les élèves acquièrent peut-être davantage des connaissances implicites que des connaissances explicites… il y a la matière à réflexion. On sait que les conceptions de l'apprentissage orientent le choix des pratiques. Les enseignants ne sont peut-être pas suffisamment convaincus du temps et des efforts à accorder au développement de connaissances grammaticales explicites puisqu'ils ont tendance à choisir des activités qui développent des automatismes, des réflexes d'utilisation, en somme, des connaissances implicites[56].

Le propos sur l'efficacité des dispositifs censés inculquer la norme graphique hante tout didacticien de l'orthographe, mais nous voudrions le mettre en écho avec l'enseignement/apprentissage des compétences grammaticales en elles-mêmes. Marie Nadeau souligne le fait que « [la grammaire scolaire traditionnelle] ne fournit pas de moyen, de procédure, pour identifier la nature des mots, or cette **identification** est **nécessaire**, pour déclencher l'application de la règle d'accord ». Les exercices traditionnels d'identification des classes de mots, y compris représentés dans les évaluations nationales, prêtent le flanc aux mêmes comportements d'élèves face à une tâche binaire : le mot est ou n'est pas un verbe, par exemple. Mais, lorsqu'il est confronté à son écrit qu'il doit relire à des fins orthographiques, l'élève se trouve confronté à d'autres questions : est-ce que ce mot est un verbe, ou un adjectif, ou un nom, ou tout autre chose sur laquelle il n'est pas besoin de s'appesantir, parce qu'invariable ? La situation d'usage de la compétence à identifier les classes de mots apparait comme monstrueuse par rapport à l'exercice de manuel, d'autant plus si l'on tient compte du contexte par définition non-normé : l'élève est supposée corriger ses erreurs, son texte est donc supposé comporter des problèmes à la fois syntaxiques et morphologiques.

---

[56] Fisher & Nadeau (2009, p. 228).

En somme, et nous revenons à la conclusion de Marie Nadeau et Carole Fisher, les enseignants auraient le secret espoir plus ou moins conscient que l'orthographe pourrait fonctionner sans la grammaire. Peut-être faut-il tout de même s'y arrêter. S'appuyant sur les travaux d'Ellis (2005) et Gaux et Gombert (1999), Marie Nadeau et Carole Fisher rappellent que « savoir analyser témoigne de la présence, chez le scripteur, de connaissances grammaticales explicites. Des tâches d'identification de classes de mots ou de fonctions dans des phrases sont d'ailleurs employées pour mesurer le degré de conscience métalinguistique dans le domaine de la morphosyntaxe[57]. » L'étude exploratoire qu'elles mènent en sixième année de primaire sur les corrélations entre analyse grammaticale et gestion des accords au sein de groupes nominaux pluriel aboutit à montrer un lien assez tangible entre les réussites de l'une et de l'autre. En effet, les proportions de réussites des accords sont très significativement supérieures chez les élèves ayant correctement analysé le groupe nominal[58]. Ce type de travail nous parait légitimer encore la question de l'acquisition des classes grammaticales variables, d'autant plus que, s'appuyant sur des élèves « scolairement favorisés », il aiguise la curiosité d'aller voir du côté de l'éducation prioritaire. D'un point de vue linguistique, cette étude nous intéresse également lorsqu'elle met en relief que « la notion de groupe Dét + N est bien intégrée »[59] mais que la complexification du syntagme déstabilise très rapidement cette aisance d'analyse : lorsque le déterminant n'est pas prototypique (par exemple dans le cas des numéraux) et surtout lorsque le nom admet des expansions, l'identification achoppe très fréquemment. Pas de doute, le contexte syntaxique et les contraintes qui en résultent pour l'analyse constituent des paramètres forts de la réalisation des accords.

Nous synthétiserons le tout grâce à Jean-Pierre Jaffré : « En fait, la morphographie tient en une phrase et des années de travail : savoir écrire les mots, c'est être capable d'analyser leur structure linguistique pour en maitriser la variation graphique[60]. »

---

[57] Fisher & Nadeau (2009, p. 216).
[58] *Ibid.*, pp. 222-224.
[59] *Ibid.*, p. 225.
[60] Jaffré (1995, p. 149).

Les données du problème

1.3. Explicitation de nos choix

Au moment de s'engager dans une recherche située à l'intersection (certes inconfortable, mais nécessaire) de la didactique et de la linguistique, nous sommes amenés à effectuer un certain nombre de choix, d'une part du point de vue de l'ingénierie didactique, mais aussi des outils de description de la langue.

1.3.1. Quel dispositif ?

Dans un article précurseur de ses recherches fondant les entretiens métagraphiques comme méthodologie d'accès aux représentations des élèves, Jean-Pierre Jaffré postule la nécessité « d'une situation de classe au cours de laquelle le rôle du maitre [soit] aussi peu contraignant que possible »[61]. Aujourd'hui encore, notre rôle de formatrice nous permet d'expérimenter la difficulté de faire de la place pour la pensée des élèves. Cette affirmation est à entendre au sens évident de leur laisser du temps pour verbaliser leur cheminement, mais aussi leur proposer des tâches qui leur permettent une réelle réflexion, qui ne supposent pas la ré-application d'une série d'opérations déjà conçues, et, par conséquent, qui ne prêtent pas le flanc à des stratégies de contournement. Trouver une bonne situation-problème n'est pas chose facile, surtout lorsque l'on est conscient de l'hétérogénéité vraisemblable du public auquel on s'adresse, tous ceux qui s'y sont essayés le savent bien. Il n'empêche, relevant un (vieux) défi, nous tenions à « créer une atmosphère propice à l'analyse, hors de tout *a priori* didactique, par l'introduction d'un état d'esprit comparable à celui qui caractérise les activités d'éveil scientifique »[62]. Notre choix d'ingénierie didactique était également conditionné par une double cible : les élèves de CE2-CM1 d'une zone d'éducation prioritaire d'une part, une professeure des écoles sans formation linguistique particulière d'autre part[63]. Il s'agissait de faire nôtres les mots de Ghislaine Haas et Laurence Maurel[64], de croire aux « capacités de raisonnement de nos élèves et [à] leur gout pour cela : ils n'ont pas besoin d'être pris dans un projet communicationnel pour accepter de "faire de la grammaire".

---

[61] Jaffré (1979, p. 25).
[62] *Ibid.*, conclusion, p. 41.
[63] L'analyse approfondie de notre recherche du point de vue de l'enseignant reste à mener à bien, cf. conclusion.
[64] Haas & Maurel (2003, p. 17).

La langue les intéresse, pour elle-même. » En effet, l'« état d'esprit » particulier évoqué par Jean-Pierre Jaffré renvoie à une posture spécifique à l'activité d'analyse linguistique : considérer le langage davantage pour lui-même que pour le message qu'il véhicule, en observer le fonctionnement tout en maintenant l'impact subi par l'acte de communication au second plan, voilà une difficulté redoutable pour les élèves, d'autant plus pour ceux de qui souvent l'École tend à nier la capacité de réfléchir[65].

Dès lors, faisant ce choix de décorréler dans un premier temps orthographe et grammaire pour centrer l'activité des élèves sur une recherche de type linguistique, nous cherchions un dispositif qui nous permettrait de mettre au jour des représentations, comme définies par Carole Fisher :

> La didactique des sciences nous apprend que les représentations ne sont pas des idées-objets, des contenus de sens que les élèves ont en mémoire. Elles doivent être conceptualisées avant tout comme des systèmes dynamiques qui sont mobilisés face à un problème particulier dans une situation déterminée. C'est ce qui confère aux représentations des élèves un caractère instable et flou. Cette manière d'envisager les représentations met en lumière le rôle déterminant des contextes pour induire des mobilisations différentes de leurs connaissances par les élèves[66].

Accepter que les représentations des élèves ne soient pas figées, qu'elles se mobilisent différemment selon les contextes, nous amène à rechercher d'une part des modalités d'évaluation qui sortent du manichéisme binaire habituel, d'autre part des supports et des consignes efficaces afin de mobiliser les savoirs des élèves sur les classes grammaticales, sans les figer par avance à cause de l'utilisation d'une interface d'adulte expert. Expliquons cette méfiance à l'égard des métatermes : comme Danièle Cogis et Catherine Brissaud, nous estimons que les métatermes sont à construire, que les activités de classe devraient viser cette construction plutôt que de s'illusionner par l'imposition de définitions. Dès lors, il s'agit bien de trouver une consigne qui n'implique pas l'utilisation des métatermes. La gageure s'évalue à l'aune des recherches précédemment citées qui demandent en général aux élèves d'identifier des « noms », des « adjectifs », des « déterminants » ou encore des « verbes ». Confrontée

---

[65] Nous ne saurions mieux illustrer le phénomène qu'en rapportant les propos de cette conseillère pédagogique (dont on préservera l'anonymat) qui nous avait soutenu que « *Ratus* était la seule méthode de lecture accessible à *ces élèves-là* » (nous soulignons).
[66] Fisher (2004, p. 392).

au même problème, Fabienne Calame-Gippet utilise un mécanisme d'analogie : un texte est donné aux élèves dans lequel les noms sont soulignés, puis leur est distribué un ensemble de phrases dans lequel ils doivent souligner les mots qu'on pourrait mettre dans la même boite[67]. La proposition est séduisante, mais ne répond pas à une autre contrainte que nous nous sommes imposée, à savoir demander aux élèves de gérer le système des classes grammaticales, et pas repérer l'une d'entre elles. De plus, nous voulions voir apparaitre les métatermes en production, pas (seulement) mesurer l'efficience de leur interface en réception ; nous pensions, peut-être naïvement, échapper ainsi au formalisme des leçons de grammaire précédemment reçues par les élèves, et accéder davantage à ce que ceux-ci pensent du système des parties du discours, et à la façon dont ils s'y prennent pour tenter d'y comprendre quelque chose.

C'est ici que prennent place dans notre démarche les travaux de Carole Tisset, via « une manipulation qui n'est pas habituelle : le tri de mots »[68]. En effet, dans le cadre de recherches portant sur la psychogenèse du concept de verbe, Carole Tisset montre la difficulté réelle rencontrée par des élèves de CM2 pour identifier le verbe et son sujet. S'appuyant sur les travaux de Jean Piaget[69], elle postule que la morphosyntaxe peut être un levier pour faire bouger les représentations initiales des élèves sur le verbe, représentations dont elle montre la nature fortement sémantique. Ses propositions didactiques s'appuient sur les avancées de la grammaire générative, par le biais d'un certain nombre de manipulations, ajout, suppression, construction et déconstruction d'énoncés. Parmi ces propositions, le tri de mots est ainsi défini :

> À partir d'une phrase, les élèves, après avoir compté le nombre de mots, les classent afin de les associer selon un trait commun que chacun justifie[70]. Ce travail a pour but de faire passer d'une activité sémantique ou morphologique à une activité syntaxique.

---

[67] Calame-Gippet (2009, p. 214).
[68] Tisset (2004, p. 40).
[69] Piaget (1959).
[70] Nous retrouvons une consigne déjà présente dans l'article de J.-P. Jaffré précédemment cité : « Il fut ensuite demandé aux enfants [...] de "mettre ensemble" les mots où ils avaient remarqué *quelque chose de pareil*, sans autres précisions » (souligné par l'auteur) (Jaffré, 1979, p. 29).

Dans son ouvrage de vulgarisation à l'attention des enseignants[71], elle en propose une autre formulation, qui complète la précédente :

> Le tri de mots va permettre aux élèves de faire une première expérience cognitive complexe, en observant les mots pour trouver des « points de ressemblance » hors la chaine sémantique. Cette manipulation va leur faire découvrir la classe grammaticale (« la nature »), sans passer par des définitions complexes.
>
> L'objectif est de classer les mots d'une phrase en proposant un critère ; l'unique règle imposée est que tous les mots soient classés et qu'un mot ne puisse être classé dans deux familles simultanément[72].

Ainsi présenté, le dispositif répond aux critères que nous nous étions imposés. Nous développerons en quelques points les avantages d'une consigne fixe. Il ne s'agit pas de faire varier la tâche des élèves, mais de faire varier le corpus sur lequel elle s'applique. C'est le fragment textuel qui constitue à lui seul un levier pour le déplacement progressif des représentations des élèves. Pour reprendre l'exemple du verbe, introduire dans les énoncés des verbes qui ne soient pas des verbes d'action visera à élargir la classe du verbe. La fixité de la consigne permet aussi de gagner du temps d'activité réelle : les élèves se forgent au bout d'un temps plus ou moins long une représentation de la tâche qu'ils ont à accomplir. Comme celle-ci est complexe, il serait trop chronophage de la faire changer. En cela, nous tenons compte des paramètres organisationnels d'une classe, afin de mettre en place les conditions d'une recherche écologique, telle que défendue par Roland Goigoux[73].

Les points de contact avec les activités d'argumentation orthographique que nous avons précédemment analysées sont nombreux. Nous insisterons sur l'importance du cheminement du discours grammatical par rapport au résultat qui serait l'étiquetage exhaustif de tous les mots d'un énoncé. Ce n'est pas ce qui est visé, comme pour les ateliers de négociation graphiques de Ghislaine Haas, « l'accent est mis, pour les élèves eux-mêmes, sur le processus plutôt que sur le produit, sur les raisonnements à développer plutôt que sur la solution »[74]. D'ailleurs, il n'est pas question

---

[71] Tisset (2010, première édition 2005, p. 36).
[72] L'auteur n'ignore pas l'existence de mots transcatégoriels mais en diffère l'introduction, considérant que la prise en compte de la construction syntaxique doit permettre dans un premier temps de lever une éventuelle ambiguïté.
[73] Goigoux (2012).
[74] Haas & Maurel (2003, p. 14).

de traces écrites correctives dans cette aventure, mais davantage de mise en commun de procédures, dans le but d'aboutir à un savoir partagé par la classe[75]. Parce qu'il conditionne à la fois le choix du dispositif, mais aussi les outils d'analyse que nous présentons par la suite, il nous semble important d'expliciter le regard que nous souhaitons poser sur les productions des élèves, tant orales qu'écrites.

> Analyser les erreurs des enfants comme des indices d'un état de savoir et non comme manquement à une norme, c'est faire un choix épistémologique. [...] la plupart des didacticiens [...] font l'hypothèse que le savoir se construit, considérant après Piaget que *l'instrument d'échange initial n'est pas la perception, comme les rationalistes l'ont trop facilement concédé à l'empirisme, mais bien l'action elle-même en sa plasticité beaucoup plus grande*[76]. L'erreur devient alors un observable, indice de la mentalisation qu'effectue l'enfant, de ses représentations sur un sujet donné[77].

De la sorte, nous avons choisi une ingénierie didactique qui n'engendre pas une réponse globalement bonne ou erronée, mais une quantité d'indices sur le travail cognitif des élèves face à une tâche des plus complexes : catégoriser les parties du discours.

1.3.2. Quelle théorie linguistique ?

C'est un postulat qui pourra être discuté, mais nous choisissons de ne pas nous positionner *a priori* dans le champ d'une école linguistique : notre parcours personnel nous inscrit forcément dans une culture, dans une tradition, mais nous souhaitons au contraire mettre en résonnance les productions des élèves avec les différents héritages, tant de la linguistique que de la grammaire scolaire. Loin de tout aveu de faiblesse, il s'agit bien là d'une ouverture nécessaire. Nous demeurons persuadée de l'aporie d'une démarche qui consiste à mesurer la distance entre les représentations[78] que les élèves ébauchent, ajustent, approchent et les systèmes achevés que des siècles de grammairiens et de linguistes ont produits. C'est pourquoi nous prenons le parti d'essayer d'analyser ce que font les élèves à l'horizon des théories grammaticales et linguistiques.

---

[75] Le présent travail porte davantage sur les écrits individuels des élèves, mais il est manifeste que la dimension socio-constructiviste du dispositif demeurera à analyser et que la place des traces écrites constituerait également un enjeu didactique à discuter.
[76] Piaget (1979).
[77] Mongenot (1998, p. 87).
[78] Au sens reprécisé par Carole Fisher (2004).

Une fois ce cadre posé, il nous semble essentiel de justifier la terminologie grammaticale que nous faisons nôtre pour la suite de ce travail, à commencer par le mot « mot », dont l'expression même tend à montrer la complexité. Nous aurions pu de toute évidence utiliser « morphème », c'eût produit un effet plus sérieux. Rappelons rapidement que le « mot » est une sorte de notion communément partagée et mal définie. Ce n'est pas un hasard d'ailleurs si Anne-Marie Paveau l'évoque au sein des « quelques catégories susceptibles d'un traitement populaire » (« populaire » étant à entendre au sens de la traduction de *folk linguistics*) :

> La définition du mot *mot* est un classique de la distinction entre savoir savant et savoir populaire en linguistique : trop englobant, trop vague, polysémique et inapte à distinguer certaines segmentations, *mot* est généralement proscrit par les linguistes au profit d'*unité lexicale* ou, selon le contexte, *vocable*, considérés comme plus clairs et monosémiques. Mais il se trouve que *mot* est le mot le plus évident pour tous les locuteurs, quel que soit leur âge d'ailleurs, pour désigner cette unité qui est à la fois un îlot graphique, sémantique, et le support des représentations les plus répandues de la langue[79].

Ainsi, le mot est aussi courant et évident pour l'usager ordinaire que délicat à définir et à circonscrire pour le linguiste, qui, conséquemment, tend à lui chercher un remplaçant plus précis et plus opératoire. Mais il se trouve que nous n'avons pas fait trier des morphèmes, et que notre ingénierie didactique s'appuie sur le blanc graphique comme délimitation physique, par le biais de l'utilisation d'étiquettes-mots, ces étiquettes imposant aux élèves l'unité à considérer. Nous nous appuyons ici sur l'aveu de la *Grammaire d'aujourd'hui* : « Dans une langue telle que le français, il n'est possible de donner une définition à la fois simple et rigoureuse du mot qu'au niveau de la manifestation graphique, où le mot est le segment du discours compris entre deux espaces blancs[80]. » Le découpage en mots graphiques est la première expérience de segmentation du discours que font les élèves lorsqu'ils apprennent à lire et cette segmentation permet l'appréhension du mot non plus seulement en usage mais en mention, première étape de la construction d'une posture métalinguistique. En ce sens, ce que les élèves manipulent physiquement et ce que nous analysons dans leurs productions, ce sont bien des « mots », et c'est une des limites de notre recherche : nous n'avons pas interrogé la représentation des élèves concernant ce concept, nous leur avons imposé des objets. Il

---

[79] Paveau (2005, pp. 101-102).
[80] Arrivé, Gadet & Galmiche (1986, p. 393).

Les données du problème

nous semblait hors de propos de faire trier des morphèmes ; Marie-José Béguelin en convient lorsqu'elle prévient que « tendant vers l'abstraction formelle, l'analyse en morphèmes s'éloigne certes des notions communes et de la conscience épilinguistique des sujets parlants »[81]. Nous faisons nôtre les trois critères qu'elle propose pour situer le concept de « mot » :

C1. « avoir une fonction significative, ou une fonction de balisage (i.e. de marquage d'une frontière de syntagme ou de proposition) »

C2. « être une unité minimale de signification »

C3. « être un segment d'au moins une syllabe »[82]

Ce « gradient de typicalité » permet par ailleurs de comprendre pourquoi les élèves peinent à compter *l'* lorsqu'il leur est demandé de dénombrer les mots de l'énoncé, tâche qui était traditionnellement la leur avant la distribution des étiquettes, lors de la première séance de chaque tri.

Conséquence de ce choix du mot, ainsi défini, comme unité, nous avons été amenée à neutraliser dans le codage statistique certains mots-étiquettes, parce qu'ils nous semblaient mettre les élèves dans des situations aporétiques[83]. En effet, certains phénomènes de figement engendrent l'impossibilité d'analyser les éléments isolés par les blancs graphiques. Nous avons effectué des arbitrages qui sont autant de choix ; par exemple, exclure *premier venu* mais conserver *à l'inverse*, souvent pour des raisons pragmatiques qui renvoyaient davantage à la possibilité d'un codage statistique lisible, mais aussi pour des raisons linguistiques. L'analyse de *premier venu* risque de mettre les élèves en difficulté avec la règle *un mot dans un regroupement et un seul* puisque *premier* peut être analysé comme un adjectif ou comme un nom. En revanche, bien que lexicalisé, *à l'inverse* ne présente pas de difficulté d'analyse : préposition+ déterminant + nom.

Des problèmes similaires se posent quant aux délimitations des parties du discours. Parce qu'il nous faut composer avec des élèves, avec une enseignante, mais aussi avec des injonctions officielles[84], il nous a semblé

---

[81] Béguelin (2000, p. 47).
[82] *Ibid.*, p. 45.
[83] Nous y reviendrons plus tard dans cette partie, lors de l'analyse détaillée des énoncés soumis aux élèves, 3.2.
[84] Rappelons ici que cette recherche, écologique, n'a pas pour cadre un régime d'exception : les élèves que nous avons observés doivent atteindre les connaissances et

logique d'utiliser la terminologie officielle de 1997[85], et donc de parler de « classes grammaticales », de « déterminant », de « nom », etc. En revanche, nous avons fait le choix de viser les catégories, et non les sous-catégories, pour éviter le recours trop évident aux savoirs déclaratifs ; exemple concret, la classe des « déterminants » peut être approchée grâce à diverses procédures, tandis que la distinction entre « articles définis » et « déterminants possessifs » nous semblait inciter les élèves à régurgiter un savoir de liste qui ne dit rien de l'état de leurs conceptualisations. Ainsi, ce que nous avons codé – mais aussi, d'une certaine façon, induit – chez les élèves, c'est l'utilisation des métatermes « déterminant », « nom », « adjectif », « verbe » et « pronom ». Nous y reviendrons dans les parties ultérieures, mais les élèves ont parfois imposé les sous-catégories, notamment dans le cas très répandu de l'intitulé « pronom personnel ».

---

compétences définies par les programmes de l'Éducation nationale.
[85] MEN (1997).

2. Présentation du dispositif expérimenté et des conditions du recueil de données qualitatives

Reprenons de façon synthétique le contenu précédemment développé : pour atteindre les représentations des élèves concernant les classes de mots, il s'agissait de choisir un dispositif qui, d'une part, induisait l'explicitation par les élèves de leurs cheminements cognitifs, et qui, d'autre part, invitait au traitement de toutes les classes grammaticales variables à partir d'un même énoncé, dans le but de se rapprocher au mieux de la situation de relecture par les élèves de leurs propres écrits. Le tri de mots à visée grammaticale, tel que Carole Tisset (2005) le définit, répondait à ces contraintes, et nous a paru d'emblée constituer une clé pour accéder aux raisonnements grammaticaux des élèves. Nous en présentons ici les principes et les éléments de mise en œuvre, tels que nous avons pu les préciser et les circonscrire au fil d'une expérience approfondie de transfert au sein de différents types de formations, initiales et surtout continuées.

2.1. Description du déroulement matériel

Il s'agit de soumettre un énoncé bref (entre 20 et 30 mots, une ou deux phrases) aux élèves, lesquels devront en trier tous les mots en respectant quelques principes élémentaires que nous préciserons ci-dessous, en travaillant dans un premier temps individuellement, puis en groupe, enfin, collectivement.

2.1.1. *Les supports et les consignes utilisés*

Lors de la phase individuelle, chaque élève reçoit la ou les phrase(s), ainsi que l'ensemble des mots composant cet énoncé, sous forme d'étiquettes. L'énoncé est reporté au tableau et lu en classe entière ; il ne doit contenir aucun mot inconnu des élèves, c'est-à-dire *a priori* aucune difficulté d'ordre lexicale. Le nombre de mots le composant est établi avec la classe, ceci afin de vérifier la prise en compte de tous les mots par les élèves, même de ceux qui ne comptent qu'une lettre, ou encore de ceux qui sont élidés. La consigne est simple : « trie tous les mots de ces phrases ». Elle est glosée avec les élèves pour faire comprendre la tâche de catégorisation qui est attendue, par le biais d'expressions telles que « faire des tas », « réunir, mettre ensemble, les mots qui ont un ou plusieurs points communs ». Il s'y ajoute une contrainte, qui permet de rationnaliser la catégorisation attendue : « chaque mot ne doit pouvoir aller que dans un tas », mais aussi une latitude, qui rend la tâche faisable : « il est possible de mettre les mots que vous ne parvenez pas à trier dans un tas intitulé *je ne sais pas* »[1]. Dès lors, les élèves réalisent leur tri sur un support individuel, cahier ou feuillet. Nous insistons sur le fait qu'aucun critère ne soit donné aux élèves, ceux-ci devant construire chaque étape de ce travail de catégorisation, nous y reviendrons.

La mise en groupe de trois ou quatre élèves permet de reposer la même consigne à partir de ce même énoncé, mais en y ajoutant une dimension argumentative. En effet, dans un premier temps, chaque membre du groupe doit, à partir de son travail individuel, expliquer aux autres la façon dont il s'y est pris pour résoudre le problème de catégorisation posé. Les élèves vont ainsi successivement expliquer leurs raisonnements et entendre ceux des autres, en tâchant de les comprendre. Dans un second temps, les écrits individuels sont repris par l'enseignant en même temps que celui-ci distribue les éléments permettant la constitution d'une affiche commune, représentative du consensus sur lequel les élèves du groupe ont à s'accorder. Ceux-ci disposent donc à nouveau de l'énoncé entier, mais aussi d'un jeu d'étiquettes d'assez grand format et d'une affiche sur laquelle les coller. Il est explicitement dit aux élèves qu'ils doivent tous être capables d'expliquer les choix faits par leur groupe, et qu'ils doivent fournir des « preuves », des « arguments », des « procédures » permettant d'étayer leur choix.

Pour clore la séquence, les élèves réunis en groupe classe sont invités à prendre connaissance de l'ensemble des affiches produites lors du travail en groupe restreint. Ils doivent les comparer, voir ce qui est commun et ce qui est différent. Ensuite, l'enseignant est l'animateur d'un débat qui peut avoir deux types d'objectifs différents : soit revenir sur un ensemble de procédures utilisées dans la classe pour identifier certaines classes de mots,

---

[1] Les élèves ont très rapidement adopté la mention du point d'interrogation pour désigner cet ensemble.

soit soulever un problème en demandant aux élèves d'argumenter autour d'un nœud de désaccord entre les groupes ou au sein des groupes. Ainsi, le mot qui n'a pas été positionné au même endroit par tous les groupes est à nouveau discuté, donne lieu à des échanges argumentatifs au sein desquels les élèves sont amenés à apporter de nouveau des preuves, des procédures qui démontrent leur résultat. Ce temps d'échange collectif est conclu par une reprise de l'enseignant qui reformule les éléments de consensus, c'est-à-dire les procédures jugées pertinentes par les élèves, ainsi que les points de désaccord franc demeurés en suspens, le cas échéant. Ainsi la mise en commun est-elle conclue par une synthèse magistrale qui clôt l'activité.

2.1.2. Quelques variantes pédagogiques

Les trois phases étaient initialement pensées pour être séparées dans le temps et constituer trois séances distinctes programmées sur deux à trois jours. En effet, il s'agit de laisser du temps à l'enseignant pour qu'il puisse analyser les écrits produits par les élèves avant de mettre en œuvre la phase suivante. Ainsi, nous avons créé un document intitulé « carnet de bord », qui devait permettre aux enseignants de mieux accompagner leurs élèves au fil de ces différentes étapes, nous y reviendrons peut-être dans une recherche ultérieure[2]. Les écrits individuels peuvent permettre d'ajuster la composition des groupes en fonction de critères sur lesquels nous reviendrons ci-dessous. Les écrits de groupes doivent être analysés pour préparer les objectifs raisonnés du travail de mise en commun. Il s'avère que, sous l'effet de son expertise grandissante, Carole Deblaere, l'enseignante qui nous a apporté l'essentiel de notre matériel de recherche, a fréquemment préféré réunir les deux dernières phases, enchaînant ainsi fréquemment le travail de groupes et la mise en commun débouchant sur une synthèse. Autre variante qu'elle a parfois mise en œuvre, la différenciation des mises en commun lui a permis de gérer plus aisément les différents niveaux de formulations épi- et métalinguistiques nécessaires à la compréhension de tous. Ainsi, la dernière phase venait conclure un travail préalable dont les groupes étaient plutôt de type homogène.

Concernant la constitution des groupes, l'enseignant est effectivement confronté au positionnement d'un curseur pouvant se situer entre

---

[2] Cf. conclusion.

homogénéité et hétérogénéité de performance[3]. L'art de la composition des groupes de travail permet de discerner diverses modalités qui dépendent des objectifs de fonctionnement visés. Conserver les mêmes groupes tout au long de l'année apporte une meilleure rentabilité dans la mise en œuvre, avec une forme de routine de fonctionnement qui permet une entrée plus rapide dans l'activité cognitive. Mais adapter les groupes en fonction des écrits produits lors de la phase individuelle permet d'être plus fin dans l'ajustement des groupes, et c'est d'ailleurs le choix qui fut celui de Carole Deblaere la plupart du temps. Des groupes trop fortement hétérogènes ne fonctionnent pas, il s'agit d'éviter les dominations excessives au sein des débats, et, si cela vaut pour les élèves perçus comme très performants, cela peut également être le cas avec des élèves socialement reconnus comme dominants. Or il est difficile d'évaluer les compétences des élèves *a priori*, c'est pourquoi notre enseignante référente a souhaité ajuster continuellement la composition des groupes en fonction des tris produits individuellement. Mais il est peut-être encore plus délicat de trouver pour chaque regroupement d'élèves un moteur, un explorateur qui saura lancer des pistes, et donc alimenter l'argumentation. En effet, il est vrai que les groupes constitués uniquement d'élèves n'étant pas réellement entrés dans la tâche de catégorisation grammaticale sont voués à ne fonctionner qu'en présence de l'enseignant, et dans des modalités trop encadrées pour relever réellement d'une situation de recherche au sens plein du terme.

Dernière variable, les phrases proposées à l'analyse peuvent être différentes au sein du même collectif, créant de fait plusieurs tris de mots se déroulant en parallèle, ou encore, dispositif très utilisé par une enseignante de CE1-CE2 que son double niveau rendait soucieuse de la différenciation, de proposer un corpus de phrases de longueur variable ; chaque phrase est caractérisées par une couleur (qui permet de reconnaitre les mots qui en sont issus lors de la mise en commun), selon le degré de compétence de l'élève (et, par la suite, du groupe, homogène) celui-ci a à traiter un plus ou moins grand nombre de phrases. De surcroit, ce système permet de positionner dans les phrases facultatives des difficultés plus importantes permettant d'atteindre la zone d'apprentissage des élèves plus avancés. Pour autant, la phase de mise en commun peut se faire avec le groupe classe, dans la mesure où tous les élèves ont travaillé sur les premières phrases. Le travail des élèves les plus performants est alors

---

[3] « Performance » étant ici comme pour l'ensemble de notre travail à entendre dans son acception contextuelle de performance quant à la tâche de catégorisation proposée.

Présentation du dispositif expérimenté 61

supervisé par l'enseignant davantage lors de la fin de la phase de groupe, voire dans une brève synthèse supplémentaire, concernant un public différencié et portant sur les phrases supplémentaires. Notre enseignante de référence à Trappes s'est peu emparée de cette variable, préférant mettre en œuvre certains tris avec seulement une partie de l'effectif de la classe.

2.2. Analyse didactique

Une fois posées les circonstances matérielles de mise en œuvre, il s'agit de préciser les objectifs à plus ou moins long terme, ainsi que les enjeux cognitifs de ce dispositif qui permet d'envisager un large horizon conceptuel.

2.2.1. Les objectifs et compétences visées

Si nous avons choisi la dénomination « tri de mots à visée grammaticale », c'est qu'il nous a toujours semblé essentiel de construire non seulement l'acquisition de compétences dans le domaine de l'étude de la langue, mais aussi la représentation la plus conscientisée possible de ce travail réflexif ; il s'agit bien là de faire appréhender la langue comme un système et de mettre en valeur cette démarche en elle-même. Cependant, à une première échelle, celle des instructions officielles, il s'agit de travailler l'identification des classes grammaticales variables. Les programmes de 2008 précisent qu'à l'issue du cycle 2 l'élève doit savoir « identifier la phrase, le verbe, le nom, l'article, l'adjectif qualificatif, le pronom personnel (forme sujet) », puis, à la fin du cycle 3, ils préconisent l'« identification, selon leur nature, des mots suivants : les verbes, les noms, les déterminants (articles définis et indéfinis, déterminants possessifs, démonstratifs, interrogatifs), les adjectifs qualificatifs, les pronoms (personnels, possessifs, relatifs, démonstratifs et interrogatifs), les adverbes, les prépositions »[4]. Au sein de ces listes, nous faisons le choix de travailler sur un degré de catégorisation qui ne s'appuie pas sur des savoirs déclaratifs, mais qui peut être obtenu par le biais de savoirs procéduraux, savoirs procéduraux qui plus est adaptés à la maturité intellectuelle du public visé (enfants de 6 à 11 ans). Pour qu'il y ait argumentation, il faut bien que les acteurs puissent utiliser des arguments, autres que d'autorité. C'est ainsi que ne sont réellement utilisés que le nom, le

---

[4] MEN (2008). Programmes en vigueur à l'époque de notre recueil de données.

verbe, l'adjectif, le déterminant et le pronom (dans une moindre mesure). Les autres classes ne peuvent faire l'objet d'identification par le biais de manipulations, notamment paradigmatiques, ou alors de façon beaucoup plus délicate et abstraite. De plus, il s'agit aussi d'établir des priorités dans les concepts à acquérir : les cinq classes nommées sont celles qui subissent des variations morphologiques, et nous nous situons résolument dans une démarche pragmatique dont l'horizon s'étend jusqu'à la maitrise de la langue, notamment dans sa dimension orthographique[5].

Pas plus que le Socle commun, les instructions officielles ne s'attardent sur le problème du positionnement de l'élève par rapport à la langue. Or c'est une dimension du travail mis en œuvre dans cette recherche, dimension fondamentale bien que plus difficile à évaluer. Il s'agit de faire en sorte que chaque élève entre dans une démarche réflexive par rapport à cette langue qu'il utilise au quotidien. La langue, outil de compréhension du monde, de communication, doit devenir l'objet de la réflexion, le support d'une démarche abstraite de catégorisation. Notre hypothèse de départ suppose que la pratique du tri de mots sans contrainte de critères peut faire émerger, puis renforcer, asseoir une posture métalinguistique qui fait souvent terriblement défaut aux élèves. L'utilisation d'arguments linguistiques, de manipulations puis de verbalisations métalinguistiques témoignent du degré de maitrise du système grammatical dans ses grandes lignes.

2.2.2. Les enjeux cognitifs à plus long terme

En effet, autre hypothèse forte, nous prenons le pari que le système de la langue ne peut être intelligemment appréhendé que dans sa globalité, c'est-à-dire qu'il est nécessaire d'en poser les grandes structures pour ensuite parvenir à en détailler chaque mécanisme. Le choix d'une consigne très ouverte oblige l'élève à organiser les principales catégories les unes par rapport aux autres, ce qui est la seule façon de parvenir à réellement catégoriser, au sens de partitionner un ensemble d'éléments en fonction de points communs et de points d'opposition. La tradition scolaire tend à atomiser, à isoler les notions pour simplifier ce qui est effectivement un contenu complexe. Nous pensons que nombre d'enfants ne parviennent jamais à gérer l'implicite scolaire de ce fonctionnement,

---

[5] Ce positionnement, qui était le nôtre de façon univoque au moment de concevoir les conditions du recueil de données, a été sensiblement infléchi par les résultats de cette recherche, nous nous en ferons l'écho dans la troisième partie.

c'est-à-dire à faire du lien entre les différentes iles de ce qu'ils perçoivent à peine comme étant un archipel.

Nous posons comme préalable la difficulté intrinsèque des concepts qui permettent de décrire la langue, et donc l'impossibilité de les définir à l'attention des élèves, tout comme la nécessité de trouver des voix d'accès praticables pour de jeunes apprenants. Cette aporie trouve une solution dans les propositions vygotskiennes[6] d'approche des concepts par le biais de leurs propriétés, propriétés appréhendées grâce à l'expérience de la manipulation. S'il n'est pas possible de définir ce qu'est un verbe, alors il faut approcher ce concept en rencontrant nombre d'individus qui relèvent potentiellement de cette catégorie et en tentant de trouver d'une part ce qui les rapproche, d'autre part ce qui permet de les séparer du reste, par exemple de les différencier des noms ou des adjectifs. C'est pourquoi la tâche fondamentale dévolue à l'élève est celle de la catégorisation : il construit des ensembles en tentant de discerner dans leurs éléments respectifs des propriétés communes. À la sortie de la maternelle, l'enfant est censé savoir « reconnaitre, nommer, décrire, comparer, ranger et classer des matières, des objets selon leurs qualités et leurs usages »[7], cette catégorisation d'éléments concrets est prolongée dans le domaine du vocabulaire, de façon implicite, puisque les activités de classement y sont préconisées par le Ministère. Mais si tant est que cette compétence soit réellement acquise avant l'entrée en CP[8], ce qui fera de la catégorisation une arme parfaite pour l'acquisition des concepts grammaticaux, c'est son adaptation à des supports de plus en plus abstraits. En effet, dans un premier temps, la catégorisation des mots s'appuie sur leur matérialité, sonore (il y a tel ou tel son dedans), ou visuelle (il y a telle ou telle lettre dedans, il y a « n » lettres qui le composent), ou encore sur des référents concrets, c'est-à-dire sur ce qui est désigné par le mot (exemple scolaire canonique, le fameux « dans une phrase, le verbe c'est le mot qui dit l'action »), mais l'utilisation des classes grammaticales induit le passage à une réflexion métalinguistique, puisqu'elle nécessite de considérer le fonctionnement des unités, de façon paradigmatique et syntagmatique, de s'interroger

---

[6] Vygotski (1997, 3ᵉ éd.).
[7] MEN (2008).
[8] Ce qui s'avère peu efficient. La capacité à catégoriser est peu travaillée en maternelle, car lors des activités de classement, les catégories sont en général données *a priori* par l'enseignant et non laissées à la discrétion des jeunes élèves, ce qui ne permet pas de comprendre leur caractère relatif ni d'appréhender les tâches intellectuelles nécessaires à leur mise en œuvre.

sur les commutations possibles, les relations de dépendances éventuelles, les variations morphologiques, autant de critères dont l'abstraction va proportionnellement avec l'efficacité. En effet, les différentes procédures applicables semblent d'autant difficiles d'accès qu'elles sont pertinentes pour un grand nombre d'énoncés.

La catégorisation, accompagnée par l'explicitation des cheminements cognitifs qui la rendent possibles, représente un raisonnement heuristique, qui permet de structurer des savoirs autres que grammaticaux ; cette perspective dépasse notre champ d'analyse, mais nous semble extrêmement fructueuse et digne de recoupements interdisciplinaires.

Autre perspective qui dépasse le travail sur les classes grammaticales, la mise au jour du jugement linguistique et de son utilité mérite d'être citée ici, à plus d'un titre. D'une part, les manipulations syntagmatiques et paradigmatiques que les élèves font subir aux phrases proposées nécessitent la référence à l'acceptabilité ou non des énoncés. L'utilisation des outils de la linguistique générative[9] suppose l'arrière-plan d'une norme plus ou moins intégrée, plus ou moins localisée, à l'aune de laquelle seront jugés les possibilités et impossibilités. D'autre part, il s'avère que les élèves dont nous avons recueilli le travail ne sont pas forcément outillés pour exercer ce jugement de grammaticalité et que cela a posé des problèmes dont l'intérêt est majeur[10]. Pourtant, l'enseignement-apprentissage de l'orthographe dans ses formes les plus récurrentes utilise cette compétence à juger de la grammaticalité d'un énoncé en faisant momentanément abstraction de son sens : toutes les substitutions proposées pour résoudre les problèmes homophoniques s'appuient sur la commutation d'un élément et sur le jugement de l'énoncé qui en résulte. C'est pourquoi l'élève doit parvenir progressivement à poser la distance entre la dimension référentielle d'un énoncé et sa correction syntaxique, autrement dit à juger de la tenue grammaticale par-delà les éventuelles modifications de sens. Exemple type de ces contraintes de raisonnement, la substitution par un verbe dit « du troisième groupe » (« prendre », « mordre », « vendre » étant largement les plus répandus) pour décider de la graphie d'une finale verbale en /e/, nécessite d'utiliser toujours le même verbe pour commuter, pour des raisons de rentabilité évidentes : il s'agira,

---

[9] Tels qu'ils ont été didactisés dans le mouvement de rénovation grammaticale à partir des années 1970 dans la francophonie du nord (Besson, Genoud, Lipp & Nussbaum, 1979 ; Combettes, Fresson & Tomassone, 1977 ; Chartrand *et al.*, 1999).
[10] Cf. Partie 3, 2.2.2.3.

quelle que soit la phrase de départ, de faire abstraction du sens obtenu suite à la commutation, pour pouvoir exercer un jugement linguistique.

2.2.3. Principes de progression

Le tri de mots à visée grammaticale s'appuie sur une consigne fixe, identique quel que soit le niveau de classe ou les performances des élèves considérés. Le curseur de progression se situe au niveau de l'énoncé proposé aux élèves : ce sont les mots donnés à catégoriser, ainsi que les structures syntaxiques dans lesquels ils sont organisés qui définissent le degré de difficulté de la tâche proposée. Nous pouvons lister les critères de difficulté qui nous semblent pertinents, dans la mesure où ceux-ci délimitent pour chaque classe grammaticale une sorte d'étalon représentatif des caractéristiques les plus régulièrement rencontrées, et spécifient les paramètres d'éloignement de ce paradigme initial.

- ✓ Du concret vers l'abstraction, pour les mots lexicaux, le critère sémantique est une entrée forte. Qui plus est, il est encouragé par la tradition de l'enseignement de la grammaire, que l'on pense par exemple au verbe, défini comme le mot qui dit l'action ou l'état. Si le second est peu reconnu car trop abstrait, la première construit la représentation prototypique que les élèves se font de la classe verbale, très tôt.
- ✓ L'effet de fréquence est également important. Tous les mots proposés lors des tris étaient connus des élèves, c'est-à-dire *a priori* intégrés à leur vocabulaire en réception. Mais, bien entendu, la proximité liée à l'emploi des termes ou à leur rencontre plus ou moins fréquente joue un rôle important dans les possibilités d'identification des mots en question.
- ✓ Le critère syntaxique entre en jeu pour toutes les classes grammaticales considérées, étant donné qu'elles se situent sur l'axe syntagmatique les unes par rapport aux autres. Puisque le nom est précédé d'un déterminant dans les représentations des élèves, un nom qui n'est pas actualisé par un déterminant ou dont le déterminant n'est pas reconnu posera *a priori* davantage de problèmes qu'un nom inscrit dans une séquence plus canonique, du type déterminant, nom puis adjectif[11].

---

[11] Le phénomène est observable, y compris chez les professeurs des écoles stagiaires, comme Marie-Laure Elalouf a pu le montrer (Elalouf, 2009).

✓ Enfin le critère morphologique s'impose puisque les énoncés soumis au tri sont normés et donc peuvent proposer des appuis de cette nature : les verbes notamment sont d'autant plus reconnaissables qu'ils possèdent des morphèmes grammaticaux qui leur sont propres, comme la finale « -nt ». Mais la classe la plus touchée par ce critère morphologique est sans conteste le déterminant puisqu'il est largement considéré par les élèves comme un « petit mot », et ce pendant longtemps. Dès lors, introduire des déterminants de plus de trois lettres constitue une difficulté.

D'après notre hypothèse de départ, la progressivité des énoncés proposés au tri devait permettre la complexification progressive des concepts construits par chaque élève. À partir de la représentation prototypique que chaque élève se fait de la catégorisation des mots, chaque énoncé doit poser une situation problème permettant de faire évoluer celle-ci. La difficulté initiale repose dans l'hétérogénéité constitutive à tout collectif, l'efficacité du dispositif s'évaluant aussi dans sa capacité à faire progresser l'ensemble du groupe classe. Nous observerons ainsi comment les différents profils d'élèves voient leurs représentations évoluer.

2.3. Dimension sociologique du recueil de données

Nous avons effectué l'ensemble de cette recherche sur le département des Yvelines, département de la banlieue parisienne dont les villes présentent des écarts importants de profils socio-culturels. La classe qui nous sert de support principal est située à Trappes, en réseau prioritaire ECLAIR, devenu REP +. Les évaluations sur lesquelles nous nous appuyons pour contextualiser les performances de la classe test ont été passées dans quatorze écoles sur trois circonscriptions différentes, que nous avons tenté de choisir de façon à tester des élèves d'horizons aussi variés que possibles.

2.3.1. Description de la classe observée

Trappes est une commune intégrée dans son ensemble aux réseaux de l'éducation prioritaire ; à l'époque du recueil de données, toutes les écoles sont donc intégrées à un réseau prioritaire ECLAIR. Anciennement classée RAR, aujourd'hui classée REP+, l'école Henri Wallon est ainsi indexée dans le catalogue de ces écoles jugées « difficiles », avec des élèves issus de milieux socio-professionnels extrêmement modestes, caractérisées

par une très grande diversité culturelle. Les vingt élèves qui ont fait partie
– un an ou deux selon les cas – de l'effectif considéré ne dérogent pas à
cet environnement. Le patchwork ethnique, visible, recouvre aussi une
hétérogénéité plus sourde, celle du rapport aux savoirs, et du rapport
à l'école, considérée comme un ascenseur social primordial par les uns,
objet d'une méfiance ancienne pour les autres.

Difficile également de dresser un portrait uniforme du rapport à la
langue de ces élèves. Nous nous y étions efforcée lors d'une publication[12] :

> Si l'on considère l'échantillon de quinze élèves suivis sur deux ans, auxquels
> s'ajoutent six élèves qui ont rejoint la classe en CM1, il est délicat de résumer
> ce que serait leur rapport à la langue française. En effet, ce qui caractérise
> cette classe, comme nombre d'autres situées en ECLAIR, c'est la grande
> diversité des situations au sein du même collectif. La quasi-totalité des élèves
> sont nés en France, leurs parents, en revanche, pas forcément ; ceux-ci ne
> sont pas tous francophones ; ils sont ancrés dans des cultures très différentes,
> Afrique noire, Maghreb, Sud-Est asiatique, sous-continent indien, Europe
> de l'Est ; leurs parents ne sont pas tous alphabétisés ; la culture de l'écrit est
> très inégale ; le nombre d'enfants dans le foyer va de un à douze ; le rapport à
> l'école peut reposer sur une grande confiance comme sur une ignorance plus
> ou moins hostile. En voulant établir des caractéristiques, des profils d'élèves,
> nous avons perçu à quel point cela n'avait que peu de sens, surtout dans une
> recherche exploratoire comme la nôtre. Mais enfin, à côtoyer ces enfants
> ainsi que leur enseignante, nous avons voulu trouver des éléments de réponse
> aux difficultés tout de même spécifiques qui se faisaient jour au quotidien.
>
> Ainsi, comme le dit très justement Valelia Muni-Toke, « l'identité singulière
> des apprenants n'est pas [...] soluble dans des systèmes linguistiques et
> culturels qui les représenteraient *a priori* »[13] ; il est finalement plus aisé de
> dire ce qui ne concerne pas ces élèves que de définir réellement ce que serait
> un terme adapté à leur rapport à la langue française : si ce n'est pas réellement
> du FLE, ni même du FLScol, ils utilisent le français au quotidien depuis
> plusieurs années, ce n'est pas non plus du FLM pour un nombre important
> d'entre eux. Françoise Gadet synthétise le problème en montrant la fragilité
> de ces catégories et en aboutissant au concept de Français Langue Première.
>
> La catégorie de « langue première » (qui donnerait lieu à du « FLP » ?) a
> été instituée sur la considération de situations linguistiques, probablement
> d'ailleurs les plus nombreuses à travers le monde (cela concerne en particulier

---

[12] Beaumanoir-Secq (2013, pp. 432-434).
[13] Muni-Toke (2012, p. 12).

un grand nombre de situations africaines), dans lesquelles la première langue utilisée par un enfant n'est, ni nécessairement ni toujours, la langue de la mère[14].

Quant aux élèves dont le français est réellement la langue maternelle, au sens propre du terme, leur ancrage social et culturel est tel que la variété scolaire du Français est également fort éloignée de leur pratique de la langue. Cet éloignement vient creuser un écart déjà présent pour la plupart des élèves, écart décrit par Véronique Fillol dans un contexte de plurilinguisme, mais relevé dans de toutes autres situations d'enseignement :

> Cette langue que l'enseignant utilise au quotidien sans distance et sans analyse peut être relativement éloignée des usages quotidiens du français pratiqués par les élèves : consignes, conduites discursives comme par exemple savoir verbaliser, expliciter, décrire une œuvre d'art, décrire un phénomène en découverte du monde, émettre une hypothèse, justifier… Il s'agit de savoir réaliser des activités langagières qui permettent d'entrer véritablement dans les apprentissages et pas seulement d'acquisition d'un vocabulaire spécifique[15].

Ainsi, plutôt que de tenter de situer les élèves par rapport à la norme, il convient d'observer à quel point celle-ci échappe, et, dans le sillage de Valelia Muni-Toke, dénoncer le mirage d'une « identité homogène liée à une variété linguistique standard »[16]. Dès lors, poser la question de l'accès au raisonnement grammatical s'avère fructueux pour juger de la pertinence et de l'efficacité des ingénieries didactiques et, à travers elles, de certains mécanismes linguistiques introduits dans la norme de l'enseignement de l'étude de la langue. La distance qui sépare l'élève de la norme écrite, norme qui régit l'ensemble des discours tenus sur la langue dans le cadre scolaire, semble constituer un obstacle important au raisonnement grammatical.

> Les observations et analyses que nous avons pu effectuer lors de cette recherche qualitative ne cherchent pas à établir un lien entre degré de francophonie du foyer et réussite en grammaire. Certains enfants de parents nés en France et francophones ont connu des situations d'échec, de stagnation des performances, tandis que d'autres, ayant des parents non francophones, ont accédé à des raisonnements grammaticaux complexes. Par exemple, Arvinde,

---

[14] Gadet (2012, p. 124).
[15] Fillol (2012, p. 58).
[16] Muni-Toke (2012, p. 21).

issu d'un foyer indien non francophone, est un élève ne présentant pas *a priori* de compétences remarquables lors des évaluations de début de CM1, mais, à partir de janvier, il s'empare de la commutation et l'utilise dans ses opérations de catégorisation, il la verbalise explicitement lors des séances de mise en commun, entre autres. Il perçoit la dimension heuristique de cette manipulation, s'en sert pour quatre des cinq classes grammaticales étiquetées (déterminant, nom, verbe, adjectif), et éprouve la solidité de cette démarche durant le reste de l'année, avec des résultats probants. Or la commutation par un mot de même classe grammaticale nécessite le recours au jugement de grammaticalité[17].

Le choix d'un tel lieu pour cette recherche n'est pas anodin, il s'agit de nous positionner par rapport à certains discours qui peuvent être tenus sur les aménagements supposés nécessaires à la scolarisation d'un certain public d'enfants, mais aussi de postuler qu'il est possible d'en apprendre davantage sur la genèse de la catégorisation des parties du discours en regardant travailler des élèves qui, *a priori*, sont moins figés dans un discours déclaratif. Ainsi, nous adoptons un postulat déjà exprimé par Fabienne Calame-Gippet :

> Nous avons voulu observer les capacités de ces élèves dans des tâches d'identification des constituants de la langue au niveau de la phrase (catégories linguistiques et groupes fonctionnels), dans la mesure où elles semblent être les plus difficiles, les plus abstraites, pour des enfants jeunes et/ou de milieu défavorisé. Nous n'avons pas cherché à justifier ces tâches en les reliant à des activités de lecture ou d'écriture, dans la mesure où nous voulions tester la capacité des élèves à s'intéresser à la langue comme système[18].

Les résultats que nous analysons dans la suite de ce travail doivent être regardés en ayant comme horizon ce contexte que l'on ne peut considérer comme un milieu scolaire « ordinaire » (Lahire, 2000).

2.3.2. Carole Deblaere, une professeure des écoles

L'enseignante qui a accepté de collaborer avec nous sur ce projet de suivi longitudinal présentait un profil particulièrement intéressant car elle avait déjà un positionnement très ouvert vis-à-vis de ses élèves, une bonne capacité d'écoute et une expertise en matière de gestion de classe qui permettait d'économiser du temps concernant la formation

---

[17] Nous reviendrons sur cette question cruciale du jugement de grammaticalité en 2.2.2.3., partie 3.
[18] Calame-Gippet (2006, p. 25).

dans ces domaines. En revanche, elle revendiquait plutôt une certaine méconnaissance linguistique et ressentait le besoin de rénover son enseignement en la matière[19].

2.3.3. Périodes de recueil de données

La classe observée l'a été sur deux années scolaires, de septembre 2010 à juin 2012, auxquels il convient d'ajouter un post test en octobre 2012. Nous avons été présente au fil de l'année, pas sur l'intégralité des tris, mais sur une partie d'entre eux, avec des enregistrements à la clef, nous y reviendrons. Les documents écrits ont été tous recueillis, parfois directement à la suite des séances, parfois en fin d'année, à cause de contraintes matérielles diverses. Les évaluations qui nous servent à contextualiser les performances de la classe de référence ont été recueillies lors du premier trimestre de 2011-2012, puis, lors d'une seconde tranche de passations en fin d'année, au mois de mai[20].

2.4. Présentation du corpus de recherche

Les données recueillies sont de natures sensiblement différentes. Il nous semble important d'en présenter ici la structure d'organisation et d'exploitation, l'ensemble étant consultable dans les annexes numériques jointes.

2.4.1. Les éléments recueillis dans la classe de Carole Deblaere

La part la plus importante du corpus est constituée par des écrits produits par les élèves de la classe observée. En effet, les deux premières séances de chaque tri amènent respectivement à la confection de traces de la catégorisation opérée par chaque élève, puis par chaque groupe de trois ou quatre élèves. La plupart du temps, ces traces prennent la forme de tableaux plus ou moins formalisés, dans lesquels les justifications de tri sont à déduire des indices que sont les regroupements de mots

---

[19] Nous nous en tiendrons à ces quelques lignes, tout en sachant qu'un réel travail d'analyse du point de vue de l'enseignant serait nécessaire. Cf. perspectives évoquées en conclusion.

[20] Toutes ces évaluations n'ont pas été utilisées dans l'échantillonnage des évaluations repères, certaines restent encore à exploiter.

eux-mêmes, mais aussi les intitulés de colonnes. Nous avons numérisé et indexé ces tableaux, puis nous en avons extrait des données pour les traiter grâce à un tableur, pour pouvoir en analyser le contenu à grande échelle. Il s'agit de la source la plus fiable du point de vue de la lecture des données, parce qu'elle est scripturale. En revanche, notre expérience nous amène à relativiser l'effet de transparence qu'elle pourrait faire valoir de prime abord : si ces supports écrits donnent une image assez fiable des performances d'un élève donné à un moment donné, ils ne permettent pas forcément d'avoir accès directement aux procédures utilisées par les élèves, notamment lors du tri effectué de façon individuel. Donc, du point de vue de la solidité de cette partie du corpus, il faut tenir compte de cette difficulté inhérente au travail en autonomie qui plus est silencieux, à savoir cette relative inconstance dans l'utilisation des procédures, nous aurons à y revenir.

Dans le cadre de la mise en œuvre des tris de mots à visée grammaticale, certaines séquences de classe ont été enregistrées :

- des enregistrements audio effectués par les élèves, justifiant individuellement leur tri, adressés à distance au chercheur absent lors de la prise de son, ou lors d'entretiens avec l'enseignante ou avec nous ;
- des enregistrements audio des échanges entre élèves au sein des groupes de travail (3 ou 4 élèves) ;
- des enregistrements audio ou vidéo de séances de synthèse en groupe classe.

Ces supports posent des problèmes de transcriptions évidents – passages inaudibles, enchainement de prises de parole délicates à attribuer à tel ou tel élève, entre autres – et nous les estimons moins fiables de ce point de vue que les écrits des élèves. Cependant, ils nous ont permis de compléter ces derniers en recueillant un déclaratif des procédures utilisées par les élèves. Si ce second groupe de données permet d'accéder plus explicitement aux représentations des élèves sur les classes grammaticales à un moment donné, et, surtout, aux procédures utilisées pour constituer ces dernières, là aussi, nous devons pondérer cet intérêt : il est remarquable que les élèves tendent à entrer dans du déclaratif même à partir d'un matériau à l'origine procédural. Les procédures déclarées ne sont pas toujours celles qui sont utilisées, mais le croisement entre ces deux groupes de données, les unes plus quantitatives (nous avons indexé et analysé tous les tris écrits produits par les élèves pendant deux ans), les autres plus qualitatives (justifications orales, argumentations entre pairs au sein des groupes) nous ont permis d'accéder aux représentations des élèves concernant les classes grammaticales d'une façon assez fiable, nous semble-t-il. Pour établir des transcriptions concernant les moments remarquables que nous souhaitons analyser plus finement, nous avons utilisé les normes de présentations de Claudine Garcia-Debanc et Sylvie Plane[21], les écrits ainsi constitués pouvant ainsi être mis en rapport avec les écrits produits concurremment par les élèves enregistrés[22].

2.4.2. Les éléments périphériques, liés à l'évaluation du dispositif

À l'origine de cette recherche, il y avait aussi la volonté de mesurer la rentabilité d'un dispositif souvent dénoncé comme chronophage par les enseignants que nous formons. Bien entendu, l'échelle de l'expérimentation ne permettra pas de conclusions définitives, cela dit, nous avons souhaité nous munir d'un cadre permettant une dimension comparative, même approchée. Il était donc nécessaire de procéder à des évaluations des compétences construites par les élèves concernant l'identification des classes grammaticales. Dans les classes de CE1 et de CM2, les évaluations nationales pourraient être exploitées dans cette optique. Mais les consignes proposées par ces évaluations semblent trop restrictives (limitées à des relevés dans des textes d'experts), et, de plus, elles ne concernent pas les niveaux de classes de Carole Deblaere ; c'est pourquoi ont été mises en place des passations d'identification des verbes et des adjectifs qualificatifs dans un texte normé[23] et dans des textes produits par les élèves eux-mêmes. Elles permettent de mesurer le transfert des compétences construites, et replacent le dispositif dans l'horizon d'attente que nous lui avons attribué d'emblée : agir sur la maitrise de la langue développée par les élèves, et donc sur leurs capacités à procéder aux accords grammaticaux dans le cadre de la production d'écrits.

Les évaluations considérées ont fait l'objet de passation dans un nombre important de classes, plus de sept cents pour les évaluations sur texte normé, cela pour permettre la mise en perspective des résultats des élèves de Carole Deblaere par rapport à un ensemble de données émanant des mêmes outils d'évaluation. L'entrée analytique choisie s'ouvre à

---

[21] Garcia-Debanc & Plane (2004).
[22] Cf. annexe « Les conventions pour la transcription de l'oral ».
[23] Cf. annexe « Évaluation d'un texte normé ».

une dimension statistique lorsque la forme et le nombre des éléments recueillis le permettent, à savoir pour l'identification des verbes et des adjectifs dans un texte normé. En revanche, si l'identification de ces mêmes classes grammaticales par les élèves dans leurs propres productions est plus intéressante en ce qu'elle témoigne d'un degré de transfert de la compétence très intéressant, il est en revanche extrêmement délicat d'en faire un traitement statistique, puisque les supports textuels sont par définition toujours différents, et que la densité, notamment des adjectifs, est aléatoire. En effet, les élèves d'élémentaire les utilisent très peu, souvent en position d'attribut, alors que cette fonction est moins étudiée en classe que l'épithète. Du même coup, la réalisation de pourcentages de réussite est pour le moins aventureuse, et nous avons dû remettre à une recherche ultérieure l'exploitation de certaines données récoltées à l'origine pour servir cette étude.

3. Analyse détaillée des énoncés soumis aux élèves

L'ingénierie didactique utilisée a nécessité l'utilisation de deux ensembles linguistiques : un texte bref servant de repère pour évaluer la compétence des élèves à identifier les verbes et les adjectifs dans un texte normé, des énoncés soumis aux élèves de la classe observée pour une tâche de catégorisation. Nous allons revenir dans ce chapitre sur la composition de ces supports de tâche, et sur la façon dont ils ont été choisis et/ou conçus.

3.1. Le test d'évaluation repère

L'idée originelle était de concevoir une passation adaptée à tous les niveaux de lecture du cycle 3, pour pouvoir comparer l'efficience des procédures d'identification des verbes et des adjectifs au long de l'apprentissage. Il fallait donc un texte accessible sémantiquement, ne présentant pas de difficulté lexicale, mais proposant en revanche des degrés de complexité dans les occurrences de chaque classe grammaticale testée : sémantiquement, syntaxiquement, morphologiquement, verbes et adjectifs devaient être plus ou moins proches de ce que nous avons estimé être le prototype[1] respectif de chaque classe. Nous avons donc choisi un support issu d'un manuel d'étude de la langue de CM1, niveau central du cycle 3, parce que cela nous semblait représenter un juste compromis entre construction d'un artefact et légitimité pragmatique :

> Théo se réveille à sept heures tous les matins. Il prend sa douche et choisit sa tenue du jour. Puis il se dirige vers la cuisine. Là, un copieux petit déjeuner l'attend. Une bonne odeur de pain grillé lui chatouille les narines. Dès qu'il entend la pendule sonner huit heures, il enfourche son vélo orange et se dirige en sifflotant vers l'école toute proche. C'est le nouveau maître du CM1 !

---

[1] Il s'avère que cette notion de « prototype » nous parait, *a posteriori*, fragile et relatif, puisque construit par l'enseignement/apprentissage des classes grammaticales tel qu'il est mené par les professeurs des écoles.

3.1.1. *Analyse* a priori

Il va de soi que le contenu sémantique importe peu, hormis, comme nous l'avons dit, par son accessibilité ; par ailleurs, dans les consignes de passation, les enseignants étaient invités à répondre à d'éventuelles questions liées à la compréhension du texte[2]. En revanche, la tâche donnée aux élèves permettait d'envisager un certain nombre des problèmes qui se posent dans le domaine de l'identification des classes grammaticales. Lors du codage statistique des données obtenues, trois cas de figures sont considérés :

- les mots qui doivent être identifiés comme appartenant à la catégorie (intégrés dans le score lorsqu'ils sont soulignés) ;
- les mots qui ne doivent pas être identifiés comme appartenant à la catégorie (intégrés dans l'anti-score lorsqu'ils sont soulignés) ;
- les mots que l'on neutralise à cause de leur situation linguistique (pas de prise en compte statistique).

La réussite de l'élève est mesurée par soustraction de l'anti-score au score. Comme le support textuel est toujours le même, les données sont numériquement comparables.

3.1.1.1. *Pour ce qui est des verbes*

Théo se réveille à sept heures tous les matins. Il prend sa douche et choisit sa tenue du jour. Puis il se dirige vers la cuisine. Là, un copieux petit déjeuner l'attend. Une bonne odeur de pain grillé lui chatouille les narines. Dès qu'il entend la pendule sonner huit heures, il enfourche son vélo orange et se dirige en sifflotant vers l'école toute proche. C'est le nouveau maître du CM1 !

Dans notre traitement statistique de ces évaluations, nous avons choisi de considérer comme réponse attendue neuf mots, soulignés ci-dessus. Ce sont des formes verbales conjuguées à un temps simple, le présent de l'indicatif ; c'est une des faiblesses de ce support, il ne permet pas de tester les réactions des élèves face aux formes composées, ou face à une morphologie moins usuelle (mais il est difficile de mélanger les temps verbaux pour des raisons de cohérence textuelle minimale). Tous les verbes présents ont en commun l'homophonie des trois premières personnes de leur déclinaison au présent de l'indicatif, ce qui représente,

---

[2] Cf. annexe « Évaluation sur texte normé ».

là aussi, un regret ; une exception à ce fonctionnement aurait permis d'affiner l'analyse ; cependant, certains mots intrus (cf. *infra*) permettent de compenser ce manque. Leurs charges sémantiques varient entre une certaine consistance (*réveille, choisit, réveille, dirige*), ce que nous avons anticipé comme une potentielle distance (*chatouille* et *enfourcher* peuvent être moins connus) et un statut de verbe support qui amène à un déplacement de la charge sémantique vers le complément qui pose souvent problème aux élèves lors des observations de classe que nous avons pu faire dans le cadre de l'exercice de notre métier de formatrice (*prend* n'apporte que peu d'informations, le prédicat étant nettement porté par *douche*). La structure syntaxique des phrases est simple, cependant, compte tenu de l'âge des enfants testés, il convient d'être attentif aux différents types de sujets présents : un nom propre, un pronom personnel à quatre reprises, deux groupes nominaux expansés, deux occurrences de structures avec économie du sujet. Par ailleurs, six occurrences présentent les pronoms compléments rupteurs de chaine entre sujet et verbe, dont un élidé. Ce dernier permet d'évaluer les représentations des élèves concernant le mot, l'apostrophe n'étant pas systématiquement considérée par les élèves comme un équivalent de blanc graphique. *Chatouille* et *réveille* sont des candidats à la confusion graphique et/ou phonétique avec les substantifs respectivement homonyme et homophone.

Trois mots étaient intéressants pour leur statut d'intrus potentiels dans le repérage effectué par les élèves. *Déjeuner*, en tant qu'infinitif substantivé lexicalisé, proposait un premier niveau d'écueil possible, tandis que *douche* et *cuisine* sont deux homonymes de formes verbales, et donc répondent positivement à certaines manipulations, pour peu qu'ils soient décontextualisés par l'apprenant. *Douche* présente une caractéristique qui le rend encore plus complexe *a priori* : il est porteur de prédicat, bien davantage que le verbe *prend* qui le précède, comme nous l'avons fait remarquer plus haut.

Enfin, le soulignement de certains mots n'a été considéré ni comme une erreur ni comme une réussite. Différentes justifications sont à avancer dans ce domaine :

- Les pronoms réfléchis sont souvent considérés par les pratiques enseignantes comme faisant partie intégrante du verbe, y compris quand celui-ci n'est pas essentiellement pronominal, cependant, nous ne voulions pas particulièrement regarder si les élèves les intégraient ou non.

- Les formes impersonnelles comme *sonner* et *sifflotant* pouvaient être intégrées au relevé, compte tenu de la consigne « souligne tous les verbes de ce texte », mais ces formes verbales ne répondent pas aux procédures d'identification pertinentes pour repérer les formes conjuguées, et sont bien souvent reconnues sur des critères morphologiques qui ne se situent pas au centre de notre travail d'investigation. En effet, comme la finalité est l'identification des formes verbales dans des productions d'élèves, les marques morphologiques ne peuvent pas constituer des repères fiables.
- Le participe passé employé comme adjectif *grillé* a été lui aussi sorti de la statistique, car il nous semblait délicat d'évaluer ce que signifiait son soulignement, tant il est vrai que ces formes constituent des conflits cognitifs : souvent rapportées à la classe verbale par les enseignants, elles répondent massivement aux procédures d'identification de l'adjectif.
- Le *est* inclus dans le présentatif a été neutralisé car cette catégorie n'est pas enseignée, elle est donc inconnue des élèves, or le verbe y a perdu toute valeur à force de lexicalisation ; nous avons estimé plus juste de ne pas en tenir compte statistiquement.

Ces mots ne sont donc pas pris en compte dans le calcul de la réussite de l'élève. Cela n'empêche pas l'observation qualitative de ce qui se joue dans ces zones poreuses du concept.

3.1.1.2. Pour ce qui est des adjectifs

Nous reprenons le texte support, en soulignant cette fois les mots qui, soulignés comme adjectifs par les élèves, ont été considérés comme des réussites.

> Théo se réveille à sept heures tous les matins. Il prend sa douche et choisit sa tenue du jour. Puis il se dirige vers la cuisine. Là, un <u>copieux</u> <u>petit</u> déjeuner l'attend. Une <u>bonne</u> odeur de pain <u>grillé</u> lui chatouille les narines. Dès qu'il entend la pendule sonner huit heures, il enfourche son vélo <u>orange</u> et se dirige en sifflotant vers l'école toute <u>proche</u>. C'est le <u>nouveau</u> maître du CM1 !

Il n'y a que six adjectifs dans ce texte, mais cela est inhérent au choix d'un support qui ne soit pas trop marqué par son utilisation en grammaire, et donc qui ne soit pas enrichi de façon artificielle. Cependant, les formes concernées présentent des profils assez diversifiés du point de vue du sens, avec des charges sémantiques allant de la concrétude de la couleur (*orange*) à l'abstraction relative de *nouveau*. Leurs fréquences ne sont pas semblables, si *bonne* est très courant, *copieux* fait nettement moins partie de l'univers langagier quotidien des élèves. Quant à *grillé*, il permet de jauger de la reconnaissance des participes passés comme formes fonctionnant sur le paradigme de l'adjectif (cf. *supra*).

Nous avons choisi de considérer le soulignement de *petit* comme une réussite. Même si cet adjectif appartient dans le cas présent à un mot composé, l'absence de tiret et l'existence de *déjeuner* dans un fonctionnement autonome, ainsi que la fréquence importante de *petit*, nous ont amenée à ne pas sanctionner le repérage, et à en valoriser la reconnaissance.

Pour ce qui est des adjectifs, là aussi, nous pouvons avoir quelques regrets : l'absence d'adjectifs substantivés ou encore de participes passés employés dans des formes verbales composées ne permet guère de comparaison sur ces points. Ce sont des failles liées au choix d'un texte support d'évaluation pour l'ensemble des trois années du cycle 3.

3.1.2. Biais observés ou supposés

Le texte choisi présente des inconvénients liés à son statut de texte ambivalent, à la fois construit pour être support d'étude de la langue pour des élèves de CM1, mais pas modifié au point de présenter dans ses quelques lignes tous les spécimens que l'on aurait pu souhaiter. Cependant, la faisabilité de l'évaluation et sa relative brièveté étaient les conditions nécessaires à des passations largement déployées.

Comme nous n'avons pas procédé nous-même aux passations, celles-ci ont par ailleurs été le lieu d'un certain nombre de biais. Tout d'abord, les supports textuels ont subi des déformations au gré des impressions à partir du fichier numérique, et du même coup, les passages à la ligne ont été déplacés, or il nous a semblé en dépouillant les évaluations que ceux-ci avaient un impact, notamment parce qu'ils nous empêchent de savoir si l'élève a voulu souligner deux entités différentes, ou si ces deux éléments auraient été réunis dans un même soulignement. De plus, les passations en elles-mêmes étaient donc laissées aux enseignants. Des consignes leur étaient données pour éviter les attitudes inductrices, mais il nous est impossible de certifier que celles-ci n'ont jamais existé, notamment dans les classes, nombreuses, dans lesquelles se sont déroulées ces évaluations sans action de formation par ailleurs, ni en amont, ni en aval. En revanche, pour ce qui est de la classe observée, celle de Carole Deblaere, le cadre de passation était beaucoup plus sécurisé, ce qui nous permet de consolider les résultats que nous analysons pour les élèves observés.

Au moment de l'encodage statistique, certaines hésitations ont dû être dépassées par des choix : tel soulignement débordant plus ou moins vers un autre mot, tel autre, effacé, barré ou réécrit, les écrits des élèves, malgré une consigne simple, ont parfois pu présenter des caractéristiques entravant leur lecture. Ces phénomènes sont demeurés mineurs, ils sont recensés dans la colonne « remarques » qui accompagne chaque ligne d'encodage numérique.

Le nombre d'évaluations considérées permet d'envisager une certaine neutralisation de l'ensemble de ces biais, inhérents à une recherche exploratoire de petite ampleur, notamment dans les moyens engagés.

3.2. Les énoncés supports des tris de mots

Le dispositif du tri de mots à visée grammaticale tel que nous l'avons défini au chapitre 2 suppose de soumettre aux élèves un énoncé bref, constitué d'une ou plusieurs phrases.

3.2.1. Conditions de construction

Les vingt-quatre énoncés considérés ont été forgés dans le but de mettre en œuvre des tris.

3.2.1.1. Des énoncés forgés par l'enseignante à partir du quotidien de la classe

Vingt et un ont été conçus par l'enseignante, avec parfois des relectures de notre part, mais dont l'impact fut limité. Nous supposons que les discussions nombreuses que nous avons eues avec elle ont pu en revanche influencer la conception de ces corpus successifs, de même que son expertise grandissante concernant la mise en œuvre et les difficultés rencontrées. Cependant, certaines caractéristiques valent tout au long de cette expérimentation. Carole Deblaere est une enseignante dont l'expérience professionnelle est ancrée dans le cycle 2 et ces impératifs, c'est l'une des raisons qui l'ont poussée à choisir dans les textes supports d'activité de lecture en classe les éléments constituant les énoncés qu'elle a forgés. Ainsi reconnait-on au fil des énoncés conçus les contes et les ouvrages de littérature de jeunesse abordés au cours de ces années. Par exemple, « Le vieux portail grincera si la fillette ne verse pas d'huile sur ses gonds. Les chiens agressifs la dévoreront si elle ne leur donne pas de pain. » est concomitant avec la rencontre en classe du personnage traditionnel russe de la Baba Yaga. Ou encore « Le roi d'une célèbre île grecque sacrifiera bientôt quelques jeunes innocents. Il en tuera certains et offrira les autres au monstre du labyrinthe. Celui-ci les dévorera d'une seule bouchée. » permet la reprise de termes rencontrés lors de la lecture du mythe de Thésée. Certains énoncés ont pu aussi être constitués avec du lexique suffisamment simple pour être connu de tous, notamment lors des premiers corpus, comme celui-ci : « À la récréation, les petits élèves jouent avec des cerceaux bleus et des ballons jaunes. Les grands enfants courent et attrapent leurs camarades. »

3.2.1.2. Des infléchissements liés à notre collaboration avec l'enseignante

L'un des énoncés a fait l'objet d'une commande de notre part. Il s'agit de phrases construites à partir du lexique spécifique d'une leçon de géographie : « Les montagnes jeunes sont de haute altitude. Elles ont des sommets pointus ainsi que des pentes escarpées. Des glaciers ou des neiges éternelles recouvrent leurs points culminants. » Nous avions incité plusieurs fois l'enseignante à changer l'orientation des énoncés, et à en proposer un qui n'appartienne pas au même type narratif, fictionnel, récurrence notamment due à l'ancrage dans les albums lus en classe. Répondant à notre attente, cet énoncé était perçu comme difficile par Carole Deblaere. Il s'est avéré effectivement délicat pour nombre d'élèves, mais nous a permis de mesurer l'impact d'un lexique moins courant, ainsi que d'une syntaxe sensiblement différente, les pivots verbaux étant beaucoup moins porteurs de sens que ceux des énoncés précédents.

Restent deux énoncés, qui ont été écrits par nos soins. « Comme les chevaux sont des animaux sensibles, ils ont peur et ils prennent la fuite dès qu'ils sentent une présence inquiétante dans les parages. » provient d'une même volonté de sortir des énoncés plutôt narratifs, d'aller vers un lexique plus abstrait sémantiquement – celui des sentiments –, et de proposer une syntaxe complexe, quand l'enseignante était intuitivement amenée à repousser les connecteurs. Des intentions identiques ont présidé à l'écriture de l'énoncé suivant : « Quand les grands sont tristes, ils ne laissent pas forcément voir leurs sentiments. À l'inverse, les enfants, eux, pleurent ou se mettent en colère. » Construction attributive, adjectif substantivé, locution verbale avec une charge sémantique déplacée vers le complément, reprise pronominale qui redouble le sujet, ces deux phrases étaient conçues pour poser des problèmes aux élèves en toute fin d'année. C'était d'ailleurs un challenge réclamé par nombre d'entre eux, devenus experts dans cet exercice mental.

3.2.2. Typologie des mots représentés au sein des classes variables

Comme nous l'avons expliqué précédemment, les données que nous avons recueillies ne procèdent pas d'un dispositif expérimental, qui supposerait l'anticipation de tous les énoncés et la construction *a priori* d'une progression maitrisée. L'enseignante a construit les supports des tris au fil de l'eau, en fonction de ce qu'elle estimait pertinent pour ses élèves : cela rend d'autant plus intéressante l'analyse *a posteriori* des énoncés utilisés. Nous choisissons de les observer successivement sous l'angle de chaque catégorie grammaticale variable, puisqu'elles constituent l'objectif de notre recherche, ce qui ne nous épargnera pas quelques détours sur les terres des formes invariables. Pour cela, ont été conçues des arborescences qui permettent de rendre compte pour chaque catégorie entre autres des trois principaux types de traits saillants les caractérisant : morphologique, syntaxique, sémantique.

3.2.2.1. Déterminants… et petits mots

Seuls deux filtres ont été utilisés pour rendre compte du corpus de déterminants présents dans nos énoncés, d'une part, une entrée sémantique, de linguiste entomologiste, avec un tri par classes et sous-classes, d'autre part, une entrée morphologique, plus intuitive du point de vue des représentations des élèves. L'entrée syntaxique ne nous a pas semblé pertinente, la relation de dépendance déterminant/nom étant prise en compte plutôt dans la description de ces derniers, tandis que, par ailleurs, nous avons neutralisé les cas d'amalgames, aussi désignés comme des articles dits « contractés », annulant de fait leur impact particulier sur la syntaxe phrastique.

La répartition linguistique classique de l'ensemble des déterminants en classes et sous-classes est de nature sémantique puisqu'elle renvoie à la façon dont chaque sous-classe de déterminants actualise les noms. Cette construction de la référence est certes marquée morphologiquement, mais nous verrons par la suite qu'une analyse morphologique demande parfois de dépasser ces frontières plutôt sémantiques des sous-classes. Pour les énoncés considérés dans notre étude, la répartition est assez bien résumée par le tableau qui suit[3].

Figure 1: *Analyse des déterminants : recensement par classes et sous-classes*

		CE2	CM1	Total
Déterminants définis	Articles définis	33	28	61
	Déterminants possessifs	10	16	26
	Déterminants démonstratifs	0	3	3
Déterminants indéfinis	Articles indéfinis	10	15	25
	Article partitif	1	0	1
	Déterminants indéfinis	2	5	7
	Déterminants numéraux	2	2	4
	Total	58	69	127

L'augmentation globale du nombre de déterminants d'une année à l'autre est liée à l'augmentation du nombre de tris, de 11 à 13, et donc du nombre global de mots. La progression se lit dans la diminution du nombre d'articles définis la seconde année, tandis qu'inversement, le nombre de déterminants possessifs, démonstratifs et indéfinis augmente sensiblement. La brièveté, le caractère autonome, clos sur lui-même, et à la fois référentiel[4] de chaque énoncé engendre des traits saillants : l'usage préférentiel de l'article défini, la rareté du déterminant démonstratif au profit du possessif. Deux cas de figures complexes ont fait l'objet de réflexions, et parfois d'aménagements dans le classement, dans le but de rendre plus lisibles les performances des élèves en termes d'identification,

---

[3] Cf. annexe « Décomposition du corpus », onglets « Analyse déterminants 1 » et « Analyse déterminants 2 ».

[4] Il ne faut pas oublier que la majorité des énoncés sont fabriqués à partir d'ouvrages de littérature de jeunesse lus par la classe.

à l'aune de ce qui est exigible au niveau concerné par l'étude. Tout d'abord, il s'agit des deux groupes nominaux « une seule dent » (CM1-3) et « une seule bouchée » (CM1-12) : dans ce cas de figure, Martin Riegel, Jean-Christophe Pellat et René Rioul[5] analysent « seule » comme un post-déterminant tandis que « une » est un déterminant numéral (de façon explicite, justement, puisque suivi de « seule »), nous avons considéré qu'une réussite d'élève de cycle 3 consistait en une analyse du groupe nominal de type déterminant + adjectif + nom. C'est donc en tant qu'article indéfini que ces « une » ont été comptabilisés, et non en tant que déterminants numéraux. Second cas délicat, dans l'énoncé du tri CM1-1 : « ne verse pas d'huile » et « ne leur donne pas de pain ». Notre grammaire de référence analyse « d' » et « de » comme des « articles indéfinis dans le champ de la négation »[6] : nous avons choisi de suivre cette analyse, même si elle s'oppose à la connaissance déclarative des élèves, puisque « d' » et « de » ne font pas partie des formes apprises traditionnellement au sein des tableaux scolaires, qui s'en tiennent à « un, une, des », voire signalent « de » devant adjectif, mais rarement. Ce choix s'explique par la possibilité pour les élèves d'utiliser l'outil procédural heuristique que constitue la commutation par un mot de la même classe grammaticale. Dans les deux ensembles prédicatifs, « d' » et « de » commutent avec « des », entre autres. C'est pourquoi nous avons choisi de les inclure dans les codages et les statistiques, et de les analyser en tant qu'articles indéfinis singuliers, malgré tout. Les articles dit « contractés », préférentiellement décrits comme des « amalgames » par Martin Riegel, Jean-Christophe Pellat et René Rioul[7], n'apparaissent pas, parce qu'ils sont neutralisés, nous nous en expliquons par ailleurs. En revanche, les autres sous-classes non citées dans le tableau sont absentes des énoncés. Globalement, les énoncés, forgés par l'enseignante, sont typiques de cet exercice artificiel, tels que ceux utilisés par les auteurs de manuels à l'attention des élèves de l'école élémentaire.

S'il était intéressant d'observer la composition en classes et sous-classes des énoncés, il nous a semblé plus pertinent encore de sonder spécifiquement l'aspect morphologique de ce corpus de déterminants : en effet, les déterminants constituent une classe de mots dont la représentation mentale par les élèves est éminemment dépendante des

---

[5] Riegel, Pellat & Rioul (2014, p. 304).
[6] *Ibid.*, p. 297.
[7] *Ibid.*, p. 283.

critères morphologiques, et, ce, en partie à cause de la façon dont elle est enseignée, très tôt dans la scolarité. Puisque les professeurs des écoles font apprendre dès le CE1 des tableaux récapitulant les formes des articles (« le, la, les, un, une, des »), les enfants acquièrent un savoir déclaratif, de nature morphologique, et reconnaissent les déterminants à l'aune de cette liste, ce savoir étant conforté par la fréquence d'emploi des articles au sein de la classe des déterminants. Nous avons donc compilé les déterminants en fonction des caractéristiques morphologiques qui les affectent, formes marquées ou non, du point de vue du genre ou du nombre, mais aussi repérage d'un champ d'analyse déterminé par la taille des mots. En effet, nous aurons à y revenir lors de l'analyse des productions des élèves, la classe des déterminants est souvent assimilée à un regroupement des petits mots, d'où le repérage d'un paramètre que nous avons fixé à 3 lettres : il nous a semblé qu'il s'agissait d'un seuil critique, au-delà duquel les élèves peinent à identifier un déterminant, tandis qu'en deçà ou au niveau de ce seuil, tout mot pouvait être considéré comme un déterminant, même s'il n'en est pas un.

Figure 2: *Analyse des déterminants : recensement en fonction du nombre de lettres, relevés afférents*

		CE2	CM1	Total
Déterminants dont le nombre de lettres est égal ou supérieur à 4		6	12	18
Déterminants dont le nombre de lettres est égal ou inférieur à 3		52	57	109
	Total	58	69	127

		CE2	CM1	Total
Mots grammaticaux de moins de 4 lettres	Pronoms personnels homonymes	6	8	14
	Autres pronoms	10	25	35
	Prépositions	6	24	30
	Conjonctions de coordination	9	16	25
	Conjonctions de subordination	1	5	6
	Adverbes	0	9	9

		CE2	CM1	Total
Mots lexicaux de moins de 4 lettres	Noms	0	6	6
	Verbes	1	4	5
	Total	33	97	130

Le décompte des mots grammaticaux nécessite une précision : « dès que » (CM1-5) a été comptabilisé comme deux mots de trois lettres, afin de prendre en compte la représentation du mot induite par le découpage des étiquettes (« dès » et « que » étaient sur deux étiquettes différentes).

Bien qu'intuitive, la progressivité des énoncés utilisés se retrouve dans cette synthèse : au CM1, les énoncés incluent davantage de formes de singuliers sans marquage de genre, davantage de déterminants de plus de trois lettres (bien que ces deux cas de figure demeurent rares), et surtout, de façon très importante, une augmentation forte des petits mots n'étant pas des déterminants, ce qui indique une complexité syntaxique grandissante des énoncés par l'emploi de mots grammaticaux (pronoms, prépositions et conjonctions, notamment). Le nombre de pronoms double entre énoncés du CE2 et énoncés du CM1. En revanche, la présence de pronoms homonymes d'articles définis est plutôt constante, passant de 6 au CE2 à 8 au CM1. Parmi les mots de trois lettres et moins, le ratio entre déterminants et autres classes grammaticales s'inverse nettement du CE2 au CM1 : 52 pour 39, puis 57 pour 102.

Pour jalonner, même grossièrement, le champ de la fréquence d'emploi, nous avons eu recours à la liste de fréquence constituée par Étienne Brunet, utilisée par EDUSCOL[8].

---

[8] http://eduscol.education.fr/cid50486/liste-de-frequence-lexicale.html

Figure 3: *Analyse des déterminants : fréquence (liste d'É. Brunet)*

	Fréquence	
le/la	1050561	105873 comme pronom
un/une	419564	
son	181161	
ce	141389	107074 comme pronom
du	127384	
de	119106	862100 comme préposition
leur	33950	6078 comme pronom
quelque	17953	
chaque	8419	
certain	3667	2380 comme adj.

Dans le même ordre de remarques, une autre caractéristique morphologique doit être mise en lumière : le phénomène d'élision est représenté par le biais de huit occurrences de déterminants, « l' » par six fois, « d' » par deux fois. Il sera vraisemblablement intéressant de sonder leur identification, les élèves ayant intuitivement du mal à considérer les mots élidés comme des mots, à cause de l'absence de blanc graphique, mais aussi à cause de leur réduction à une lettre, dans le cas évoqué : bien que leur présence sur étiquette les constitue en tant que mots, la capacité des élèves à les identifier peut être un indicateur intéressant.

Pour finir avec les traits saillants de la classe du déterminant, le repérage du marquage en genre et nombre est un phénomène très enseigné puisque lié à des enjeux orthographiques forts.

Figure 4: *Analyse des déterminants : recensement sur la base des marques de variation en genre et en nombre*

		CE2	CM1	Total
Déterminants singuliers	Avec marque de masculin	21	13	34
	Avec marque de féminin	14	21	35
	Sans marquage de genre	4	9	13
Déterminants pluriels	Avec marque de nombre	15	24	39
	Sans marquage de nombre	4	2	6
	Total	58	69	127

Les déterminants pluriels ne présentant pas de marquage de nombre pourraient constituer des difficultés, à la fois pour la reconnaissance des déterminants, mais aussi et surtout pour celle des noms qu'ils actualisent. Ils sont peu, voire pas, analysés comme tels dans les traces écrites scolaires, et donc, potentiellement, peu connus des élèves. L'absence de marquage de genre au singulier s'applique à des formes qui cumulent d'autres difficultés d'identification : élision, mots de plus de trois lettres (« leur », « quelque »). Il y a peu de logique de progression en la matière : davantage de féminin et de pluriel au CM1, mais des cas complexes d'absence de marquage assez équitablement répartis. La difficulté de ce point de vue n'a pas forcément été anticipée par l'enseignante, comme le montre le tout premier énoncé, en CE2-1, qui inclut les deux formes « d' » et « de », articles indéfinis pluriels particuliers devant des adjectifs antéposés.

3.2.2.2. Analyse des noms

Pour ce qui est de la catégorie des noms, l'opposition noms communs/ noms propres ne se pose pas réellement ici, seul un nom propre apparait dans les énoncés, c'est en fait un adjectif substantivé précédé d'un déterminant et non accompagné d'expansions : « les Athéniens » (CM1-11). Ce cas de figure ne semble donc pas poser de problèmes spécifiques, nous choisissons de le considérer somme toute comme un nom commun.

Le premier tri opéré pour catégoriser les noms ne consiste certes pas en une répartition par sous-classes, mais en une tentative de répartition sur la base de caractéristiques sémantiques[9]. Malgré la difficulté, soulevée par les linguistes[10], de différencier référents abstraits et référents concrets, nous avons souhaité utiliser ce filtre parce qu'il nous a semblé constituer un point d'achoppement potentiel pour les élèves. La fréquentation des élèves permet de ressentir l'importance de la charge sémantique dans l'identification des mots lexicaux : nous percevons que la difficulté d'identification des noms croît avec leur degré d'abstraction. Les mots

---

[9] Cf. annexe « Décomposition du corpus », onglet « Analyse noms 1 ».
[10] Arrivé, Gadet & Galmiche (1986) : « Les difficultés rencontrées sur le plan sémantique pour justifier de la distinction entre les noms de sens concret et les noms de sens abstrait ne sont malheureusement pas compensées par des propriétés formelles clairement établies. » (p. 409). Ou encore, Riegel, Pellat & Rioul (2014) : « La distinction entre noms concrets et noms abstraits est la plus problématique. Sémantiquement, il est difficile de fonder cette dichotomie en termes suffisamment univoques, à moins d'identifier "concret" à tout ce qui peut être perçu par les sens. » (p. 326).

lexicaux sont perçus par le spectre de leur charge sémantique, cette dernière étant un critère à la fois intuitif et induit par l'enseignement traditionnel, via des définitions s'appuyant fortement sur l'analyse sémantique. Parmi les noms que nous avons qualifiés d'abstraits, les noms renvoyant à des mesures de temps ou d'espace (« lundi » CE2-1, « jeudi » CE2-1, « ans » CM1-3, « parages » CM1-5 et « origines » CM1-10) sont à distingués de la plupart des autres, qui présentent la propriété d'être paraphrasables par « "le fait de" + verbe » ou « "être" + adjectif ». Tandis que les linguistes rechignent devant un critère difficilement objectivable, Helga Kilcher-Hagedorn, Christine Othenin-Girard et Geneviève de Weck se sont servies de ce critère pour fonder l'arborescence qui leur permet de caractériser les noms dans le but d'évaluer « le savoir grammatical des élèves »[11]. Nous avons repris leurs critères, afin d'aboutir à la répartition ci-dessous.

Figure 5: *Analyse des noms : recensement sur la base des caractéristiques sémantiques*

			CE2	CM1	Total
Concrets	Animés	Humains	16	18	34
		Non-Humains	11	10	21
	Inanimés	Comptables	26	28	54
		Non comptables	3	6	9
Abstraits			6	20	26
		Total	62	82	144

Par facilité, nous qualifions dans ce tableau les référents auxquels renvoient les noms. Le seul réel paramètre de progression est bien celui de la présence de noms renvoyant à des abstractions : quasi absents en CE2, ils sont au nombre de vingt en CM1. Même si la répartition des noms dans cette arborescence peut être discutée au cas par cas, la tendance est suffisamment lourde pour être consolidée. Elle confirme une intuition perçue à la lecture des manuels scolaires : les énoncés forgés pour l'étude de la langue le sont avec des noms concrets, souvent animés (vraisemblablement pour occuper la fonction de sujet, au premier chef), ou bien comptables, lorsqu'ils sont inanimés. L'augmentation du nombre

---

[11] Kilcher-Hagedorn, Othenin-Girard & de Weck (1987, pp. 50 et 66).

de noms désignant des référents abstraits fut d'ailleurs une demande que nous avons explicitement faite à l'enseignante, lors de nos échanges ; le volant formation de cette recherche a infléchi ce qui était un impensé de l'enseignante.

Autre entrée, la fréquence des noms ne nous apporte pas d'éléments réellement pertinents du point de vue de la progression sur les deux années[12], le tableau de synthèse révèle surtout qu'elle n'est pas prise en compte par l'enseignante.

Figure 6: *Analyse des noms : fréquence (liste d'É. Brunet)*

	CE2	CM1	Total
Noms appartenant à la liste	22	39	61
Noms dont la base appartient à la liste	6	11	17
Noms qui n'apparaissent pas dans la liste	34	32	66
Total	62	82	144

Cependant, nous aurons recours à certains éléments, notamment dans les cas d'homonymie, mais aussi de manière plus générale, afin de caractériser les performances des élèves en fonction du profil de mots reconnus.

Au sein d'un second type de filtres, la première entrée syntaxique choisie est située au niveau du groupe nominal[13]. Il s'agit de considérer que l'entourage immédiat, au sein du syntagme, est ce qui impacte le plus l'identification du nom, et que la perception de la fonction du groupe nominal demeure fortement secondaire, voire n'a aucun impact, ce qui resterait à démontrer, mais il faut faire des choix. Nous avons donc considéré deux paramètres : le déterminant (ou son absence), la position ou l'absence de l'adjectif.

Le lien qui unit le couple déterminant-nom assoit les représentations communes du groupe nominal, il est à la fois très représenté dans les différents référents scolaires et constitue un socle syntaxique nécessaire, le déterminant permettant l'actualisation en langage du nom. C'est pourquoi la construction du syntagme en remontant vers la gauche du nom donne une indication sur le degré de difficulté à identifier

---

[12] Cf. annexe « Décomposition du corpus », onglet « Analyse Noms 2 ».
[13] Cf. annexe « Décomposition du corpus », onglet « Analyse Noms 3 ».

celui-ci. Notre hypothèse est que plus la structure du groupe nominal s'éloigne du modèle constitué par un déterminant de deux ou trois lettres suivi d'un nom, plus le nom sera difficile à identifier. Les critères de complexification seront donc la présence d'un adjectif antéposé, l'utilisation d'un déterminant atypique (élidé, ou encore de plus de trois lettres) et l'absence de déterminant.

Figure 7 : *Analyse des noms : recensement sur la base des caractéristiques syntaxiques à gauche du nom*

			CE2	CM1	Total
Noms précédés d'un déterminant	Amalgame prép.+det.	Sans adjectif antéposé	1	3	4
	Déterminant élidé	Avec adj. antéposé	1	0	1
		Sans adjectif antéposé	3	4	7
	Déterminant d'au moins 4 lettres	Avec adj. antéposé	2	3	5
		Sans adjectif antéposé	4	9	13
	Déterminant d'au plus 3 lettres	Avec adj. antéposé	20	9	29
		Sans adjectif antéposé	28	43	71
Noms qui ne sont pas précédés d'un déterminant	Précédés d'une préposition	Avec adj. antéposé	1	0	1
		Sans adjectif antéposé	0	10	10
	Précédés de rien		2	1	3
		Total	62	82	144

Il est difficile de voir dans ce tableau une réelle progression, ce qui laisse à penser que ce curseur de difficulté n'est pas réellement pris en compte, sauf du côté des structures de type préposition + nom, qui apparaissent en CM1. Par contre, la description ainsi obtenue rend compte de la fréquence écrasante des constructions que nous qualifierons de typiques, la moitié des noms du corpus étant simplement précédés d'un déterminant de moins de quatre lettres (dont nous avons exclu les articles élidés, comptabilisés par ailleurs). Cette quantité augmente d'ailleurs en CM1 : globalement, la présence d'adjectifs dans le groupe nominal baisse nettement durant cette deuxième année.

Figure 8: *Analyse des noms : recensement en fonction de la présence d'adjectifs épithètes*

	CE2	CM1	Total
GN sans adjectif	22	55	77
GN avec adjectif antéposé	19	9	28
GN avec adjectif postposé	16	15	31
GN avec adj. antéposé et postposé	5	3	8
Total	62	82	144

Pour bien mettre ces chiffres en perspective, le nombre global d'adjectifs est également en baisse, passant de 46 à 41 du CE2 vers le CM1. De plus, nous y reviendrons, les adjectifs occupent aussi d'autres fonctions, sortant, de fait, du groupe nominal. Un groupe nominal mérite une explication particulière : « une puissance et une force impressionnantes » présente la particularité d'un adjectif qui porte sur deux groupes nominaux coordonnés, ainsi positionné en facteur commun de deux noms. Lors du dénombrement qui a permis d'établir le tableau ci-dessus, nous avons comptabilisé que « puissance » n'était pas suivi d'un adjectif, au contraire de « force », considérant que l'appui morphologique de la marque d'accord ne suffisait pas à compenser l'éloignement entre nom et adjectif pour ce qui est de « puissance ».

Pour compléter le propos sur cette première analyse syntaxique des noms du corpus, l'observation d'occurrences de divers degrés de figement révèle des obstacles potentiels pour les élèves[14]. Quelques collocations très classiques ne semblent pas poser, *a priori*, de problème, les mots les constituant étant à la fois fréquents et fréquemment analysés : « petite fille » (CE2-2) ou « gâteau au chocolat » (CE2-2), par exemple. En revanche, la nature réelle de mot composé de « vers de terre » (CM1-4) s'oppose à son découpage en trois mots par le système d'étiquetage, et permet peu de commutations, au même titre que les syntagmes figés à valeur adverbiale que sont « dans les parages » (CM1-5) et « à l'inverse » (CM1-13). De la même façon, dans le syntagme « à huit ans » (CM1-3),

---

[14] Il peut sembler décalé de considérer les phénomènes de figement au sein d'une réflexion sur la syntaxe : il faut entendre que ce ne sont pas ici les enjeux lexicologiques qui nous préoccupent, mais bien la possibilité pour les élèves d'effectuer des commutations sur l'axe paradigmatique au sein même du groupe nominal, pour en identifier les composants.

« huit » est également peu voire pas commutable, sauf à commuter également « ans », par « heure », ce qui peut permettre « à cette heure », « à telle heure ». Ces phénomènes de figement plus ou moins important n'ont pas été perçus par l'enseignante, ni repérés par la formatrice que nous sommes : ils sont l'illustration de la difficulté à baliser des énoncés supports de manipulation... et surtout de la résistance de la langue à rentrer dans des cases.

Grâce à une seconde entrée de type syntaxique, nous avons choisi de trier les noms par le filtre de la fonction du syntagme[15] auquel ils appartiennent, reprenant, une nouvelle fois, une catégorisation utilisée par Helga Kilcher-Hagedorn, Christine Othenin-Girard et Geneviève de Weck[16].

Figure 9: *Analyse des noms : recensement selon la fonction du groupe nominal*

	CE2	CM1	Total
Dans un GN sujet	19	23	42
Dans un GN qui dépend d'un verbe	32	43	75
Dans un GN qui dépend d'une phrase	6	6	12
Dans un GN qui dépend d'un nom	5	10	15
Total	62	82	144

La répartition ne révèle pas de progression d'une année sur l'autre, si ce n'est l'augmentation générale du nombre de noms dans chaque énoncé. De façon générale, cette synthèse permet surtout de lire le faible nombre de compléments de phrase et une préférence globale pour les composants syntaxiques obligatoires. La fonction sujet est largement partagée avec des pronoms, beaucoup plus que la fonction complément, nous le verrons *infra*, ce qui explique le déséquilibre entre fonction sujet et fonction complément de verbe. Parmi les groupes nominaux dépendant d'un nom, « l'oiseau » (CE2-1) présente la particularité d'être en fonction d'épithète, puisque positionné directement à droite de « son ami » ; lors de ce premier tri, aucun élève n'avait utilisé de classes grammaticales pour constituer son tri, donc cette particularité ne donnera pas lieu à une analyse spécifique des performances des élèves.

---

[15] Cf. annexe « Décomposition du corpus », onglet « Analyse Noms 4 ».
[16] Kilcher-Hagedorn, Othenin-Girard & de Weck (1987, p. 67).

Enfin, pour ce qui est du filtre morphologique, nous avons choisi de mettre en lumière certains traits, sans forcément en faire un critère de tri exhaustif : le nombre de lettres, les phénomènes d'homonymie et l'impact morphologique des variations potentielles en nombre, voire en genre.

Huit mots de moins de quatre lettres sont présents dans les énoncés étudiés, dont deux en CE2, et six au CM1. Ils constituent une difficulté parce qu'ils peuvent être assimilés à des « petits mots » (cf. *infra*, 2.2.2.1., la description des déterminants), d'autant plus lorsque cette caractéristique morphologique est couplée à un obstacle d'une autre nature, par exemple pour « pas » (CM1-9), dans « d'un pas fatigué », qui présente également un homonyme grammatical très fréquent.

L'existence d'un ou plusieurs homonymes peut provoquer des confusions. Comme le mot est considéré dans un énoncé, son identification par l'élève de façon décontextualisée n'est pas acceptable comme réussite. « porte », décontextualisé, pourra être identifié de deux façons différentes par un élève. Au sein du dispositif de tri de mots utilisé, il n'y aura qu'une réponse possible, en fonction du contexte, justement. Nous avons repéré vingt-sept cas d'homonymie potentielle, huit au CE2, dix-neuf au CM1. Cependant, et sur des bases il est vrai plutôt pragmatiques, il nous semble que dix d'entre eux sont réellement susceptibles de poser problème, les autres étant résolus par les phénomènes de fréquence dans l'environnement langagier des élèves. Les cas problématiques se situent souvent dans la zone d'adjacence des catégories du nom et de l'adjectif : « marin » (CE2-8), « vieux » (CM1-6), « étranger » (CM1-11) en sont de bons exemples. Un cas particulier doit être soulevé ici, celui du groupe nominal « quelques jeunes innocents » (CM1-12), pour lequel nous avons fait le choix de considérer « innocents » comme substantivé ; afin de pouvoir coder ces mots, il fallait trancher, et le sens général de l'énoncé (tout comme celui du mythe du Minotaure, de l'étude duquel sont issues les trois phrases) amène à considérer l'innocence des victimes comme le prédicat premier. Mais nous sommes consciente de la fragilité du raisonnement, l'idéal aurait été de pouvoir coder comme correctes les deux analyses, ce qui n'était pas possible dans notre système.

Dernier point d'observation morphologique, les problèmes de variations en nombre voire en genre nous intéressent parce qu'ils impactent la possibilité de commutation dans le groupe nominal[17].

---

[17] Cf. annexe « Décomposition du corpus », onglet « Analyse Noms 5 ».

Figure 10: *Analyse des noms : recensement en fonction du nombre*

	CE2	CM1	Total
Noms au singulier	42	56	98
Noms au pluriel	20	26	46
Total	62	82	144

L'usage de groupes nominaux au singulier représente environ le double de celui des groupes nominaux au pluriel, et ce de manière constante les deux années. Si la marque de pluriel des noms peut constituer une sorte d'appui pour les différencier des mots invariables ou encore des verbes au pluriel, elle n'est d'aucun secours en ce qui concerne la distinction d'avec les adjectifs ; de notre point de vue, cela ne peut constituer un élément de complexité. En revanche, « parages » (CM1-5) présente la particularité d'être un *pluralia tantum*, en tant que nom « désignant un ensemble de lieux proches »[18] ; comme tout figement, celui-ci peut constituer un obstacle à l'application des procédures d'identification.

Un nom dont on ne perçoit à l'oral ni la variation en nombre ni une éventuelle variation en genre permet de positionner un spectre très large de déterminants à sa gauche. Par contre, les mots qui subissent des variations orales lorsqu'ils passent du singulier au pluriel et inversement peuvent faire obstacle à des procédures de commutations chez certains élèves. C'est du moins un point de vigilance que nous nous imposons *a priori*. La question de la variation en genre des noms est fortement maltraitée par les manuels, comme l'a bien décrit Karine Meshoub-Manière[19] : « Il n'est pourtant pas rare de trouver dans les manuels scolaires de l'école élémentaire [...] un chapitre dédié à la variation en genre des noms, comme s'il s'agissait là du fonctionnement syntaxique de base de cette catégorie, sur le modèle de la variation en genre des adjectifs au sein du groupe nominal. » Si nous nous intéressons aux phénomènes touchant la variation en genre de certains noms, c'est aussi pour tenter d'évaluer le poids de cet enseignement dans l'utilisation des procédures d'identification par les élèves. Cependant, nous nous sommes limitée aux variations morphologiques, mettant de côté par exemple le mot « fille » lorsque son pendant est « garçon » (CE2-2), mais le comptabilisant lorsque le masculin correspondant serait « fils » (CE2-9). L'impact de ses

---

[18] Arrivé, Gadet & Galmiche (1986, p. 411).
[19] Meshoub-Manière (2016, p. 34).

variations oralisées ou non, écrites ou non (trois mots dans notre corpus ne subissent aucune variation morphologique, quel que soit le genre du déterminant qui précède) sera à observer évidemment dans le cadre de la délicate distinction entre nom et adjectif.

3.2.2.3. Analyse des adjectifs

Consciente du caractère discutable, voire subjectif, de ce type de tri, nous avons tenu à conserver une première entrée sémantique, essayant tant bien que mal de faire la part des choses entre indication de propriétés objectives (perceptibles par les sens, relevant d'un savoir partagé) et caractérisation plus subjective[20].

Figure 11: *Analyse des adjectifs : recensement sur la base des caractéristiques sémantiques*

		CE2	CM1	Total
Adjectifs indiquant une propriété objective	Qualificatifs	28	11	39
	Relationnels	0	5	5
	Autres	1	1	2
Adjectifs caractérisant de manière subjective	Qualificatifs	17	22	39
	Autres	0	2	2
	Total	46	41	87

Dans le détail, la répartition aurait pu être parfois différente, néanmoins, un mouvement assez important apparait : une complexification au CM1, avec l'apparition d'adjectifs relationnels et l'augmentation du nombre d'adjectifs rendant compte de caractéristiques plus difficilement représentables, davantage de l'ordre du jugement de l'énonciateur. Au sein de la catégorie « autres » se trouvent « seule » et « trois », post-déterminants que nous avons été amenée à considérer comme des adjectifs dans le codage, tenant compte par la même de leur position et de la possibilité de les commuter avec un adjectif. *A priori*, nous considérons les adjectifs relationnels comme présentant une difficulté particulière, notamment parce qu'ils ne peuvent être soumis à une gradation, mais aussi, d'un point de vue sémantique, parce

---

[20] Cf. annexe « Décomposition du corpus », onglet « Analyse Adjectifs 1 ».

qu'ils insèrent dans le discours un ou plusieurs autre(s) référent(s), par exemple, dans notre corpus, « russe » (CM1-2), « aînée » (CM1-6) ou encore « grec » (CM1-10). « Culminants » (CM1-8) a été rattaché à cette catégorie car très difficilement gradable, plutôt glosable par une relative, non acceptable en fonction d'attribut et ne permettant pas la construction d'un adverbe en « -ment ». Cependant, il est notable que les conversions de participes, comme « terrifiant » (CE2-10) ou encore « crépitant » (CE2-11) ne donnent pas non plus pleine satisfaction en tant qu'adjectifs qualificatifs du point de vue des manipulations, cependant, nous avons considéré qu'étant gradables, nous les laisserions dans la catégorie adjectifs qualificatifs. Rappelons ici que ces différentes catégorisations constituent des outils de travail pour analyser les démarches des élèves, pas des tentatives de rationalisation linguistique.

Du point de vue des phénomènes de fréquence, de la même façon que pour les noms, il est manifeste qu'il n'y a pas eu de réflexion dans la composition des énoncés[21].

Figure 12: *Analyse des adjectifs : fréquence (liste d'É. Brunet)*

	CE2	CM1	Total
Adjectifs appartenant à la liste	28	21	49
Adjectifs dont la base appartient à la liste	5	8	13
Adjectifs n'apparaissant pas dans la liste	13	12	25
Total	46	41	87

Du point de vue syntaxique maintenant, la répartition sur la base de la fonction, doublée d'une distinction liée à la position de l'adjectif, nous permet d'observer cette fois une progression, par le biais de la diversification des usages de l'adjectif dans les énoncés[22].

---

[21] Cf. annexe « Décomposition du corpus », onglet « Analyse Adjectifs 2 ».
[22] Cf. annexe « Décomposition du corpus », onglet « Analyse Adjectifs 3 ».

Figure 13: *Analyse des adjectifs : recensement selon la fonction du groupe adjectival*

		CE2	CM1	Total
Épithètes	Antéposés	23	13	36
	Postposés	23	20	43
Apposé		0	1	1
Attributs	Du sujet	0	6	6
	Du COD	0	1	1
	Total	46	41	87

Apposition et attributs apparaissent en CM2, ce qui constitue une difficulté, ou, du moins, une représentation à décaler, si on considère que l'adjectif est principalement un composant du groupe nominal pour les élèves. Diminuant au CM1, le nombre d'adjectifs antéposés, ordre marqué, s'explique en partie par la présence importante « d'adjectifs descriptifs mais à forte composante évaluative d'une ou deux syllabes et très fréquents », décrite par Martin Riegel, Jean-Christophe Pellat et René Rioul[23] : citons, pour exemple, « petit », à plusieurs reprises (CE2-1, CE2-2, CE2-3, CE2-4, CE2-5, CM1-2) mais aussi « grands » (CE2-3 et CM1-6), ou encore « long » (CE2-4 et CE2-8).

Du point de vue morphologique, nous nous sommes arrêtée sur l'impact des variations en genre et en nombre[24]. Le rapport entre adjectifs au masculin et adjectifs au féminin s'inverse du CE2 au CM1, passant respectivement de 30+17 à 16+24, ce qui engendre un plus nombre de formes marquées morphologiquement : restera à tenter d'en mesurer l'impact sur les performances des élèves.

---

[23] Riegel, Pellat & Rioul (2014, p. 631).
[24] Cf. annexe « Décomposition du corpus », onglet « Analyse Adjectifs 4 ».

Figure 14: *Analyse des adjectifs : recensement sur la base des variations morphologiques de genre*

			CE2	CM1	Total
Adjectifs invariables en genre à l'oral	Variables en genre à l'écrit	Employés au masculin	5	6	11
		Employés au féminin	3	10	13
	Invariables en genre à l'écrit	Employés au masculin	8	3	11
		Employés au féminin	5	5	10
Adjectifs variables en genre à l'oral	Variables par substitution	Employés au masculin	0	2	2
		Employés au féminin	0	1	1
	Variables par adjonction	Employés au masculin	17	5	22
		Employés au féminin	7	8	15
Mots invariables considérés comme adjectifs			1	1	2
Total			46	41	87

Nous prenons là encore une typologie empruntée à Helga Kilcher-Hagedorn, Christine Othenin-Girard et Geneviève de Weck[25], pour la raison principale qu'elle nous semble permettre de sonder les obstacles à l'identification ou, à l'inverse, les facteurs la facilitant. Pour prendre un exemple concret, la variation en genre à l'oral peut constituer un handicap au jugement grammatical d'un élève qui, afin de tester l'adjectif, extrait celui-ci du contexte de l'énoncé pour l'adjoindre à un nom autre, potentiellement n'ayant pas le même genre que celui du syntagme initial. Aucune tendance ne se dessine par rapport à la progression du CE2 vers le CM1 de ce point de vue, pas davantage que dans l'équilibre singulier/pluriel, très symétrique.

Figure 15: *Analyse des adjectifs : recensement sur la base des variations morphologiques de nombre*

		CE2	CM1	Total
Singulier	Avec variations à l'écrit	23	25	48
	Sans variation à l'écrit	3	1	4
Pluriel	Avec variations à l'écrit	18	14	32
	Sans variation à l'écrit	1	0	1
Mots invariables considérés comme adjectifs		1	1	2
Total		46	41	87

---

[25] Kilcher-Hagedorn, Othenin-Girard & de Weck (1987, p. 91).

Dans ces deux tableaux, les « mots invariables considérés comme adjectifs » sont les deux occurrences du post-déterminant numéral « trois ».

Toujours sous l'angle de la morphologie, il nous a semblé pertinent de recenser les conversions et dérivations, afin de compléter la construction d'une catégorisation polyvalente[26].

Figure 16: *Analyse des adjectifs : conversions et dérivations identifiables en synchronie*

		CE2	CM1	Total
Conversions	Bases verbales	5	8	13
	Bases nominales	1	0	1
Dérivations	Bases verbales	2	2	4
	Bases nominales	4	5	9
	Total	12	15	27

Nous avons considéré ces phénomènes en synchronie, c'est-à-dire dans la mesure où il est possible de citer une base encore couramment utilisée : il s'agit de savoir si cela peut constituer une aide ou un facteur de confusion, il est donc nécessaire que les élèves aient une probabilité suffisante d'avoir connaissance de l'existence de cette base. Pour exemple, « différente » (CM1-6) n'est pas considéré comme dérivant d'une base verbale, puisqu'il est nécessaire de remonter au participe présent *differens* du verbe latin *differre*[27] : en synchronie, le verbe « différer » ne peut constituer un appui.

3.2.2.4. Analyse des verbes

Nous aurions pu tenter d'emprunter le périlleux chemin du contenu référentiel des verbes, ce qui nous aurait amené à distinguer une sorte de degré de proximité de chacun d'entre eux avec la définition scolaire suivante : « le verbe indique le plus souvent une action »[28]. En effet, la plupart des verbes employés le sont dans un sens concret, en relation

---

[26] Cf. annexe « Décomposition du corpus », onglet « Analyse Adjectifs 5 ».
[27] Rey (1998, p. 1082).
[28] Définition empruntée à l'institutionnalisation de la leçon sur le verbe, manuel *Étude de la langue CE1*, Paris : Bordas, coll. « Au rythme des mots », 2012, p. 54.

avec le type d'énoncés produits : narratifs, en lien avec les albums lus en classe, construits comme souvent les énoncés scolaires d'étude de la langue. Cependant, la présence de formes verbales grammaticalement analysables dans les marges d'un fonctionnement sémantique plein en devient d'autant plus remarquable[29]. Le seul verbe impersonnel, « pleut », ne donnera pas lui à des analyses poussées puisqu'il est présent dans le tout premier tri (CE2-1), pour lequel aucun élève n'a utilisé le filtre des classes grammaticales. En revanche, huit verbes attributifs au CM1, dont une construction d'attribut du complément, sont assez régulièrement répartis dans l'année pour permettre une analyse spécifique, de même que la présence d'« avoir », utilisé comme verbe en CE2-9 et CM1-8. Dans le corpus des verbes se trouvent également, deux semi-auxiliaires « va » (CM1-10) et « laissent » (CM1-13), ainsi que 8 verbes supports, catégorie définie par Martin Riegel, Jean-Christophe Pellat et René Rioul[30] de la sorte :

> On appelle verbes supports des verbes comme *faire*, *donner*, *mettre*, etc. qui, à côté de leurs emplois ordinaires, se combinent avec un syntagme prédicatif, nom, adjectif ou groupe prépositionnel, pour construire une forme complexe fonctionnement équivalente à un verbe.

La prédication étant assurée par d'autres mots que le verbe, nous faisons l'hypothèse que, au même titre que pour les semi-auxiliaires, l'identification de la forme verbale pourrait être entravée par une sorte de vacance sémantique. Maurice Gross introduit ainsi son propos en affirmant qu'« en première approximation, on pourrait considérer que les verbes supports sont des mots grammaticaux comme les prépositions *à*, *de*, qui sont vides de sens »[31]. Les manipulations permettant de mettre en avant une construction à verbe support le montrent : « ils prennent la fuite » (CM1-5) aurait ainsi comme équivalent « ils fuient », le verbe support, en disparaissant, n'ôte pas de charge sémantique, celle-ci étant reportée dans le verbe correspondant au groupe nominal porteur de la prédication. Ceci dit, il n'existe pas forcément de verbe correspondant[32], comme pour « le propriétaire de la demeure fait les longs récits de

---

[29] Cf. annexe « Décomposition du corpus », onglet « Analyse Verbes 1 ».
[30] Riegel, Pellat & Rioul (2014, p. 415).
[31] Gross (1998, p. 25).
[32] Riegel, Pellat & Rioul (2014, p. 416) : « Les noms et adjectifs construits avec un verbe support peuvent être morphologiquement apparentés à un verbe [...], mais beaucoup d'entre eux n'ont pas de correspondant verbal. »

ses incroyables voyages » (CE2-8), pour lequel « récite » ne convient évidemment pas. On retiendra dans ce cas le test de la « réduction à zéro du Vsup dans un groupe nominal comportant le prédicat et ses arguments »[33], avec l'obtention d'un groupe nominal du type « les longs récits de ses incroyables voyages par le propriétaire de la demeure », test qui fonctionne également pour « il [l'étranger] dégage une puissance et une force impressionnantes », qui devient ainsi « la puissance et la force impressionnantes de l'étranger ». À l'image de « les enfants [...] se mettent en colère » dans notre corpus, Martin Riegel, Jean-Christophe Pellat et René Rioul[34] précisent qu'il est possible de « distinguer entre les verbes supports de base (p. ex. *faire, avoir, donner*) et leurs variantes plus spécifiques », ici avec un aspect inchoatif.

Du point de vue de la fréquence, et pour reprendre le même outil, dans un souci de comparaison, le passage de notre corpus de verbes au filtre de la liste établi par Étienne Brunet n'est pas productif du point de vue d'une potentiel progression du CE2 au CM1[35].

Figure 17: *Analyse des verbes : fréquence (liste d'É. Brunet)*

	CE2	CM1	Total
Verbes appartenant à la liste	32	36	68
Verbes dont la base appartient à la liste	2	4	6
Verbes n'apparaissant pas dans la liste	11	16	27
Total	45	56	101

En revanche, le calcul de proportion d'occurrences totalement absentes de la liste permet de comparer les trois classes de mots lexicaux : au sein de notre corpus, seuls 26,7 % des verbes n'apparaissent pas dans la liste d'Étienne Brunet (pas plus que leur base[36]), ce pourcentage est sensiblement équivalent aux 28,7 % d'adjectifs, mais très inférieur aux 45,8 % de noms. *A priori*, les verbes et les adjectifs utilisés ont par conséquent plus de probabilités d'être connus des élèves que les noms employés. À ce stade de l'analyse, une remarque s'impose : la formatrice

---

[33] Vivès (1993, p. 11).
[34] Riegel, Pellat & Rioul (2014, p. 417).
[35] Cf. annexe « Décomposition du corpus », onglet « Analyse Verbes 2 ».
[36] « Base » est à comprendre ici au sens lexicographique : « Les bases sont des morphèmes qui, comme *roi*, forment un mot à eux seul » (Mortureux, 2008).

que nous sommes avait préconisé à l'enseignante de n'utiliser aucun mot étranger aux élèves. Ceci explique assez largement la quantité importante de mots lexicaux présents dans la liste de fréquence, et avec des indices élevés : pour les verbes, la moyenne des fréquences des mots présents est de 48 311, pour les adjectifs, de 7 054, pour les noms, de 5 984.

Du point de vue syntaxique, nous avons sélectionné deux entrées : la présence et le type de sujet d'une part, l'existence d'éléments entre sujet et verbe d'autre part[37].

Figure 18: *Analyse des verbes : recensement en fonction du sujet*

		CE2	CM1	Total
Verbes avec un sujet exprimé	Sujet = GN	17	16	33
	Sujet = GN enrichi à droite par un syntagme	2	5	7
	Sujet = pronom personnel	8	18	26
	Sujet = pronom autre que personnel	0	6	6
Verbes avec une ellipse du sujet	Juxtaposé ou coordonné à un verbe seul	7	5	12
	Juxtaposé ou coordonné à un groupe verbal	10	4	14
Verbes impersonnels ou à un mode impersonnel		1	2	3
	Total	45	56	101

Il s'agira évidemment de sonder si un type de sujets rend les verbes associés plus facilement reconnaissables. Mais nous voulons également travailler autour de l'hypothèse orthographique, assez largement partagée par les praticiens, selon laquelle la présence d'éléments conjoints à gauche du verbe rompt la chaine d'accords : dans le cadre de notre recherche, nous souhaiterions tenter d'observer si l'identification du verbe est entravée par ces éléments (pronoms compléments, adverbes de négation).

---

[37] Cf. annexe « Décomposition du corpus », onglet « Analyse Verbes 3 ».

Figure 19: *Analyse des verbes : recensement des cas de présence de rupteurs entre sujet et verbe*

	CE2	CM1	Total
Verbes précédés de pronoms	6	12	18
Verbe à la forme négative	0	3	3
Verbe à la forme négative, précédé d'un pronom complément	0	1	1
Total	6	16	22

De ce point de vue, la progression est nette entre CE2 et CM1, et anticipée par l'enseignante : le phénomène touche 13 % des formes la première année, 26 %, la seconde, soit une proportion qui double.

L'écrasante majorité des verbes sont conjugués, seuls deux sont à l'infinitif, là aussi, sur recommandation de notre part, dans le but de favoriser l'émergence de procédures heuristiques, tandis que l'infinitif nous paraissait présenter un fonctionnement propre, moins productif dans le cadre l'enseignement-apprentissage des classes grammaticales. À l'exception de ces deux infinitifs, les verbes sont conjugués aux troisième et sixième personnes, du fait du caractère narratif finalement assez classique des énoncés, ou, plus généralement, d'une volonté de ne pas compliquer la situation d'énonciation avec des déictiques, qui ne faisaient pas partie des priorités de l'enseignante.

Figure 20: *Analyse des verbes : recensement en fonction du nombre*

	CE2	CM1	Total
Verbes avec une marque de personne au singulier	33	34	67
Verbes avec une marque de personne au pluriel	12	20	32
Verbes sans marque de nombre	0	2	2
Total	45	56	101

Les temps verbaux représentés sont tous des temps simples[38], il s'agit d'un choix réfléchi, également dictée par l'aspect matériel du dispositif. Intégrer des formes composées aurait amené la question matérielle du

---

[38] Cf. annexe « Décomposition du corpus », onglet « Analyse Verbes 4 ».

découpage des étiquettes (une ou deux pour une forme verbale composée), qui est indissociable d'une autre, à savoir la représentation du concept de mot pour les élèves[39].

Figure 21: *Analyse des verbes : recensement en fonction du temps verbal auquel ils sont conjugués*

	CE2	CM1	Total
Verbes au présent de l'indicatif	44	33	77
Verbes au futur de l'indicatif	1	6	7
Verbes à l'imparfait de l'indicatif	0	9	9
Verbes au passé simple de l'indicatif	0	5	5
Verbes au conditionnel présent	0	1	1
Verbes à l'infinitif	0	2	2
Total	45	56	101

Alors que la totalité des verbes à une exception près (CE2-11, dernier tri de l'année) est au présent de l'indicatif en CE2, au CM1, si le présent demeure majoritaire, plus de 40 % des formes verbales sont conjuguées à un autre temps au CM1.

Enfin, dernier filtre utilisé, celui de la construction morphologique[40] nous révèle qu'il n'y a que peu de phénomènes notables : 4 dérivations sur bases nominales (1 au CE2, 3 au CM1), 12 sur bases verbales (5 au CE2, 7 au CM1) permettront des sondages ponctuels afin de déterminer si les appuis morphologiques de ce type sont utilisés ou noms par les élèves.

3.2.2.5. Analyse des pronoms

Au premier regard, la progression du CE2 au CM1 est déjà assurée par l'augmentation massive du nombre de pronoms, de 20 à 45. Autre caractéristique frappante, la domination attendue des pronoms personnels conjoints est confirmée par le recensement[41].

---

[39] Cf. 1.3.2.
[40] Cf. annexe « Décomposition du corpus », onglet « Analyse Verbes 5 ».
[41] Cf. annexe « Décomposition du corpus », onglet « Analyse Pronoms 1 ».

Figure 22: *Analyse des pronoms : recensement par classes et sous-classes*

			CE2	CM1	Total
Pronoms personnels	Formes conjointes	Sujet	9	18	27
		Complément direct	8	10	18
		Complément indirect	0	6	6
	Formes disjointes		3	3	6
Pronoms démonstratifs			0	2	2
Pronoms relatifs			0	3	3
Pronoms indéfinis			0	3	3
Total			20	45	65

Facteur voulu par l'enseignante au CM1, la diversification des pronoms ainsi que la présence forte de pronoms compléments sont liées à sa volonté explicite de travailler sur la confusion homonymique avec les déterminants définis, mais aussi de construire la classe des pronoms plutôt que de s'arrêter aux savoirs déclaratifs des élèves concernant les pronoms de conjugaison, c'est-à-dire les formes de pronoms personnels en fonction sujet. Le tableau des fréquences, toujours selon la liste d'Étienne Brunet, permet de justifier en partie cette approche, bien que les pronoms relatifs soient nettement sous-représentés dans le corpus.

Figure 23: *Analyse des pronoms : fréquence (liste d'É. Brunet)*

	Fréquence
il	270395
se	168684
qui	148392
elle	126397
le	105873
lui	65988
en	38935
celui	24270
tout	17486
leur	6078

Analyse détaillée des énoncés soumis aux élèves 107

Autre point de vue sur le corpus des pronoms, la fonction syntaxique occupée constitue un filtre pertinent[42], dans la mesure où nous postulons que la fonction sujet est un facteur facilitant pour ce qui est des pronoms personnels : ceux-ci, utilisés comme appui artificiel de construction des tableaux de conjugaison, font très tôt l'objet d'un enseignement de liste. Mais surtout, il sera très intéressant de voir si la fonction sujet, occupée par un autre type de pronom, est tout autant facilitatrice, ce qui consoliderait l'hypothèse d'une procédure syntaxique, en plus de la reconnaissance morphologique attendue.

Figure 24: *Analyse des pronoms : recensement selon la fonction*

	CE2	CM1	Total
Sujet	9	24	33
Complément direct du verbe	8	11	19
Complément indirect du verbe	3	8	11
Complément d'un nom	0	2	2
Total	20	45	65

Pour finir, le point de vue morphologique nous offre deux filtres[43]. Tout d'abord, la question du marquage en genre et/ou en nombre a fait l'objet d'une recension, mais ce qui nous intéressera au premier chef, c'est l'existence ou non d'homonymes grammaticaux, c'est-à-dire la possibilité ou non d'une confusion lors de l'identification.

Figure 25: *Analyse des pronoms : recensement des pronoms ayant au moins un homonyme grammatical*

		CE2	CM1	Total
Sans homonymes grammaticaux		14	32	46
Homonymie	Avec un article défini	6	8	14
	Avec un déterminant indéfini	0	3	3
	Avec une préposition	0	2	2
	Total	20	45	65

---

[42] Cf. annexe « Décomposition du corpus », onglet « Analyse Pronoms 2 ».
[43] Cf. annexe « Décomposition du corpus », onglet « Analyse Pronoms 3 ».

Nous n'avons pas considéré « qui » dans ce recensement parce que les deux composants de la paire sont des pronoms, et que la catégorisation attendue des élèves n'atteignant pas le grain de la sous-classe, cela ne constitue pas une source d'échec potentielle.

4. Le problème statistique

Le corpus que nous avons réuni consiste en des travaux d'élèves opérant une catégorisation de l'ensemble des mots d'un énoncé. Pour chaque événement, l'ensemble des élèves trie les mêmes mots utilisés dans le même énoncé. L'utilisation d'étiquettes permet de sécuriser certains aspects : les élèves ne peuvent pas copier en faisant des erreurs orthographiques ni ranger un même mot dans deux catégories différentes. En revanche, il est possible que certaines étiquettes se perdent, même si cela est extrêmement rare, en pratique. Nous avons donc des feuilles qui contiennent des étiquettes collées en regroupement, en « tas » (terme utilisé avec les élèves lors des reformulations de consigne) ou en colonnes ; ces rassemblements sont en principe intitulés par les élèves. Ici, une difficulté surgit, qui est celle des capacités des élèves à écrire ce qu'ils souhaitent : les compétences en maitrise de la langue de certains d'entre eux constituent un obstacle par rapport à l'accès à leur raisonnement. Notamment lors de la première année, il est arrivé que l'enseignante écrive pour eux. Parfois, il est délicat de lire ce qu'ils ont écrit. Enfin, il arrive que des regroupements de mots ne soient pas du tout intitulés. L'ensemble du corpus est ainsi constitué de photographies de ces travaux d'élèves.

Dès lors, selon un de nos objectifs qui est de pouvoir comparer des performances, d'observer des évolutions, notamment dans le temps, de façon longitudinale pour un élève ou pour un niveau de classe, il nous a fallu traduire des photographies en données compilables, donc en nombres. Cela suppose de faire des choix, tant au niveau de ce qui est codé qu'au niveau du traitement statistique que nous avons opéré dans un second temps.

4.1. Quel codage de quelles données ?

Pour chaque activité mise en œuvre, est répertorié le nombre total de mots qui seront pris en compte. La plupart du temps, cela correspond aux mots de l'énoncé donné aux élèves. Mais il y a des exceptions, nous avons été amenée à neutraliser certains mots, car ils constituaient des problèmes non seulement insolubles pour ces élèves, mais aussi impossibles à coder dans notre système : ils auraient faussé les résultats, car ils ne pouvaient reposer sur une correspondance entre une étiquette et une catégorie. En voici la liste :

- ✓ Deux déterminants contractés : « au », en CE2-2 et « du », en CM1-11. Les élèves n'avaient qu'une étiquette, et la consigne qui leur était passée ne leur permettait pas de positionner un mot entre deux regroupements, ces déterminants étant également des prépositions, ils n'étaient pas gérables par les procédures souvent utilisées par les élèves, dont la substitution par un mot de la même classe.

- ✓ L'expression « premier venu », en CM1-7, a amené à la neutralisation de ces deux mots, impossibles à coder de façon satisfaisante, sauf à autoriser plusieurs natures possibles, ou deux mots dans une seule catégorie[1] : nous avons préféré les retirer, même si nous analyserons qualitativement leur traitement par les élèves, notamment les outils de justification utilisés.[2]

- ✓ Du côté des verbes, la décomposition des verbes pronominaux autonomes en deux étiquettes nous a semblé être, là aussi, une sorte de piège grammatical insoluble. Par exemple en CM1-3,

---

[1] Didactiquement, de façon rétrospective, le traitement de ce type de cas de figure pourrait être amélioré par le fait de positionner les deux mots sur la même étiquette. Cependant, d'une part cela n'a pas été fait (l'enseignante n'ayant pas anticipé le problème), d'autre part, nous aurons à y revenir, si le traitement statistique est malaisé, en revanche, les procédures utilisées par les élèves pour résoudre le problème en ont fait un moment d'explicitation pertinent. Linguistiquement, deux possibilités d'analyse coexistent :

« venu » est une forme adjective du participe passé qui, une fois substantivée, peut être employée seulement avec certains adjectifs ordinaux, dont « premier » ;

« premier » est un adjectif ordinal substantivé et caractérisé par une forme adjective du participe passé « venu ».

Dans les deux cas, le degré de compétence nécessaire pour mettre en œuvre l'analyse est inaccessible aux élèves concernés. Mais ceux-ci ont tout de même réussi à fournir des explications qui se sont révélées intéressantes.

[2] Il est notable que, lors de l'activité de classe, l'ambiguïté grammaticale de ces mots ne pose pas problème car il s'agit prioritairement d'argumenter, de fournir des preuves de raisonnement, plutôt que d'offrir une correction exhaustive. Lors de la mise en commun autour de cet énoncé, l'enseignante a pris conscience qu'elle ne savait pas quelle était la nature exacte des mots « premier venu », les élève ont, eux, très justement ferraillé autour de possibles justifications de leurs hypothèses. L'échange n'en a été que plus propice à la construction d'un raisonnement grammatical.

dans « certains enfants se moquaient de l'ogresse », « se », isolé sur une étiquette, est un objet grammatical absurde, dans la mesure où la construction syntaxique « se moquer de quelqu'un » ne permet pas son analyse autonome. Nous avons donc neutralisé ces formes, tandis que sont conservés les pronoms réfléchis analysables comme « La vieille dame s'assoit dans son confortable fauteuil », en CE2-11.

✓ Dernière neutralisation, « tous », dans « sa mauvaise haleine repoussait tous les écoliers », en CM1-3, pour des raisons similaires : le déterminant composé était scindé en deux étiquettes.

Ces précautions d'usage proviennent des conditions de recueil de notre corpus. En effet, les énoncés soumis aux élèves ont été à deux exceptions près produits par l'enseignante qui a mis en œuvre les séances, il n'a jamais été question de pré-établir un corpus, mais de mener une recherche à la fois écologique et collaborative : plutôt que de prétendre à la valeur statistique de grands nombres qui tâcheraient de dire la vérité du parcours d'apprentissage des élèves, il s'agit d'avoir accès à la compréhension des phénomènes en jeu dans le cadre d'une classe particulière, cela en accompagnant une enseignante particulière. Le codage des données vise à offrir une analyse quantitative montrant de grandes orientations, celle-ci sera articulée avec une approche qualitative, qui permettra de comprendre les écarts de courbes le cas échéant et des phénomènes moins massifs.

3.1.1. Éléments concernant la technique de catégorisation utilisée par l'élève

Si la gestion de la catégorisation par classes grammaticales était ce que nous voulions prioritairement observer, force est de constater que la consigne ouverte qui était proposée aux élèves nous permet d'ausculter le phénomène passionnant qu'est l'apparition de ces classes de mots dans les modes de catégorisation des élèves. C'est pourquoi il nous faut coder d'abord la nature des regroupements opérés par les élèves, afin de rendre compte de leur travail même avant l'utilisation explicite des métatermes attendus. Pour cela, un premier lot de données, intitulé « Composition et nature des regroupements », se compose comme suit :

– Nombre de regroupements
– Nombre de regroupements non nommés

- Nombre de regroupements nommés non grammaticaux
- Nombre de regroupements des mots lexicaux sur critères protogrammaticaux
- Nombre de regroupements sur des critères formels
- Nombre de regroupements de mots grammaticaux sans métaterme conventionnel
- Nombre de classes grammaticales explicites
- Présence d'un groupement « je ne sais pas »
- Nombre de mots dans « je ne sais pas »

Certains de ces intitulés sont transparents, d'autres demandent justification. S'il est inutile de préciser ce que nous entendons par « regroupements non nommés », il est en revanche nécessaire de comprendre la diversité de ce que cela peut recouvrir. Lors des premiers tris, un certain nombre d'élèves ont pu être amenés à ne pas intituler leurs regroupements, comme nous l'avons évoqué ci-dessus. En revanche, beaucoup plus tard, de façon plus isolée, un élève a pu omettre de préciser les classes grammaticales utilisées, alors même qu'il les utilisait lors des tris qui précèdent ainsi qu'à l'occasion des tris qui suivent. Nous n'avons pas souhaité jouer aux devinettes avec les productions des élèves et donc nous nous sommes refusé à coder selon notre intuition. Il faut donc être prudent quant à l'interprétation des données compilées sur ce point.

Ce que nous avons choisi de nommer « critères protogrammaticaux » désigne en grande part l'ensemble des intitulés qui s'appuient sur le sens et que nous avons considérés comme précurseurs d'une catégorisation de type grammatical, pour exemple Ismaël lors du tri CE2-4[3] qui opère les regroupements suivants :

« petite » + « long » = « la taille »
« fille » + « monstre » = « les humains ou non »
« œuf » + « caillou » = « des objets à jeter »
« et » + « l' » + « la » + « un » + « son » + le » + « sur » = « les petits mots »
« méchant » + « bâton » + « écrase » = « ? »
« jette » + « lance » = « la même chose »

---

[3] Pour rappel, l'énoncé de CE2-4 est le suivant : « La petite fille jette un caillou sur le méchant monstre, lance son long bâton et écrase l'œuf. »

Nous avons considéré que quatre regroupements constituaient des cohérences grammaticales, derrière des intitulés sémantiques : « taille », « humains » et « objets », d'une part, « même chose » d'autre part, qui renvoie à une relation synonymique. Plus classiquement, dans la même catégorie, on trouvera des intitulés du type « personnages » ou « objets » (cf. Ibrahim, CE2-4). Pour distinguer ces intitulés de ceux que nous avons codés dans « regroupements nommés non grammaticaux », nous nous sommes appuyés certes sur les intitulés, mais aussi sur le contexte, ou encore sur le contenu des regroupements. Il s'agit ici de comparer le travail d'Ismaël en CE2-4 avec celui de Hicham lors du même tri :

« bâton » + « caillou » + « monstre » + « un » + « son » = « les choses qu'on trouve dans la forêt »[4]

« long » + « lance » + « jette » + « la » = « la colonne des choses longues »

« œuf » + « fille » + « petite » + « et » = « je pense que ça va ensemble »

« sur » + « méchant » + « écrase » + « l' » + « le » = « les choses méchantes »

Dans ce dernier cas, les mots semblent regroupés sinon de façon arbitraire, en tout cas sans logique métalinguistique. Le codage des regroupements de « mots grammaticaux sans métaterme conventionnel » répond au même souci de sonder l'apparition des classes de mots avant l'utilisation de la terminologie, c'est-à-dire les prémices de la conceptualisation avant la norme. Qu'ils soient « petits mots » (Ismaël, CE2-1) ou « compagnons » (Camila, CE2-2 ou encore Sarah, CE2-3), coder le rassemblement par les élèves des mots grammaticaux en une catégorie isolée avant l'emploi de « déterminant » doit permettre de davantage comprendre l'apparition, puis le progressif resserrement du concept.

Pour ce qui est des « regroupements sur des critères formels », nous y avons placé tous les intitulés à valence morphologique, tel que l'ordre alphabétique, le tri par nombre de lettres ou encore le critère d'invariabilité. Cela n'est pas totalement satisfaisant, si l'on considère que ces différentes entrées supposent respectivement des points de vue sur la langue assez hétérogènes, nous aurons l'occasion d'y revenir plus loin. Néanmoins, il nous a semblé nécessaire de ne pas éparpiller les données, de choisir un grain raisonnable compte tenu de l'ampleur de notre corpus.

---

[4] Pour une meilleure lisibilité l'orthographe est ici rectifiée par rapport à l'écrit de l'élève.

Nous avons considéré comme explicites les regroupements intitulés par un métaterme grammatical renvoyant aux classes de mots. Dans certains cas, la terminologie utilisée par les élèves peut être d'un grain plus fin que celle qui est attendue, par exemple le très fréquent usage de « pronom personnel », en concurrence (déloyale pour cause de tradition d'enseignement) avec l'étiquette « pronom » seule, au final assez rarement utilisée. Il peut exister des cas de figure dans lesquels le choix est difficile : en CE2-4, David emploie « mots » pour intituler une colonne dans laquelle il a réuni tous les noms, tandis qu'il utilise par ailleurs explicitement les métatermes « verbe » et « adjectif ». Là encore, par souci de ne pas trop supposer, mais de coder l'existant, l'explicite, nous avons choisi de le coder en « regroupements des mots lexicaux sur critères protogrammaticaux ». Ainsi, cette dernière codification renvoie à la fois à la démarche sémantique expliquée *supra*, mais aussi, dans une faible mesure, à ce type d'approche, très proche de la désignation par les classes de mots, mais pas encore stabilisée par l'utilisation d'un métaterme adéquat.

Lors de la passation de consigne, il est longuement précisé aux élèves qu'ils peuvent mettre de côté certains mots parce que ceux-ci n'ont pas de point commun avec les autres, qu'ils ne s'intègrent pas aux catégories constituées. Intitulée « je ne sais pas » ou, plus fréquemment « ? » par les élèves, cette catégorie pourrait semblée mineure, de faible intérêt. En fait, son utilisation reflète bien souvent l'exigence de rigueur que chaque élève s'impose quant à la construction de sa catégorisation : vouloir tout trier, puis, plus tard dans l'apprentissage, tout identifier, montre un défaut de représentation du fonctionnement de la langue. Pour un élève, avoir prise sur sa propre compréhension du système suppose d'accepter que l'on ne peut pas tout expliquer, que ne pas savoir n'est pas un échec, simplement la marque qu'il reste à comprendre, pour demain, pour après-demain. Cette attitude, nécessaire à une approche socioconstructiviste de l'apprentissage de la grammaire, ne peut voir le jour qu'à condition de l'adoption par le maître de la même posture, faite d'humilité et de curiosité. La construction de la posture du linguiste chez l'élève nous amène non seulement à coder l'existence ou non du regroupement « ? », mais aussi à dénombrer les mots qui la composent, afin de pouvoir sonder le comportement de celle-ci au fil du temps, chez chaque élève comme pour le collectif classe.

3.1.2. Éléments concernant le repérage des classes grammaticales

Lorsque les élèves utilisent explicitement une des classes grammaticales variables, le codage s'affine dans une partie dédiée à celle-ci. Pour chaque classe sont ainsi codés les éléments suivants :

- Nombre d'occurrences dans l'énoncé
- Présence de la catégorie, explicitement nommée
- Nombre d'occurrences correctement triées
- Nombre d'occurrences mal triées
- Nombre d'occurrences positionnées dans « je ne sais pas »
- Nombre d'intrus dans la catégorie

Le codage binaire de la présence de la catégorie (0 ou 1) permet d'établir graphiquement l'apparition puis la stabilisation de la catégorie chez chaque élève, et, en moyenne, dans la classe. Cela constitue également un point d'appui du calcul du score de réussite de l'élève, que nous allons expliciter *infra*. Le codage du nombre d'occurrences présentes dans l'énoncé (appartenant à la classe grammaticale concernée) procède du même usage. Les mots appartenant à la classe grammaticale observée qui sont positionnés dans une autre catégorie grammaticale variable sont codés « mal triés » (par exemple un verbe positionné dans un regroupement intitulé « noms »), tandis que ceux qui sont dans « je ne sais pas » ou « ? » constituent une autre colonne. Les « intrus dans la catégorie » sont tous les mots qui sont positionnés par l'élève à tort dans le regroupement.

Lorsque les élèves n'utilisent pas explicitement la classe grammaticale, nous avons choisi de coder néanmoins les occurrences mal triées ainsi que les occurrences positionnées dans « je ne sais pas », afin d'essayer de percevoir des mécanismes préexistants à l'utilisation de la classe de mots concernée. Si nous prenons l'exemple de la catégorie pronom, dans le cas où elle n'est pas utilisée par un élève, il est intéressant de savoir si celui-ci les range mal, dans la catégorie déterminant, ou s'il les place dans « je ne sais pas », dans une sorte de sas qui indique que cet élève les différencie des déterminants, même s'il n'est pas capable de les regrouper et de les dénommer. Seule une analyse plus qualitative permet d'atteindre une finesse de grain suffisante, mais les grandes tendances pointent les lieux où creuser plus avant grâce à d'autres outils, de façon moins subjective que la simple impression, ou pire, le préjugé, ce qui est précieux.

4.2. Quel traitement statistique pour quels points de vue sur le corpus ?

Une fois ces données recueillies, codées dans un tableur[5], s'est imposé un problème central, celui du calcul d'un pourcentage de réussite. En effet, dans un premier temps, il peut sembler à la fois aisé et incontournable, compte tenu de notre objet d'étude, de procéder à un tel calcul. Cette tentation provient des évaluations habituellement utilisées pour mesurer les habiletés des élèves. Les consignes de soulignement, très fréquentes, donnent lieu à des résultats binaires, faciles à traiter de façon statistique : soit l'élève a souligné le bon mot, soit pas. Il est bon de noter au passage que nous discutons déjà de cette forme d'exploitation des réponses, qui ne prend pas en compte d'éventuels soulignements d'intrus : si, dans un énoncé donné, un élève souligne les deux tiers des mots lorsqu'on lui demande d'identifier les adjectifs, il aura peut-être un meilleur score que celui qui aura souligné seulement deux mots, les deux étant des adjectifs. La consigne ouverte à laquelle les élèves répondent lors de l'activité de tri de mots engendre des réponses dont nous avons souhaité que le traitement statistique préserve la complexité, du moins dans la mesure du possible.

4.2.1. Construction du score de réussite par catégorie

Nous avons donc abandonné l'idée d'un pourcentage de réussite pour aller vers un score de réussite, constitué de la pondération de quatre scores de rang inférieur, à partir des données codées explicitées *supra* (nombre d'occurrences correctement triées, nombre d'occurrences mal triées, nombre d'occurrences positionnées dans « je ne sais pas », nombre d'intrus dans la catégorie).

4.2.1.1. Calculs des scores intermédiaires, de rang inférieur

Chaque score de rang inférieur est calculé de 0 à 4 selon les règles suivantes, qui s'appuient sur la programmation de tests logiques dans le tableur :

---

[5] Pour notre part, nous avons utilisé *Excel*, de Microsoft.

Pour le nombre d'occurrences correctement triées : en partant du pourcentage du nombre d'occurrences correctement triées (P3)[6] par rapport au nombre d'occurrences qui étaient présentes dans l'énoncé (N3), on procède à une succession de tests logiques. Si le pourcentage obtenu est égal à zéro, alors le score est de 0, s'il est supérieur à zéro et inférieur ou égal à 10, alors le score est de 1, s'il est supérieur à 10 et inférieur ou égal à 20, alors le score est de 2, et ainsi de suite, ce qui aboutit à un codage par décile. Pour exemple, cela donne une formule du type :

=SI(P3=0;0;SI(P3*100/$N3<=10;1;SI(P3*100/$N3<=20;2;SI(P3*100/$N3<=30;3;SI(P3*100/$N3<=40;4;SI(P3*100/$N3<=50;5;SI(P3*100/$N3<=60;6;SI(P3*100/$N3<=70;7;SI(P3*100/$N3<=80;8;SI(P3*100/$N3<=90;9;10))))))))))

Pour le nombre d'occurrences mal triées : en partant du pourcentage du nombre d'occurrences mal triées (R3) par rapport au nombre d'occurrences qui étaient présentes dans l'énoncé (N3), on procède à une succession de tests logiques. Si le pourcentage obtenu est égal à zéro, alors le score est de 0, s'il est supérieur à zéro et inférieur ou égal à 10, alors le score est de -1, s'il est supérieur à 10 et inférieur ou égal à 20, alors le score est de -2, et ainsi de suite, ce qui aboutit à un codage par décile. Le fonctionnement est donc le même que pour les occurrences correctement triées, mais le codage est négatif. La formule devient du type :

=SI(R3=0;0;SI(R3*100/$N3<=10;-1;SI(R3*100/$N3<=20;-2;SI(R3*100/$N3<=30;-3;SI(R3*100/$N3<=40;-4;SI(R3*100/$N3<=50;-5;SI(R3*100/$N3<=60;-6;SI(R3*100/$N3<=70;-7;SI(R3*100/$N3<=80;-8;SI(R3*100/$N3<=90;-9;-10))))))))))

Pour le nombre d'occurrences positionnées dans « je ne sais pas » : on procède de la même façon que pour les occurrences mal triées, on obtient donc un score égal à zéro ou négatif.

Pour le nombre d'intrus dans la catégorie, il s'agit d'introduire une donnée pondérée, à savoir tenir compte du fait que les intrus possibles correspondent au nombre total de mots de l'énoncé auquel il faut soustraire le nombre de mots relevant de la classe grammaticale ciblée. Ainsi, on calcule le pourcentage du nombre d'intrus (V3) par rapport au

---

[6] Afin de permettre la lecture des formules, nous avons inséré dans l'explication les exemples de cases qui apparaissent dans ces formules.

nombre total de mots de l'énoncé (C3) auquel on soustrait le nombre d'occurrences qui étaient présentes dans l'énoncé (N3). Par la suite, on procède à une succession de tests logiques. Si le pourcentage obtenu est égal à zéro, alors le score est de 0, s'il est supérieur à zéro et inférieur ou égal à 10, alors le score est de -1, s'il est supérieur à 10 et inférieur ou égal à 20, alors le score est de -2, etc., selon le même découpage par décile que précédemment. Le codage est cette fois encore négatif, la pondération est faite par rapport à l'ampleur de l'énoncé puisque plus il y a de mots, plus il y a d'erreurs possibles. On obtient une formule du type :

=SI(V3=0;0;SI(V3*100/$C3-N3<=10;-1;SI(V3*100/$C3-N3<=20;-2;SI(V3*100/$C3-N3<=30;-3;SI(V3*100/$C3-N3<=40;-4;SI(V3*100/$C3-N3<=50;-5;SI(V3*100/$C3-N3<=60;-6;SI(V3*100/$C3-N3<=70;-7;SI(V3*100/$C3-N3<=80;-8;SI(V3*100/$C3-N3<=90;-9;-10))))))))))

4.2.1.2. Calcul du score de réussite par catégorie grammaticale

Une fois ces scores de rang inférieur construits, le score de réussite pour chaque catégorie grammaticale est obtenu en additionnant l'ensemble, mais après pondération par des coefficients. En effet, si l'on ne pondère pas, la simple addition écrase les différences de performances. Par exemple, l'absence de pondération tend à minorer l'impact des intrus alors que leur présence est une erreur importante. Nous tenons à éviter une représentation binaire de l'erreur, et à lui substituer un fonctionnement plus représentatif de son caractère scalaire : mettre un mot dans « je ne sais pas » n'est pas une erreur de même nature que de le positionner dans une catégorie grammaticale erronée, non plus que d'introduire des intrus dans une catégorie. C'est pour répondre à cette préoccupation, et grâce à des expérimentations successives de coefficients que nous nous sommes appuyée sur un équilibre de du type 1 / 4 / 8. Partant de ces constats, nous avons régulé de la façon suivante : le positionnement dans la catégorie « je ne sais pas » (U3) n'est pas affecté d'un coefficient, au contraire du positionnement dans une autre classe grammaticale (S3), qui est multiplié par 4, tandis que le score qui concerne les intrus est multiplié par 8 (W3), le score lié aux occurrences correctement triées (Q3) est multiplié par 4. La somme obtenue constitue le score de réussite par catégorie grammaticale. Dans les fichiers, nous avons attribué un code couleur par tranche de score, afin de mieux visualiser les performances des élèves : le zéro est gris tandis que des tranches de 20 permettent de lire approximativement le positionnement de chaque élève sur chaque classe de mots.

Afin de pouvoir constituer des graphiques, il nous a fallu attribuer un score de réussite dans le cas où l'élève n'a pas utilisé la classe grammaticale (la case O3 code de façon binaire cette présence/absence), cas dans lequel les calculs explicités précédemment n'ont pas de sens, puisque les valeurs « nombre d'occurrences bien triées » et « nombre d'intrus dans la catégorie » ne peuvent exister. Dans un premier temps, nous avions donné la valeur -25 à ces cas de figure. Cela pouvait engendrer, de façon minoritaire, des ambigüités, dans le cas où un élève obtiendrait un score de -25 en ayant utilisé la catégorie. Nous aurions tout aussi bien pu lui accorder la valeur zéro, le défaut d'ambigüité eut été le même, mais surtout, dans un cas comme dans l'autre, cela gomme des aspects qui nous intéressaient au premier chef, à savoir les étapes qui précèdent l'apparition explicite d'une classe de mots dans l'organisation catégorielle d'un élève. Pour expliquer concrètement ce que cela recouvre, il s'agit de faire la différence entre un élève qui positionne les occurrences dans une autre classe de mots, et un élève qui les positionne dans « je ne sais pas » : nous voulions voir si les élèves passaient par une phase d'exclusion d'une catégorie avant d'en construire une nouvelle. Prenons un exemple pour être plus claire : il s'agissait d'essayer d'observer si la classe des adjectifs apparaissait après que les adjectifs ont été séparés des noms et positionnés dans « je ne sais pas », ou si l'ensemble « adjectifs » résultait directement d'une scission de l'ensemble « noms ». Le problème des confusions persiste. En effet, un élève peut se voir créditer d'un score positif alors qu'il n'utilise pas la classe de mots, mais parce qu'il a positionné toutes les occurrences dans « je ne sais pas ». Mais nous avons choisi de maintenir un fonctionnement qui nous permette le plus large empan d'analyse, quitte à devoir être précautionneux dans la lecture des données, ce qui était de toute façon nécessaire. Pour calculer le score dans ce cas de figure, nous avons affecté un coefficient 6 au score négatif de positionnement dans une autre classe grammaticale ainsi qu'un coefficient 2 au score rendu positif de positionnement dans « je ne sais pas ». Ces coefficients sont à rapporter au 1 / 4 / 8 du calcul du score de réussite en cas de présence de la catégorie : de la même façon, il s'agit bien ici de complexifier l'approche scalaire de l'erreur. Un élève qui n'utilise pas la catégorie peut être plus proche de sa conceptualisation qu'un camarade qui l'utilise. Il suffit pour cela de penser au cas de figure des pronoms ; les exclure de la catégorie « déterminant » sans pour autant parvenir à les désigner nous semble être une réussite plus grande, ou une erreur moindre, que de réunir dans une catégorie « pronom » les personnels sujet (parce que reconnus par effet de liste) et de laisser les autres avec les déterminants.

Cela produit la formule suivante :

=SI(O3=1;4*Q3+4*S3-U3+8*W3;SI(O3=0;6*S3-2*U3))

4.2.2. Le choix d'un pourcentage de réussite globale

Nous sommes consciente de la difficulté relative à la constitution d'une statistique de réussite globale : nos modes de calcul font de fait apparaitre des scores négatifs, ils sont fondés sur des choix que l'on pourrait considérer comme des biais, mettre sur le même plan l'identification des verbes et celle des pronoms peut sembler linguistiquement insatisfaisant. Cependant, il nous a semblé intéressant d'établir un pourcentage qui représente la moyenne des scores de réussite, ceci dans le but d'essayer de mesurer, non pas une valeur absolue, mais la difficulté intrinsèque à chaque énoncé proposé au fil des 24 tris, ainsi que les progrès des élèves et l'évolution comparée de ceux-ci, en fonction de leurs performances initiales. Nous tenons donc à préciser ici que ce pourcentage ne saurait être lu de façon ponctuelle, mais doit être contextualisé dans une visée comparative. C'est également le sens à donner aux différentes moyennes que nous avons pu établir : les moyennes par tri nous permettent d'étalonner les difficultés, de voyager dans les différents énoncés proposés afin de mieux comprendre ce qui favorise et ce qui fait obstacle à l'identification des classes de mots.

4.3. De la construction des graphiques

Le codage des productions d'élèves a engendré de fait des tableaux imposants, qui ne peuvent être appréhendés que comme une base de données à interroger[7]. Pour chaque paramètre, le lecteur peut les consulter, par élève ou par tri, peut accéder aux moyennes, par élève ou par tri, là encore. Les options de masquage de ligne ou/et de colonne permettent quelques comparaisons. La mise en lumière de certains aspects grâce à des mises en forme conditionnelles constitue également une première modalité de lecture globalisante. Cependant, afin d'avoir

---

[7] Cf. annexes « Codage par tri » et « Codage par élève ». Le lecteur y trouvera les différents onglets attendus, auxquels s'ajoutent des onglets compilant les moyennes, respectivement par tri et par élève.

une sorte d'aperçu de cette masse de données finalement considérable, il nous a paru essentiel d'en extraire des graphiques.

4.3.1. Comparer des scores de réussite[8]

Nous nous sommes appuyée sur les scores de réussite par classe de mots pour construire deux types de graphes : d'une part, une représentation des performances de chaque élève, d'autre part, une représentation de la moyenne des élèves. Ceux-ci se présentent sous la forme d'un nuage de points avec courbes lissées et marqueurs ; cette représentation nous semblait répondre au besoin de représenter une tendance, tout en permettant une lecture ponctuelle si nécessaire. Afin de pouvoir comparer les silhouettes de courbes, nous avons fixé les valeurs en abscisse et en ordonnée : les valeurs des scores se situent entre 40 et -60, tandis que la chronologie de l'apprentissage, horizontale, va de 1 à 24, nombre total maximum de tris effectués. L'un des élèves, Ibrahim, est parti à la fin du CE2, il a été présent aux dix premiers tris. À l'inverse, Célia, Cihan, Daniel, Sofia et Yasmine sont arrivés en CM1, leurs courbes commencent de ce fait au douzième tri. Par ailleurs, afin de faciliter la lecture, nous avons opté pour la continuité des courbes : lorsque l'élève n'a pas fait un tri, il n'y a pas de blanc, mais une absence de marqueur sur la courbe.

La représentation des scores de réussite de chaque élève aboutit à un graphe à cinq courbes, une par classe de mots évaluée. Il est possible, en masquant les colonnes dans le tableau joint à chaque graphe, de ne laisser apparaitre que certaines courbes, voire une seule. Il est également aisé de faire apparaitre une courbe de tendance, afin de faciliter la lecture de la progression, au-delà des aléas de chaque tri. Sur le même modèle et afin d'avoir une sorte de repère médian, nous avons procédé à l'identique pour les moyennes des scores de réussite.

Afin de comparer les performances au sein de chaque classe de mots, nous avons édité en un graphe les courbes des scores de réussites de tous les élèves pour une catégorie grammaticale donnée. Là aussi, il est possible de moduler avec le tableau joint afin de n'afficher que certaines courbes, ce qui permet de comparer aisément des élèves.

Nous ne souhaitons pas accorder trop d'importance au pourcentage de réussite globale, comme expliqué *supra*, néanmoins, l'édition d'une courbe et d'une droite de tendance linéaire associée permet de mieux

---

[8] Cf. annexe « Graphiques de scores de réussite par élève ».

visualiser les oscillations, mais aussi les tendances fortes le cas échéant, associées à l'apprentissage des classes de mots. Ces graphes représentent des profils grossiers d'apprentissage sur une durée longue, et c'est aussi cette construction d'ensemble que nous souhaitions observer.

4.3.2. Autres données, autres représentations

À côté de cette base de graphes, la base de données a été interrogée sur un certain nombre d'aspects, certains généraux, d'autres plus ponctuels.

4.3.2.1. L'apparition des classes grammaticales

À partir du codage binaire de la présence de la classe grammaticale dans chaque tri pour chaque élève il est possible de représenter la complexification croissante de la catégorisation grammaticale chez les élèves. L'épaississement progressif du graphe indique l'augmentation du nombre de classes de mots utilisées tandis que les bandes permettent de voir dans quel ordre elles apparaissent[9].

4.3.2.2. Mot à mot

Afin de pouvoir questionner le corpus en fonction de certaines typologies de mots, il est nécessaire de procéder à des codages de réussite pour chaque mot. La traduction de codage statistique que nous avons choisi d'appliquer est la suivante :

- 10 : le mot est positionné dans la catégorie grammaticale correcte, explicitement intitulée.
- 5 : le mot est positionné dans un regroupement dont l'intitulé, bien que pertinent, n'est pas explicitement celui de la catégorie grammaticale.
- 3 : le mot est positionné dans le regroupement « je ne sais pas ».
- Ø : le mot n'est pas trié, soit que l'élève n'ait pas collé l'étiquette sur sa feuille, soit que le mot n'ait pas été à trier par cet élève, dans le cadre de certaines différenciations.
- -5 : le mot est positionné dans un regroupement dont l'intitulé n'appartient pas à la terminologie des classes grammaticales ; par ailleurs, le regroupement n'est pas pertinent au regard de la réflexion grammaticale.

---

[9] Cf. annexe « Graphiques d'utilisation des catégories ».

— -10 : le mot est positionné dans une catégorie grammaticale explicite erronée.

Ce codage tente de rentre compte une fois encore de la nature scalaire de l'erreur. Identifier un mot peut sembler aboutir à un résultat binaire, juste ou erroné, mais, pour essayer de rendre compte d'un processus d'apprentissage, un traitement binaire se révèle inadapté, parce qu'il ne permet pas de rendre compte des représentations qui précèdent la stabilisation. Nous considérons que le regroupement « je ne sais pas » est une antichambre, une étape, qui s'avèrera peut-être nécessaire dans certains cas, tandis que le rangement dans une autre catégorie grammaticale est une erreur parce que l'élève, ayant attribué une étiquette apprise, devra d'abord renoncer à celle-ci avant de déplacer sa représentation. C'est pourquoi il nous semble que, sur le cheminement de l'élève dans l'acquisition du concept, l'utilisation d'un métaterme erroné est davantage une erreur que l'absence de fonctionnement explicitement grammatical, qui correspond davantage à une situation instable, précédant la représentation.

Afin de procéder à des analyses dans la diachronie de ces deux années de recueil de données, pour chaque catégorie grammaticale encodée, nous avons calculé différentes moyennes : la moyenne des scores pour chaque mot pour l'ensemble des élèves, la moyenne des scores pour chaque mot par groupes d'élèves (cf. *infra*, partie 3, 2.1.2.), la moyenne des scores pour chaque élève, la moyenne des scores par tri pour l'ensemble des élèves, la moyenne des scores par tri pour chaque groupe d'élèves, et, enfin, la moyenne globale pour tous les tris et tous les élèves.

Il convient d'être attentif au fait que ce qui est mesuré là n'est pas de même nature que ce que nous mesurons lors des codages aboutissant aux scores de réussite. En effet, ce que ne prennent pas en charge les codages mot par mot, ce sont les intrus. Par exemple, la catégorie des déterminants peut se voir affectée d'un très bon score en codage mot à mot car ce dernier ne prend pas en compte les nombreux intrus dans la catégorie. L'utilité de ce changement de point de vue réside dans la possibilité d'investiguer quels sont les types de déterminants qui sont les mieux reconnus, ou, à l'inverse, les moins bien identifiés. Comme pour les statistiques précédentes, il va de soi que les valeurs numériques sont à prendre avec du recul, compte tenu qu'elles sont le résultat de choix, et ne peuvent prétendre à rendre mathématiquement compte d'un phénomène extrêmement complexe. Nous avons choisi un instrument d'investigation parmi d'autres possibilités.

Partie 2

Comment les classes grammaticales viennent aux élèves ?

1. Un regard d'ensemble sur les performances[1] des élèves

Les graphiques extraits de la traduction statistique des données nous offrent un point de vue distancié, une lecture globalisante des performances qui permet de discerner de grandes tendances, par-delà les soubresauts liés aux difficultés propres à chaque énoncé et à chaque élève. Ces orientations constituent les grandes lignes d'un paysage que l'étude de cas viendra par la suite préciser.

1.1. Vue panoramique

Pour lire les moyennes de classe, il convient de garder à l'esprit certains biais, liés aux variations du nombre d'élèves présents. En dehors des variations légères, liées aux absences naturelles, il y a d'une part le passage de 16 élèves de CE2[2] à 20 élèves de CM1, et d'autre part l'exception constituée par le tri CM1-9, indiqué 20 en abscisses sur la plupart des graphiques que nous utilisons, qui n'a été effectué que par sept élèves jugés plus performants par l'enseignante[3]. Le graphique ci-dessous rend compte de ces variations :

---

[1] Nous tenons à préciser ici, et pour l'ensemble de notre travail, que le terme de « performance » ou encore l'adjectif « performant » sont à entendre au sens d'élèves réalisant la performance attendue dans la tâche demandée. Ce raccourci d'écriture n'engage pas un jugement général, nous aurons d'ailleurs à discuter des savoirs cachés des élèves.

[2] Rappelons ici qu'en 2010-2011, Carole Deblaere avait une classe de CE1-CE2, et qu'en 2011-2012, les élèves de CE2 étaient restés dans sa classe en CM1, sauf l'un d'entre eux (Ibrahim), avec l'arrivée de cinq nouveaux (Célia, Cihan, Daniel, Sofia et Yasmine).

[3] Cf. annexe « Élèves présents pour chacun des tris ».

Figure 26: *Nombre d'élèves pour chaque tri*

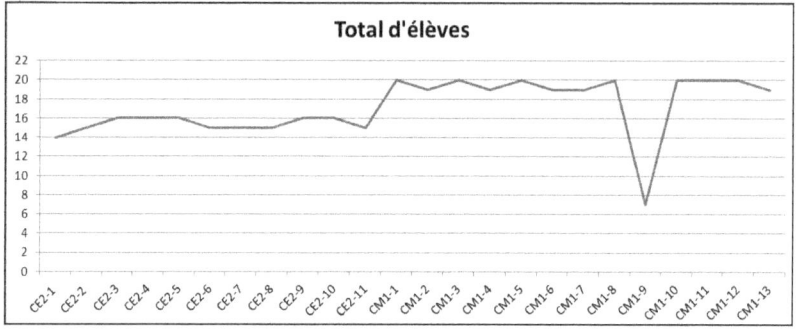

Une fois ces quelques précautions prises, la lecture des graphiques nous donne accès à des tendances suffisamment fortes pour être considérées comme d'une solidité satisfaisante.

1.1.1. Apparition des catégories

Les moyennes d'utilisation de chaque catégorie pour chaque tri sont forcément situées entre 0 (aucune utilisation) et 1 (utilisation par tous les élèves présents). Leur compilation en un graphique est assez parlante.

Figure 27: *Utilisation des classes grammaticales pour chaque tri*

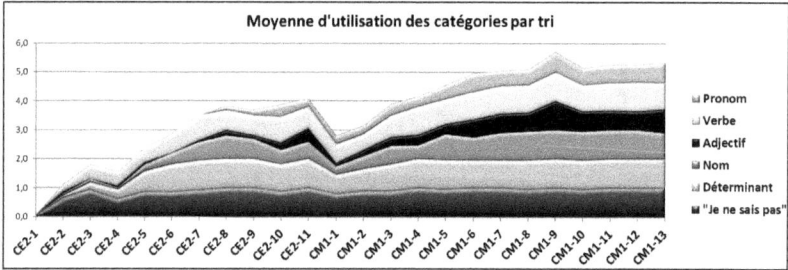

L'allure générale montre la progression, le nombre de catégories conventionnelles augmentant régulièrement, tout comme le nombre d'élèves utilisant chacune d'entre elles. La baisse de performances en CM1-1 est assez typique de la rentrée des classes, elle est quasi compensée en CM1-3, même s'il faut attendre CM1-5 pour rattraper les mêmes niveaux d'utilisation, ce qui peut s'expliquer par l'arrivée de nouveaux élèves. En effet, au-delà du degré de compétence de ces élèves[4], leur entrée dans le dispositif du tri de mots nécessite un temps d'adaptation. Le pic du CM1-9 est lié au degré de maitrise des élèves concernés : tous utilisent les cinq classes de mots variables, hormis celle des pronoms, pour deux d'entre eux.

La possibilité d'ouvrir un regroupement « je ne sais pas » correspondant à ce qui ne peut être rangé ailleurs devient pour les élèves un passage quasi obligé dès le CE2-5, après quelques oscillations. À partir du CM1-4, à très peu d'exceptions près, tous les élèves l'utilisent. La présence de ce regroupement « je ne sais pas », aussi intitulé « ? » par les élèves, montre une exigence de rigueur dans la catégorisation[5], et, de fait, nous semble constituer un indice de la compréhension de la consigne par les élèves. L'arrivée de nouveaux élèves fait d'ailleurs baisser cette moyenne en CM1-1 : les quatre élèves à ne pas se servir de cet outil sont tous récemment arrivés dans le collectif[6].

La catégorie « déterminant » apparait rapidement comme une base pour la plupart des élèves. En effet, à partir du CE2-6 et si l'on excepte la dépression de début de CM1, elle est quasi unanimement utilisée, comme le montre l'épaisseur régulière de la bande la représentant.

En seconde position apparait l'intitulé « verbe », dont la présence est précoce et régulière ; à partir de CM1-4, la moyenne d'utilisation est constamment supérieure à 0,85. Cependant, il est tout de même notable qu'elle se stabilise autour de 0,7 au CE2 : un petit tiers des élèves ne l'utilise pas, ce qui peut sembler étonnant, en regard de l'importance de ce terme dans l'enseignement grammatical scolaire. Autre élément qui peut étonner, et qui se vérifie sur d'autres classes de mots, l'utilisation du métaterme « verbe » pour constituer un regroupement apparait volatile, certains élèves pouvant l'utiliser, puis ne plus s'en servir, et ainsi de suite. Nous y reviendrons grâce à l'analyse des graphiques d'utilisation des

---

[4] Parmi les élèves arrivés en CM1, les performances sont très hétérogènes : pour prendre deux exemples diamétralement opposés, Daniel est un très faible lecteur, en grande difficulté scolaire (il sera diagnostiqué dyspraxique en fin de CM1), quand Cihan présente des appétences scolaires pour l'abstraction.

[5] Voir sur ce point l'article que nous avions consacré à une classe de CP-CE1 « La catégorisation du verbe dans les premiers apprentissages », Episteverb. Nous citons : « Cela nous semble constituer l'indice probant d'un progrès ; prendre conscience de son impuissance à classer une unité, c'est entrer dans l'exigence même de la catégorisation. »

[6] Pour une lecture précise de ces statistiques, voir l'annexe « Codage par tri ».

catégories, acquérir une classe de mots se construit sur la durée, il ne s'agit pas d'un événement ponctuel après lequel on observerait une présence constante dans le vocabulaire méta utilisé par l'élève[7].

En troisième position, la catégorie du nom apparait beaucoup plus progressivement au début du CE2. Il faut attendre le septième tri pour que plus de la moitié des élèves l'utilise. Au début du CM1, cette moyenne retombe à 0,3, puis 0,45 en CM1-2, encore 0,47 en CM1-4. Elle atteint une certaine solidité à partir de CM1-5. La lecture des tris nous semble montrer que l'intitulé « nom » peinerait à s'imposer parce qu'il est durablement concurrencé par des désignations sémantiques. Plus que tout autre, le nom désigne le réel : dès lors les élèves seraient tentés par un retour à une catégorisation des signifiés plutôt que par une catégorisation grammaticale. À l'opposé, la catégorie « déterminant » constitue souvent le regroupement des mots grammaticaux, que le recours au sens n'explique pas, ne permet pas de caractériser.

Les intitulés « adjectif » et « pronom » présentent le même profil : apparition tardive, utilisation par peu d'élèves, augmentation progressive du nombre d'élèves l'utilisant lors du CM1, mais pas d'utilisation unanimement partagée, même en fin d'année. L'observation comparée des moyennes montre que la moyenne d'utilisation de « pronom » plafonne davantage, atteignant son maximum dans une zone autour de 0,6. La catégorie « adjectif » présente des moyennes d'utilisation légèrement plus élevées, de 0,1 à 0,2 supplémentaire, avec un seuil de plafonnement autour de 0,7 à partir du CM1-7. Dans les deux cas, il existe un seuil dont la constance s'éprouve dans la durée sur 6 à 7 tris. Même s'il est délicat de fournir des explications à ce stade de nos observations, nous pouvons tout du moins constater que ces deux classes de mots offrent des résistances en matière d'apprentissage, qu'elles apparaissent à distance de la conceptualisation des trois premières. Nous supposons que les obstacles à leurs utilisations respectives sont de natures différentes. Si le pronom est un mot grammatical dont le fonctionnement référentiel est complexe et hétérogène, l'adjectif appartient à une classe éminemment poreuse, notamment à cause de la possibilité très fréquente de substantivation. Nous tenterons dans la suite de cette recherche d'affiner les caractéristiques

---

[7] Il faut bien se représenter ici une particularité du dispositif de tri de mots tel que nous l'avons fait pratiquer aux élèves : il n'y a pas de classement imposé, chaque élève doit reconstituer une catégorisation et choisir les intitulés dont il se sert. Il s'agit là d'un détail important, puisqu'il explique la valeur de nos observations concernant l'utilisation des classes de mots.

qui entravent l'apprentissage, sans oublier de tenir compte des modalités d'enseignement de ces classes de mots.

1.1.2. Scores de réussite

Comme expliqué *supra*, afin de respecter une approche scalaire de l'erreur, nous avons construit des scores de réussite y compris dans le cas où l'élève n'utilise pas la catégorie[8].

1.1.2.1. Moyennes

L'observation du graphe obtenu en compilant les moyennes des scores de réussite par tri conforte les tendances déduites de l'utilisation des catégories.

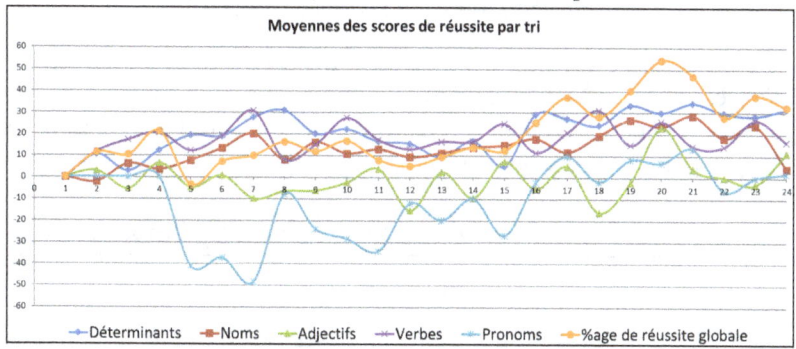

Figure 28: *Moyennes des scores de réussite par tri*

Pour les quatre premiers tris, les moyennes très resserrées s'expliquent par l'utilisation de catégorisations non grammaticales, qui aboutissent à un codage proche de zéro : si l'élève utilise des intitulés autres que grammaticaux, il n'y a pas de codage de mots bien triés, mais pas non plus de codage de mots mal triés, ni d'intrus, *a fortiori*[9]. Il convient de bien garder en tête que le pic de performance observé sur le tri 20, notamment en ce qui concerne la réussite globale, correspond au CM1-9, effectué par les sept élèves jugés les plus performants. Le creux observé pour les tris 12 et 13 s'explique par le début de l'année de CM1, comme expliqué *supra*.

---

[8] Cf. partie 2, 3.2.1.
[9] Cf. annexe « Codage par tri », onglets « CE2-1 », « CE2-2 », « CE2-3 », pour exemple.

Dans l'ensemble, déterminants, noms et verbes présentent des moyennes de scores de réussite d'identification qui se situent toujours au-dessus de zéro, tandis que les courbes relatives aux adjectifs et aux pronoms oscillent dans des niveaux de performance nettement inférieurs, très fréquemment inférieurs à zéro.

Au-delà de ces confirmations, les scores de réussite nous en apprennent davantage sur les différences de fonctionnement entre la catégorie de l'adjectif et celle du pronom. Les scores de réussite d'identification de l'adjectif oscillent entre -16,2 et 11,2, souvent entre -10 et 0 tandis que le pronom subit des variations très importantes, de -48,5 à 13,1, mais présente une plus nette progression dans le temps. Le dernier tri présente une physionomie particulière, sur laquelle nous aurons à revenir : les adjectifs y sont en moyenne mieux identifiés que les noms, dont le score de réussite moyen chute de façon significative.

1.1.2.2. Comparaison des courbes par élèves

Nous avons également compilé les courbes des scores de réussite par élève et par tri, l'idée étant d'essayer de percevoir si pour une même catégorie et un même tri, des tendances se dégageaient. Le résultat diffère beaucoup d'une catégorie à l'autre[10].

Figure 29: *Scores de réussite par élève et par tri pour la catégorie des déterminants*

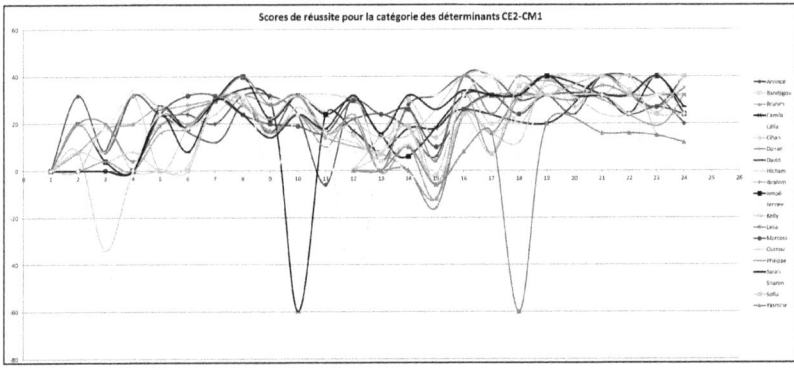

---

[10] Nous reproduisons ces graphiques à une échelle permettant d'en comparer les grandes tendances, mais, pour une version plus lisible de ces graphiques très denses, il vaudra mieux se reporter à l'annexe « Graphique de point de vue global et de moyennes ».

Les scores concernant les déterminants présentent une remarquable homogénéité : les courbes sont très rapprochées, avec des tendances plutôt identiques quant aux baisses ou hausses de performance, il y a très peu d'exceptions. Les scores sont élevés, souvent situés entre 20 et 40, nous retrouvons nettement le profil de courbe de la moyenne, avec un creux autour des tris 11, 12, 13, 14 et 15, correspondant au dernier tri de CE2 et aux quatre premiers tris de CM1.

Les profils des courbes concernant l'identification des noms et des verbes présentent des caractéristiques bien différentes, constituant comme un binôme que nous allons essayer de caractériser.

Figure 30: *Scores de réussite par élève et par tri pour la catégorie des noms*

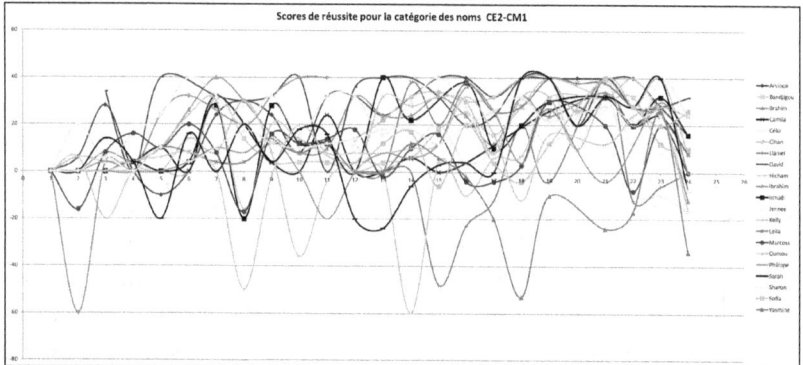

Pour ce qui des noms, la plupart des points se situent au-dessus de zéro, avec des exceptions plus nombreuses que pour les déterminants ; cependant les courbes se croisent, ne respectant pas les mêmes ondulations avant le tri 16, à partir duquel nous pouvons identifier une tendance, même si elle demeure nettement moins marquée que celle des déterminants. En 10 et 11, tris qui correspondent à la fin de l'année de CE2, un resserrement des courbes indique une certaine communauté de performances dans la classe, qui éclate à nouveau au début du CM1. Ce premier resserrement se situe entre les scores 0 et 20, tandis que celui qui marque la seconde moitié de l'année de CM1 se stabilise plutôt entre les scores 20 et 40, malgré une chute générale sur le dernier tri.

Figure 31: *Scores de réussite par élève et par tri pour la catégorie des verbes*

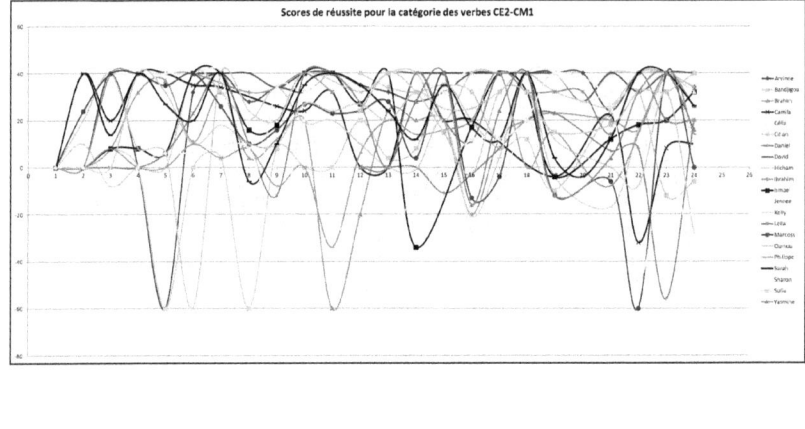

La classe des verbes pourrait, à première vue, sembler de fonctionnement identique : même concentration des points entre les scores 0 et 40, avec quelques exceptions, un peu plus nombreuses. Mais à y regarder de plus près, les courbes subissent des variations plus fortes et, surtout, il est vraiment difficile d'y déceler une tendance, hormis le même épisode de resserrement en fin de CE2, sur les tris 10 et 11, cette fois entre les scores 20 et 40. Mais, tout au long du CM1, les niveaux de performances sont très différents et même les orientations de courbes sont assez hétérogènes.

Le regroupement des points entre les scores 0 et 40 éclate totalement pour les deux dernières classes grammaticales considérées, pour lesquelles les amplitudes sont très importantes, de -60 à 40.

Figure 32: *Scores de réussite par élève et par tri pour la catégorie des adjectifs*

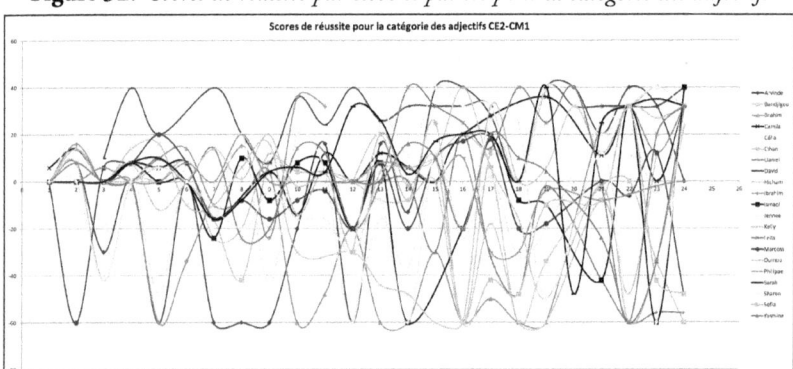

Pour les adjectifs, ce qui frappe est une diversité grandissante des trajectoires des courbes : jusqu'au sixième tri, en CE2, les points se tiennent pour la plupart entre les scores 0 et 20, puis l'écart augmente avec des points entre -20 et 20 pendant la seconde moitié des tris du CE2, tandis qu'au CM1 les performances des élèves deviennent très hétérogènes, tant du point de vue de la valeur des scores que des orientations de courbes. Cette grande hétérogénéité persiste jusqu'à la fin de l'expérimentation.

La compilation des scores de réussites concernant les pronoms présente des caractéristiques sensiblement identiques, sauf en ce qui concerne les tris 21 à 24, en fin de CM1.

Figure 33 : *Scores de réussite par élève et par tri pour la catégorie des pronoms*

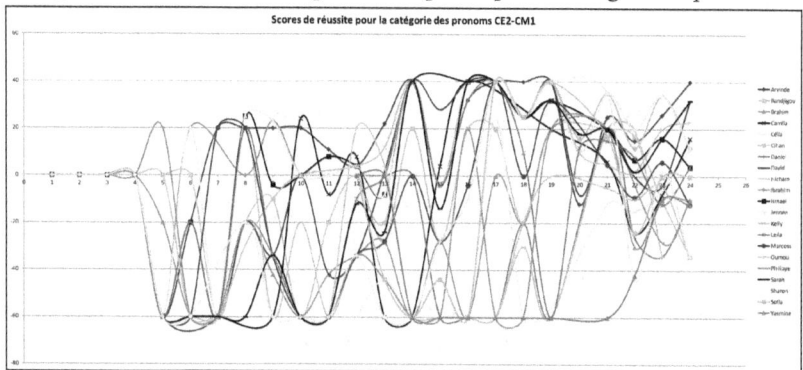

L'absence de courbe en début de CE2 demande explication : en CE2-1, les élèves n'ont pas utilisé de catégories conventionnelles, ce qui a engendré des scores de zéro, tandis qu'en CE2-2, CE2-3 et CE2-4, les énoncés utilisés n'incluaient aucun pronom. La catégorie apparait subir d'importantes variations, lesquelles sont situées majoritairement dans des scores négatifs de -60 à zéro pendant le CE2. Le début du CM1 marque une augmentation de performance d'un groupe d'élèves tandis que d'autres demeurent dans le négatif. Globalement, les courbes présentent une amplitude importante, encore plus que pour les adjectifs, ce qui indique des performances très variables d'un tri à l'autre. Contrairement aux courbes des adjectifs, on observe en revanche un relatif resserrement lors des quatre derniers tris, les courbes adoptant des comportements identiques d'un tri à l'autre, et s'étalonnant entre -30 et 30.

1.1.2.3. *Essai de synthèse*

Ces différents indicateurs confirmeraient une conceptualisation des classes de mots par étape dans l'ordre suivant : déterminant, nom et verbe, pronom, adjectif. Si les trois premières semblent assez solides en fin d'expérimentation, les deux dernières, en revanche, demeurent fragiles, et il est dès lors plus périlleux de situer la conceptualisation de l'une par rapport à l'autre. Nous aurons à approfondir ce qui s'esquisse de la comparaison entre les différents types de graphiques : l'utilisation des métatermes lors du tri de mots serait corrélée à la conceptualisation des classes de mots. Il serait intéressant d'essayer de comprendre en quoi le partage de plus en plus large d'un métaterme dans la classe engendre une approche de plus en plus qualitative du concept qui le recouvre. Pour ce faire, il nous faudra aller explorer de plus près les procédures des élèves.

1.2. Construction de typologies d'élèves

Tandis que l'établissement d'un système statistique nous permet de traduire en données chiffrées les productions des élèves, que l'édition de graphiques donne accès à des tendances, la constitution de typologies d'élèves est une tentative pour dépasser un regard atomisé, et, là aussi, pour esquisser ce qui pourrait être des profils d'élèves. Il s'agit là de tenter de comprendre les mécanismes de conceptualisation des classes de mots, l'hypothèse fondatrice étant que chacun ne se situant pas au même stade d'avancement, le fait de considérer plusieurs points de départ possibles permettrait de reconstituer un possible cheminement, au-delà du niveau supposé par la présence de l'apprenant dans une classe donnée, CE2 ou CM1, dont chacun sait qu'elle n'a qu'une valeur très relative.

1.2.1. *Utilisation des métatermes*

La construction des graphes d'utilisation des catégories vise à pouvoir lire des tendances sur ce point. Cette mise en image permet effectivement un regard panoramique, dans la mesure où ses lecteurs gardent en tête qu'utiliser un métaterme conventionnel explicite n'induit pas la conceptualisation de la classe de mots correspondante. Par exemple, un élève utilisant le terme d'« adjectif » ne s'en sert pas forcément à bon escient, tout ou partie des mots qui sont inclus sous cette étiquette peuvent être autres que des adjectifs. Nous serons naturellement amenée dans un second temps à comparer les observations faites à partir de l'emploi des métatermes avec les performances dans l'utilisation de ceux-ci. Mais avant, il nous a semblé intéressant de constituer une typologie en fonction des caractéristiques mises en évidence par les graphes d'utilisation : quatre groupes d'élèves se distinguent ainsi[11].

- Groupe U1. Pour Arvinde, Cihan, David, Jennee, Kelly et Sarah, l'utilisation des cinq classes de mots est très régulière, une fois apparue, une classe de mots se stabilise rapidement, d'autant plus en classe de CM1, les graphes sont donc très homogènes, se différenciant également par la présence de façon stable des catégories « adjectif » et « pronom ».
- Groupe U2. Pour Célia, Ibrahim, Ismaël, Leila, Marcoss, Sharon et Sofia, les cinq classes de mots apparaissent, mais de façon moins régulière, les graphes présentant des creux, notamment dans l'utilisation des catégories « adjectif » et « pronom », mais aussi dans la catégorie du « nom » pour certains (Ismaël, Leila, Marcoss) ou encore du côté des verbes (Célia, Ismaël, Leila, Marcoss). Le graphe de Célia, lors des trois derniers tris, laisse apparaitre une stabilisation qui le rapprocherait de la première catégorie, mais notamment l'absence, à deux reprises, de « je ne sais pas » nous a semblé justifier d'une catégorisation moins solide que celle des élèves cités ci-dessus. Ibrahim constitue un cas un peu particulier, il s'agit du seul élève n'ayant été présent qu'au CE2, son graphe semble présager d'une appartenance à la première catégorie, mais le manque de visibilité nous a également conduit à le rattacher plutôt à ce groupe d'élèves, ce qui pourrait être discuté.
- Groupe U3. Pour Brahim, Camila, Daniel, Hicham, Oumou et Yasmine, les graphes laissent apparaitre un cheminement beaucoup plus délicat, avec même parfois une instabilité de la présence de la catégorie « verbe » (chez Brahim, Camila et Hicham), mais surtout une importante irrégularité d'emploi des catégories « adjectif » et « pronom », souvent absentes, parfois utilisées, puis disparaissant. Pour Brahim, Daniel et Hicham, la catégorie « pronom » n'apparait même jamais. Camila l'utilise 5 fois avec des intervalles d'absence, Oumou deux fois, et Yasmine une seule fois, dans les deux cas dans la fin de l'année CM1. Il est intéressant de constater que chez ces élèves, d'une part la catégorie « verbe » peut être instable comme nous l'écrivions plus haut, d'autre part,

---

[11] Cf. annexe « Graphiques d'utilisation des catégories ».

la catégorie « nom », elle aussi, apparait tardivement (Oumou et Yasmine en sont des exemples frappants), parfois précédée par des tentatives d'emploi ponctuel (cf. Camila, Hicham et Daniel, dans une moindre mesure). Brahim se différencie sur ce point, avec une remarquable permanence de la catégorie « nom ».
- Groupe U4. Pour Bandjigou et Philippe, seule la classe du déterminant est régulière, les autres sont utilisées de façon très ponctuelle, sans continuité. Il faut attendre les quatre ou cinq derniers tris pour voir apparaitre une consolidation de l'utilisation des catégories « nom » et « verbe ». Bandjigou essaie « pronom » une fois tandis que Philippe utilise « adjectif » deux fois, pendant cette même période.

Les progressions globales qui se dégagent de ces observations nous amènent à poser quelques constats, qui seront pondérés par la suite, et qui doivent être considérés pour ce qu'ils sont, à savoir des hypothèses de travail. L'existence d'une catégorie nommée « déterminant » serait précoce, partagée par quasiment tous les élèves, et ce métaterme se présenterait, de fait, comme une porte d'entrée quasi systématique à un point de vue grammatical sur le mot. De façon évidente, cela ne reflète pas la conceptualisation de la classe de mots, comme nous le verrons en lisant les graphes de scores de réussite. L'utilisation de la catégorie « verbe » apparaitrait comme un préalable à toute stabilisation d'un système de catégorisation : tant que ce métaterme ne serait pas utilisé de façon permanente, l'utilisation de la catégorie « nom » ne serait pas envisageable (avec une exception notable, dans les tris de Brahim, nous aurons à y regarder de plus près). Une fois la tripartition « déterminant » / « verbe » / « nom » posée, l'utilisation de la catégorie « adjectif » deviendrait possible. La catégorie « pronom » serait nettement plus instable, il est au final délicat d'en interpréter la représentation. Globalement, nous pourrions considérer néanmoins qu'elle apparaitrait un peu avant la catégorie de l'adjectif. C'est le cas notamment chez les élèves des groupes U1 et U2, tandis que chez les élèves des groupes U3 et U4, elle est soit absente, soit très tardive, avec une sorte de choix qui semble s'effectuer entre les catégories « adjectif » et « pronom », celles-ci n'apparaissant pas simultanément (emploi de l'un ou de l'autre uniformément, voire même alternance d'un tri à l'autre, chez Oumou). Une explication partielle s'impose ici : nous y reviendrons lors de l'étude des pronoms, mais il est assez évident que la catégorie « pronom », notamment chez des élèves à profil assez scolaire, disposant d'un savoir déclaratif, apparait à la faveur de l'identification des pronoms personnels de forme sujet, qui sont reconnus par effet de liste, et non grâce à une conceptualisation de la catégorie.

1.2.2. Réussite dans l'identification

Après cette première approche via l'utilisation des métatermes conventionnels pour désigner les regroupements constitués par les élèves, il convient d'éclairer l'usage qui en est fait par l'analyse des graphes de scores de réussite[12]. Nous avons donc tenté de constituer de nouveau une typologie permettant de regrouper les élèves par profil.

- Groupe R1. Pour Arvinde, Cihan, David, Ibrahim, Jennee et Kelly, la courbe de pourcentage de réussite globale atteint des oscillations situées entre 60 et 100 %, les courbes de réussite pour ce qui est de l'identification des déterminants, noms et verbes sont caractérisées par leur stabilité entre les scores 20 et 40. Les variations touchent davantage l'identification des adjectifs et des pronoms, mais avec des oscillations qui se situent au-dessus de zéro dans la seconde moitié des tris considérés.
- Groupe R2. Pour Camila, Ismaël, Leila, Sarah et Sofia, la courbe de pourcentage de réussite globale atteint des oscillations situées entre 80 et 20, avec des irrégularités assez fortes. L'identification du trio déterminants/noms/verbes est moins stable que pour le groupe R1, les courbes subissant des variations entre 0 et 40, voire en dessous de zéro, ponctuellement. Pour ce qui est des adjectifs et des pronoms, les oscillations sont de forte amplitude, avec des scores qui peuvent être nettement inférieurs à zéro, y compris jusque dans les derniers tris.
- Groupe R3. Pour Bandjigou, Célia, Marcoss, Oumou et Philippe, les courbes de pourcentage de réussite globale subissent jusque dans les derniers tris des variations fortes, entre des pics à 60 et des plongées à -40, mais se situent dans l'ensemble plutôt au-dessus de zéro. Si la courbe des déterminants se maintient dans le positif, se stabilisant entre 20 et 40 en CM1, celles des noms et des verbes subissent des variations nettes, y compris jusque dans des scores négatifs. Le profil général engendré est un ensemble de courbes très éclatées, entre 40 et -60.
- Groupe R4. Pour Brahim, Daniel, Hicham, Sharon et Yasmine, les courbes de pourcentage de réussite globale subissent d'importantes

---

[12] Cf. annexe « Graphiques de scores de réussite ».

variations, se situant massivement en dessous de zéro, malgré quelques remontées plus ou moins tardives. Les courbes rendant compte de l'identification des classes de mots sont très éclatées ; si l'identification des déterminants se stabilise entre 20 et 40 (sauf pour Yasmine, entre 0 et 20), du côté des verbes et des noms, les variations sont fortes, la plupart du temps en dessous de 20. Brahim fait exception, avec une relative stabilité de l'identification de ces catégories, entre 0 et 40. Pour ce groupe, comme pour le précédent, les courbes sont très éclatées, mais elles se situent plus bas dans les graphes, c'est-à-dire autour de performances moindres.

Avant de comparer les groupes constitués, cette typologie nous amène à quelques conclusions, prudentes. Chez les élèves les plus performants (groupes R1 et R2), déterminants, noms et verbes se stabiliseraient, constituant un socle assez stable à partir duquel viendraient se conceptualiser plus ou moins rapidement les adjectifs et les pronoms, les courbes de réussite de ces deux dernières catégories ne semblant pas corrélées. Lorsque l'identification des noms et des verbes présenteraient des fragilités, celle des déterminants serait la première à se stabiliser, comme si elle constituait un préalable à la structuration du reste. Pronoms et adjectifs seraient largement échoués, tant que le diptyque noms/verbes ne se serait pas stabilisé.

1.2.3. Progression

Nous avons désiré constituer une dernière typologie, plus simple à mettre au point *a priori*, basée sur la progression linéaire du pourcentage de réussite globale, qui est le moins mauvais indice que nous ayons trouvé pour rendre compte de la progression de chaque élève, au-delà des variations parfois importantes, et qui font obstacle à une lecture d'ensemble[13]. Ce pourcentage étant le résultat de la compilation de calculs de scores, il convient de le lire avec précaution, tout comme, *a fortiori*, la progression linéarisée qui en est issue. C'est pourquoi nous avons constitué de grands ensembles, cherchant à lire des tendances bien plus que des résultats. Autre élément important, la construction de progressions linéarisées est partiellement biaisée par la présence de certains élèves une année seulement, tandis que d'autres ont été suivis sur deux ans.

---

[13] Cf. annexe « Graphiques de pourcentage de réussite, progression ».

- Groupe P1. Pour Célia et Ibrahim, la progression linéarisée dépasse les +100, il n'est pas anodin que ce soit deux élèves n'ayant été présents qu'une année, respectivement CM1 et CE2.
- Groupe P2. Pour Arvinde, Cihan, Jennee, Kelly, Leila, Sarah et Sofia, la progression linéarisée se situe entre +60 et +80.
- Groupe P3. Pour Bandjigou, Camila, David, Ismaël et Sharon, la progression linéarisée se situe entre +20 et +40
- Groupe P4. Pour Brahim, Daniel, Hicham, Marcoss, Oumou, Philippe et Yasmine, la progression linéarisée présente un écart faible, inférieur à 20 d'écart, avec pour Daniel et Yasmine, une orientation négative.

1.2.4. Affiner la lecture de la progression : de la droite à la courbe

Établir une droite permettant de voir la progression permet donc de voir en quelque sorte un coefficient de progrès, que nous n'avons pas calculé de façon exacte parce qu'il ne nous semblait pas reposer sur une construction assez précise pour qu'il ait un sens numériquement. Cette progression linéarisée est néanmoins précieuse en tant que tendance approximative. Afin de compléter ce regard d'ensemble sur les performances des élèves, nous avons utilisé un outil de tableur intermédiaire, la courbe de tendance polynomiale, que nous avons défini d'ordre 6^{14}, pour, cette fois, observer les variations de performances au long de la période d'apprentissage considérée. Pour exemple, ci-dessous, la progression du pourcentage de réussite globale moyen :

La courbe de tendance polynomiale présente un profil à deux phases de type augmentation puis baisse, qui rendrait compte d'un apprentissage par palier.

---

[14] Outil du tableur *Excel*, cf. fichier « Graphiques de scores de réussite ».

Figure 34: *Pourcentage de réussite globale moyen par tri*

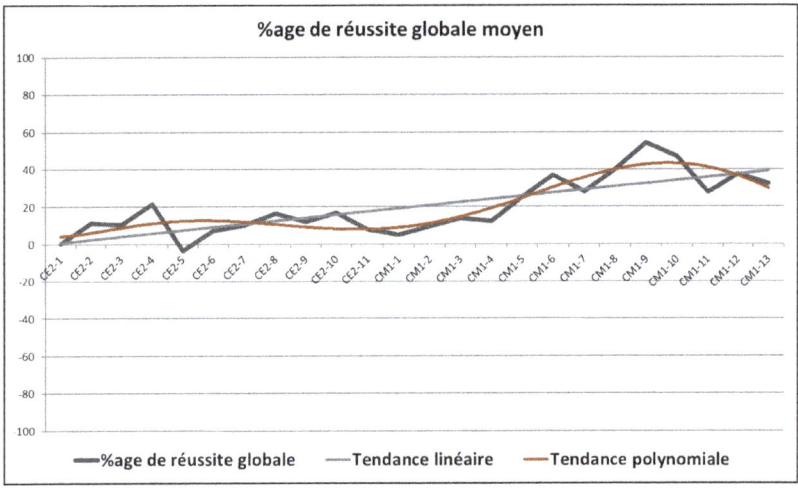

L'écrasante majorité des élèves présente ce type de courbe en deux phases de progression séparées par une dépression des performances[15], alors même que pour un tri donné, les performances des élèves sont très contrastées : par exemple, le CM1-5 correspond pour certains élèves à des pics de réussite, pour d'autres à des creux forts, et ce, indépendamment du degré de performance global de l'élève. Parmi les exceptions à la forme de courbe généralisée, la courbe de progression de David commence par une baisse due à un phénomène particulier : cet élève a commencé l'année en CE1, a donc fait des tris de mots avec les élèves de CE1, tris qui ne sont pas représentés sur le graphe. La pente ascendante initiale est donc absente. En ce qui concerne Arvinde, ou encore Hicham ou Sharon (respectivement CE2-5 et CE2-3), c'est un pourcentage de réussite très bas à un des premiers tris qui fait plonger la courbe. Restent Ismaël, dont la courbe très plate et de forme atypique montre une progression en définitive très régulière[16], et Yasmine, qui est la seule à présenter une inversion de courbe aussi tardive, et donc de valeur fragile, puisqu'il n'y a que deux tris ayant abouti pour cette élève à un pourcentage de réussite globale positif.

---

[15] Cf. annexe « Graphiques de pourcentage de réussite, progression ».
[16] Nous regrettons évidemment que cet élève ait été absent en CM1-4, car il y a un grand écart de performance entre CM1-3 et CM1-5. Mais ce sont les aléas des recherches écologiques.

Nous avons essayé de corréler la position de l'inversion de courbe avec les différents points de vue d'observation de la réussite des élèves. Cela donne des éléments peu convaincants, la durée et la fiabilité des données ne sont peut-être pas suffisantes, à moins qu'il n'existe tout simplement pas de corrélation. La représentation ci-dessous rend compte de l'une de nos tentatives[17].

Figure 35: *Recherche de corrélation entre performance et inflexion de la courbe de progression*

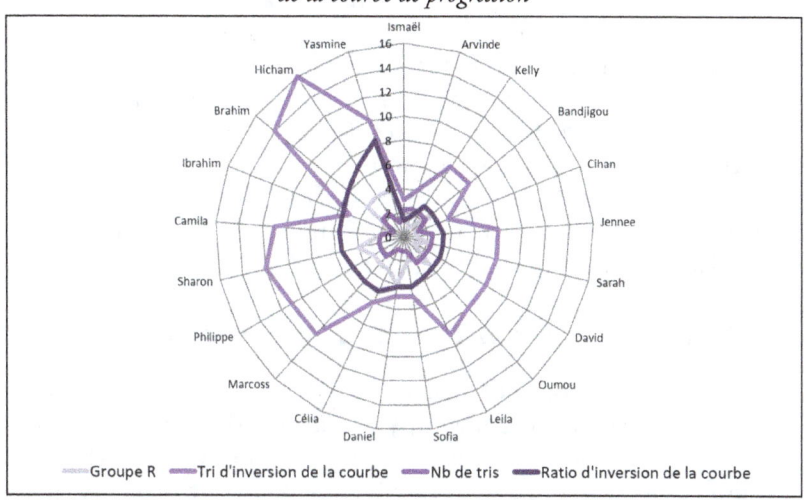

S'il n'existe pas réellement de corrélation, en revanche, l'étude des ratios présente deux récurrences : pour 10 élèves (dont 3 qui n'ont été présents qu'une année sur les deux), le ratio se situe entre 0,3 et 0,42, ce qui signifie à peu près au tiers temps de l'expérimentation, pour 6 élèves

---

[17] L'indicateur « groupe R » situe globalement le niveau de performance de l'élève (de 1 à 4), « tri d'inversion de la courbe » situe le plus bas du creux central de la courbe polynomiale de progression, « nb de tris » permet de repérer les élèves ayant été présents sur un nombre moindre de tris, tandis que « ratio d'inversion de la courbe » est obtenu en établissant le rapport entre le tri d'inversion et le nombre de tri effectués (les élèves sont par ailleurs classés en fonction de ce ratio, à partir de Ismaël, dont la courbe est la première à changer d'inflexion, puis, dans le sens des aiguilles d'une montre, le changement est de plus en plus tardif). Pour les détails, voir le fichier Excel « Recherche ratio d'inversion de courbe ».

(dont 2 qui n'ont été présents qu'une année), l'inversion de courbe se situe à mi-parcours, avec un ratio autour de 0,5. Il est assez étonnant de constater que le fait que l'élève ait expérimenté un an ou deux ans le dispositif n'aurait pas d'impact sur la forme des courbes : lorsque des élèves plus avancés dans leur scolarité expérimenteraient le même dispositif, celui-ci serait plus rapidement efficace, mais selon une même structure de courbe de performance. Il faudrait pouvoir le vérifier à plus grande échelle.

Autre élément qui retient l'attention, l'amplitude occupée par les variations de courbes semble peu dépendante de la durée de l'expérimentation. Les courbes de Sofia, Sharon, Daniel, Brahim et Yasmine présentent des ondulations très fortes, hormis Sofia (R2), tous sont en R4, en revanche, les courbes des élèves appartenant à U1 et/ou R1 présentent des ondulations plutôt faibles. Peut-être serait-ce le signe que la fragilité des savoirs de certains élèves engendrerait une déstabilisation plus forte en cours d'apprentissage, hypothèse à confirmer lors de l'analyse plus rapprochée qui sera conduite par la suite.

1.2.5. Synthèse : construction de groupes d'élèves

À partir de ces trois indicateurs (utilisation des métatermes, réussite dans l'identification, progression), grâce à des tris successifs utilisant les typologies précédentes, nous avons réparti les élèves en trois grands ensembles, groupes S1, S2 et S3. En S1, les élèves appartiennent au moins à U1 et/ou R1, en S3, les élèves n'appartiennent jamais à un groupe meilleur que le niveau 3, les élèves restants appartenant principalement aux groupes de niveaux 2 ou 3, constituent le groupe S2. Nous obtenons le tableau suivant :

Élève	Groupe U	Groupe R	Groupe P	Synthèse
Arvinde	U1	R1	P2	S1
Cihan	U1	R1	P2	S1
Jennee	U1	R1	P2	S1
Kelly	U1	R1	P2	S1
David	U1	R1	P3	S1
Sarah	U1	R2	P2	S1
Ibrahim	U2	R1	P1	S1

Élève	Groupe U	Groupe R	Groupe P	Synthèse
Leila	U2	R2	P2	S2
Sofia	U2	R2	P2	S2
Ismaël	U2	R2	P3	S2
Célia	U2	R3	P1	S2
Marcoss	U2	R3	P4	S2
Sharon	U2	R4	P3	S2
Camila	U3	R2	P3	S2
Oumou	U3	R3	P4	S3
Brahim	U3	R4	P4	S3
Daniel	U3	R4	P4	S3
Hicham	U3	R4	P4	S3
Yasmine	U3	R4	P4	S3
Bandjigou	U4	R3	P3	S3
Philippe	U4	R3	P4	S3

Ces groupes constitueront par la suite des repères afin de choisir différents points de vue, même s'il ne faudrait pas perdre de vue le continuum. Ce tableau nous permet cependant de vérifier une certaine solidité d'ensemble : aucun élève ne présente un écart de trois niveaux entre les différents groupes. De toute évidence, ces groupes successifs sont à utiliser avec précaution, mais, ici encore, il s'agit de construire des outils d'analyse plutôt que de tirer des conclusions hâtives.

2. Analyse croisée des mots codés : typologies et identification par les élèves

La vue d'ensemble permise par l'analyse des scores de réussite par classe grammaticale peut être affinée par l'étude des codages mot à mot[1]. Cette étude peut permettre de montrer l'évolution pour chaque classe de mots au fil des deux années, mais de façon moins pertinente que les précédents codages, parce que ceux-ci intègrent les intrus. En revanche, il s'agit ici de tenter de savoir quels sont les facteurs facilitant ou à l'inverse handicapant l'identification, ce qui revient d'ailleurs à tenter de connaitre les procédures réellement mises en œuvre par les élèves, non pas en interrogeant ces derniers, mais en interrogeant les énoncés qui leur sont soumis, et en tentant de discerner ce qui fait d'un mot un bon candidat à l'identification. À ce stade, se pose un problème lié à la durée du recueil de données : les élèves progressent (heureusement !), et donc un score de 5/10 en moyenne en CE2 peut être un bon score, alors que la même performance en fin de CM1 sera médiocre. Finalement, il nous fallait trouver un moyen de situer les performances des élèves relativement à la date à laquelle elles ont lieu. Il nous semblait périlleux d'attribuer un coefficient de pondération, qui aurait été difficile à déterminer pour chaque tri ; nous avons donc opté pour une mise en perspective par rapport à la moyenne par tri. Prenons un exemple : le verbe *dégage* (CM1-11) engendre un score de 2,2, or la moyenne du tri est de 4,8, l'écart entre la moyenne et le score du mot étant supérieur à 1, nous considérerons que ce mot a suscité des difficultés particulières chez les élèves, constituant ce que nous avons nommé un « accident d'identification ». Inversement, si un mot engendre un score très nettement supérieur à la moyenne du tri (+1, voire +2), c'est qu'il est un bon candidat à l'identification, qu'il se rapproche du prototype attendu par l'élève quant à sa classe grammaticale.

Cette démarche gagne qualitativement en précision lorsqu'elle est croisée avec la typologie d'élèves qui nous a permis de constituer trois ensembles. Certes, la baisse du nombre d'élèves rend les données encore

---

[1] Cf. partie 1, 4.3.2.2.

plus fragiles ; cependant, dans le cadre de notre étude exploratoire, le fait de spécifier par types d'élèves permet de sonder les représentations de chacun, et donc, potentiellement, d'identifier ce qui manque à ceux qui sont les plus en difficulté.

2.1. Les déterminants[2]

Bien qu'elle ne soit pas forcément la première à apparaitre[3], la première classe grammaticale à être utilisée de façon massive et systématique est celle des déterminants. Le constat de réussite, posé dès l'étude des courbes de scores de réussite[4], est confirmé et même amplifié par un regard panoramique sur les performances au filtre du mot à mot. Il ne faut pas oublier que ces résultats statistiques ne prennent pas en compte les intrus, or ceux-ci sont assez fréquemment présents en nombre dans cette catégorie, tendant à se remplir de petits mots (de moins de quatre lettres), nous y reviendrons.

Figure 36: *Moyennes des scores d'identification pour les déterminants*

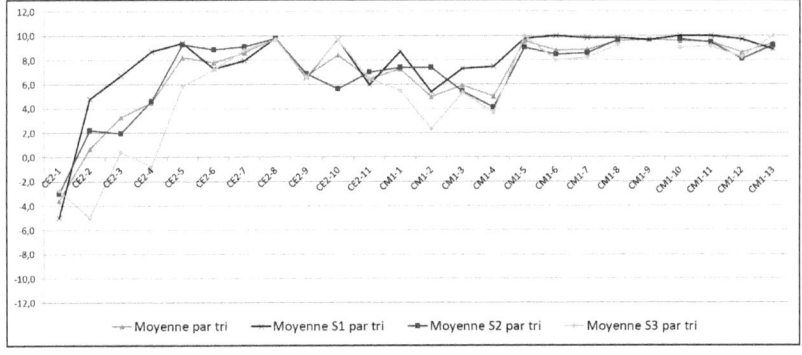

Après un début de CE2 marqué par une augmentation rapide des performances, mais aussi par un écart marqué entre les différents groupes d'élèves, le graphique montre une certaine homogénéisation des résultats

---

[2] Cf. annexe « Codage mot à mot », onglets « Déterminants » et « Déterminants Graphiques ».
[3] L'intitulé « verbe » apparait souvent avant celui de « déterminant » dans les tris des élèves.
[4] Cf. 2.1.1.1. et 2.1.1.2.2.

entre les groupes, avec néanmoins une zone de turbulence au début du CM1, ce qui pourrait trouver une première explication dans l'arrivée de nouveaux élèves d'une part, dans la coupure des vacances estivales d'autre part.

2.1.1. Le déterminant, ce petit mot...

Nous commencerons par là, parce que le phénomène est à la fois attendu et vérifié : pour les élèves, la classe des déterminants est d'abord un regroupement de petits mots : les déterminants les mieux reconnus sont monosyllabiques et comportent un nombre de lettres inférieur ou égal à trois. Le traitement des accidents d'identification le révèle de façon nette.

Figure 37: *Répartition des accidents d'identification en fonction du nombre de lettres (≤3 ou ≥4)*

	CE2			CM1			Total		
	Nb d'occurrences	Nb d'accidents d'identification	Pourcentage d'accidents	Nb d'occurrences	Nb d'accidents d'identification	Pourcentage d'accidents	Nb d'occurrences	Nb d'accidents d'identification	Pourcentage d'accidents
Déterminants de 4 lettres et plus	6	5	83,3	12	9	75,0	18	14	77,8
Déterminants de 3 lettres et moins	52	2	3,8	57	2	3,5	109	4	3,7
Total	58	7	12,1	69	11	15,9	127	18	14,2

Au total, les accidents d'identification touchent 77,8 % des déterminants de quatre lettres et plus, tandis qu'ils ne concernent que 3,8 % des déterminants de trois lettres en moins. Autre manière de lire ces données, 77,8 % des accidents d'identification touchent des déterminants de quatre lettres et plus. Le seuil critique se joue bien sur la ligne de crête qui passe entre trois et quatre lettres. L'aspect systématique en est même troublant, *a fortiori* lorsque l'on regarde de plus près l'ampleur des décrochages et les performances des élèves sur les quatre déterminants de quatre lettres ou plus n'ayant pas été enregistrés comme accident.

2.1.1.1. Suivi longitudinal de quelques

Parmi les déterminants longs, *quelques* possède la particularité d'apparaitre quatre fois dans les énoncés soumis aux élèves. Les deux premières occurrences, au cœur du CE2, permettent de consolider ce qui serait la représentation des élèves, représentation à confronter à celle qui se situe en début de CM1 puis à une dernière occurrence, en fin de CM1.

Figure 38: *Codage mot à mot de* quelques

	CE2-6 quelques	CE2-7 quelques	CM1-2 quelques	CM1-12 quelques
Moyenne totale	1,2	1,6	1,4	6,2
Moyenne par tri	7,3	8,6	5	8,6
Arvinde	-10	-10	-10	10
Cihan			3	10
David		-10	3	3
Ibrahim	3			
Jennee	3	3	3	10
Kelly	3	3	3	10
Sarah	-10	3	3	10
Moyenne S1	-2,2	-2,2	0,8	8,8
Moyenne S1 par	7,3	8	5,4	9,7
Camila	3	3	3	10
Célia			3	-10
Ismaël	3	3	3	10
Leila	3	3		3
Marcoss	10	10	10	3
Sharon	3		3	10
Sofia			3	10
Moyenne S2	4,4	4,8	4,2	5,1
Moyenne S2 par tri	8,9	9,1	7,4	8,1
Bandjigou	-5	3	-5	3
Brahim	3	3	3	10
Daniel			-5	3
Hicham	3	3	3	3
Oumou	3	3	3	10
Philippe	3	3	3	3
Yasmine			-5	3
Moyenne S3	1,4	3	-0,4	5
Moyenne S3 par tri	7,2	8,8	2,3	8,3

Premier constat global, la dernière apparition de ce déterminant est très nettement une réussite, comparée aux trois premières. Même si elle est toujours l'occasion d'un accident d'identification, l'écart entre la moyenne du tri et la moyenne pour ce mot est beaucoup moins important en CM1-12, d'ailleurs, une telle moyenne de 6,2 pourrait passer pour une réussite au sein d'une autre classe grammaticale. Cette augmentation des performances se vérifie pour tous les groupes d'élèves, tout en étant particulièrement flagrante chez les élèves les plus en réussite qui, à une exception près, parviennent tous à identifier *quelques* en CM1-12 tandis qu'aucun d'entre eux n'y était parvenu lors des trois occasions précédentes. Cette exception est intéressante : David est un élève qui a manifesté très tôt des connaissances, ayant recours à des savoirs déclaratifs, dont les racines traditionnalistes indiquaient un travail à la maison assez intense. Il n'est pas anodin qu'il soit aussi celui qui n'ait pas fait bouger ses représentations. Unique en son genre, le cheminement de Marcoss interpelle : seul élève à identifier correctement *quelques* pendant les trois premières occurrences, c'est également le seul à voir sa performance se déprécier lors de la quatrième occurrence. Célia place *quelques* dans « ? » en CM1-2, puis dans les pronoms personnels en CM1-12, ce qui ne constitue pas vraiment une erreur attendue. L'examen de ce tri aboutit également à une interprétation délicate : cette catégorie nommée « pronom personnel » inclut également *une* et *au*. Il nous semble possible que le travail de sensibilisation à la différence entre article défini et pronom personnel complément ait mené à une méfiance généralisée, et donc à des erreurs dues à une sorte de sur-calcul d'identification, au même titre que l'orthographe lexicale peut ainsi se voir complexifiée à outrance en cours d'apprentissage.

Pour les autres élèves, il est intéressant de tracer quelques cheminements, et d'ébaucher des points communs. Arvinde trie *quelques* dans les noms en CE2, puis dans les adjectifs en CM1-2, avant de parvenir à le positionner dans les déterminants. Sarah le place dans les noms, puis dans le sas intermédiaire que constitue le regroupement « ? », avant de l'identifier comme déterminant. David le place dans les noms, puis dans « ? », et nombre d'élèves commencent par un positionnement en « ? » avant de le mettre dans les déterminants. Nous supposons que dans un premier temps la catégorie des déterminants demeure la chasse gardée des petits mots, ce qui empêche d'y trouver *quelques* et ses huit lettres. Mais il est intéressant de voir que nombre d'élèves, pour autant, ne perçoivent pas celui-ci comme un mot lexical, ce qui semble conforter une intuition forte : les critères de catégorisation ne sont pas unifiés, c'est-à-dire que les élèves ne se servent pas du même raisonnement pour constituer tous les regroupements dont ils se servent. Le critère de taille fonctionne pour constituer la catégorie des déterminants, mais il ne suffit pas pour permettre de constituer la catégorie des noms, qui se construit davantage autour de critères sémantiques, critères auxquels *quelques* ne peut prétendre, d'après la plupart des élèves qui, par conséquent, le repoussent en « ? ». Nous faisons l'hypothèse qu'une fois le critère morphologique de taille dépassé, la catégorie des déterminants peut accueillir des mots de plus de trois lettres, ce qui permet de faire entrer *quelques* et consorts. Mais le chemin n'est pas linéaire, de toute évidence. Le tri de Brahim, élève de S3, en est une illustration particulièrement intéressante. En CM1-12, il parvient à faire entrer *quelques* dans les déterminants, ce qui suppose d'avoir dépassé le plafond de verre des quatre lettres ; mais, dans le même temps, *il* est un des intrus dans ce même regroupement, alors que *certains* (pronom dans cet énoncé) est repoussé en « ? », tandis que la catégorie pronom n'est pas utilisée. Un petit pronom peut passer pour un déterminant, à l'inverse d'un grand pronom. Nous sommes de nouveau face à l'aspect profondément plurifactoriel du jugement grammatical des élèves, et surtout au manque de stabilité des raisonnements, surtout pour des élèves moins performants : ce n'est pas un hasard si Brahim est un élève de S3, ce qui se joue lors de ce tri relève de savoir-faire ou de savoirs en construction.

2.1.1.2. Illustration d'une progression

Autres déterminants indéfinis de plus de quatre lettres, *certains* et *chaque* nous permettent de percevoir une progression non négligeable dans les performances des élèves au fil du CM1, ce que la situation temporelle des différentes occurrences de *quelques* rendait moins visible.

Analyse croisée des mots codés 153

Figure 39: *Codage mot à mot de* certains *et* chaque

	CM1-3 certains	CM1-4 chaque	CM1-7 chaque
Moyenne totale	1,1	1,7	6,1
Moyenne par tri	5,9	5	8,9
Arvinde	10	10	10
Cihan	10	3	10
David	-10	3	3
Ibrahim			
Jennee	10	10	10
Kelly	-10	3	10
Sarah	10	3	10
Moyenne S1	3,3	5,3	8,8
Moyenne S1 par tri	7,3	7,5	9,8
Camila	3	3	
Célia	3	3	-10
Ismaël	-10		10
Leila	3	3	10
Marcoss	3	3	10
Sharon	-10	-10	3
Sofia	3	3	10
Moyenne S2	-0,7	0,8	5,5
Moyenne S2 par tri	5,4	4,1	8,6
Bandjigou	3	3	10
Brahim	-10	-10	10
Daniel		-10	10
Hicham	3	3	10
Oumou	3	3	-10
Philippe	3	3	10
Yasmine	3	3	-10
Moyenne S3	0,8	-0,7	4,3
Moyenne S3 par tri	5,3	3,7	8,2

Les écarts entre moyenne pour le mot et moyenne du tri tendent à se réduire, et, surtout, l'ensemble des élèves parvient à identifier assez correctement *chaque* en CM1-7. Seule Célia, élève de S2, le range dans les adjectifs tandis que Oumou et Yasmine, deux élèves de S3, le positionnent dans les noms, peut-être pourrait-on voir là une sorte de progression au sein des erreurs d'identification.

À la frontière du petit mot, les formes de quatre ou cinq lettres laissent apparaitre une progression semblable à bien des égards.

Figure 40: *Codage mot à mot de* leur, leurs *et* cette

	CE2-3 leurs	CE2-9 leur	CM1-6 cette	CM1-7 leur	CM1-8 leurs	CM1-11 leur	CM1-13 leurs
Moyenne totale	0,9	6,1	8,2	6,7	8,6	8,6	8,8
Moyenne par tri	3,3	6,7	8,8	8,9	9,6	9,4	9,4
Arvinde	-10	10	10	10	10	10	10
Cihan			10	10	10	10	10
David	-10	3	10	10	10	10	10
Ibrahim	3	10					
Jennee	3	10	10	10	10	10	10
Kelly	3	10	10	10	10	10	10
Sarah	5	3	10	10	10	10	10
Moyenne S1	-1,0	7,7	10,0	10,0	10,0	10,0	10,0
Moyenne S1 par tri	6,7	6,6	10,0	9,8	9,8	10,0	8,9
Camila	5	10			10	10	10
Célia			10	-10	10	10	10
Ismaël	3	10	3	10	10	10	-5
Leila	3	10	3	10	10	10	3
Marcoss	5	10	10	10	10	10	10
Sharon	3	-10	10	10	10	10	10
Sofia			10		10	10	10
Moyenne S2	3,8	6,0	7,7	6,0	10,0	10,0	6,9
Moyenne S2 par tri	2,0	6,9	8,4	8,6	9,6	10,0	9,2
Bandjigou	3	3	3	10	10	3	10
Brahim	3	3	10	10	10	10	10
Daniel			10	10	10	10	10
Hicham	-10	10	10	10	10	10	
Oumou	3	3	10	-10		10	10
Philippe	3	3	3	10	3		10
Yasmine			3	-10	-10	-10	10
Moyenne S3	0,4	4,4	7,0	4,3	5,5	5,5	10,0
Moyenne S3 par tri	0,4	6,6	8,0	8,2	9,3	9,1	10,0

Nous avons volontairement mis en évidence en couleurs via la mise en forme conditionnelle la progression sensible des identifications justes, la zone bleue progressant rapidement en CM1. Les moyennes d'identification totales sont toujours en deçà de la moyenne pour l'ensemble des déterminants de chaque tri, cependant, l'écart est bien moindre et tend à diminuer au fil des deux années. *Leur* et *leurs* semblent plus faciles à intégrer dans les déterminants que *quelques*, surtout si l'on considère les élèves de S3, pour lesquels la difficulté initiale se résout au cours du CM1. En CM1-13, Ismaël considère *leurs* comme un « mot invariable », tandis que Leila le place en « ? ». Cet énoncé a posé problème aux élèves, il donne lieu à une baisse très globale des performances, nous aurons à y revenir : un environnement déstabilisant engendre des dysfonctionnements dans l'identification de formes qui semblaient stabilisées, la réflexion autour d'une forme subit l'impact des particularités de l'énoncé dans son ensemble.

2.1.2. Suffit-il d'être petit ?

La taille du mot importe, c'est une évidence, un regard jeté aux intrus le confirme : tous les mots de moins de quatre lettres représentent des candidats potentiels au titre de déterminant. Cependant, au sein même des déterminants, tous les petits mots ne sont pas traités exactement de la même façon. De CE2-7 à CE2-11, puis à partir de CM1-4, tous les élèves reconnaissent de façon systématique les articles, définis comme indéfinis. La reconnaissance de ces déterminants est déjà très bonne à partir de CE2-4 pour les élèves de S1. Nous savons que la liste des articles est apprise très tôt dans le cursus scolaire, de façon descendante. En CE1, les évaluations nationales testaient d'ailleurs l'identification, non des déterminants, mais du sous-ensemble des articles. Reste à regarder si les autres déterminants de trois lettres ou moins sont aussi bien reconnus.

2.1.2.1. Du côté des possessifs

Au sein des déterminants de trois lettres et moins, les possessifs sont représentés en nombre dans nos énoncés.

Figure 41: *Codage mot à mot de* sa

	CE2-9 sa	CM1-3 sa	CM1-3 sa	CM1-10 sa	CM1-10 sa
Moyenne totale	**9,6**	**8,8**	**8,1**	**9,7**	**10**
Moyenne par tri	**6,7**	**5,9**	**5,9**	**9,7**	**9,7**
Arvinde	10	10	10	10	10
Cihan		3	3	10	10
David	10	10	10	10	10
Ibrahim	10				
Jennee	10	10	10	10	10
Kelly	10	3	3	10	10
Sarah	10	10	10	10	10
Moyenne S1	**10**	**7,7**	**7,7**	**10**	**10**
Moyenne S1 par tri	**6,6**	**7,3**	**7,3**	**10**	**10**
Camila	10	10	10	10	10
Célia		10	10	10	10
Ismaël	10	3	3	10	10
Leila	10	10	10	10	10
Marcoss	10	10	10	10	10
Sharon	10	10	3	10	10
Sofia		10	10	10	10
Moyenne S2	**10**	**9**	**8**	**10**	**10**
Moyenne S2 par tri	**6,9**	**5,4**	**5,4**	**9,7**	**9,7**
Bandjigou	10	10	3	10	
Brahim	10			3	
Daniel				10	
Hicham	3	10	10	10	
Oumou	10	10	10	10	10
Philippe	10	10	10	10	10
Yasmine		10	10	10	
Moyenne S3	**8,6**	**10**	**8,6**	**9**	**10**
Moyenne S3 par tri	**6,6**	**5,3**	**5,3**	**9,3**	**9,3**

Sa est très bien reconnu, quel que soit le groupe d'élèves, et les moyennes concernant ce déterminant demeurent très au-dessus des moyennes par tri. Lorsqu'il n'est pas identifié, il est positionné dans « ? ».

Figure 42: *Codage mot à mot de* ses

	CE2-5 ses	CE2-6 ses	CE2-8 ses	CE2-11 ses	CM1-1 ses	CM1-6 ses	CM1-6 ses	CM1-7 ses	CM1-10 ses
Moyenne totale	6,3	8,7	8,6	8,6	6,7	9,3	8,9	9,2	8,3
Moyenne par tri	8,3	7,8	9,8	6,5	7,2	8,8	8,8	8,9	9,7
Arvinde	10	10	10	3	10	10	10	10	10
Cihan					5	10	10	10	10
David	10	10	10	10	10	10	10	10	10
Ibrahim	3	3	10	10					
Jennee	3	10	3	10	10	10	10	10	10
Kelly	10	10	10		10	10	10	10	10
Sarah	10	10	10	3	10	10	10	10	10
Moyenne S1	7,7	8,8	8,8	7,2	9,2	10	10	10	10
Moyenne S1 par tri	9,4	7,3	9,8	6	8,7	10	10	9,8	10
Camila	10	10	10	10	3				10
Célia					10	10	10	3	10
Ismaël	3		10	10	10	10	10	10	10
Leila	3	10	10	10	3	10	10	10	-5
Marcoss	10	10	3	10	10	10	10	10	10
Sharon	10	10	10	10	3	10	10	10	10
Sofia					10	3	3		10
Moyenne S2	7,2	10	8,6	10	7	8,8	8,8	8,6	7,9
Moyenne S2 par tri	9,3	8,9	9,8	7	7,4	8,4	8,4	8,6	9,7
Bandjigou	5	5	3	10	3	3	3	3	10
Brahim	3	3		3	10	10	10	10	10
Daniel					3	10	10	10	10
Hicham	10	10	10	10		10	10	10	10
Oumou	5	10	10	10	3	10	10	10	10
Philippe	-5	10	10	10	10	10	3	10	10
Yasmine					-5	10	10	10	-10
Moyenne S3	3,6	7,6	8,3	8,6	4	9	8	9	7,1
Moyenne S3 par tri	5,9	7,2	9,7	6,5	5,5	8	8	8,2	9,3

L'identification de *ses* suit globalement la progression générale des articles, même si elle peut susciter quelques erreurs, et donc quelques accidents. Par ailleurs, nous pourrions être amenée à considérer que la maitrise de l'identification de ce déterminant est légèrement décalée dans le temps par rapport à celle des articles.

Figure 43: *Codage mot à mot de* son

	CE2-1 son	CE2-4 son	CE2-11 son	CM1-4 son	CM1-9 son	CM1-9 son
Moyenne totale	-3,7	4,1	7,3	7,1	9	9
Moyenne par tri	-3,6	4,5	6,5	5	9,7	9,7
Arvinde	-5	10	-10	10	10	10
Cihan				3	3	3
David		10	10	3	10	10
Ibrahim	-5	3	10			
Jennee	-5	3	3	10	10	10
Kelly	-5	10		10	10	10
Sarah	-5	5	10	10	10	10
Moyenne S1	-5	6,8	4,6	7,7	8,8	8,8
Moyenne S1 par tri	-5	8,7	6	7,5	9,7	9,7
Camila	-5	5	10	10		
Célia				10		
Ismaël	5	5	10			
Leila	-5	3	10	3	10	10
Marcoss	-5	5	10	10		
Sharon	-5	5	10	10		
Sofia				-10		
Moyenne S2	-3	4,6	10	5,5		
Moyenne S2 par tri	-3	4,6	7	4,1		
Bandjigou	-5	5	10	3		
Brahim	-5	3	3	3		
Daniel				10		
Hicham	-5	-5	10	10		
Oumou	3	3	10	10		
Philippe		-5	3	10		
Yasmine				10		
Moyenne S3	-3	0,2	7,2	8		
Moyenne S3 par tri	-2,7	-0,8	6,5	3,7		

Son est moins récurrent dans les énoncés soumis aux élèves, mais ce que nous pouvons observer tend à montrer une moins grande solidité de l'identification. Il est notamment assez étonnant que Cihan, élève très performant par ailleurs, repousse *son* dans « ? » jusqu'en CM1-9. Nous manquons de données en fin de CM1, mais il aurait été intéressant de voir si se produisait une réelle stabilisation généralisée. Sofia range *son* dans les noms, et nous offre ici une piste de réflexion : l'homonymie peut engendrer des erreurs ou encore des zones d'incertitude. Nous posons l'hypothèse que la récurrence de ces dernières est peut-être en lien avec le rapport de fréquence entre les formes concernées. Dans la liste de Brunet, le nom *son* est crédité d'un indice de 1208, tandis que le déterminant est évalué à 181161 ; cependant derrière cet indice se trouvent les occurrences de *son*, mais aussi de *sa* et de *ses*, ce qui opacifie les données.

2.1.2.2. Le cas de l'élision

D'une certaine façon, si l'on persiste à considérer la taille comme un critère premier, les articles élidés représentent le summum du petit mot... mais l'apostrophe n'est pas un blanc graphique, et nous pourrions tout aussi bien arguer de la difficulté à considérer ces articles comme des mots. Qu'en est-il dans notre corpus ?

Figure 44: *Codage mot à mot des articles élidés*

	CE2-1 l'	CE2-1 d'	CE2-4 l'	CE2-9 l'	CM1-1 d'	CM1-3 l'	CM1-11 l'	CM1-13 l'
Moyenne totale	-3,6	-3,1	4,4	8,7	6,6	7,6	8,9	8,6
Moyenne par tri	-3,6	-3,6	4,5	6,7	6,7	5,9	9,2	9,4
Arvinde	-5	-5	10	3	10		10	-10
Cihan					5	10	10	10
David			10	3	3	3	10	10
Ibrahim	-5	-5	10	10				
Jennee	-5	-5	10	10	10	10	10	10
Kelly	-5	-5	10	10	10	10	10	10
Sarah	-5	-5	5	10	10	10	10	3
Moyenne S1	-5	-5	9,2	7,7	8	8,6	10	5,5
Moyenne S1 par tri	-5	-5	8,7	6,6	8,7	7,3	10	8,9
Camila	-5	-5	5	10	3	10	10	10
Célia					10	-10	10	10
Ismaël	5	5	5	10	10	3	-10	10
Leila	-5	-5	3	10	10	10	10	10
Marcoss	-5	-5	5	10	3	10	10	10
Sharon	-5	-5	5	10	-10	10	10	10
Sofia					10	10	10	10
Moyenne S2	-3	-3	4,6	10	5,1	6,1	7,1	10
Moyenne S2 par tri	-3	-3	4,6	6,9	6	5,4	9,4	9,2
Bandjigou	-5	-5	5	10	10	10	10	10
Brahim	-5	-5	3	3	10	10	10	10
Daniel					10		10	10
Hicham	-5	-5	-5	10	10	3	10	
Oumou		3	-5	10	3	10	10	10
Philippe	5	5	-5	10	10		10	10
Yasmine					-5	10	10	10
Moyenne S3	-2,5	-1,4	-1,4	8,6	6,9	8,6	10	10
Moyenne S3 par tri	-2,7	-2,7	-0,8	6,6	5,5	5,3	9,1	10

Les performances de CE2-1 sont peu probantes : lors de ce premier tri, les élèves n'étaient pas entrés dans une logique de tri grammatical. En CE2-4, les élèves qui utilisent la catégorie des déterminants[5] y rangent unanimement *l'*. Plus globalement, le traitement de cet article suit celui de *le* et *la*, les moyennes d'identification, générales autant que par groupes d'élèves, sont très proches voire égales aux moyennes de tri. À l'opposé sur notre chronologie, en CM1-11 et CM1-13, *l'* est reconnu quasiment par tous les élèves. Si nous regardons de plus près les erreurs, nous supposons

---

[5] Ces élèves appartiennent tous à S1, ndlr.

qu'elles sont liées à l'homonymie avec le pronom personnel complément. Ainsi, en CM1-11, Ismaël range deux *l'* et *il* dans une colonne *« pronons personnel », tandis que dans cet énoncé, le premier morphème est tantôt un pronom, tantôt un déterminant. En CM1-13, Arvinde range lui aussi *l'* dans les pronoms, ce qui présente une cohérence avec l'identification de *inverse* comme verbe, au sein de l'expression « à l'inverse », qui a donné bien du fil à retordre à l'ensemble des élèves. Sarah, dans le même cas de figure, choisit de positionner *l'* dans « ? ». Ces hésitations entre articles définis et pronoms personnels compléments ne touche pas que la forme élidée. En CM1-10, Philippe range *la* dans « ? », tandis que Camila, en CM1-8, positionne *les* dans un regroupement « mots invariables ».

Fin CE2, début de CM1, il semblerait qu'il y ait comme un léger décalage dans les performances d'identification entre formes élidées et autres articles définis. En CE2-9, trois élèves rangent *l'* dans « ? », tandis que *la* est unanimement identifié comme un déterminant. En CM1-3, trois élèves ne le rangent pas du tout, trois autres le mettent dans « ? » et une dernière (Célia) le positionne dans un regroupement intitulé *« ajectif qualificatif », mais qui contient des mots grammaticaux, peut-être des pronoms, critère qui semble dériver vers un autre, morphologique, celui de l'élision[6]. En CM1-1, *d'* pose des soucis particuliers à quatre élèves, dont trois le positionnent dans « ? », et une dernière, de façon assez étonnante, dans les noms.

Si nous devions esquisser une hypothèse concernant le traitement de ces mots, ce serait celle d'un léger retard dans l'acquisition par rapport aux articles définis non élidés, cette acquisition demeurant malgré tout très semblable à celle de leurs compagnons de sous-catégorie. Peut-être faudrait-il voir là l'impact de leur moindre fréquence, mais aussi de leur moindre enseignement, puisqu'ils apparaissent somme toute assez peu, et de façon plus tardive, dans les référents habituellement fournis aux élèves, les manuels en premier lieu.

2.1.3. Le cas des numéraux

Pour les besoins de l'analyse, nous avons isolé les numéraux cardinaux parce qu'ils constituent des points d'achoppement non dépassés par la plupart des élèves.

---

[6] On y trouve, dans cet ordre, *elle*, *qu'*, *l'* et *n'*.

Analyse croisée des mots codés 161

Figure 45: *Codage mot à mot des déterminants numéraux*

	CE2-9 cinquante	CE2-11 trois	CM1-3 huit	CM1-4 trois
Moyenne totale	-3	-3,5	-1,4	-1,8
Moyenne par tri	6,7	6,5	5,9	5
Arvinde	3	-10	10	10
Cihan			10	10
David	-5	-10	-5	-10
Ibrahim	-5	-10		
Jennee	-5	10	10	10
Kelly	-5		-5	10
Sarah	-5	10	10	10
Moyenne S1	-3,7	-2	5	6,7
Moyenne S1 par tri	6,6	6	7,3	7,5
Camila	3	-5	-5	-5
Célia			3	-5
Ismaël	-5	-5	3	
Leila	-5	-5	-5	-10
Marcoss	-5	-5	-5	-5
Sharon	-5	-5	-10	-5
Sofia			3	-5
Moyenne S2	-3,4	-5	-2,3	-5,8
Moyenne S2 par tri	6,9	7	5,4	4,1
Bandjigou	-5	-5	-10	-5
Brahim	3	3	-10	-10
Daniel				-5
Hicham	-5	-5	-5	-5
Oumou	-5	-5	-5	-5
Philippe	3	-5	-5	-5
Yasmine			-5	-5
Moyenne S3	-1,8	-3,4	-6,7	-5,7
Moyenne S3 par tri	6,6	6,5	5,3	3,7

Seuls les élèves de S1 parviennent à surmonter l'obstacle. De nouveau, seul David répugne à intégrer ces formes particulières dans le regroupement des déterminants ; *trois* est par deux fois positionné par cet élève dans le rassemblement des adjectifs, ce qui peut s'expliquer par les importants savoirs déclaratifs de cet élève : *trois* est un adjectif numéral, et cette représentation prend le pas sur tout autre raisonnement. *Huit* est isolé, sans dénomination de regroupement, comme s'il était moins figé que *trois*, à moins que ce ne soit la dénomination d'« adjectifs qualificatifs » qui exclue de fait l'insertion d'un adjectif numéral, tandis qu'en CE2-11 et en CM1-4, David choisit un intitulé moins spécifique, avec « adjectifs ».

Par ailleurs, pour ce qui est de l'écrasante majorité des élèves, ils choisissent d'isoler le numéral sous l'étiquette « chiffre », ou, plus fréquemment, « nombre », ce qui est codé -5 dans le tableau. Pour ce qui est des erreurs, elles peuvent venir de la volonté de certains élèves de ne laisser aucun mot isolé. Sharon en CM1-3 ainsi que Brahim en CM1-3 et CM1-4 mettent les numéraux dans la catégorie des noms, au sein d'une organisation de tri qui ignore la catégorie « adjectif » (tripartition « déterminant-nom-verbe »). Bandjigou positionne *huit* dans un regroupement intitulé *« les nons déc » et qui contient à la fois des noms et des verbes, à côté d'un regroupement intitulé « déc » contenant les déterminants[7]. Enfin, en CM1-4, Leïla range *trois* dans une catégorie « adjectif ».

Les déterminants numéraux donnent lieu à des chutes de moyenne d'identification très fortes, qui correspondent massivement au refus des élèves à les ranger dans une catégorie grammaticale : la plupart du temps, ils les excluent, créant, de fait, une catégorie à part, et ce malgré le fait qu'il n'y ait qu'un numéral dans chaque tri. Certes, ce sont des déterminants de quatre lettres ou plus, mais le moins long *trois* n'est pas traité différemment du très long *cinquante*. D'après les intitulés spécifiques « chiffre » et « nombre », il semble que le trait saillant qui l'emporte soit sémantique et suffisamment fort pour isoler ces formes de toutes les autres. Dès lors, l'identification comme déterminant par les élèves de S1 nous donne une indication forte : ces élèves-là sont vraisemblablement passés à une procédure différente, que l'on suppose syntaxique, puisque la morphologie ne peut être un indicateur dans ce contexte.

2.1.4. Fréquence et enseignement

Le facteur non négligeable entrant en jeu dans l'identification des déterminants dans notre corpus est bien la taille, ce qui n'étonnera pas l'habitué des salles de classe d'école élémentaire. En revanche, un autre facteur sous-jacent nous semble digne d'intérêt, c'est celui de la

---

7   S'ajoutent à ces deux catégories un important regroupement « ? », et deux mots isolés, *noire* dans « couleur », et *car* conjonction dans « bus » (s'il fallait une preuve de certaines décontextualisations…).

fréquence. Des études plus poussées le confirmeraient peut-être, mais il nous semble que la fréquence des articles en fait d'excellents candidats à l'identification, davantage encore que les possessifs ou les démonstratifs, ce qui viendrait pondérer le seul critère du nombre de lettres. Mais il est en la matière difficile de faire la part des choses entre la fréquence des mots au sein des écrits, scolaires ou non, et la fréquence de leur enseignement. En effet, les articles, du moins les articles prototypiques (*le, la, les, un, une, des*) sont enseignés dès le cours préparatoire, la plupart des manuels en organisant la reconnaissance orthographique dès les premières leçons, et, par la suite, ils constituent des listes apprises en appui de la terminologie, sous l'intitulé « articles » ou « déterminants ». C'est pourquoi les élèves reconnaissent ces formes comme appartenant à la liste apprise.

Dès lors, ce qui marque les progrès des élèves dans la conceptualisation du concept de déterminant n'est pas la réussite dans l'identification des articles mais la capacité d'une part à intégrer dans la catégorie d'autres types de déterminants, d'autre part à enlever *in fine* les formes ressemblant morphologiquement à la liste canonique des articles mais n'en relevant pas, c'est-à-dire principalement des pronoms personnels compléments conjoints.

2.2. Les verbes[8]

Comme vu précédemment, la classe du verbe, comme celle du nom, s'impose assez rapidement, les élèves semblent plutôt en réussite sur l'identification des mots qui la composent, comparés aux adjectifs ou aux pronoms. Cependant, au CE2, elle n'est pas utilisée de façon systématique par tous les élèves, et les écarts de performances demeurent assez importants. Sans surprise, et en cohérence avec les scores incluant les intrus, les graphiques de moyennes se situent globalement au-dessus de l'axe des abscisses. La répartition par groupes de performance montre quelques similitudes dans le tracé, avec quelques tris constituant des réussites relatives pour tous les groupes (les plus marquées étant CE2-7, CM1-4, CM1-7 et CM1-12), à l'inverse, des difficultés partagées (CE2-8 et CM1-8 particulièrement). Mais il est également possible d'y lire l'écart qui tend à se creuser entre S1 d'un côté, qui présente une courbe de performance régulière, et S2 et S3 de l'autre, pour lesquels la réussite demeure fragile, la hiérarchie s'inversant à plusieurs endroits.

---

[8]   Cf. annexe « Codage mot à mot », onglets « Verbes » et « Verbes Graphiques ».

Figure 46: *Moyennes des scores d'identification pour les verbes*

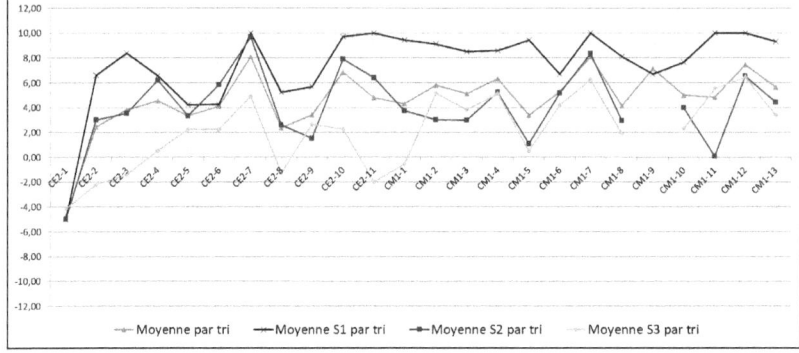

2.2.1. Le cas des verbes être et avoir : petits mots, verbes, auxiliaires ?

Le phénomène le plus frappant et le plus systématique touche *être* et *avoir* : les scores d'identification les concernant sont remarquablement bas, et, ce, dans la durée. Cela explique la baisse de performance généralisée en CM1-8[9]. *Sont* est ainsi crédité successivement de 2,5 en CM1-5, 1,2 en CM1-8, 1,8 en CM1-13 et *est* de 1,3 en CM1-10. *Ont* plafonne à 1,9 en CM1-5 et 2,2 en CM1-8, tandis que *a* descend à -3,2 en CE2-9. La tendance est lourde, mais des indices nous invitent à ne pas nous en tenir à l'évidence de ces premières observations. En CM1-3, *avait* atteint le score très honorable de 6,9, pour une moyenne du tri à 5,1, et, en CM1-6, *était* vaut 6,8, au-dessus de la moyenne du tri à 5,3. Il est possible que la régularité des désinences de l'imparfait joue un rôle non négligeable dans ces performances, hypothèse à vérifier, ou, tout du moins, que le nombre de lettres semble suffisamment élevé pour que les élèves puissent envisager que ces mots soient des verbes. En revanche, en CM1-10, une autre forme verbale caractérisée par la brièveté reste au petit score de 2,1 : *va*. En somme, la difficulté ne viendrait pas tant du verbe lui-même, *être* et *avoir* présentant des obstacles à l'identification, que des caractéristiques morphologiques de ceux-ci. Nous formulons ici l'hypothèse provisoire que c'est la taille de ces mots, ainsi que les enjeux sémantiques qu'ils véhiculent, qui posent problème. Par ailleurs, la marque « -nt » ne suffit pas à l'identification – mais peut-être est-ce le « -o- » qui fait obstacle à la

---

[9] L'énoncé de CM1-8 inclut trois verbes : *sont, ont, recouvrent*.

reconnaissance ? – en revanche le « -ait » de l'imparfait améliore le score. *Va* présente plusieurs caractéristiques identiques : brièveté, marque de temps et/ou de personne peu identifiable, relatif vide sémantique (emploi en semi-auxiliaire). Les moyennes de scores par types d'élèves nous en apprennent davantage.

Figure 47: *Extraction du codage mot à mot des verbes par types d'élèves*

	CE2-9 a	CM1-5 sont	CM1-5 ont	CM1-8 sont	CM1-8 ont	CM1-10 est	CM1-10 va	CM1-13 sont
Arvinde	3	10	10	10	10	-5	10	10
Cihan		10	10	10	10	10	10	10
David	3	10	10	10	10	10	10	10
Ibrahim	3							
Jennee	3	10	10	10	10	10	10	10
Kelly	-5	10	10	3	10	-5	10	10
Sarah	-10	3	3	3	-10	3	-10	3
Moyenne S1	-0,5	8,8	8,8	7,7	6,7	3,8	6,7	8,8
Moyenne S1 par tri	5,7		9,4		8,1		7	9,3
Camila	3	3	3	-10	3	3	3	-10
Célia		-10	-10	-10	-10	3	-5	-10
Ismaël	-10	3	3	3	-10	3	3	10
Leila	3	3	-10	10	10	3	3	3
Marcoss	-10	3	-10	-10	-10	-10	3	-10
Sharon	-10	10	10	10	10	3	10	-10
Sofia		3	3	3	3	3	-5	10
Moyenne S2	-4,8	2,1	-1,6	-0,6	-0,6	1,1	1,7	-2,4
Moyenne S2 par tri	1,5		1,1		3		2,8	4,4
Bandjigou	-10	3	3	3	3	3		-10
Brahim	3	-10	-10	3	3	3		10
Daniel		3	3	3	3	3		3
Hicham	3	-10	3	-10	3	-10		
Oumou	-10	3	3	-10	3	-10	-10	3
Philippe	-10	3	3	3	3	3	-10	3
Yasmine		-10	-10	-10	-10	3		-10
Moyenne S3	-4,8	-2,6	-0,7	-2,6	1,1	-0,7	-10	-0,2
Moyenne S3 par tri	2,6		0,5		1,9		1,5	3,4

En CE2-9, la moyenne très faible de *a* recouvre une réalité assez homogène, avec néanmoins une légère distinction entre les élèves S1 et les autres : en S2 et S3, la même moyenne de -4,8 recouvre la coexistence d'erreurs de classement et de positionnement dans la catégorie « ? », tandis qu'en S1, le -0,5 résulte d'une majorité nette de « ? ». Maintenant, si nous comparons les scores pour les autres occurrences concernées, il apparait que la difficulté initiale est dépassée par la plupart des élèves du groupe S1 lors des tris de CM1 ; seule une élève au sein de ce groupe demeure incapable d'identifier *sont* et *ont* comme des verbes, au même titre qu'elle ne parvient pas à attribuer la bonne étiquette grammaticale à *va*. Pour les élèves de S2, c'est quasiment l'opposé : seule une élève dépasse cette difficulté, et encore, elle achoppe lors du dernier tri sur *sont*. Il est remarquable que les moyennes de S3 pour ces mêmes occurrences ne soient pas forcément inférieures à celles du groupe précédent. Le phénomène, flagrant pour *ont* et *sont*, s'explique assez simplement : alors que les élèves de S3 utilisent la possibilité du « ? » de façon massive, ceux de S2 tentent d'attribuer une classe grammaticale, pensent savoir, et se trompent. Le problème avec *va*, c'est qu'il appartient à un énoncé avec différenciation, il n'a donc été donné qu'à certains élèves de S3, ce qui explique la moyenne de -10, seuls deux élèves l'ayant trié, et de façon erronée. *Est* constitue une étrangeté pour nombre d'élèves : les scores sont bas, mais, surtout, 12 élèves sur 21 l'ont positionné dans « ? ».

L'ensemble de ces indicateurs ébauche une progression qui conduirait l'élève à ne pas savoir, avant de se tromper, pour finir par identifier correctement le mot, après avoir dépassé une représentation erronée : cependant, concernant les élèves les plus performants, les données dont nous disposons ne nous permettent pas de dire s'ils passent par une phase de représentation erronée. Pour mieux comprendre les mécanismes en jeu, il convient d'aller voir les erreurs des élèves de plus près : dans quelles classes grammaticales ces petits mots sont-ils rangés, lorsqu'ils ne sont pas identifiés comme verbes ?

Ont et *sont* possèdent la particularité commune d'être les homophones d'autres mots fréquents, grammaticaux, à savoir respectivement le pronom indéfini *on* et le déterminant possessif *son*. Le signifiant oral semble constituer un appui fort : sur 16 attributions de classes grammaticales erronées, *sont* est positionné 11 fois au sein des déterminants tandis que *ont* est mis 6 fois sur 10 erreurs déclarées dans la catégorie des pronoms. La proportion est suffisamment importante pour constituer une tendance. En CM1-8 encore plus qu'en CM1-5, il est manifeste que les élèves du groupe S2 ne constituent plus des regroupements de types uniquement morphologiques, que l'on pourrait traduire par « petits mots ». *Ont* et *sont* sont répartis en pronom et déterminant. La reconnaissance phonétique d'un mot auquel est attribué une classe grammaticale de façon déclarative (l'élève sait que « son » est un déterminant, mais ne peut vraisemblablement pas le justifier) n'est pas contredite par une procédure pourtant assez largement partagée dans le cadre de la classe, à savoir que les déterminants sont placés avant, devant ou encore à gauche des noms. Mais, nous aurons à y revenir, les élèves concernés ne regardent pas dans l'énoncé, ils ne manipulent pas celui-ci, ils extraient le mot à tester, et le manipulent en dehors du contexte. Ainsi, Célia écrit en CM1-10 :

*« J'ai fait les derminant par ce que sa va avec des nom »[10]. Dans ce cadre, elle peut très bien avoir réussi à positionner *sont* phonétiquement devant un nom. En CM1-13, *sont* est suivi d'un adjectif, « tristes », et on aurait pu penser que la possibilité de substantiver celui-ci aurait même pu induire en erreur des élèves ayant appliqué cette procédure syntaxique dans l'énoncé, en cherchant un nom à droite de « sont ». Seul le tri de Bandjigou présente cette logique interne, puisque *tristes* est rangé dans les noms. En revanche, pour Camila et Sharon, *tristes* est identifié comme adjectif ; quant à Marcoss, il range *tristes* parmi les verbes. Ces dernières remarques tendent à montrer que chez ces élèves, la catégorisation ne relève pas d'une mise en système, mais d'une observation terme à terme, sans lien entre les réflexions qui amènent aux différents choix effectués. Lorsqu'on observe les stratégies de classement de *ont*, les mêmes constats peuvent être posés. En CM1-5, Marcoss identifie *ont* comme « pronom personnel » et positionne *peur* dans les verbes, mais, en CM1-8, *ont* est suivi par *des sommets pointus*, ce qui rend cette fois impossible l'identification d'une structure de type 'pronom personnel + verbe'. Par ailleurs, il est difficile d'établir des relations de cause à effet isolables : dans le cas de *ont peur*, le fait que *peur* soit sémantiquement porteur de la prédication a pu jouer également un rôle, mais nous ne pouvons pas savoir s'il s'agit d'un faisceau d'indices concomitants ou d'une prise de décision de l'élève à partir d'un seul d'entre eux. Le positionnement de *ont* dans les pronoms en CM1-8 semble relever uniquement de la mise en relation de ce mot avec la liste scolaire[11] des pronoms personnels de fonction sujet, et n'est pas contrarié par la connaissance de la structure syntaxique 'pronom + verbe', chez les élèves de S2, en tout cas.

En CM1-10, Hicham range *est* dans les déterminants, au sein d'une colonne plutôt cohérente (qui exclut *en*, *de* et *lui*, par exemple), mais l'explication se situe dans la colonne adjacente : *imminente* est positionné dans les noms. Pour cette fois, il y a là une logique, par ailleurs explicitée par l'élève qui a rédigé les justifications suivantes[12] : *« des qu'il y a des Noms devant un déterminant donc s'est un déterminant » et *« des qu'il y a un déterminant devant un noms c'est un noms ». Marcoss procède

---

[10] Orthographe non rectifiée.
[11] Bien connue parce qu'enseignée dès les premiers apprentissages de conjugaison, en CP.
[12] Ce tri a été le support d'une demande explicite de l'enseignante envers les élèves d'écrire sur les travaux individuels les procédures utilisées. Cf. annexe « Justifications CM1-10 ».

de même, positionnant lui aussi *est* dans les déterminants et *imminente* dans les noms ; sa procédure est exprimée de façon moins précise : *« je mis les verbe ensemble et les noms je les esayé avec des determinant », cependant, la logique semble bien identique. Cet élève exclut d'ailleurs *va* de cet ensemble « déterminant », le positionnant dans « ? ». Sarah déclare *« Pour les déterminants je l'ai et essayer avec des noms ça a marché », elle exclut *est*, comme d'autre petits mots, qu'elle positionne en « ? », pourtant elle range *va* parmi ceux-ci : nous sommes devant un cas difficilement explicable, si ce n'est peut-être par l'attraction de *sa*, présent dans l'énoncé ? Oumou, en revanche, n'a écrit aucune procédure sur son tri : *va* et *est* se trouvent mélangés avec quasiment tous les mots de moins de quatre lettres (à l'exception de *en*, dans « ? ») dans le regroupement intitulé « déterminants » : le facteur morphologique semble être le seul critère retenu par cette élève.

En CE2-9, *a* est considéré six fois comme un déterminant, et ce par des élèves relevant de tous les groupes d'élèves. Chez Bandjigou, Marcoss, Oumou, Philippe et Sarah, c'est de façon assez nette le critère morphologique qui l'emporte, puisque quasi tous les « petits » mots sont réunis sous cette étiquette[13]. Un classement étonne, en revanche : Ismaël positionne *a* avec *elle* en tant que pronom personnel, tandis que le reste de son tri est plutôt cohérent. Nous touchons là aux limites de l'exercice, faute de questionnement de l'élève, il est réellement délicat de proposer une interprétation. De même, en CM1-10, le tri de *va* par Philippe dans la colonne des noms possède sa part d'étrangeté, non éclairée par un couplage logique (*elle* n'est pas positionné dans les déterminants) ou par une justification qui éclairerait sur l'erreur, puisque cet élève écrit : *« les noms on les roconet par ce que devant déterminant ».

Dernière remarque concernant ce corpus de verbes particuliers, à quatre reprises en CM1-10 des élèves ont recours à une catégorie apparue en CM1-4 : « mots invariables ». Arvinde et Kelly y rangent *est*, Célia et Sofia, *va*. Cette catégorisation interpelle : tandis que le verbe est défini scolairement de façon massive comme un mot qui se conjugue, les formes évoquées sont perçues par les élèves comme invariables, c'est-à-dire qu'elles sont désolidarisées de leur paradigme flexionnel pour constituer des îlots isolés. Nous posons l'hypothèse que la multiplication des bases concernant ces verbes est à l'origine de cette représentation, représentation tout de même étonnante lorsque l'on sait l'omniprésence

---

[13] Cf. 2.1.

des tableaux de conjugaison de « être » et « aller » dans les salles de classe. Cela donne à réfléchir concernant la compréhension que les élèves en ont. Mais ce dernier phénomène pourrait trouver une explication également dans l'introduction précoce de « mots outils » appris de façon isolée de leurs paradigmes dans le cadre de l'apprentissage de la lecture, hypothèse à vérifier.

2.2.2. Quel appui sur la morphologie verbale ?

Sous-discipline omniprésente dans les manuels comme sur les murs des classes, la conjugaison pourrait engendrer un réflexe d'appui sur la morphologie flexionnelle propre aux verbes : nous nous attendions à pouvoir lire dans les performances des élèves l'impact de l'enseignement de la morphologie verbale sur la reconnaissance des verbes.

2.2.2.1. Les verbes du premier groupe

Massivement enseignés, constituant la seule sous classe ouverte de leur catégorie, les verbes du premier groupe pourraient être mieux reconnus que leurs congénères. En CE2, parmi les 32 verbes du premier groupe présentés aux élèves, 2 ont provoqué des accidents d'identification. Conjointement, parmi les 11 verbes restants, 2 accidents sont également dénombrés. En CM1, nous avons de nouveau 32 verbes du premier groupe, mais 9 accidents d'identification, tandis que les 17 autres verbes n'en engendrent aucun. Aussi curieux que cela puisse paraître, notre corpus tend à laisser entrevoir que l'appartenance d'un verbe au premier groupe n'est pas le gage d'une identification réussie. Nous hasarderons que l'insistance de l'enseignement-apprentissage sur l'infinitif n'éclaire pas les élèves sur la réalité morphologique de ces verbes, et que le « e », caractéristique de ce groupe de verbes par rapport aux autres formes verbales, n'est pas un graphème discriminant la classe du verbe par rapport aux autres classes grammaticales, ce qui le rend inopérant. Par ailleurs, la prise en compte de l'oral de préférence à la dimension uniquement scripturale tend à minorer très fortement l'impact des marques non prononcées, nous allons y revenir.

2.2.2.2. Impact des morphèmes de temps

Les verbes au présent en français ne comportent aucun morphème de temps, ce sont donc des formes non marquées par rapport aux formes marquées que sont l'imparfait ou le futur, par exemple. Nous posons l'hypothèse que les formes marquées seraient plus aisément identifiables que celles qui ne le sont pas, ce qui montrerait une attention portée par les élèves à la morphologie verbale comme trait distinctif. Certes, nous avons peu de données concernant les marques de temps, 77 verbes sur 111 sont conjugués au présent de l'indicatif ; pourtant, nous estimons que des phénomènes remarquables viennent nuancer l'hypothèse initiale sur ce sujet. Pour trois énoncés, tous en CM1, les verbes sont conjugués à l'imparfait. En CM1-3, la moyenne globale est de 5,1, soit en dessous de celles du tri qui précède (CM1-2, 5,8) et de celui qui suit (CM1-4, 6,3). Les écarts ne sont pas importants, mais il n'y a pas non plus de bénéfice tiré par les élèves à manipuler des formes en « -ai- ». En CM1-6, la moyenne de 5,3 ne constitue pas non plus un pic de performance remarquable. En CM1-7 en revanche, 8,1 est une bonne moyenne, qui inclut un verbe au conditionnel, sur lequel nous aurons à revenir. En fait, les formes verbales en « -ai- » n'empêchent pas les accidents d'identification : au présent, 5 verbes sur 26 posent problème au CM1 tandis qu'à l'imparfait et au conditionnel ils sont 4 sur 10[14]. Cela signifierait à première vue que les désinences de temps ne permettraient pas de compenser les difficultés inhérentes à la forme verbale par ailleurs, du moins pas jusqu'à un certain stade d'apprentissage, puisqu'une amélioration est visible au fil des tris. L'étude des verbes au futur et surtout la comparaison entre CM1-1 et CM1-12 renforcent ces intuitions. En CM1-1 (moyenne de tri à 4,3), les verbes au futur ne sont pas mieux reconnus que ceux qui sont au présent, « grincera » constitue même un accident, avec une moyenne basse de 2,2. En CM1-12, nous assistons à un pic de performance avec une moyenne de tri à 7,4, pic qui est confirmé qualitativement par le codage incluant les intrus éventuels : les élèves ont des scores de réussite pour la catégorie très importants, avec une moyenne de 26,4/40 et 12 élèves sur 21 qui atteignent le score maximal de 40/40[15]. En CM1-2, l'énoncé au passé simple engendre une moyenne de 5,8[16], un peu plus élevée que celles des tris proches, mais l'écart n'est pas significatif. De plus, l'absence d'énoncé associé à ce temps verbal en fin d'année de CM1 empêche la comparaison dans le temps.

---

[14] Pour cette analyse ainsi que celles qui suivent, nous avons choisi de neutraliser les formes brèves *va*, *est*, *ont* et *sont* car il nous semble que les problèmes qu'elles posent sont spécifiques, comme explicité dans la sous-partie qui précède.
[15] Cf. annexe « Codage par tri », onglet « CM1-12 », colonne BE.
[16] Attention, nous repassons à une moyenne sur 10, calculée à partir du codage mot à mot, c'est-à-dire ne tenant pas compte des intrus.

L'observation des moyennes par groupes d'élèves conforte ces premières constatations, en permettant peut-être de les affiner. En CM1-3, les performances du groupe S3 sont assez homogènes pour *moquait*, 4,2, et *repoussait*, 4,3. En revanche, l'écart entre ces deux verbes s'agrandit pour les élèves de S2, avec respectivement -1,4 et 3,3, de même pour les élèves de S1, *moquait* atteignant 5,5, très en deçà de *repoussait*, unanimement reconnu comme verbe par les élèves du groupe. Serait-ce à dire que les élèves de S2 et S1 utilisent moins l'appui sur la désinence verbale ? Pour ce tri, il y a peu d'intrus dans les regroupements de verbes[17], ce qui tend à consolider la remarque précédente. Si nous observons maintenant les mêmes données en CM1-6, *pétillaient* constitue un accident plus net, y compris pour les élèves du groupe S3, comme si la prise en compte de la désinence s'équilibrait au sein des différents groupes, voire comme si celle-ci perdait du terrain par rapport à d'autres procédures. Tandis que les élèves du groupe S1 identifient les verbes avec expertise et exactitude, *pétillaient* suscite suffisamment d'erreurs pour que la moyenne tombe à 0, et, de façon tout à fait exceptionnelle[18], elle est inférieure aux moyennes des autres groupes. Les verbes de l'énoncé de CM1-12 au futur sont unanimement reconnus par les élèves de S1, au même titre que des verbes à d'autres temps dans les autres tris. En revanche, en S2 comme en S3, la désinence du futur ne lisse pas les performances d'identification : « sacrifiera » plafonne à 3,3 en S2 tandis que *offrira* atteint 10, par exemple. Les écarts sont moins importants en S3, *tuera* et *offrira* sont à 4,3 et *sacrifiera* à 7,2, score qui excède significativement celui atteint par le groupe S2.

Mais nous manipulons des moyennes qu'il faut considérer avec précaution, compte tenu du nombre relativement faible de données qu'elles condensent. C'est pourquoi il nous semble important d'observer un grain encore plus fin et donc d'aller voir si certains élèves utilisent une procédure d'identification s'appuyant sur les marques de temps. Dans ce cas, cela suppose qu'ils soient en réussite sur l'ensemble des verbes présentant un marquage fort de cette nature. En CM1-2, l'observation du détail des performances d'identification des verbes au passé simple ne permet pas de discerner un réel appui sur la désinence, hormis chez un élève.

---

[17] Hicham fait exception, avec huit intrus dans le regroupement « verbe ». Cf. annexe « Codage par tri », onglet « CM1-3 », colonne BE.
[18] Ce phénomène ne se produit que quatre fois sur les 101 verbes du corpus.

Figure 48: *Codage mot à mot des verbes de CM1-2*

	CM1-2 entendit	CM1-2 approcha	CM1-2 offrit	CM1-2 ronronna	CM1-2 laissa
Arvinde	10	10	10	10	10
Cihan	10	10	10	10	3
David	10	10	10	10	10
Ibrahim					
Jennee	10	10	10	10	10
Kelly	10	10	10	10	10
Sarah	10	10	10	-10	10
Moyenne S1	10	10	10	6,7	8,8
Moyenne S1 par tri	9,1				
Camila	5	5	5	5	5
Célia	-10	-10	-5	-10	3
Ismaël	10	10	10	10	10
Leila					
Marcoss	3	-5	10	3	10
Sharon	3	-10	-10	3	-10
Sofia	10	10	10	10	10
Moyenne S2	3,5	0	3,3	3,5	4,7
Moyenne S2 par tri	3				
Bandjigou	5	5	5	5	3
Brahim	-10	10	10	10	10
Daniel					
Hicham	5	5	5	5	5
Oumou	3	10	10	3	10
Philippe	3	3	3	3	3
Yasmine					
Moyenne S3	1,2	6,6	6,6	5,2	6,2
Moyenne S3 par tri	5,2				

Nous l'avons dit, les élèves du groupe S1 sont très performants, ils identifient les verbes des autres énoncés avec la même réussite d'ensemble. Les deux réponses erronées les concernant portent sur des formes en « -a », la désinence ne constitue donc pas un appui. C'est la même chose pour Ismaël et Sofia, deux élèves de S2 qui étaient déjà performants dans l'identification des verbes sur le tri précédent, voire même dans ceux qui précédaient en ce qui concerne Ismaël, déjà présent en CE2. Pour les autres élèves, il est impossible d'observer un traitement des formes verbales en fonction de la désinence, qui supposerait que les formes en « -a » seraient triées de façon identique tandis que les formes en « -it » pourraient être rangées ensemble, mais pas forcément avec les formes en « -a ». Il n'en est rien. Prenons un exemple en S2 : Célia range *approcha*, *ronronna* et *entendit* dans « noms », *laissa* dans « ? » et *offrit* est isolé et intitulé *objet*. Oumou, élève du S3, place *approcha*, *laissa* et *offrit* dans les verbes, mais *ronronna* et *entendit* sont positionnés en « ? ». Un seul élève semble s'appuyer sur les désinences pour identifier les verbes : Brahim parvient à classer toutes les formes en « -a » ainsi que *offrit* dans les verbes, et il n'y a aucun intrus dans la catégorie. En revanche, *entendit* est positionné dans les noms.

Si nous nous arrêtons sur les formes en « -ai- » de CM1-3, CM1-6 et CM1-7, le caractère somme toute aléatoire des identifications se fait jour. En effet, les erreurs d'identification ne sont pas le fait des mêmes élèves. Si le facteur morphologique de l'identification des désinences était fonctionnel, alors les élèves en réussite le seraient sur toutes les formes verbales à l'imparfait. Or ce que nous observons le plus fréquemment, c'est un saupoudrage d'erreurs.

Figure 49: *Codage mot à mot des verbes en CM1-6 et CM1-7*

	CM1-6 était	CM1-6 semblait	CM1-6 pétillaient	CM1-7 attendaient	CM1-7 saccageait	CM1-7 guettaient	CM1-7 poignarderaient
Arvinde	10	10	10	10	10	10	10
Cihan	10	10	-10	10	10	10	10
David	10	10	10	10	10	10	10
Ibrahim							
Jennee	10	10	-10	10	10	10	10
Kelly	10	10	10	10	10	10	10
Sarah	10	10	-10	10	10	10	10
Moyenne S1	10	10	0	10	10	10	10
Moyenne S1 par tri	6,7			10			
Camila							
Célia	-10	-10	10	10	-10	10	10
Ismaël	10	10	10	10	10	10	10
Leila	10	10	10	10	10	10	10
Marcoss	10	3	-10	10	10	10	10
Sharon	10	10	-10	10	10	10	-10
Sofia	10	10	10	10	10	10	10
Moyenne S2	6,7	5,5	3,3	10	6,7	10	6,7
Moyenne S2 par tri	5,2			8,3			
Bandjigou	3	-10	-10	10	10	10	-5
Brahim	10	10	10	10	10	10	-10
Daniel	3	10	10	-10	10	10	10
Hicham	-10	3	10	10	10	10	10
Oumou	3	10	10	10	10	10	10
Philippe	10	10	3	-5	-5	-5	5
Yasmine	10	10	3	10	10	10	10
Moyenne S3	4,1	6,1	2,3	5	7,9	7,9	4,3
Moyenne S3 par tri	4,2			6,3			

Six élèves identifient correctement tous les verbes. Trois d'entre eux appartiennent au groupe S1 (Arvinde, David et Kelly) : ils sont en réussite avant et après les tris pointés[19], ce n'est donc pas le critère de la désinence qui leur permet d'être performants, ou, du moins, pas uniquement celui-ci. Pour Ismaël, Sofia et, dans une moindre mesure, Leila, élèves

---

[19] Cf. annexe « Codage mot à mot », onglet « Verbes ».

qui appartiennent tous les trois au groupe S2, la reconnaissance de la désinence semble être un facteur d'amélioration de la performance. Mais le phénomène n'est pas massif, Leila étant plutôt performante dans les tris qui précèdent, tout comme Sofia, qui est surtout déstabilisée par la présence des formes brèves *ont* et *sont* en CM1-5 et CM1-8.

Restent les verbes au futur en CM1-12, qui présentent des caractéristiques attendues : les élèves de S1 sont performants comme ils le sont d'ordinaire, les élèves de S2 en réussite lors des tris précédents tendent à le rester, à l'opposé, les élèves de S3 réalisent de bonnes identifications (y compris les plus fragiles, Philippe ou encore Oumou, par exemple), entre les deux, quatre élèves de S2 ne trient pas toutes les formes verbales dans la même catégorie, malgré leur finale commune « -ra »[20].

De façon synthétique, il semble donc que les marques de temps n'aient que peu voire pas d'impact. Chez les élèves experts, elles jouent peut-être un rôle, mais elles appartiennent à un faisceau d'indices, puisque leur absence n'est pas préjudiciable à l'identification des verbes. En revanche, chez les élèves les moins avancés dans la conceptualisation, elles peuvent jouer un rôle, et offrir un appui, mais pas chez tous les élèves. Enfin, pour les autres, qui se situent dans l'entre deux, nos données semblent indiquer que le critère est peu utilisé, ou bien de façon discontinue : il ne permet pas de dépasser d'autres difficultés putatives.

2.2.2.3. Impact des morphèmes de personnes

Les énoncés possèdent la particularité d'être tous conçus comme autonomes de la situation d'énonciation : les énoncés ne comportent pas les marques formelles de l'énonciation que sont les première, deuxième, quatrième et cinquième personnes, mais seulement des marques de troisième et sixième personnes, appelées « non personnes » par Benveniste[21] parce qu'extérieures à la relation d'interlocution. C'est pourquoi nous nous contentons d'une partition singulier *vs.* pluriel dans l'analyse du corpus. Nous ne pourrons pas faire de comparaison avec les finales en « -ons » et en « -ez », mais nous pouvons en revanche rechercher un éventuel effet du morphème « -nt » ou, plus spécifiquement, du morphème « -ent ». Nous décidons de neutraliser les formes brèves analysées en 2.2.1.1.,

---

[20] Il est même remarquable que le verbe *offrira*, le seul à n'être pas en « -era », est le mieux identifié par ces élèves.
[21] Benveniste (1966).

parce qu'elles nous semblent relever de problématiques suffisamment spécifiques pour être isolées.

Figure 50: *Pourcentages d'accidents d'identification des verbes selon que le sujet appelle un accord au singulier ou au pluriel*

	CE2			CM1			Total		
	Nb d'occurrences	Nb d'accidents d'identification	%age d'accidents	Nb d'occurrences	Nb d'accidents d'identification	%age d'accidents	Nb d'occurrences	Nb d'accidents d'identification	%age d'accidents
Verbes avec une marque de personne au singulier	31	3	9,7	32	6	18,8	63	9	14,3
Verbes avec une marque de personne au pluriel	12	1	8,3	17	3	17,6	29	4	13,8
Verbes sans marque de personne	0	0	0	2	0	0	2	0	0
Total	43	4	9,3	51	9	17,6	94	13	13,8

Ce regard panoramique ne permet pas de discerner un réel impact de la marque de la sixième personne sur les performances d'identification. Si nous nous rapprochons des données, cette impression se consolide.

L'énoncé de CE2-7 n'inclut que des verbes en « -ent », coordonnés en série, sans rappel du sujet, il constitue un pic de performance pour l'ensemble des élèves, tous groupes confondus[22]. Il serait séduisant de voir dans le morphème du pluriel un facteur facilitant l'identification. Cependant, en CE2-8, l'identification des verbes est nettement moins bonne, et les codages montrent bien que l'indication potentiellement transmise par le morphème ne parvient pas à prendre le dessus sur d'autres traits saillants.

---

[22] Codage mot à mot des verbes en CE2-7 : 8,09 de moyenne globale, 10 pour les élèves de S1, 9,65 pour les élèves de S2, 4,92 pour les élèves de S3.

Figure 51: *Codage mot à mot des verbes en CE2-8*

	CE2-8 invite	CE2-8 dînent	CE2-8 rient	CE2-8 blaguent	CE2-8 fait
Arvinde	3	10	10	10	3
Cihan					
David	10	10	10	10	10
Ibrahim	10	10	10	10	10
Jennee	-10	-10	3	-10	10
Kelly	-5	10	10	10	10
Sarah	-10	10	10	-10	3
Moyenne S1	-0,3	6,7	8,8	3,3	7,7
Moyenne S1 par tri	5,2				
Camila					
Célia					
Ismaël	10	10	10	10	-10
Leila	10	10	10	-10	3
Marcoss	10	10	3	-10	10
Sharon	3	-10	-10	-10	3
Sofia					
Moyenne S2	8,3	5	3,3	-5	1,5
Moyenne S2 par tri	2,6				
Bandjigou	-10	-10	-10	-10	-10
Brahim	3	3	3	-10	3
Daniel					
Hicham	3	3	3	3	3
Oumou	10	-10	-10	10	10
Philippe	3	3	-5	-5	-5
Yasmine					
Moyenne S3	1,8	-2,2	-3,8	-2,4	0,2
Moyenne S3 par tri	-1,3				

Invite et *blaguent* posent problème, l'un dépourvu de morphème de personne et l'autre non. *Blaguent* est en fait très largement positionné par les élèves dans la catégorie des noms, ce qui pourrait montrer vraisemblablement que la procédure d'extraction du mot et de test en essayant un déterminant devant est première, et peine à être contredite par l'indice morphologique pour la plupart des élèves. Pour ce tri, Sharon n'utilise pas l'intitulé « verbe » mais une catégorie qui interpelle le linguiste : *« les nom qui se trèmne par ent », regroupement dans lequel on trouve *blaguent*, mais aussi *dinent* et *rient*. L'indice morphologique est le seul critère explicite, mais il est étrangement utilisé pour différencier deux catégories de « noms ». Du côté réussite, Arvinde, Kelly et Ismaël sont les trois élèves à qui nous pourrions attribuer une logique morphologique dans le cas de ce tri. Arvinde et Ismaël sont des élèves performants déjà dans le tri qui précède (CE2-6). Kelly, en revanche, est nettement moins performante en CE2-6 et en CE2-9 : il semblerait dans son cas que la désinence joue un rôle décisif.

En CM1-5 aussi, les quatre verbes sont à la sixième personne. Si les élèves du groupe S1 identifient tous les verbes[23], les résultats sont beaucoup plus aléatoires pour les élèves des autres groupes.

Figure 52: *Codage mot à mot des verbes en CM1-5, pour les groupes S2 et S3*

	CM1-5 sont	CM1-5 ont	CM1-5 prennent	CM1-5 sentent
Camila	3	3	3	3
Célia	-10	-10	10	-10
Ismaël	3	3	10	10
Leila	3	-10	10	10
Marcoss	3	-10	-10	10
Sharon	10	10	-10	10
Sofia	3	3	-10	-10
Moyenne S2	2,1	-1,6	0,4	3,3
Moyenne S2 par tri	1,1			
Bandjigou	3	3	3	10
Brahim	-10	-10	3	-10
Daniel	3	3	10	-10
Hicham	-10	3	-10	10
Oumou	3	3	10	10
Philippe	3	3	3	3
Yasmine	-10	-10	10	-5
Moyenne S3	-2,6	-0,7	4,1	1,1
Moyenne S3 par tri	0,5			

Nous ne reviendrons pas sur l'analyse des formes *sont* et *ont*, en revanche, nous voudrions mettre l'accent sur le manque de cohérence dans l'identification, du point de vue d'un éventuel appui sur la désinence de personne. Seulement trois élèves rangent au même endroit *prennent* et *sentent*, deux verbes en « -ent ». Leila est une élève performante du point de vue de l'identification des verbes, y compris avec des formes

---

[23] À l'exception de Sarah, qui positionne *ont* et *sont* dans « ? ».

non marquées par un morphème caractéristique. Le tri d'Oumou ne se distingue pas de ses performances habituelles. En revanche, Ismaël semble profiter cette fois encore de la morphologie verbale pour produire un tri meilleur que lorsque les formes sont non marquées.

En CM1-11, trois verbes sur cinq sont conjugués à la sixième personne. La lecture des performances des élèves ne nous permet pas davantage de montrer un lien entre morphologie verbale et identification.

Figure 53: *Codage mot à mot des verbes en CM1-11, pour les groupes S2 et S3*

	CM1-11 accueillent	CM1-11 arrive	CM1-11 se méfient	CM1-11 dégage	CM1-11 assurent
Camila	-10	10	-10	-10	-10
Célia	10	10	-10	10	-10
Ismaël	10	10	3	-10	10
Leila	10	10	10	10	10
Marcoss	-10	-10	-10	-10	-10
Sharon	-10	-10	-10	-10	-10
Sofia	10	10	10	10	10
Moyenne S2	1,4	4,3	-2,4	-1,4	-1,4
Moyenne S2 par tri	0,1				
Bandjigou	10		10	10	
Brahim	10	10	10	-10	10
Daniel	10	-10	10	10	
Hicham	10	10	10	-10	10
Oumou	10	10	-10	-10	-10
Philippe					
Yasmine	10	10	10	10	10
Moyenne S3	10	6	6,7	0	5
Moyenne S3 par tri	5,5				

Il est impossible de lire une logique dans laquelle les trois formes en « -ent » seraient regroupées, contrairement aux deux autres verbes. Il y a des échecs complets, des réussites totales, et surtout des performances contrastées, dont la logique échappe à la domination supposée d'un critère morphologique. Certains choix d'élèves sont même déroutants : Célia positionne *assurent* dans les noms, *se méfient* dans les adjectifs, *accueillent* dans les verbes, mais aussi *chaleureusement* dans les verbes. Difficile d'en tirer un fonctionnement logique, mais peut-être cela nous invite-t-il surtout à la prudence vis-à-vis du critère morphologique. Ce qui frappe, en revanche, c'est que le groupe S3 s'en sorte mieux que le S2 sur ce tri, mais nous serons amenée à y revenir ultérieurement.

Profitons de ce tri CM1-11 pour observer le comportement de *chaleureusement*, adverbe intéressant parce que présentant un trait saillant morphologique typique des finales verbales. Si la finale en « -ent » devait être un indice décisif, alors, nous rencontrerions la même configuration que chez Célia, avec un positionnement de cet adverbe dans les verbes. D'autant que la catégorie de l'adverbe n'a quasiment pas été travaillée par l'enseignante. Seules deux élèves procèdent ainsi : Célia, déjà évoquée, et Sharon, qui présente un tri très erroné, puisque *chaleureusement* et *impressionnantes* sont réunis sous l'étiquette « verbes » tandis que les formes verbales sous noyées dans un vaste regroupement intitulé « noms ». Sinon, la majorité des élèves (10 sur 18 qui ont trié ce mot) le positionne dans un regroupement « adjectifs ».

L'ensemble des observations portées sur notre corpus nous amène à revenir sur notre hypothèse de départ. Les désinences verbales ne semblent pas constituer des appuis décisifs dans l'identification des verbes, ce qui donnerait à penser que la conceptualisation de ce qu'est un verbe ne passe pas forcément par ce trait saillant, ou, tout du moins, que celui-ci ne suffit pas. Cela peut paraitre étonnant, compte tenu des heures passées à l'enseignement-apprentissage de la conjugaison, et donc des marques flexionnelles, mais peut-être pouvons-nous lancer ici une réflexion que nous approfondirons un peu plus loin : l'enseignement traditionnel de la conjugaison n'insiste pas suffisamment sur les régularités et se positionne de façon cloisonnée par rapport à la grammaire. Seuls les élèves sachant combler l'implicite scolaire pourraient faire leur miel des savoirs enseignés à l'école.

2.2.2.4. Et la base ?

Puisque les terminaisons verbales ne semblent pas fournir d'explication satisfaisante, un autre angle morphologique s'offre à nous, celui de la dérivation. Et si les verbes dérivés de noms étaient plus délicats à identifier ? Il s'avère qu'il n'y a aucun accident d'identification parmi les verbes issus d'une dérivation de base verbale (au nombre de douze), tandis que sur, cinq verbes issus de bases nominales, quatre donnent lieu à des accidents. Seul *ronronna* ne présente pas un profil particulier du point de vue des performances des élèves, encore qu'il donne lieu à une erreur, ce qui est assez rare pour les élèves de ce groupe, au CM1.

Figure 54: *Codage mot à mot des verbes dérivés d'une base nominale*

	CE2-8 blaguent	CM1-2 ronronna	CM1-4 régale	CM1-7 poignarderaient	CM1-11 dégage
Moyenne totale	-0,8	5,1	1,9	6,8	2,2
Moyenne par tri	2,4	5,8	6,3	8,1	4,8
Arvinde	10	10	10	10	10
Cihan		10	3	10	10
David	10	10	10	10	
Ibrahim	10				
Jennee	-10	10	10	10	10
Kelly	10	10	-10	10	10
Sarah	-10	-10	3	10	10
Moyenne S1	3,3	6,7	4,3	10	10
Moyenne S1 par tri	5,2	9,1	8,6	10	10
Camila		5	-10		-10
Célia		-10	3	10	10
Ismaël	10	10		10	-10
Leila	-10		-10	10	10
Marcoss	-10	3	10	10	-10
Sharon	-10	3	10	-10	-10
Sofia		10	10	10	10
Moyenne S2	-5	3,5	2,2	6,7	-1,4
Moyenne S2 par tri	2,6	3	5,3	8,3	0,1
Bandjigou	-10	5	3	-5	10
Brahim	-10	10	-10	-10	-10
Daniel				10	10
Hicham	3	5	-5	10	-10
Oumou	10	3	3	10	-10
Philippe	-5	3	-5	5	
Yasmine			10	10	10
Moyenne S3	-2,4	5,2	-0,7	4,3	0
Moyenne S3 par tri	-1,3	5,2	5,1	6,3	5,5

La fréquence relative du nom et du verbe ayant une même base peut perturber l'identification. Dans ce cas, comme pour d'autres, il n'est pas possible d'isoler le phénomène d'autres traits : l'homophonie de *blaguent* et de *régale* respectivement avec les noms *blague*, et *régal*, par exemple. Mais ces phénomènes sont évidemment liés, en l'occurrence. L'examen des travaux des élèves conforte cette hypothèse : sur vingt erreurs d'identification, ces verbes ont été placés dix-sept fois dans la catégorie des noms[24]. Les codages en -5 confirmeraient la tendance : Bandjigou range

---

[24] Par souci de précision, nous nous devons de signaler que Bandjigou n'utilise pas la catégorie du verbe en CE2-8, ce qui donne à son erreur un statut particulier : tous les verbes sont présents dans le regroupement « noms ». Brahim n'utilise pas non plus la catégorie du verbe, mais il positionne tous les verbes dans « ? » sauf *blaguent*, qui est bien considéré comme un nom.

poignard et *poignarderaient* dans un même regroupement non intitulé[25], Hicham range *régale* sous l'étiquette *« quelque choses de bons ». En CM1-4, pour Philippe, c'est moins évident puisqu'il réunit *baies* et *régale* sous le titre * « manges bient » : *régale* est mis avec un nom, mais sous un intitulé de forme verbale.

Il semblerait que la base, premier morphème lu, mais aussi morphème porteur du sens, soit la partie morphologique qui ait le plus d'impact sur la capacité des élèves à identifier les verbes.

2.2.2.5. L'homophonie comme point d'achoppement ?

Nous l'avons constaté avec *blaguent* et *régale*, l'existence d'un homophone brouille les frontières des classes grammaticales. Nous posons une hypothèse, peut-être osée, à propos de *dégage* : il n'est pas absurde de considérer que ce mot est usuellement connu des élèves sous sa forme impérative, et dans un usage pragmatique plutôt agressif, proche de l'insulte. Il est possible que cela constitue une sorte de conversion, réservée à l'oral, mais récurrente dans ce contexte qui positionne *dégage* dans la catégorie des noms, comme par analogie avec les insultes habituelles. Nous serions donc face au même type de phénomène que pour *blaguent* et *régale*, bien que de façon plus intuitive, puisqu'il n'est pas aisé de positionner un déterminant devant *dégage*, tandis que c'est parfaitement possible, à l'oral, pour les deux autres verbes évoqués.

Dès lors nous avons arpenté le corpus à la recherche d'homophones, voire d'homographes. La traversée des verbes de nos énoncés conforte l'importance de la fréquence relative des deux formes homophoniques : *coupe* (CE2-9), *cache* (CE2-10), *approche* (CE2-10), *attaque* (CE2-10), *sentent* (CM1-5), *fait* (CM1-10) ou encore *pleurent* (CM1-13) n'offrent pas de difficultés particulières, contrairement à *blaguent* (CE2-8) et *régale* (CM1-4). Il n'existe pas d'impact particulier de l'existence d'homographes, il semble que les élèves ne jugent les formes que par le biais de leur prononciation : les connaissances orthographiques des élèves de CE2-CM1 ne sont vraisemblablement pas suffisamment solides et perçues comme telles pour être exploitées par les principaux intéressés.

---

[25] Il est intéressant de constater que *poignarderaient* déstabilise fortement l'identification de *poignard* que trois élèves en S2 identifient comme un verbe, et deux (en S2 et S3) comme un adjectif. Philippe, quant à lui, positionne *poignarderaient*, *poignard* et *main* dans un regroupement intitulé *« dengere » : dans ce tri, de nature clairement sémantique, la représentation du geste semble unir les trois mots lexicaux le construisant.

Si nous prenons le problème de l'autre côté du miroir et que nous partons à la recherche des mots qui, n'étant pas des verbes, peuvent se prononcer ou s'écrire comme tels, la règle du jeu ne change pas : la classe grammaticale du mot le plus fréquent vient brouiller l'identification de son homophone, sans aggravation dans le cas d'homographes. *Élèves* (CE2-3), *demeure* (CE2-8), *écharpes* (CE2-11), *huile* (CM1-1), *nuit* (en CM1-4 comme en CM1-7), *neige* (CM1-8), *cité*[26] (CM1-11) et *force* (CM1-11) ne présentent aucune particularité, si ce n'est, parfois, un très bon taux de reconnaissance. En revanche *voyages* (CE2-8), *bouchée* (CM1-12) et *inverse* (CM1-13) provoquent des accidents. Une pluralité de facteurs entre en jeu : la méconnaissance des noms en question, leur acception abstraite, la possibilité d'antéposer des pronoms de conjugaison afin de reconstituer un paradigme verbal, cette fois encore, il y a certainement une pluralité de facteurs entrant en jeu. Cependant l'homophonie nous parait être un facteur convergeant de l'erreur d'identification.

Sur le versant des adjectifs, il convient de différencier deux cas de figure. D'une part, les participes employés comme adjectifs ou encore les adjectifs verbaux donnent lieu à des situations conflictuelles pour les élèves : *affamés* (CE2-7), *terrifiant* (CE2-10), *pourrie* (CM1-3), *glacée* (CM1-4) et *abandonné* (CM1-10) provoquent des accidents d'identification. *Crépitant* (CE2-11) et *culminants* (CM1-8) ne posent pas les mêmes problèmes, vraisemblablement pour des raisons de fréquence, le verbe n'étant pas connu, la forme ne serait pas perçue comme liée à un verbe, ce qui vient conforter l'hypothèse. D'autre part, *sombre* (en CE2-9 et CE2-10) et *célèbre* (CM1-12) sont certes des homonymes de verbes, mais sont sémantiquement bien éloignés de leurs jumeaux morphologiques, soit que nous soyons face à des morphèmes d'étymologie différente (dans le cas de *sombre*), soit que les évolutions sémantiques de l'adjectif et du verbe les aient progressivement éloignés (pour *célèbre*). Leur identification ne pose pas de problème particulier aux élèves[27].

De façon synthétique, nous dirons que la morphologie écrite joue un rôle faible, que les élèves sont davantage sensibles à l'oral qu'à l'écrit. Dans ce cadre, les graphèmes qui ne se prononcent pas ont peu de poids. C'est peut-être un début d'explication au faible impact des terminaisons

---

[26] Peut-être est-il bon de préciser que nous considérons comme homophone les formes en /E/, que ce phonème soit en théorie ouvert ou fermé, compte tenu du fait que cette différence d'aperture est en net recul en région parisienne, là où nous avons mené notre recueil de données.

[27] Nous reviendrons en détail sur ces formes en 2.2.5.

verbales. Mais les morphèmes de temps audibles ne semblent pas davantage faire le poids face à d'autres enjeux, principalement liés à la fréquence des mots engagés dans le raisonnement des élèves.

2.2.2.6. Les verbes, des mots invariables ?

Ce n'est pas sans provocation que nous choisissons ce titre... c'est dire que trouver des formes verbales sous cette étiquette nous a semblé constituer une ironie mordante, face au temps consacré par les enseignants à la conjugaison, c'est-à-dire, d'une certaine façon, au principe même de la variation morphologique des verbes. Nous l'avions déjà signalé précédemment[28], *est* et *va* ont été positionnés par des élèves dans une catégorie intitulée « mots invariables ». Toujours en CM1-10, *fait* est également mis dans ce regroupement à deux reprises. Sur ce tri, cinq élèves associent une forme verbale (voire deux pour Célia, *fait* et *va*) à un « mot invariable ». De façon évidente, ce ne sont pas n'importe quelles formes verbales, mais des morphèmes brefs, peu porteurs de prédication, celle-ci étant principalement portée par leurs compléments respectifs, mais aussi dont l'appartenance à un paradigme de conjugaison est peu évidente, compte tenu de l'importante variation de bases qui les affecte[29].

2.2.3. Si ce n'est la morpho, alors la syntaxe ?

Autre facteur dont nous avons voulu tester la pertinence, la construction syntaxique peut être analysée sous l'angle de différentes variables. Nous nous sommes centrée principalement sur les éléments situés à gauche du verbe, à savoir sur le type de relations sujet-verbe. L'existence et la nature du sujet d'une part ainsi que l'existence et la nature d'éléments conjoints entre sujet et verbe nous paraissaient être potentiellement porteurs d'indices d'identification ou, à l'inverse, d'obstacle à l'identification du verbe.

2.2.3.1. Première approche

Dans un premier temps, nous avons mesuré la proportion d'accidents d'identification[30] en fonction de l'existence et de la nature du sujet.

---

[28] Cf. 2.2.1.
[29] Pour des précisions sur l'usage de cette catégorie « mots invariables », cf. annexe « Utilisation de "mots invariables" ».
[30] Pour rappel, est considéré comme un accident d'identification un verbe dont la moyenne des scores d'identification est inférieure de plus d'un point à la moyenne

Figure 55: *Pourcentages d'accidents d'identification des verbes en fonction de caractéristiques syntaxiques*

		CE2	CM1	CE2-CM1
Verbes avec un sujet exprimé	Sujet = GN	0	23	10,3
	Sujet = GN enrichi à droite par un syntagme	0	0	0
	Sujet = pronom personnel	25	26,6	26,1
	Sujet = pronom autre que personnel		0	0
Verbes avec une ellipse du sujet	Juxtaposé ou coordonné à un verbe seul	28,6	20	25
	Juxtaposé ou coordonné à un groupe verbal	0	25	7,1
Verbes impersonnels ou à un mode impersonnel		0	0	0

La lecture des pourcentages obtenus est assez étonnante, par rapport à ce que l'on aurait pu attendre. Certes, le nombre d'occurrences sur lequel nous nous appuyons n'est pas considérable, mais tout de même, à ce grain d'analyse, l'absence d'appui sur le pronom personnel sujet pose question, tout comme l'absence d'impact remarquable de l'ellipse du sujet sur les performances des élèves.

Du côté des éventuels rupteurs, la présence d'éléments entre sujet et verbe ne suscite qu'un accident d'identification parmi les vingt-deux verbes présentant cette caractéristique. Il semblerait que la syntaxe n'ait pas d'impact sur l'identification, ce qui signifierait que les élèves ne s'appuient aucunement, ou du moins que de façon très mineure, sur l'énoncé dont est issu le mot, et qu'ils ne considèrent pas la relation sujet-verbe comme un trait saillant prioritaire du concept de verbe.

2.2.3.2. Impact de la nature du sujet

Si nous affinons le grain d'analyse et que nous effectuons un gros plan sur les verbes dont le sujet est un pronom autre que personnel (au nombre de six, tous en CM1), ils sont tous reconnus par tous les élèves du groupe S1, en revanche, le même phénomène se produit d'une performance moindre chez les élèves du groupe S2 que chez ceux du groupe S3. Cet

---

générale de l'identification des verbes dans le tri correspondant. Par ailleurs, comme précédemment, nous avons choisi de neutraliser les formes brèves étudiées en 2.2.1.

écart est amplifié par la présence d'un rupteur entre sujet en verbe, dans le cas de *se méfient* et de *assurent*.

Figure 56: *Moyenne des données de codage mot à mot des verbes dont le sujet est un pronom autre que personnel, pour les groupes S2 et S3*

Verbe	CM1-4	CM1-7	CM1-11	CM1-11	CM1-11	CM1-12
	reproduit	saccageait	arrive	se méfient	assurent	dévorera
Moyenne S2	5,5	6,7	4,3	-2,4	-1,4	6,7
Moyenne S3	8	7,9	6	6,7	5	Ø

La moyenne S3 pour *dévorera* n'a pas de valeur, car seul un élève de ce groupe a trié ce mot, inclus dans un levier de différenciation de l'énoncé. Il s'agit de Philippe, qui a correctement identifié ce verbe, tandis qu'on ne peut pas le considérer comme un élève en réussite en matière d'identification des verbes, à lire ses performances par ailleurs.

2.2.3.3. Impact des rupteurs entre sujet et verbe

Ce qui frappe concernant les verbes précédés d'un pronom conjoint complément, c'est qu'au CE2 ils sont reconnus de façon aussi fiable que les autres. La structure syntaxique ne semble pas faire obstacle à l'identification. *Attrape* en CE2-5, *dépose* en CE2-6 ou encore *offrira*, en CE2-11, sont même mieux reconnus que les autres verbes des énoncés dont ils sont issus. En CM1-1, cette tendance tend à se confirmer avec *donne*, qui est le verbe le mieux reconnu de l'énoncé. À partir de CM1-2, une autre tendance est esquissée : les verbes précédés d'un pronom complément sont toujours plutôt bien reconnus globalement, mais il semblerait que le groupe S2 soit plutôt en retrait par rapport à S3, comme si le rupteur avait davantage d'impact sur les performances d'identification. C'est un phénomène léger cette fois encore, les écarts entre moyennes étant à prendre avec précaution ; de même, cette inversion de la hiérarchie peut se produire dans d'autres cas de figure. Néanmoins, sur douze verbes construits de la sorte (de CM1-2 à CM1-13 inclus), huit présentent cette particularité, et deux ne sont pas observables, puisqu'inclus dans une différenciation trop importante pour ne pas parasiter les données. Il semblerait donc que nous retrouvions ici le même phénomène évoqué précédemment : peut-être que les élèves les moins performants ont tendance à considérer le mot indépendamment du contexte constitué par l'énoncé dans lequel il est inséré, ce qui expliquerait que les rupteurs entre sujet et verbe posent davantage de problème aux élèves du groupe médian, qui, eux, feraient davantage appel au contexte et seraient donc davantage handicapés par une construction syntaxique autre que sujet + verbe.

Six verbes sont précédés d'un morphème *se*, analysable comme pronom réfléchi, ou pas[31]. Les performances des élèves ne semblent guère subir de variation nette en lien avec cette présence. Les moyennes globales sont souvent en-deçà de la moyenne de tri, encore que, pour *mettent*, en CM1-13, se soit plutôt au-dessus, mais il est probable que la fréquence permet une meilleure identification de ce dernier verbe.

Figure 57: *Codage mot à mot des verbes précédés de se*

	CE2-10 cache	CE2-11 assoit	CM1-3 moquaient	CM1-4 régale	CM1-11 se méfient	CM1-13 mettent
Moyenne totale	6,4	4,1	2,5	1,9	4,4	6,8
Moyenne par tri	6,8	4,8	5,1	6,3	4,8	5,6
Arvinde	10	10	10	10	10	10
Cihan			3	3	10	10
David	10	10	10	10	10	10
Ibrahim	10	10				
Jennee	10	10	10	10	10	10
Kelly	10		10	-10	10	3
Sarah	10	10	-10	3	10	10
Moyenne S1	10	10	5,5	4,3	10	8,8
Moyenne S1 par tri	9,7	10	8,5	8,6	10	9,3
Camila	10	10	10	-10	-10	3
Célia			-10	3	-10	10
Ismaël	10	10	-10		3	10
Leila	10	10	10	10	10	10
Marcoss	10	3	-10	10	-10	10
Sharon	-10	-10	-10	10	-10	-10
Sofia			10	10	10	10
Moyenne S2	6	4,6	-1,4	2,2	-2,4	6,1
Moyenne S2 par tri	7,9	6,4	3	5,3	0,1	4,4
Bandjigou	-5	-5	-10	3	10	10
Brahim	10	-10	10	-10	10	10
Daniel					10	10
Hicham	3	3	10	-5	10	
Oumou	10	10	10	3	-10	-10
Philippe	-5	-10	-5	-5		3
Yasmine			10	10	10	10
Moyenne S3	2,6	-2,4	4,2	-0,7	6,7	5,5
Moyenne S3 par tri	2,3	-2	3,8	5,1	5,5	3,4

Régale et *moquait* ont posé problème à nombre d'élèves, dans tous les groupes ; en revanche, pour les autres formes, l'écart à la moyenne de tri est faiblement négatif, voire positif pour *mettent*. La lecture des

---

31   *Se méfient* a été donné sur une seule étiquette, ce qui explique que nous ayons intégré *se* à la forme verbale.

moyennes par groupes laisse percevoir deux tendances : les élèves de S3 identifient plutôt mieux les verbes précédés de *se,* tandis que les élèves de S2 seraient davantage gênés par cette présence à gauche du verbe. Difficile d'aller beaucoup plus avant, d'autant que la fluctuation sur l'intégration ou non du réfléchi sur l'étiquette peut fausser certaines conclusions. Dans un premier temps, le découpage par blanc graphique a prévalu, puis l'enseignante a fait la différence entre les pronoms analysables, et donc auxquels il était possible de substituer d'autres types de pronoms compléments, et les formes verbales essentiellement pronominales, pour lesquelles ce type de substitution est impossible.

2.2.4. Et du côté de la fréquence ?

En effectuant le même travail de proportion d'accidents d'identification en fonction de l'appartenance ou non à la liste de fréquence établie par Étienne Brunet[32], nous obtenons le tableau suivant (en neutralisant les formes traitées en 2.2.1.1.).

Figure 58: *Pourcentage d'accidents d'identification en fonction de l'appartenance ou non à la liste de Brunet*

	CE2	CM1
Verbes appartenant à la liste de Brunet	2 sur 31, soit 6,5%	2 sur 29, soit 6,9%
Verbes n'appartenant pas à la liste de Brunet	2 sur 11, soit 18,2%	7 sur 16, soit 43,7%

L'écart existe en CE2, mais il est surtout frappant en CM1, niveau auquel le pourcentage de verbes mal identifiés apparait nettement dépendant de la fréquence du verbe. Partant de ce constat, nous avons essayé d'observer s'il était possible de lire un impact du degré de fréquence. Difficile de lire une tendance lourde, il n'existe pas de corrélation mesurable entre fréquence et identification, néanmoins, *passent* en CE2-7, *fait* en CE2-8, *donne* en CM1-1, *prennent* en CM1-5, *fait* en CM1-10, *arrive* en CM1-11, *voir* et *mettent* en CM1-13 sont très bien reconnus en moyenne sur

---

[32] Nous avons choisi cet outil pour son accessibilité (site Eduscol http://eduscol.education.fr/cid50486/liste-de-frequence-lexicale.html), et surtout parce qu'il nous semblait correspondre à nos besoins, notamment en offrant une appréciation de la fréquence de l'ensemble d'un paradigme verbal, et pas seulement d'une forme particulière en étant issue.

l'ensemble des élèves et constituent soit le meilleur score pour le tri, soit se situent non loin de celui-ci. Or ce sont des verbes dont la fréquence est supérieure à 10 000 sur l'échelle de Brunet. Parmi les verbes provoquant des accidents d'identification qui appartiennent à la liste de fréquence lexicale, *dégage* possède une fréquence de 602, soit la plus faible de notre corpus. Cependant, s'il est possible de discerner une plus grande fragilité de l'identification pour des indices de fréquence inférieurs à 3 000, le corpus considéré n'est pas suffisant pour montrer une corrélation.

Les verbes *être* et *avoir* se caractérisent évidemment par une fréquence très forte. Pourtant, ils sont mal identifiés par les élèves[33]. Nous avons choisi de ne pas les intégrer dans notre étude concernant la fréquence parce que le nombre élevé de leurs bases les rend morphologiquement peu reconnaissables comme part d'un paradigme.

Chez les élèves les plus performants, la tendance semble persister. En effet, en CM1-9, tri effectué seulement par sept élèves, considérés (à juste titre) par l'enseignante comme meilleurs dans cet exercice, le verbe *porte* a été mal identifié par deux élèves : l'existence d'un homonyme de fréquence plus importante[34] peut expliquer le phénomène. En revanche, le nom *porte* a été unanimement reconnu, ce qui renforce l'observation précédente. De même, trois élèves échouent sur *rame* et deux, sur *pêche*, dans ce même tri.

Ces différentes observations nous amènent à considérer que la fréquence est vraisemblablement un facteur important dans l'identification des verbes, même s'il nous est impossible de le mesurer réellement.

2.2.5. La nébuleuse sémantique

Difficile de classer les verbes de façon rigoureuse du point de vue de l'adéquation plus ou moins grande de leur procès à la notion d'action, telle qu'elle est présente majoritairement dans les manuels : le corpus résiste à ce type de tentative systématisée. Pourtant, les entrées des grammaires scolaires demeurant très fortement sémantiques, il nous a semblé nécessaire d'essayer d'évaluer l'impact du sens des verbes sur les performances d'identification de ceux-ci. Il s'agit donc bien de jauger d'une certaine distance entre le procès et la représentation qu'un élève

---

[33] Cf. 2.2.1.
[34] En tant que substantif, *porte* est crédité d'une fréquence de 8649, tandis que le verbe *porter* atteint 7499. Étant donné que le verbe connait des variations morphologiques, la forme *porte* est donc nettement plus fréquente en tant que substantif.

peut se faire d'une « action », ou de ce que « font » les personnages ou les animaux, puisque c'est ainsi que les verbes sont définis traditionnellement.

2.2.5.1. Les verbes attributifs

En dehors de *est* et *sont*, il existe quatre verbes attributifs dans les énoncés traités par les élèves, dont un verbe se construisant avec un attribut de l'objet.

Figure 59: *Codage mot à mot des verbes attributifs autres que « est » et « sont »*

	CM1-2 laissa	CM1-6 était	CM1-6 semblait	CM1-10 semble
Moyenne totale	6,6	6,8	7,2	6,6
Moyenne par tri	5,8	5,3		5
Arvinde	10	10	10	10
Cihan	3	10	10	10
David	10	10	10	10
Ibrahim				
Jennee	10	10	10	10
Kelly	10	10	10	10
Sarah	10	10	10	10
Moyenne S1	8,8	10	10	10
Moyenne S1 par tri	9,1	6,7		7,6
Camila	5			10
Célia	3	-10	-10	3
Ismaël	10	10	10	10
Leila		10	10	3
Marcoss	10	10	3	-10
Sharon	-10	10	10	10
Sofia	10	10	10	10
Moyenne S2	4,7	6,7	5,5	5,1
Moyenne S2 par tri	3	5,2		4
Bandjigou	3	3	-10	10
Brahim	10	10	10	3
Daniel		3	10	10
Hicham	5	-10	3	3
Oumou	10	3	10	10
Philippe	3	10	10	-10
Yasmine		10	10	10
Moyenne S3	6,2	4,1	6,1	5,1
Moyenne S3 par tri	5,2	4,2		2,3

Les moyennes des scores d'identification des verbes attributifs sont systématiquement supérieures aux moyennes par tri, de manière globale, mais aussi pour tous les groupes d'élèves. Parmi les erreurs d'identification, un cas mérite d'être détaillé : Célia positionne *était* et *semblait* dans une colonne intitulée * « ajectif quaflifiquatife », avec *aînées*, *yeux* et *jolie*. L'étiquette apposée sur le regroupement rend vraisemblablement compte d'une dimension descriptive qui serait le point commun de ces mots, l'adjectif qualificatif étant fréquemment défini par les manuels et dans les traces écrites des enseignants comme le mot qui donne des précisions, qui dit « comment c'est ». Mais il est notable que c'est la seule trace d'un appui sémantique conduisant à la distinction des verbes attributifs[35].

2.2.5.2. Les verbes supports

Si nous regardons maintenant du côté des verbes supports, dont la charge sémantique, si elle n'est pas nulle, est secondaire, nous observons des performances très hétérogènes. En CE2-8, *fait* est, en moyenne de classe, le verbe le mieux reconnu des élèves. Mais, à y regarder de plus près, les écarts sont très importants entre les groupes d'élèves. La moyenne pour S1 est de 7,7, pour S2, de 1,5 et pour S3, de 0,2. Davantage encore que des erreurs d'identification, cette forme verbale suscite un placement dans « ? » (six élèves sur quinze). Conjointement, *récits*[36] est plutôt difficilement identifié comme un nom, trois élèves en font un verbe, six élèves le positionnent dans « ? » : la prédication semble flotter entre verbe support et substantif, engendrant des questionnements importants chez les élèves. En CE2-10, *conduit* constitue un accident, avec une moyenne d'identification toujours inférieure à la moyenne du tri, que ce soit globalement ou par groupes d'élèves. En CM1-5, *ont* est très mal reconnu, mais pas sensiblement moins que lors de son emploi en tant que verbe en CM1-8 (respectivement 1,9 et 2,2 de moyenne globale), et le problème ne se pose pas pour les élèves de S1, qui l'identifient. Dans le même énoncé, *prennent* est plutôt bien reconnu, par les élèves de S1 mais aussi par ceux de S3. Tout comme *faire*, *prendre* est un verbe très fréquent, ce qui vraisemblablement a un impact, comme nous avons pu l'écrire précédemment. Cependant, il est intéressant de constater qu'il pose d'importants problèmes à une grande moitié des élèves de S2. Les quatre élèves (trois en S2, un en S3) qui le

---

[35] Célia positionne *pétillaient*, l'autre verbe de l'énoncé, seul dans un regroupement intitulé « verbe ».

[36] Nous rappelons la phrase : « Puis le propriétaire de la demeure fait les longs récits de ses incroyables voyages. »

rangent mal l'identifient comme un nom. Concernant Hicham (S3), les colonnes des noms et des verbes font apparaître un mélange de substantifs, de verbes et d'adjectifs. C'est la même chose pour Sofia. En revanche, en ce qui concerne Marcoss et Sofia, *prennent* est rangé dans un regroupement cohérent de substantifs, tandis que la colonne des verbes présente elle aussi une logique. En CM1-9, *prend* est reconnu par tous les élèves, mais seuls les meilleurs ont effectués ce tri, soit sept élèves considérés comme performants par l'enseignante. En CM1-10, *fait* cumule de nombreuses caractéristiques (verbe fréquent, employé comme verbe support, précédé de deux pronoms compléments conjoints), il faut croire que la fréquence l'emporte sur d'éventuels obstacles, puisqu'il est plutôt bien reconnu par les élèves, il ne lui est jamais attribué une nature erronée. En CM1-11, *dégage* constitue un accident d'identification, avec une moyenne en net recul par rapport aux autres formes pour les élèves de S2 et surtout de S3. Difficile d'expliquer les identifications en tant que nom (cinq élèves) ou en tant qu'adjectif (deux élèves), mais, tandis que dans le même énoncé, *accueillent* est identifié par tous les élèves de S3, ce qui témoigne de leur progrès en cette fin de CM1, *dégage* constitue une difficulté que seuls trois d'entre eux ont su dépasser. Pour finir avec ces verbes support, *mettent*, en CM1-13, est plutôt bien identifié par les élèves, avec une moyenne globale de 6,7, et des moyennes par groupes témoignant là aussi d'une réussite : 8,8 pour S1, 6,1 pour S2, 5,5 pour S3 ; *mettre* est un verbe fréquent à hauteur de 15339 dans la liste d'É. Brunet, il est également précédé d'un pronom réfléchi, ce qui explique peut-être les bonnes identifications.

Dans cette forêt d'informations, difficile de se frayer un chemin... si ce n'est pour expérimenter le caractère plurifactoriel de la réussite ou de l'échec des élèves. Nous avancerons néanmoins le constat que les verbes supports sont des verbes fréquents, que *dégage* l'est moins que les autres, et qu'il se trouve être celui qui provoque l'accident d'identification le plus important. On peut aussi y voir la méconnaissance de l'expression « il dégage une puissance et une force impressionnantes » : les limites lexicales de certains élèves sont peut-être atteintes ici, malgré la verbalisation autour de l'énoncé à laquelle l'enseignante a procédé de façon systématique.

2.2.5.3. De l'action au procès ?

Nous l'avons dit, il est vain de vouloir mesurer scientifiquement le degré de concrétude du procès exprimé par une forme verbale. Cependant, il est toujours possible de trouver des leviers pour tenter de percevoir d'éventuelles corrélations.

Pour commencer cette exploration, nous avons souhaité comparer deux tris qui se succèdent dans le temps et qui offrent des différences de performances très importantes concernant l'identification des verbes, à savoir CE2-7 et CE2-8. Les cinq verbes de CE2-7 sont reconnus en moyenne globale de tri à 8,1, tandis que les cinq verbes de CE2-8 le sont à hauteur de 2,4. Ces deux énoncés sont au présent, le premier n'inclut que des formes à la sixième personne, le second, trois formes à la sixième et trois formes à la troisième personne. Le premier présente quatre verbes du premier groupe, le second trois. Syntaxiquement, ces énoncés ne semblent pas très éloignés, ils comportent tous les deux une énumération de verbes possédant le même sujet. Nous remarquons également qu'ils ont été faits lors de la même période scolaire, il n'y a pas eu de congés qui expliqueraient le décrochage. À première vue, l'écart de performance, qui plus est dans le sens d'un déficit, est très difficilement justifiable, et n'a pas été sans nous étonner, d'autant que le pourcentage de réussite globale (intégrant les intrus, et englobant toutes les catégories) présente une hausse, de CE2-7 à CE2-8. Nous pensons pouvoir avancer un début d'explication, en prenant en compte les substantifs présents dans ces tris. Si l'on considère le tri CE2-7, les cinq verbes *passent, pénètrent, attrapent, dévorent* et *défendent* présentent des procès très concrets, aisément représentables en tant qu'action ; les actants constituent également un casting rêvé, *renards, poulets, chien* et *volaille* ayant pour référents des animaux, *poulailler* et *grillage* étant également très concrets, avec une réserve concernant *poulailler* liée aux connaissances sur le monde des élèves, nous y reviendrons lors de l'analyse des performances d'identification des noms. En revanche, en CE2-8, la liste des substantifs indique d'emblée des difficultés anticipables, et qui furent avérées : *marin, porteur, propriétaire, demeure, récits, voyages*. Ces six substantifs ont tous des liens forts avec la classe du verbe, et nous faisons l'hypothèse que c'est cette particularité qui a engendré des difficultés dans l'identification des formes verbales, avec un effet de miroir. *Demeure* et *voyages* sont conjugables ; l'affirmation peut surprendre, elle mérite d'être explicitée : les élèves ont pu faire défiler la liste des pronoms de conjugaison devant et juger le résultat tout à fait satisfaisant, et, pour cause, ce sont des noms construits sur les mêmes bases que des formes verbales fréquentes. *Porteur* et *récits* renvoient tous deux directement à des procès : le fait de porter, le fait de raconter. Dès lors, il semblerait que les élèves peinent à situer l'action (qui est pour eux un trait caractéristique du verbe[37]) et que la frontière entre les différentes classes de mots lexicaux vacillent, engendrant une baisse de performances nette. Cette observation renforcerait le rôle des traits sémantiques, puisque le CE2-7 constituerait une sorte de situation favorisante, avec des substantifs renvoyant à des animaux ou des objets et des verbes référant à des actions représentables iconographiquement. Mais, conjointement, elle souligne de nouveau l'importance de la fréquence : *voyage* n'appartient pas à la liste d'É. Brunet, tandis que *voyager* en fait partie, les élèves tendent à identifier *voyages* comme un verbe, *blaguent* est identifié plutôt comme un nom, or il est vraisemblable que la locution « faire des blagues » est mieux connue des élèves que la forme verbale construite sur la même base[38].

Autre entrée que nous choisissons pour investiguer du côté du côté de la sémantique, l'utilisation des verbes dans le cadre d'une figure, voire d'un trope, nous semble propice à engendrer des difficultés, puisque l'usage métaphorique ou analogique est susceptible d'éloigner le procès vers davantage d'abstraction. Trois verbes pourraient relever d'un emploi figuré. En CM1-10 *dévoiler* n'est guère un bon candidat, étant donné que son sens figuré est premier[39], et que celui-ci demeure vraisemblablement aujourd'hui plus fréquent que le sens concret. Par ailleurs, c'est un verbe du premier groupe à l'infinitif, ce qui constitue possiblement une explication à la grande réussite de son identification, sur les quinze élèves[40] qui ont eu à le trier, seul deux ne l'ont pas rangé dans les verbes. En CM1-6, *pétillaient* constitue un accident d'identification franc, avec une moyenne de 1,9 lorsque les deux autres verbes de ce tri ont des moyennes autour de 7. Cette forme constitue l'emploi métaphorique le plus net du corpus : « ses grands yeux verts pétillaient de joie et de malice ». Du côté des noms, *joie* et *malice* constituent également des accidents, avec respectivement 2,1 et 0,1 lorsque la moyenne du tri s'établit à 4,2. Le détail ne permet pas de corréler complètement les erreurs sur la forme verbale avec celles qui touchent les noms, cependant, il est manifeste que cette portion d'énoncé a posé problème aux élèves, y compris à ceux qui

---

[37] Trait caractéristique enseigné dès le début des apprentissages concernant le verbe, nous le rappelons.

[38] L'identification de *blaguent* est très échouée, avec une moyenne de -0,8.

[39] « Dévoiler v. tr., formé (XVe s.) de dé-, voile et suffixe verbal, signifie d'abord au figuré « faire connaitre (ce qui était inconnu), révéler » (pp. 1440-1465). A. Rey (dir.), *Robert historique de la langue française*, Paris : Dictionnaires Le Robert, 1998, p. 4107.

[40] Seuls deux élèves du groupe S3 l'ont trié, parce qu'il appartient à une portion support de différenciation.

constituent le groupe S1. Il est manifeste dans ce cas que la terminaison '-aient', pourtant caractéristique du verbe, incompatible avec une autre classe grammaticale, ne suffit pas à contrebalancer la difficulté sémantique introduite par un usage figuré et vraisemblablement rare pour ces élèves. Ce qui frappe également, c'est que, pour une fois, des élèves de tous les groupes de performance sont concernés par l'erreur, la moyenne de groupe la plus basse étant même celle de S1[41]. Les élèves de S1 qui ont fait erreur ont rangé *pétillaient* dans la catégorie des adjectifs, de même que Marcoss, élève de S2. Bandjigou est le seul élève à ne pas utiliser de catégorie « verbe ». Son erreur est donc d'une nature différente : il ne sépare pas les mots lexicaux les uns des autres, le tout étant intitulé « monts », que nous avons interprété comme « nom ». Nous aurons à y revenir. Brahim n'utilise pas de catégorie « adjectif », mais regroupe adjectifs et noms dans une même catégorie « nom ». Une seule élève a rangé *pétillaient* dans les noms alors qu'elle utilise une catégorie « verbe » et une catégorie « adjectif », il s'agit de Sharon. Nous posons l'hypothèse que le caractère descriptif de la charge sémantique de ce verbe prend le pas chez de nombreux élèves sur sa morphologie et engendre des erreurs d'identification, et que pourraient être en jeu des formulations scolaires du type « ça dit ce que fait le personnage » (typique de gloses autour du verbe) à opposer à « ça donne des précisions sur comment est le personnage » (typique de gloses autour de l'adjectif). En CM1-4, *reproduit* ne peut pas être considéré à proprement parler comme une figure, ou un trope. Le sens du verbe en contexte est plutôt concret et propre, si nous osons le zeugma. Néanmoins, nous le citons ici parce que l'énoncé dont il est issu tend à rendre ce verbe assez étrange : « Dans la nuit glacée, ce corbeau noir enlève chaque matriochka et l'emporte à son maitre qui la reproduit. Puis il se régale de baies et de trois vers de terre. » Les chaines anaphoriques sont pour le moins torturées, le passage de *chaque matriochka* au pronom personnel complément singulier, les reprises de *corbeau* et de *maitre* au masculin singulier qui s'entrecroisent, l'absence d'autre complément autour de *reproduit*, tout comme la rupture thématique entre la première et la seconde phrase font de cet énoncé l'attelage le plus artificiel qui ait été proposé à l'analyse des élèves. Dès lors, la construction du sens de *reproduit* nous semble mise en péril. Pourtant, pas d'accident... *reproduit* atteint une moyenne tout à fait appréciable de 7,8, ce qui en fait un des verbes les mieux reconnus en cette première moitié de CM1. *Reproduire*

---

[41] Pour rappel, les moyennes d'identification par groupes pour *pétillaient* : S1, 0,0 ; S2, 3,3 ; S3, 2,3.

Figure 62: *Cas d'homographes présents dans la liste de Brunet*

CM1-9 vieux	1896	9515 comme adj.
CM1-9 porte	8649	7499 comme vb.
CM1-9 pas	6751	103083 comme adv.
CM1-9 or	3326	1940 comme conj.
CM1-11 étranger	1359	1366 comme adj.
CM1-11 force	5835	1447 comme vb.
CM1-13 grands	3809	25388 comme adj.

En CM1-9, *vieux*, *pas* et *or* posent problème même aux meilleurs élèves[46], mais pas *porte*. De même que dans les trois autres occasions que nous avons d'observer ce phénomène, la loi du plus fréquent est la meilleure. L'indice de fréquence des verbes est de surcroît à pondérer : les verbes variant morphologiquement, la fréquence d'une forme donnée extraite du paradigme est forcément inférieure à celle de l'ensemble des formes de celui-ci. *Or* fait exception, la conjonction étant moins fréquente que le nom. Ici comme ailleurs, plusieurs paramètres se croisent : le nom *or* n'a pas été confondu avec la conjonction de coordination, mais avec un adjectif, nous verrons pourquoi ultérieurement.

La fréquence ne nous aide guère à comprendre quels sont les noms les plus faciles à reconnaître, mais elle permet d'éclairer d'ores et déjà la zone problématique de l'homonymie et la concurrence entre classes grammaticales qu'elle provoque.

2.3.2. Du côté de la morphologie

2.3.2.1. Marques et variations

Les noms n'offrent pas de morphogrammes caractéristiques. Ils partagent leur unique marqueur, celui du pluriel, avec les autres classes variables. L'absence d'appui est confirmée par un regard panoramique sur notre corpus.

---

[46] Nous rappelons que ce tri a été effectué par sept élèves considérés comme performants par l'enseignante.

Figure 63: *Pourcentages d'accidents d'identification des noms en fonction de leur nombre*

	CE2			CM1			Total		
	Nb d'occurrences	Nb d'accidents d'identification	%age d'accidents	Nb d'occurrences	Nb d'accidents d'identification	%age d'accidents	Nb d'occurrences	Nb d'accidents d'identification	%age d'accidents
Noms au singulier	42	5	11,9	56	16	28,6	98	21	21,43
Noms au pluriel	20	2	10	26	7	26,9	46	9	19,57
Total	62	7	11,3	82	23	28	144	30	20,83

Rien de significatif statistiquement, certes, notre corpus inclut nettement moins de formes de pluriel, mais le pourcentage d'accidents d'identification demeure très stable. Autant il nous avait semblé étonnant que les morphogrammes caractéristiques de la flexion verbale ne constituent pas un indice pour les élèves, autant il était prévisible que la marque de pluriel des noms n'ait quasi pas d'impact.

Nous nous attendions à ce que la variation orale constitue un obstacle à l'identification car elle limite, de fait, les possibilités de déterminants. Prenons un exemple : *« un chevaux », *« le chevaux » ne fonctionnent pas, au sens où ces énoncés sembleraient peu acceptables grammaticalement. Des trois occurrences de ce type en CM1, aucune n'a posé problème. À l'inverse, l'absence de variation, même écrite, dans le passage au pluriel aurait pu constituer un avantage, puisque ces formes acceptent facilement tous les déterminants pluriels, y compris en étant au singulier initialement. Sur les trois occurrences de ce type en CM1, deux constituent des accidents d'identification[47]. Nous avons peu d'exemples, donc nous en resterons au stade de l'hypothèse, mais elle est vérifiée lorsque l'on regarde du côté du genre, avec un nombre d'occurrences plus important. Sur les 19 noms acceptant une variation morphologique en genre[48], 15 engendrent une différence à l'oral lors du changement de genre, ce qui, comme pour les cas de pluriel évoqués précédemment, limite les déterminants possibles. Le nombre d'accidents d'identification

---

[47] Il s'agit de *vieux* et *pas*, en CM1-9.
[48] Nous excluons de cette réflexion la variation lexicale du type *fille vs. garçon*.

n'appartient pas à la liste d'É. Brunet, *produire*, en revanche, se voit crédité d'une fréquence de 2401. Est-ce que cela suffit à expliquer cette belle performance ? Nous restons là dans l'incertitude.

2.2.6. Tentative de synthèse

Avec toutes les précautions nécessaires à un cadre d'étude de nature exploratoire, nous aboutissons aux remarques suivantes :

- La syntaxe n'a aucun impact mesurable sur les performances des élèves de notre corpus. Tout se passe comme si l'ensemble des procédures d'identification se produisaient hors-texte, après extraction du mot concerné. Dès lors, peu importe ce qui précède et ce qui suit.

- Seul cas de figure dans lequel la morphologie écrite pèse, le cas des verbes monosyllabiques, de moins de cinq lettres : les importantes difficultés d'identification qu'ils engendrent pourraient prendre source dans la résurgence de représentations pré-grammaticales, le nombre de lettres étant un critère de catégorisation souvent retenu dans l'absence de concepts grammaticaux et de métatermes associés[42]. Dans ce contexte, être dans la catégorie « petit mot » serait une proto-catégorie qui suffit et empêche toute autre identification[43].

- Davantage que les morphèmes caractéristiques des formes verbales, l'impact de la dimension phonémique est important : plus que le signifiant écrit, c'est le signifiant oral que les élèves semblent jauger. C'est ainsi que les phénomènes d'homophonies constituent des obstacles d'autant plus importants qu'ils se combinent avec des enjeux de fréquence relative. Il est probable que l'absence de prononciation de certains morphogrammes de personnes (« -ent », pour citer celle qui nous a intéressé) joue dans leur faible impact, mais force est de constater que les marques de temps ou de personnes prononcées ont peu de poids face à d'autres traits saillants, devant lesquels elles s'effacent.

- Parmi ces traits saillants, qui paraissent prendre le dessus, la fréquence s'impose à plusieurs niveaux. La fréquence du verbe, la fréquence de la forme verbale particulière considérée, la fréquence

---

[42] Pour exemple, cf. CE2-1 ou encore CE2-2, lors desquels nombre d'élèves utilisent ce type de catégorisation.
[43] Cf. 2.2.1.

relative du contenu sémantique pour le verbe considéré sont autant de facteurs qui importent et qui peuvent expliquer nombre de phénomènes. Et nous faisons l'hypothèse que c'est aussi la fréquence qui empêche certains élèves de considérer *a* ou *sont* comme des verbes : l'hyperfréquence de la forme l'extrait de son paradigme, et donc de la possibilité d'être un verbe.

- Second trait saillant qui émerge, la dimension sémantique joue un rôle au sein des énoncés. Tandis que la syntaxe n'a pas d'effet, le contexte, donc l'appréhension du sens, en a un, engendrant des brouillages entre classes lexicales. Tandis que les entrées syntaxiques et sémantiques montrent un jugement du mot extrait de l'énoncé sans prise en compte de celui-ci, la dimension sémantique, au contraire, tend à mettre en lumière l'impact de ce que l'on pourrait décrire comme la netteté de la perception sémantique de l'énoncé. À ce niveau se retrouvent des difficultés en rapport avec l'enseignement de critères de reconnaissance sémantiques, du type « le verbe, c'est l'action, ça dit ce que font les personnages ».

Il ressort de ces explorations que la morphologie (du moins orale) et la syntaxe ne semblent pas constituer des points d'appui pour les élèves, tandis que la fréquence et certains traits sémantiques paraissent avoir davantage d'impact sur les performances des élèves. Mais n'oublions pas l'essentiel : ces constatations valent surtout pour les élèves de S2 et S3, il est beaucoup plus difficile de savoir comment font les élèves performants, parce que les réussites ne permettent guère de lire les contraintes qui s'exercent sur le jugement des élèves. Notre hypothèse repose sur une meilleure prise en compte par les élèves de S1 du contexte de l'énoncé, y compris d'un point de vue syntaxique, notamment avec l'usage de la commutation, sur lequel nous reviendrons. Les élèves de S2 paraissent parfois davantage déstabilisés que ceux de S3 : peut-être voit-on là un savoir en construction, aisément remis en question. Un regard d'ensemble nous en dira davantage.

2.3. Les noms

La catégorie du nom met nettement plus de temps à s'imposer aux élèves que celles des déterminants et des verbes. Comme nous avons pu le voir[44], ce n'est qu'à partir du tri CE2-7 que la moyenne d'utilisation

---

[44] Cf. 2.1.1.1.

explicite du terme dépasse 0,5/1, et même à compter de cette période, elle demeure de façon fragile au-dessus de cette moyenne[45]. C'est pourquoi lors de nos comparaisons statistiques, nous avons éprouvé le besoin de prendre appui sur les données concernant le CE2 et le CM1, mais aussi sur le CM1 seul, car les données recueillies cette année-là nous semblent bien plus fiables pour juger des facteurs faisant obstacle à l'identification, ou encore la favorisant.

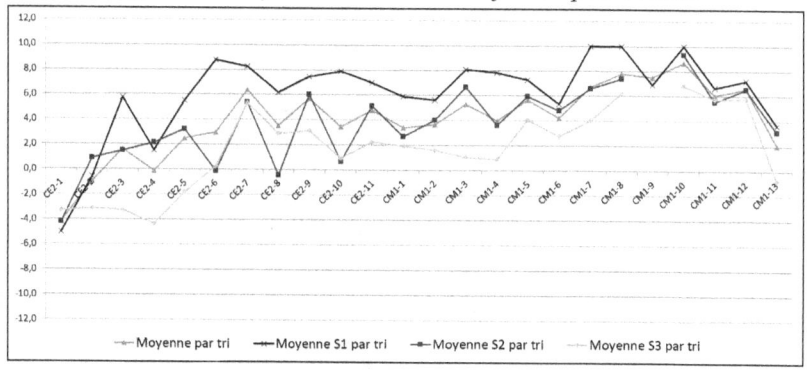

Figure 60: *Moyennes des scores d'identification pour les noms*

Les moyennes par tri sont par conséquent délicates à interpréter avant le CE2-7. À partir du CM1, la hiérarchie des groupes est respectée, cependant, ce qui frappe à la lecture de ce graphe, c'est la tendance à l'homogénéité des performances entre les groupes d'élèves, à l'horizon de la fin du CM1 : les moyennes se rapprochent au fur et à mesure, tant dans la réussite que dans la difficulté. Le début du CM1 marque un creux précédant de meilleures performances pour les élèves de S1 et S2, tandis que ceux de S3 demeurent en nette difficulté jusqu'en CM1-5. Pour tous, l'identification des noms marque un coup d'arrêt en CM1-6 : l'énoncé a visiblement posé problème. Rappelons que CM1-9 n'a été fait que par sept élèves, la plupart de S1, puisque considérés, à juste titre, par l'enseignante comme plus performants. Le dernier tri marque une forte baisse pour tous les groupes de performance.

---

[45] Cf. annexe « Codage par tri », onglet « moyennes par tri », colonne Z, à comparer avec les colonnes O et AV, respectivement « utilisation des catégories déterminant » et « verbe ».

2.3.1. Quel impact de la fréquence ?

Puisque l'identification des verbes semble soumise à un fort impact de la fréquence, nous nous attendions à ce qu'il en soit de même pour l'autre grande catégorie lexicale. Il n'en est rien.

Figure 61: *Pourcentages d'accidents d'identification des noms en fonction de leur appartenance à la liste de Brunet*

	CE2			CM1			Total		
	Nb d'occurrences	Nb d'accidents d'identification	%age d'accidents	Nb d'occurrences	Nb d'accidents d'identification	%age d'accidents	Nb d'occurrences	Nb d'accidents d'identification	%age d'accidents
Noms appartenant à la liste	22	3	13,6	39	12	30,8	61	15	24,6
Noms dont la base appartient à la liste	6	1	16,7	11	3	27,3	17	4	23,5
Noms qui n'apparaissent pas dans la liste	34	3	8,8	32	8	25	66	11	16,7
Total	62	7	11,3	82	23	28	144	30	20,8

Les écarts dans les pourcentages d'accidents d'identification sont non signifiants. Dès lors, si nous ne pouvons affirmer qu'une fréquence importante ne favorise pas l'identification, en revanche, nous observons qu'elle n'évite pas les accidents : *ans* (CM1-3), *peur* (CM1-5), *points* (CM1-8) ou encore *pas* (CM1-9) constituent des difficultés alors même que Brunet les crédite respectivement des cotes de fréquence 11 274, 4 574, 5 416 et 6 751.

Nous y reviendrons d'un point de vue morphologique, l'existence d'homographes est en revanche un facteur plus pertinent. Éclairé par la liste de Brunet, notre corpus met en évidence des erreurs potentiellement dues à la moindre fréquence de la forme en tant que nom. Par sept fois, un nom est en concurrence dans la liste de fréquence avec son homonyme d'une autre catégorie grammaticale, par quatre fois, cela conduit à un accident d'identification.

Figure 63: *Pourcentages d'accidents d'identification des noms en fonction de leur nombre*

	CE2			CM1			Total		
	Nb d'occurrences	Nb d'accidents d'identification	%age d'accidents	Nb d'occurrences	Nb d'accidents d'identification	%age d'accidents	Nb d'occurrences	Nb d'accidents d'identification	%age d'accidents
Noms au singulier	42	5	11,9	56	16	28,6	98	21	21,43
Noms au pluriel	20	2	10	26	7	26,9	46	9	19,57
Total	62	7	11,3	82	23	28	144	30	20,83

Rien de significatif statistiquement, certes, notre corpus inclut nettement moins de formes de pluriel, mais le pourcentage d'accidents d'identification demeure très stable. Autant il nous avait semblé étonnant que les morphogrammes caractéristiques de la flexion verbale ne constituent pas un indice pour les élèves, autant il était prévisible que la marque de pluriel des noms n'ait quasi pas d'impact.

Nous nous attendions à ce que la variation orale constitue un obstacle à l'identification car elle limite, de fait, les possibilités de déterminants. Prenons un exemple : *« un chevaux », *« le chevaux » ne fonctionnent pas, au sens où ces énoncés sembleraient peu acceptables grammaticalement. Des trois occurrences de ce type en CM1, aucune n'a posé problème. À l'inverse, l'absence de variation, même écrite, dans le passage au pluriel aurait pu constituer un avantage, puisque ces formes acceptent facilement tous les déterminants pluriels, y compris en étant au singulier initialement. Sur les trois occurrences de ce type en CM1, deux constituent des accidents d'identification[47]. Nous avons peu d'exemples, donc nous en resterons au stade de l'hypothèse, mais elle est vérifiée lorsque l'on regarde du côté du genre, avec un nombre d'occurrences plus important. Sur les 19 noms acceptant une variation morphologique en genre[48], 15 engendrent une différence à l'oral lors du changement de genre, ce qui, comme pour les cas de pluriel évoqués précédemment, limite les déterminants possibles. Le nombre d'accidents d'identification

---

[47] Il s'agit de *vieux* et *pas*, en CM1-9.
[48] Nous excluons de cette réflexion la variation lexicale du type *fille vs. garçon*.

Figure 62: *Cas d'homographes présents dans la liste de Brunet*

CM1-9 vieux	1896	9515 comme adj.
CM1-9 porte	8649	7499 comme vb.
CM1-9 pas	6751	103083 comme adv.
CM1-9 or	3326	1940 comme conj.
CM1-11 étranger	1359	1366 comme adj.
CM1-11 force	5835	1447 comme vb.
CM1-13 grands	3809	25388 comme adj.

En CM1-9, *vieux*, *pas* et *or* posent problème même aux meilleurs élèves[46], mais pas *porte*. De même que dans les trois autres occasions que nous avons d'observer ce phénomène, la loi du plus fréquent est la meilleure. L'indice de fréquence des verbes est de surcroît à pondérer : les verbes variant morphologiquement, la fréquence d'une forme donnée extraite du paradigme est forcément inférieure à celle de l'ensemble des formes de celui-ci. *Or* fait exception, la conjonction étant moins fréquente que le nom. Ici comme ailleurs, plusieurs paramètres se croisent : le nom *or* n'a pas été confondu avec la conjonction de coordination, mais avec un adjectif, nous verrons pourquoi ultérieurement.

La fréquence ne nous aide guère à comprendre quels sont les noms les plus faciles à reconnaître, mais elle permet d'éclairer d'ores et déjà la zone problématique de l'homonymie et la concurrence entre classes grammaticales qu'elle provoque.

2.3.2. Du côté de la morphologie

2.3.2.1. Marques et variations

Les noms n'offrent pas de morphogrammes caractéristiques. Ils partagent leur unique marqueur, celui du pluriel, avec les autres classes variables. L'absence d'appui est confirmée par un regard panoramique sur notre corpus.

---

[46] Nous rappelons que ce tri a été effectué par sept élèves considérés comme performants par l'enseignante.

dans ce cas de figure est de 20 %, c'est-à-dire sensiblement identique à la proportion globale de ces accidents pour l'ensemble des noms.

2.3.2.2. Homographie et concurrence

Comme nous avons commencé à le remarquer précédemment, l'existence d'un homographe constitue un facteur important de déstabilisation. Ainsi parmi les 19 noms concernés par ce phénomène au CM1, neuf constituent des accidents d'identification, soit 47,4 %. Certains étaient prévisibles, voire recherchés[49], d'autre peut-être moins, comme *or*, ou *bouchée*. Évidemment, il ne faudrait pas oublier le caractère profondément plurifactoriel de l'erreur, cependant, il nous semble que la tendance est réelle, mais aussi que ces erreurs possèdent somme toute un caractère quasi légitime, lié à la porosité des classes de mots. Parce qu'il faut bien faire des choix pour élaborer des statistiques, nous avons considéré dans ce regroupement d'occurrences tous les noms dont la suite de lettres pouvait constituer un mot appartenant à une autre catégorie grammaticale. Mais les liens entre les deux formes concernées, s'ils peuvent être nuls, comme pour *vers* ou *or*, sont parfois extrêmement étroits, comme dans le cas de *vieux* ou de *grands*, issus du glissement que constitue la substantivation des adjectifs. En CM1-12, le syntagme « quelques jeunes innocents » montre la limite même du codage face aux possibilités de la langue : nous avons choisi de considérer *innocents* comme le nom accompagné de l'adjectif *jeune*, mais le lecteur effectue ce choix à chaque fois qu'il interprète cet énoncé. La littérature entre jusque dans un corpus de grammaire, comme un joli pied de nez à nos tentatives d'écrire la langue en chiffres. Pour l'anecdote, le groupe S1, comportant six élèves, se partage de façon égale entre les partisans de l'une et de l'autre lecture.

2.3.2.3. Petits noms ?

Nous nous sommes interrogée sur l'impact du nombre de lettres ou du nombre de syllabes orales, imaginant que nous retrouverions ici les enjeux des verbes de forme brève. Nous avons six noms de moins de moins de quatre lettres dans les énoncés de CM1, et trois d'entre eux proviennent d'un tri qui n'a pas été fait en classe entière, il faut donc raison garder considérant les 50 % d'accidents d'identification qui s'y

---

[49] Nous pensons ici à la présence de *vieux*, *pas* et *porte* dans le tri de CM1-9, construit pour les élèves les plus performants.

rapportent. Élargissant un peu le spectre, 33 noms comportent moins de six lettres en CM1, ce qui correspond à trois exceptions près[50] à des mots d'une syllabe orale ; ils occasionnent 9 accidents, c'est-à-dire 27,3 %. L'écart avec le pourcentage pour l'ensemble des noms (28,0 %) est négligeable.

2.3.3. La délicate mais nécessaire question du sens

Certes, il est délicat d'inventorier des noms en fonction de leur plus ou moins grande concrétude, certes, toute catégorisation qui tente de constituer de grands ensembles sémantiques peut être discutée. Et pourtant, étant donné l'importance que les élèves accordent au sens dans leur rapport à la langue[51], il nous semblait impossible de faire l'économie d'une telle tentative.

Figure 64: *Pourcentages d'accidents d'identification des noms en fonction des caractéristiques de leur référent*

			CE2			CM1			Total		
			Nb d'occurrences	Nb d'accidents d'identification	%age d'accidents	Nb d'occurrences	Nb d'accidents d'identification	%age d'accidents	Nb d'occurrences	Nb d'accidents d'identification	%age d'accidents
Concrets	Animés	Humains	16	0	0	18	3	16,7	34	3	8,8
		Non-Humains	11	0	0	10	1	10	21	1	4,8
	Inanimés	Comptables	26	5	19,2	28	7	25	54	12	22,2
		Non comptables	3	0	0	6	2	33,3	9	2	22,2
Abstraits			6	2	33,3	20	10	50	26	12	46,2
Total			62	7	11,3	82	23	28	144	30	20,8

---

[50] Les exceptions sont *magie* (CM1-2), *filet* (CM1-9) et *cité* (CM1-11).
[51] Cette importance est bien compréhensible : pour les enfants comme pour les autres, la langue est un outil de communication, elle sert à représenter le monde, parfois même à lui donner un sens… et, de façon plus terre à terre, il ne faut pas oublier qu'une portion non congrue du temps scolaire sert à enseigner la compréhension des textes, et donc vise la capacité des élèves à donner du sens à ce qu'ils lisent.

Même en prenant les précautions nécessaires en termes d'écart significatif, deux grandes tendances émergent : d'une part, le caractère animé du référent constitue un facteur facilitant, d'autre part, l'abstraction du contenu sémantique est un handicap à l'identification. Ces deux phénomènes se vérifient tant dans les valeurs globales, sur l'ensemble du corpus, que sur l'année de CM1, dont nous avons expliqué qu'elle nous semblait plus représentative.

2.3.3.1. Personnages, animaux et autres créatures

Les référents animés permettraient donc de mieux identifier les noms. En CE2, aucune erreur concernant les noms de ce type, quant aux quatre erreurs de CM1, elles présentent des caractéristiques qui expliquent par ailleurs les accidents d'identification. En effet, nous avons déjà évoqué *vieux, innocents* et *grands* : davantage que leur contenu sémantique, c'est leur appartenance à la zone poreuse entre noms et adjectifs qui engendrerait des performances diminuées. Quant à *vers* (CM1-4), la déconstruction du mot composé *vers de terre* en trois étiquettes de tri a pu lui ôter tout ou partie de sa référence.

Afin de gagner en qualité d'analyse, nous avons choisi d'effectuer des gros plans sur des tris qui nous semblent étayer l'hypothèse d'une meilleure reconnaissance des noms dont le référent est animé. Le tri CM1-5 se situe à une période à laquelle tous les élèves utilisent la catégorie du nom, il est donc peu parasité par des catégorisations autres que grammaticales[52] ; de surcroit, il présente des noms variés du point de vue de leur charge sémantique, avec des référents animés et d'autres, inanimés, voire abstraits.

Le tri de CM1-5 constitue plutôt un pic de performance pour les élèves de S2 et S3, c'est aussi le début d'un rapprochement entre les performances des trois groupes. Hormis Yasmine, tous les élèves utilisent la catégorie « noms », mais Brahim n'utilise que deux intitulés, « déterminant » et « noms », et Daniel inverse peut-être « verbes » et « noms », rangeant *sentent* sous l'étiquette « noms » et *prennent, présence, parages* et *chevaux* sous celle de *« verbe » ; Camila range *chevaux, animaux, fuite* et *présence* dans « les mots qui vont avec les déterminants ».

---

[52] Les noms sont souvent regroupés en fonction de leur sens, dans une catégorisation de leur contenu, et ce de façon assez persistante pour les élèves les moins performants, nous reviendrons rapidement sur ce phénomène important.

Figure 65: *Codage mot à mot des noms de CM1-5*[53]

	CM1-5 chevaux	CM1-5 animaux	CM1-5 peur	CM1-5 fuite	CM1-5 présence	CM1-5 parages
Moyenne totale	7,7	8,2	-1,9	6,1	7,1	7,1
Moyenne par tri			5,7			
Arvinde	10	10	10	10	10	10
Cihan	10	10	3	10	10	10
David	10	10	Adj. -10	10	10	10
Ibrahim						
Jennee	10	10	Adj. -10	10	10	10
Kelly	10	10	3	10	10	10
Sarah	5	10	Vb. -10	Vb. -10	10	10
Moyenne S1	9,2	10	-2,3	6,7	10	10
Moyenne S1 par tri			7,3			
Camila	5	5	3	5	5	5
Célia	10	10	Adj. -10	10	10	Vb. -10
Ismaël	10	10	10	10	10	10
Leila	10	10	3	10	10	10
Marcoss	5	Adj. -10	Vb. -10	10	10	10
Sharon	10	10	Vb. -10	10	10	10
Sofia	10	10	Vb. -10	10	10	10
Moyenne S2	8,6	6,4	-4,4	9,3	9,3	6,4
Moyenne S2 par tri			5,9			
Bandjigou	3	10	3	3	10	10
Brahim	10	10	10	10	10	10
Daniel	Vb. -10	3	3	3	Vb. -10	Vb. -10
Hicham	10	10	Vb. -10	Vb. -10	Vb. -10	3
Oumou	10	10	3	10	3	10
Philippe	10	10	-5	10	10	10
Yasmine	5	5	3	Vb. -10	3	3
Moyenne S3	5,4	8,3	1	2,3	2,3	5,1
Moyenne S3 par tri			4,1			

Chevaux et *animaux* sont bien reconnus par l'ensemble des élèves. Nous notons tout de même des persistances de catégorisation par le référent : Yasmine regroupe *chevaux* et *animaux* sous l'étiquette « animaux », Marcoss met *chevaux*, seul, dans un regroupement « animaux » tandis qu'il range *animaux* dans les *« adj » mais aussi, et cela est plus étonnant pour une élève de S1, Sarah range également *chevaux* dans « animaux », tandis qu'elle range *animaux* dans « noms ». Nous interprétons ce phénomène comme une marque de l'importance du sens dans le jugement de catégorisation, mais aussi de la difficulté éprouvée par certains élèves à se maintenir à la bonne distance, à regarder les mots sous l'angle métalinguistique. Cette difficulté, réelle et persistance, nous

---

[53] Nous insérons ici le codage mot à mot de l'ensemble des noms du CM1-5 afin que le lecteur puisse effectuer des comparaisons, l'analyse des autres noms sera traitée dans la sous-partie suivante.

semble expliquer le décrochage dont peuvent faire preuve nombre d'élèves qui subissent la grammaire scolaire sans jamais vraiment en partager le point de vue. Autre remarque, ces catégorisations par le référent touchent principalement les noms : c'est comme si le nom désignait trop fortement le monde pour pouvoir être considéré sous un angle grammatical. Cela expliquerait peut-être l'impact du caractère concret ou abstrait du référent sur l'identification, mais qui serait à considérer du point de vue de l'extension plutôt que de celui de l'intention. Nous nous appuyons ici sur la définition de Wilmet[54] de l'extension comme « l'ensemble des objets du monde auxquels un mot est applicable » : l'enjeu se situerait dans la capacité des élèves à s'imaginer des exemples d'objets du monde applicables au nom qu'il cherche à identifier.

Si nous remontons dans le temps, dix mois avant CM1-5, CE2-7 offre des exemples de confirmation, à travers la bonne réussite globale de l'identification des noms, tous concrets, de cet énoncé, tout particulièrement les animés. Nous pourrions aussi montrer la différence de traitement légère, mais néanmoins réelle, entre *renards*, *poulets*, *chiens* et *volaille* d'une part et *grillage* et *poulailler* d'autre part. Les élèves qui utilisent la catégorie « noms » les incluent tous dedans, à l'exception d'Ismaël, qui exclut *grillage*. Cependant, ceux qui n'utilisent pas la catégorie grammaticale tendent à mettre *grillage* et *poulailler* dans « ? », tandis que les quatre autres noms sont regroupés sous un intitulé sémantique. Le contraste est fort avec le corpus des noms de CE2-8, qui a posé de nombreux problèmes. *Marin* et *porteur* sont plutôt échoués, avec des moyennes respectives de 5,1 et 4,1, à comparer avec les moyennes autour de 7 pour les noms d'animaux de CE2-7. Le phénomène est encore plus important pour les groupes d'élèves S2 et S3. Nous faisons l'hypothèse que le degré de difficulté est différent au sein même des noms renvoyant à des animés du fait d'un fonctionnement d'extension sensiblement décalé. Le marin est celui qui va sur la mer, le porteur est celui qui porte, et ce mode de désignation comme indirecte pourrait expliquer la gêne de certains élèves. Mais, toujours en CE2-8, *propriétaire* est plutôt bien identifié… le caractère plurifactoriel de la réussite comme de l'erreur condamne l'analyse à l'humilité, et laisse les hypothèses en suspens, à vérifier sur des corpus plus amples encore.

---

[54] Wilmet (2010, p. 52).

2.3.3.2. Abstractions et sentiments

La lecture du codage mot à mot révèle une identification plus difficile des noms renvoyant à des référents abstraits, difficulté que nous pensons induite par une représentation mentale moins évidente, une mise en image et donc un rapport au sens moins direct.

Par exemple, si nous reprenons l'identification des noms en CM1-5, s'impose à nous la grande difficulté qu'a posée aux élèves le mot *peur*. Nous avons indiqué sur la figure 40 les classes grammaticales attribuées de façon erronée par les élèves. Tantôt adjectif, tantôt verbe, il n'est correctement identifié qu'à deux reprises, et encore, l'une de ces réussites est caduque : Brahim organise de façon binaire les mots qu'il identifie, déterminants d'un côté, noms de l'autre, il positionne donc dans ce dernier regroupement l'ensemble des mots lexicaux. Donc, seul Arvinde est réellement parvenu à identifier *peur*. Neuf élèves le relèguent en « ? », faute de parvenir à l'identifier. Certes, la construction de la locution *avoir peur*, déplaçant le cœur de la prédication sur le nom, pourrait favoriser l'identification de *peur* comme verbe, *ont* n'étant que très peu identifié comme un verbe[55]. Cependant, cela n'explique pas les identifications comme adjectif. En revanche, un trait commun se dégage de l'ensemble du corpus : les noms désignant des sentiments provoquent tous des accidents d'identification : *peur* en CM1-5, mais aussi *joie* et *malice* en CM1-6, *respect* en CM1-11 et *colère* en CM1-13.

Le codage mot à mot des noms en CM1-5 présente des caractéristiques similaires à celui de CM1-6, avec d'un côté les noms à référent concret, au sein desquels l'animé *sœurs* correspond à la plus grande réussite, de l'autre côté deux noms à référents abstraits, *joie* et *malice*, qui ont provoqué de nombreuses erreurs d'identification. Il est probable que la construction via une préposition (*pétillait de joie et de malice*) explique qu'il n'y ait pas de confusion avec la classe du verbe, contrairement à *peur* dans l'exemple précédemment développé.

---

[55] Cf. 2.2.2.1.

Analyse croisée des mots codés

Figure 66: *Codage mot à mot des noms de CM1-6*

	CM1-6 poupée	CM1-6 sœurs	CM1-6 yeux	CM1-6 joie	CM1-6 malice
Moyenne totale	6	7,4	5,6	2,1	0,1
Moyenne par tri			4,2		
Arvinde	10	10	10	10	10
Cihan	10	10	10	10	10
David	10	10	10	10	Adj. -10
Ibrahim					
Jennee	10	10	10	Adj. -10	Adj. -10
Kelly	10	10	10	Adj. -10	Adj. -10
Sarah	10	10	10	Adj. -10	Adj. -10
Moyenne S1	10	10	10	0	-3,3
Moyenne S1 par tri			5,3		
Camila					
Célia	3	10	Adj. -10	10	10
Ismaël	10	10	10	3	Adj. -10
Leila	10	10	10	10	3
Marcoss	10	3	3	Adj. -10	Adj. -10
Sharon	10	10	10	3	10
Sofia	-10	3	3	10	10
Moyenne S2	5,5	7,7	4,3	4,3	2,2
Moyenne S2 par tri			4,8		
Bandjigou	10	3	3	3	3
Brahim	3	10	3	10	10
Daniel	Vb. -10	3	3	3	Vb. -10
Hicham	10	3	3	3	3
Oumou	3	3	3	3	3
Philippe	10	10	10	3	10
Yasmine	-5	3	-5	Adj. -10	Adj. -10
Moyenne S3	3	5	2,9	1,8	1,3
Moyenne S3 par tri			2,8		

Joie et surtout *malice* sont largement pris pour des adjectifs. Il faut avoir en tête que Daniel n'utilise que deux catégories à intitulés grammaticaux, les verbes et les déterminants : dans la catégorie qu'il intitule « verbes » se trouvent *semblait, fine, grands, jolie, différente, malice, poupée* et *pétillaient*. Il faut aussi savoir que Sofia intitule « noms » le regroupement de *minuscule, malice, joie, jolie* et *fine*… soit un ensemble qui ressemble fort à des adjectifs putatifs[56]. En résumé, huit à neuf élèves rangent *malice* dans

---

[56] Nous nous sommes trouvée face à des choix parfois cornéliens : les élèves n'utilisent pas toujours le métalangage de façon correcte, et dans certains cas le lecteur de

les adjectifs, quatre le positionnent dans « ? » et seulement six, peut-être sept, d'entre eux l'identifient correctement. Caractéristique frappante, les élèves de S1 sont nettement plus en difficulté que les autres, dans l'absolu, mais surtout lorsque nous comparons les scores entre noms pour cette catégorie d'élèves : entre *sœur* et *malice*, il y a 16,7 points d'écart pour S1, quand il y en a 5,5 pour S2 et 3,7 pour S3. Ce phénomène était déjà présent en puissance dans le cas de *peur*, un des rares noms moins mal identifié par les élèves de S3 que par ceux de S1 : cependant, cela passait plutôt par un plus grand nombre de positionnement dans « ? » pour les élèves de S3, tandis que ceux de S1 et de S2, essayant de ranger le nom, proposaient des catégorisations, quasi toujours erronées.

Dernier exemple que nous prendrons, *colère*, en CM1-13, donne lieu à une écrasante majorité d'identification comme adjectif : sur dix-neuf élèves, onze le positionnent ainsi, et deux l'incluent, avec *tristes*, dans une rubrique intitulée « sentiments », dont Arvinde, élève très performant par ailleurs. La priorité du sens s'affiche ici alors même que les raisonnements des élèves, en cette toute fin d'année, sont massivement métalinguistiques. Tandis que les définitions scolaires sémantiques du nom évoquent très rarement les sentiments, d'autres associent l'adjectif à des précisions données sur le nom, et donc sur le personnage, avec une très légère extrapolation et une pratique régulière des exercices de manuels : cela nous parait être une source potentielle de ce type d'erreurs. Mais il apparait également que les noms de sentiments occupent des positionnements syntaxiques qui s'éloignent du canonique minimum « déterminant + nom ».

2.3.3.3. Action !

Nous achèverons ce voyage dans les remarques sémantiques en nous interrogeant sur la proximité entretenue par les verbes et les noms. *A priori*, le linguiste possède peu de motivations à explorer les frontières entre ces deux catégories, qui ne semblent guère floues : leurs fonctionnements syntaxiques et leurs variations morphologiques respectives sont tellement éloignés qu'on ne voit pas bien où pourrait se loger la confusion. Et pourtant, lorsqu'on tente de comprendre les réflexions des élèves, il

---

leurs regroupements pourrait deviner ce qu'ils ont réellement voulu faire. Ce serait statistiquement tentant, afin de mieux voir la réussite sur la catégorie concernée, mais terriblement dangereux, puisque ce type d'interprétations extrapolant des écrits d'élèves ne peut avoir que des limites floues, et donc prêter le flanc à des trahisons plus grandes encore que les avantages que l'on pouvait en tirer.

convient de s'interroger sur une passerelle entre nom et verbe, passerelle principalement construite par l'enseignement de la grammaire scolaire : le sens. Nous formulerons ainsi ce raisonnement potentiel : si le verbe, c'est l'action, alors, tout mot renvoyant à une action peut être un verbe.

Nous avons établi une liste des noms de notre corpus qui constituaient de bons candidats à cette possible confusion :

Figure 67 : *Codage mot à mot des noms renvoyant à des actions*

	CE2-8 récits	CE2-8 voyages	CE2-10 assaut	CM1-5 fuite	CM1-10 découverte	CM1-10 promesse	CM1-10 naissance
Moyenne totale	2,1	0,8	3	6,1	6,3	6,7	10
Moyenne par tri	3,5	3,5	3,5	5,7	8,7	8,7	8,7
Arvinde	3	10	Vb. -10	10	10	10	10
Cihan				10	10	10	10
David	3	10	10	10	10	10	10
Ibrahim	10	Vb. -10	10				
Jennee	10	10	10	10	10	10	10
Kelly	3	Vb. -10	3	10	10	10	10
Sarah	10	Vb. -10	10	Vb. -10	10	10	10
Moyenne S1	6,5	0	5,5	6,7	10	10	10
Moyenne S1 par tri	6,2	6,2	7,9	7,3	10	10	10
Camila			-5	5	10	10	10
Célia				10	10	10	10
Ismaël	Vb. -10	Vb. -10	3	10	10	10	10
Leila	Vb. -10	10	3	10	10	10	10
Marcoss	3	Vb. -10	3	10	10	-10	10
Sharon			10	10	3	10	10
Sofia				10	10	10	10
Moyenne S2	-5,7	-3,3	2,8	9,3	9	7,1	10
Moyenne S2 par tri	-0,4	-0,4	0,7	5,9	9,3	9,3	9,3
Bandjigou	10	10	3	3	10	10	
Brahim	3	10	10	10	3	10	
Daniel				3	10	10	
Hicham	10	10	Vb. -10	Vb. -10	10	10	
Oumou	Vb. -10	Vb. -10	3	10	Vb. -10	Vb. -10	10
Philippe	-5		-5	10	Vb. -10	Vb. -10	10
Yasmine				Vb. -10	Vb. -10		3
Moyenne S3	1,6	5	0,2	2,3	0,4	3,3	10
Moyenne S3 par tri	2,9	2,9	0,9	4,1	6,8	6,8	6,8

Sur sept occurrences, quatre provoquent des accidents d'identification, ce qui constitue un ratio nettement supérieur à la moyenne globale. Toutes les erreurs d'identification produites par les élèves renvoient vers la catégorie du verbe, ce qui semble montrer que le sémantisme est bien le facteur déclencheur principal. *Naissance*, qui n'engendre aucune erreur, est vraisemblablement interprété plutôt comme une étape de la vie, sous un angle chronologique, plutôt que du point de vue d'une action accomplie. Cependant, les quelques occurrences que contient notre corpus ébauchent une progression : l'impact du trait saillant sémantique semble diminuer au fil de la progression des élèves, ce qui irait dans le sens d'une perception des classes de mots qui se détacherait progressivement de cette première définition sémantique.

Nous l'avions remarqué en analysant les verbes[57], en CM1-7, *poignard* est également touché par une déstabilisation que l'on pourrait imputer à un facteur sémantique. Néanmoins, nous retiendrons davantage le facteur morphologique : les erreurs qui touchent *poignard* l'identifient tantôt comme verbe, tantôt comme adjectif, et nous pensons que la concurrence du nom et du verbe qui en dérive au sein d'un même énoncé est un facteur important de déstabilisation. Cependant, cette proximité morphologique peut tout à fait être la cause d'un lien sémantique : cette fois encore, l'interaction entre les différents traits saillants nous semble constituer un trait influant sur la réflexion des élèves.

2.3.4. Du côté de la syntaxe

En termes de construction syntaxique, les deux échelles qui concernent le nom sont susceptibles d'avoir un impact : la composition du syntagme nominal d'une part, la fonction occupée dans la phrase par le syntagme dont le nom est le noyau.

2.3.4.1. Composition du syntagme nominal

En effet, comme nous commencions à l'évoquer plus haut, conséquence d'enseignement mais aussi régularité de la langue, nous posons l'hypothèse que tout écart d'avec le modèle canonique « déterminant + nom » pourrait engendrer des erreurs, considérant de plus qu'au sein de ce modèle le déterminant est plutôt un mot de deux ou trois lettres, de préférence un article, même si nous n'avons pas voulu réduire de façon trop importante le nombre d'occurrences à des fins d'analyse[58]. Une première approche, binaire, nous apprend que globalement 17,7 % des noms introduits par un déterminant font l'objet d'accidents d'identification, contre 50,0 % des noms qui ne sont pas précédés d'un déterminant. Si nous nous limitons au CM1, dont les chiffres sont plus fiables, nous obtenons respectivement 22,5 % et 63,5 %. L'écart est suffisant pour être franchement significatif, et pour nous encourager à aller voir de plus près.

---

[57] Cf. note 25.
[58] Cf. 2.2.1.1.

Figure 68: *Pourcentage d'accidents d'identification des noms en fonction de la détermination*

	CE2			CM1			Total		
	Nb d'occurrences	Nb d'accidents d'identification	%age d'accidents	Nb d'occurrences	Nb d'accidents d'identification	%age d'accidents	Nb d'occurrences	Nb d'accidents d'identification	%age d'accidents
Amalgame prép.+det.	1	0	0	3	1	33,3	4	1	25
Déterminant élidé	4	0	0	4	1	25	8	1	13
Déterminant d'au moins 4 lettres	6	0	0	12	6	50	18	6	33
Déterminant de 2 ou 3 lettres	48	7	14,6	52	8	15,4	100	15	15
Précédés d'une préposition	1	0	0	10	6	60	11	6	55
Précédés de rien	2	0	0	1	1	100	3	1	33
Total	62	7	11,3	82	23	28	144	30	21

Au CM1 toujours, pour tenter d'approcher des données plus solides, il est flagrant que la présence d'un déterminant archétypal, c'est-à-dire de deux ou trois lettres, favorise l'identification du nom. À l'inverse, un déterminant long ou encore l'absence de déterminant sont deux facteurs très défavorables. Nous devons remarquer qu'il est délicat ici de faire la part des choses entre le facteur syntaxique en tant que tel et le fait que les noms qui sont construits de la sorte sont pour la plupart abstraits, ou bien non nombrables.

Nous ne pouvons que constater une conjonction qui fait obstacle à l'identification, sans forcément pouvoir en dénouer tous les enjeux.

Autre variable de la construction du syntagme nominal, la présence ou non d'un ou de plusieurs adjectifs aurait pu avoir différents impacts : est-ce que la présence d'un adjectif, notamment à gauche du nom, constitue un rupteur, ou est-ce qu'à l'inverse il rassure quant à l'identification du nom ?

Figure 69: *Noms n'étant pas précédés par un déterminant*

Noms qui ne sont pas précédés d'un déterminant		
Précédés d'une préposition	Précédé d'une suite prép. + adj.	Précédés de rien
10 au CM1	1 au CE2	2 au CE2, 1 au CM1
CM1-2 lard	CE2-10 têtes	CE2-1 lundi
CM1-2 magie		CE2-1 jeudi
CM1-4 baies		CM1-5 peur
CM1-4 terre		
CM1-6 joie		
CM1-6 malice		
CM1-7 main		
CM1-8 altitude		
CM1-9 or		
CM1-13 colère		

Figure 70: *Pourcentage d'accident d'identification des noms en fonction de la présence d'adjectif(s) dans le syntagme nominal*

	CE2			CM1			Total		
	Nb d'occurrences	Nb d'accidents d'identification	%age d'accidents	Nb d'occurrences	Nb d'accidents d'identification	%age d'accidents	Nb d'occurrences	Nb d'accidents d'identification	%age d'accidents
GN sans adjectif	22	3	13,6	55	16	29,1	77	19	24,7
GN avec adjectif antéposé	19	3	15,8	9	3	33,3	28	6	21,4
GN avec adjectif postposé	16	1	6,3	15	4	26,7	31	5	16,1
GN avec adj. antéposé et postposé	5	0	0	3	0	0	8	0	0
Total	62	7	11,3	82	23	28	144	30	20,8

Notre corpus ne laisse rien paraitre de tel. Les écarts ne sont pas significatifs. Soit la présence d'adjectifs n'a pas d'impact, soit sa lecture est brouillée par des influences non convergentes, dans le cas où elle servirait certains élèves et handicaperait d'autres. Mais la proximité des pourcentages nous incline à penser que les adjectifs n'influencent guère l'identification du nom.

Dernier point, au croisement des questions de sens et de syntaxe, le problème du figement semble être à l'origine de l'échec de l'identification de *inverse*, en CM1-13. Nous aurions peut-être pu neutraliser l'expression « à l'inverse », impossible à analyser, de fait. Mais il nous a semblé que la structure « préposition + déterminant + nom » était reconnaissable par les élèves ; mais, devant la difficulté, il semble qu'ils aient choisi d'autres stratégies.

Figure 71: *Codage mot à mot de CM1-13*

	CM1-13 grands	CM1-13 sentiments	CM1-13 inverse	CM1-13 enfants	CM1-13 colère
Moyenne totale	1,1	8,5	-4,2	8,5	-3,5
Moyenne par tri			2,1		
Arvinde	10	10	Vb. -10	10	-5
Cihan	10	10	Vb. -10	10	-10
David	10	10	-5	10	10
Ibrahim					
Jennee	10	10	10	10	-10
Kelly	10	10	10	10	-10
Sarah	-10	10	Vb. -10	10	-10
Moyenne S1	6,7	10	-2,5	10	-5,8
Moyenne S1 par tri			3,7		
Camila	-10	10	Vb. -10	10	10
Célia	-10	10	Vb. -10	10	-10
Ismaël	10	10	10	10	10
Leila	-10	10	10	10	-10
Marcoss	-10	10	Vb. -10	10	10
Sharon	-10	10	10	10	-10
Sofia	10	10	10	10	10
Moyenne S2	-4,3	10	-1,4	10	1,4
Moyenne S2 par tri			3,1		
Bandjigou	10	10	Vb. -10	10	3
Brahim	3	3	Adj. -10	3	-10
Daniel	10	10	Vb. -10	10	-10
Hicham					
Oumou	-10	10	Adj. -10	10	-10
Philippe	-5	-5	-5	-5	-5
Yasmine	3	3	Vb. -10	3	-10
Moyenne S3	1,8	5,2	-9,2	5,2	-7
Moyenne S3 par tri			-0,8		

Nous ajouterons que Sharon positionne à la fois les noms et les verbes sous l'étiquette « noms », et que, sur le tri de Jennee apparait la marque d'une réflexion en deux temps : elle avait d'abord positionné *inverse* dans les verbes, avant de se raviser et de le déplacer par une flèche dans les noms. La commutation étant extrêmement contrainte par le figement, le recours au contexte est difficile, même pour les élèves qui d'ordinaire ont conquis ce réflexe. Il semble bien que *inverse* soit extrait du contexte : si la plupart des élèves l'identifient comme un verbe, ils sont tout aussi unanimes, en fin d'année de CM1, à déclarer que le *l'* qui le précède est un déterminant… et nous avons là un exemple redoutable de jugement dissocié de l'énoncé initial, ou, tout du moins, d'un traitement des mots de façon isolée, et non en groupes syntagmatiques signifiants.

2.3.4.2. Fonction du syntagme nominal

Dernier paramètre auquel nous nous sommes intéressée, la place occupée par le syntagme nominal dans l'économie syntaxique de la phrase nous semblait importante à cause d'une dérive fréquemment observée dans les manuels : la vulgarisation de l'analyse en constituants immédiats a engendré des oppositions groupe nominal sujet/groupe verbal qui nous semblait pouvoir engendrer des imbrications fortes entre groupe nominal et fonction sujet. De là à chercher préférentiellement les noms en position de sujet… ça se vérifie.

Figure 72: *Pourcentage d'accidents d'identification des noms en fonction de la fonction occupée par le groupe nominal*

	CE2			CM1			Total		
	Nb d'occurrences	Nb d'accidents d'identification	%age d'accidents	Nb d'occurrences	Nb d'accidents d'identification	%age d'accidents	Nb d'occurrences	Nb d'accidents d'identification	%age d'accidents
Dans un GN sujet	19	0	0	23	3	13	42	3	7,1
Dans un GN qui dépend d'un verbe	32	4	12,5	43	15	34,9	75	19	25,3
Dans un GN qui dépend d'une phrase	6	2	33,3	6	2	33,3	12	4	33,3
Dans un GN qui dépend d'un nom	5	1	20	10	3	30	15	4	26,7
Total	62	7	11,3	82	23	28	144	30	20,8

La fonction de sujet du verbe est bien un critère facilitant. En revanche, on ne peut pas dire que les autres positionnements syntaxiques soient réellement des obstacles. Et s'il serait séduisant de considérer que la position de thème mette en valeur les noms, nous pensons que l'explication de cet avantage est plus simple : dans nos énoncés, comme souvent ailleurs, la fonction de sujet est portée par un groupe nominal qui renvoie à un référent animé, et nous avons vu que cette caractéristique sémantique constitue un point d'appui. Ainsi, parmi les noms dont le groupe occupe une fonction de complément du verbe, les animés ne donnent pas lieu à des accidents d'identification. En revanche, la fonction sujet ne permet pas de contrer les effets de concurrence avec un homographe plus fréquent : *vieux* en CM1-9, mais surtout *grands*, en CM1-13, provoquent des accidents d'identification malgré leur position de sujet[59].

2.3.5. Hypothèses de synthèse

Plus que tout autre catégorie grammaticale, le nom sert à désigner le monde : cette particularité engendre le facteur influant le plus sur l'identification des noms, à savoir le contenu sémantique, l'extension. Si quelques signes permettent de voir dans la progression des élèves une certaine prise de distance d'avec l'indice sémantique, il n'en reste pas moins que les élèves peinent à poser une distance d'ordre méta avec ces mots particuliers. Les élèves commencent par ne pas avoir besoin de la catégorie, qui apparait tardivement parce que les éléments qui la composent se rangent aisément dans une catégorisation de leurs référents, c'est-à-dire des objets du monde auxquels ils renvoient. Et même lorsque les élèves utilisent l'intitulé « noms », des erreurs persistent liées au sens. Nous pensons que la grammaire scolaire amplifie le phénomène en survalorisant les définitions sémantiques lors des premiers enseignements concernant les classes de mots.

Le contexte syntaxique pourrait lui aussi avoir de l'influence, mais il demeure difficile à analyser, du fait de son adjacence avec les traits saillants d'ordre sémantique. Oui, les noms en position de sujet du verbe sont plutôt mieux reconnus, mais ils renvoient quasiment tous à des référents animés. Oui, l'absence de déterminant handicape l'identification, mais les noms construits de la sorte sont pour la plupart non nombrables

---

[59] Cf. 2.2.3.2.2.

ou abstraits. Le seul critère syntaxique qui parvient à s'abstraire de ces liens est l'actualisation par un déterminant long, et donc non archétypal, celle-ci constituant d'après notre corpus un réel handicap.

2.4. Les adjectifs

Concernant les adjectifs, mais aussi les pronoms, dont l'analyse est à suivre, il est plus délicat de procéder avec les mêmes outils que pour les trois premières classes grammaticales envisagées. En effet, la moyenne d'utilisation de l'intitulé de colonne « adjectif » atteint très difficilement 0,5 en fin de CE2, ce qui signifie qu'à cette période-là à peine un élève sur deux l'utilise. Cette moyenne d'utilisation rechute nettement au début du CM1 et il faut attendre CM1-6 pour qu'elle franchisse de nouveau la barre des 0,5. Si nous mettons de côté le CM1-9, effectué par sept élèves jugés performants, la moyenne d'utilisation de la catégorie est d'environ 0,7, c'est-à-dire que quasiment un tiers de la classe ne l'utilise pas lors de chaque tri. L'observation des graphes d'utilisation[60] des catégories montre qu'en fait, une douzaine d'élèves seulement[61] se sert de façon réellement régulière de cette classe grammaticale : deux élèves sur cinq n'utilisent pas de catégorie « adjectif ». Cela étant admis, l'examen du codage mot à mot montre que le critère dont nous nous sommes servi jusque-là[62] est tout de même pertinent, pour peu d'en préciser la signification. En effet, ce qui creuse l'écart est certes l'identification correcte, à partir de CM1-6, mais aussi et surtout les erreurs d'identification, c'est-à-dire les codages -10 dans les cas où les élèves ont attribué une classe grammaticale erronée au mot considéré. C'est pourquoi nous avons décidé de conserver le même filtre d'analyse.

---

[60] Cf. annexe « Graphiques d'utilisation des catégories ».
[61] Sur la vingtaine d'élèves de CM1.
[62] À savoir un écart d'au moins un point négatif entre la moyenne par tri pour la catégorie grammaticale concernée et la moyenne du mot considéré.

Figure 73: *Moyenne des scores d'identification pour les adjectifs*

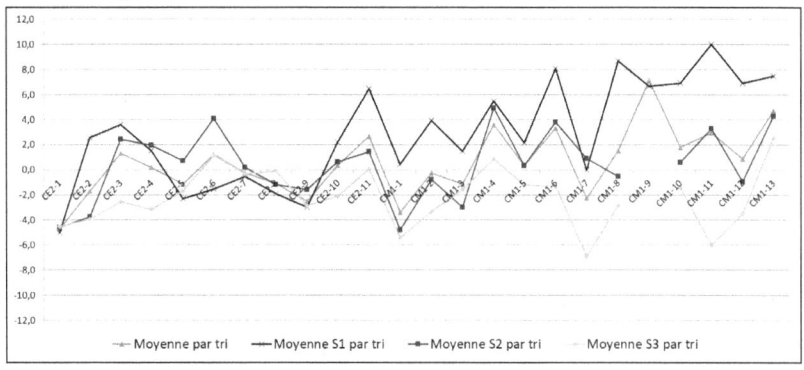

Les graphes représentant les moyennes de scores d'identification rendent compte du peu d'utilisation de la catégorie, plafonnant tous autour de la ligne du zéro jusqu'en CE2-10, puis, après un pic de performance (relatif) en CE2-11, de nouveau jusqu'en CM1-3, à peu près. Mais il existe des différences frappantes entre ces graphes et ceux des catégories grammaticales préalablement analysées : les graphes en dents de scie, révélant une grande irrégularité pour tous les élèves, mais aussi et surtout, les performances des meilleurs élèves (S1) qui progressent de façon nette, tandis que celles des autres élèves demeurent faibles et très versatiles. Partant de ces constats d'ensemble, nous allons tenter malgré tout de d'esquisser à grands traits les caractéristiques qui facilitent ou handicapent l'identification des adjectifs.

2.4.1. Approche sémantique

Comme pour les précédentes classes grammaticales, nous avons souhaité utiliser des filtres de nature sémantique, tout en sachant à quel point l'exercice est périlleux, d'autant plus concernant des mots d'extension médiate.

2.4.1.1. Remarques générales

La première grille concerne l'opposition qualificatif/relationnel et ne donne d'éléments probants, pour cause de déséquilibre fort entre les représentations respectives de chaque type d'adjectif.

Figure 74 : *Pourcentage d'accidents d'identification des adjectifs en fonction de leur type*

	CE2			CM1			Total		
	Nb d'occurrences	Nb d'accidents d'identification	%age d'accidents	Nb d'occurrences	Nb d'accidents d'identification	%age d'accidents	Nb d'occurrences	Nb d'accidents d'identification	%age d'accidents
Qualificatifs	45	15	33	33	10	30,3	78	25	32,1
Relationnels	0	0		5	2	40	5	2	40
Autres	1	0	0	3	1	33,3	4	1	25
Total	46	15	33	41	13	31,7	87	28	32,2

L'écart de 32,1 % à 40,0 % est rendu insignifiant par la disparité entre nombres d'occurrence : 78 contre 5. En revanche, notre tentative pour distinguer les adjectifs indiquant une propriété objective de ceux qui caractérisent de manière subjective donne des indications plus intéressantes.

Figure 75 : *Pourcentage d'accidents d'identification des adjectifs en fonction de leur relation sémantique au caractérisé*

	CE2			CM1			Total		
	Nb d'occurrences	Nb d'accidents d'identification	%age d'accidents	Nb d'occurrences	Nb d'accidents d'identification	%age d'accidents	Nb d'occurrences	Nb d'accidents d'identification	%age d'accidents
Adjectifs indiquant une propriété objective	29	4	13,79	17	4	23,53	46	8	17,39
Adjectifs caractérisant de manière subjective	17	11	64,71	24	9	37,5	41	20	48,78
Total	46	15	32,61	41	13	31,71	87	28	32,18

Si l'on considère que les propriétés objectives comme la taille, la couleur ou l'âge sont plus aisées à se représenter pour les élèves que des états ou des jugements de valeur, l'écart s'explique. Il vient même renforcer un constat fait à propos des noms : le vocabulaire des sentiments serait mal connu des élèves, qui auraient comme principaux bagages des éléments de description de la matérialité du monde. Cependant, le phénomène est amplifié par le codage auquel nous avons procédé lorsque les élèves utilisaient des intitulés comme « couleur » ou « taille », que nous avons considéré comme pertinents bien que non grammaticaux, et donc codés 5.

2.4.1.2. Adjectifs de couleur : pont ou obstacle ?

Les adjectifs de couleur sont en effet bien connus des élèves et repérés en tant que constituant un ensemble identifié et dénommé. Quasiment tous les élèves ont recours au moins une fois à ce type de regroupements[63], notamment dans le cas d'énoncés incluant plusieurs adjectifs de couleur, mais pas seulement, une seule occurrence peut engendrer l'utilisation de cette catégorie sémantique. Il se trouve que le dernier adjectif de couleur utilisé se situe dans l'énoncé de CM1-6, tri à partir duquel l'utilisation de la catégorie « adjectif » concerne plus d'un élève sur deux.

Figure 76: *Présence d'un regroupement intitulé « couleur »*

Présence d'un regroupement "couleurs"	CE2-1	CE2-2	CE2-3	CE2-5	CE2-6	CE2-7	CE2-10	CE2-11	CM1-3	CM1-4	CM1-6
Arvinde	0	1	1	0	0	0	0	0	0	0	0
Bandjigou	0	0	0	0	0	1	1	1	1	1	0
Brahim	0	0	0	1	1	0	0	1	0	1	0
Camila	0	1	1	1	1	1	1	1	1		
Celia									0	0	0
Cihan									1	0	0
Daniel									0	1	1
David	0	0	1	1	1	0	0	0	0	0	0
Hicham	0	0	0	0	0	1	1	1	1	1	0
Ibrahim	0	1	1	0	0		0	0			
Ismaël	0	0	1	0	1	1	1	1	0	0	0
Jennee	0	0	1	1	1	1	0	0	1	0	0
Kelly	0	1	1	0	0	0	1		1	0	0
Leila	0	0	1	1	1	1	1	1	0	0	0
Marcoss	0	0	1	0	1	1	1	0	1	1	0
Mawes											0
Oumou	0	0	1	0	1	1	1	1	1	1	1
Philippe	0	0	0	0	1	1	1	0	1	1
Sarah	0	0	1	1	1	1	1	0	0	0	0
Sharon	0	0	0	0	1		1	1	0	1	0
Sofia									0	1	0
Yasmine									1	1	0
Moyenne	0,0	0,3	0,7	0,4	0,7	0,6	0,7	0,7	0,4	0,6	0,2

---

[63] Célia, seule exception, est une élève qui a intégré la classe en CM1, il n'y a donc que trois tris où elle aurait pu l'utiliser. Les quatre autres élèves arrivés en cours d'expérimentation utilisent, eux aussi, au moins une fois la catégorie « couleur ».

Les regroupements de couleurs existent bien avant l'existence d'un intitulé « adjectif », mais ils entrent aussi en concurrence, notamment en CE2-11, tri pendant lequel l'utilisation de la catégorie grammaticale atteint un pic, mais qui ne voit pas pour autant la baisse de l'utilisation de la catégorie sémantique : les adjectifs de couleur peuvent être considérés comme formant un ensemble distinct des autres adjectifs. Au CM1, il semblerait que les deux courbes soient tendanciellement inverses : l'utilisation grandissante de la catégorie des adjectifs voit le recul progressif de celle des couleurs. Mais la tendance aurait mérité d'être confirmée par un tri ultérieur.

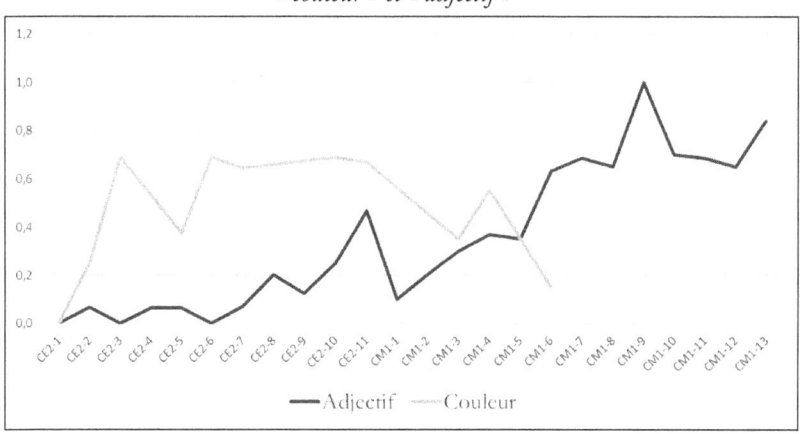

Figure 77 : *Comparaison des moyennes d'utilisation des intitulés « couleur » et « adjectif »*[64]

Entrant dans le détail de cette zone, nous avons voulu tenter de comprendre comment s'opérait le passage de la « couleur » à l'« adjectif », chez les élèves qui parvenaient à faire ce chemin. Le premier élève à utiliser le métaterme est Ibrahim, dès le CE2-2. Il constitue une colonne *« adjectif calificatif », dans laquelle il positionne les noms de l'énoncé ainsi que *délicieux* et *petite*, et il intitule *« adjectif calificatif de couleur » l'étiquette *rouge*, séparée des autres. Il abandonne le terme « adjectif » jusqu'en CE2-9, tri à partir duquel il l'utilise à bon escient, y compris pour ranger les adjectifs de couleur en CE2-10 et CE2-11. Du CE2-3

---

[64] Il n'existe pas d'adjectifs de couleur dans tous les énoncés, mais nous avons fait le choix de lisser la courbe afin de permettre la lecture d'une tendance.

au CE2-6[65], cet élève utilise de plus en plus de catégories grammaticales, abandonnant ou fur et à mesure les intitulés sémantiques, et positionne les adjectifs de couleurs dans les noms. Cet élève abandonne donc de façon momentanée un terme mal compris, et en fait un usage pertinent lorsqu'il le reprend. Bien qu'il utilisât une catégorie couleur initialement, celle-ci ne semble pas constituer un point d'appui.

Avant même l'apparition d'une classe grammaticale quelle qu'elle soit, dans le cas d'Arvinde, apparait une catégorie intitulée « ce sont des couleurs » (CE2-2), catégorie qui se maintient pendant un tri, lors de l'apparition du trio « verbes » / « noms » / « déterminants » (CE2-3). Par la suite, il l'abandonne et intègre jusqu'en CE2-8 les adjectifs de couleurs dans la catégorie des noms, tout comme l'ensemble des adjectifs des énoncés qui lui sont soumis. Lorsque la catégorie « adjectifs » apparait en CE2-10, elle n'inclut que des adjectifs de couleurs, les autres étant regroupés avec les noms. C'est le seul tri de ce type, par la suite, Arvinde n'isole plus ces derniers, il intègre l'ensemble des adjectifs sous l'intitulé idoine. Dans ce cas, l'appui sur le regroupement sémantique semble plus marqué, bien que très transitoire.

Tout comme Arvinde, Brahim intègre une catégorie « couleurs », mais ce plus tardivement, en CE2-6, et elle se maintient avec régularité jusqu'à la fin de l'année de CE2. Respectivement en CM1-3 et CM1-4, en revanche, les adjectifs « noire » et « verts » sont positionnés dans la colonne « noms », selon le même traitement que celui qui est fait d'autres adjectifs. Il est délicat d'analyser la façon dont Brahim fait entrer ou non les adjectifs de couleurs de façon préférentielle dans la catégorie qu'il crée, car, comme nous l'avons fait remarquer, l'apparition de celle-ci est tardive et correspond à une période à laquelle les énoncés proposés aux élèves ont été complexifiés, et n'intègrent plus ce type d'adjectifs.

Il semble néanmoins chez ces deux élèves que l'entrée sémantique « couleurs » est une étape de la construction de la caractérisation, comme si ces adjectifs étaient susceptibles de constituer un archétype tremplin vers une conceptualisation plus large. De tels phénomènes ont été assez largement observés chez les autres élèves. Dans le tableau ci-dessous, le codage par couleur aide à prendre conscience de la tendance : en règle générale, le rouge correspond à une identification en tant que nom (code -10), le blanc à une identification en tant que « couleurs » (code 5), le bleu correspond à une identification juste (code 10), les deux teintes

---

[65] Ibrahim était absent pour CE2-7.

intermédiaires entre rouge et blanc correspondant à un intitulé de regroupement non pertinent (code -5) et à un positionnement dans « ? » (code 3). Ce qui transparait est un passage systématique de l'ensemble des élèves par un regroupement sémantique des adjectifs de couleurs, période qui se décale dans le temps en fonction des groupes de performance.

Figure 78: *Codage mot à mot des adjectifs de couleur*

	CE2-2 rouge	CE2-3 bleus	CE2-3 jaunes	CE2-5 blanche	CE2-6 multicol	CE2-6 rouges	CE2-7 blancs	CE2-10 vert	CE2-10 noir	CE2-11 rouges	CM1-3 noire	CM1-4 noir	CM1-6 verts
Moyenne totale	-0,7	2,1	2,3	-1,2	2,3	0,9	4	5,3	4,7	6,7	2,4	5,2	6,6
Moyenne par tri	-1,4	1,3	1,3	-0,7	1,2	1,2	-0,3	0,4	0,4	2,7	-0,3	3,6	3,8
Arvinde	5	5	5	-10	-10	-10	-10	10	10	10	10	10	10
Cihan											5	10	10
David		5	5	5			10	10	10	10	10	10	10
Ibrahim	10	5	5	-10	3	-10		10	10	10			
Jennee	3	5	5	-10	5	5	5	10	10	10	10	10	10
Kelly	5	5	5	3	3	3	3	5	5		5	-10	10
Sarah	-5	5	5	5	5	5	5	5	5	10	10	10	10
Moyenne S1	3,6	5	5	-2,8	1,2	-1,4	2,6	8,3	8,3	10	8,3	6,7	10
Moyenne S1 par tri		3,6	3,6	-1,9	-1,5	-1,5	-0,5	2,2	2,2	6,5	3,8	5,5	8,1
Camila	5	5	5	5	5	5	5	5	5	5	5	5	
Célia											3	5	3
Ismaël	-5	5	5	-5	5	5	5	5	5	5	-10		10
Leila	3	5	5	5	5	5	5	5	5	5	10	10	
Marcoss	-10	5	5	3	5	5	5	5	-5	5	-10	5	10
Sharon	-5	3	-10	-5	5	-5		5	5	5	-10	5	10
Sofia											3	5	3
Moyenne S2	-2,4	4,6	2	0,6	5	3	5	5	3	5	-1,3	5,8	7,2
Moyenne S2 par tri	-3,1	2,5	2,5	0,7	4,1	4,1	0,2	0,6	0,6	1,4	-2,6	4,9	4,4
Bandjigou	-5	-5	3	-5	-5	-5	5	5	5	5	5	5	5
Brahim	-5	-5	-5	5	5	5	3	-10	-10	5	-10	3	-10
Daniel												5	5
Hicham	3	-10	-10	-5	-5	-5	5	5	5	5	5	5	3
Oumou	-5	5	5	5	5	5	5	5	5	5	5	5	5
Philippe	-5	-5	3	-5	5	5	5	5	5	5	-5	-5	5
Yasmine											5		10
Moyenne S3	-3,4	-4	-0,8	-1	0,6	1	4,6	2	2	5	0,8	3,3	3,3
Moyenne S3 par tri	-3,9	-2,9	-2,4	-0,8	1,1	1,1	-0,3	-2,1	-2,1	0,1	-1,6	0,9	-0,4

Les élèves les plus performants entrent plutôt plus vite dans l'utilisation d'un regroupement « couleur », et surtout, cessent de l'utiliser plus rapidement. Ce que notre tableau ne permet de rendre réellement lisible, c'est le passage général des adjectifs par la catégorie des noms, avant l'accession à une catégorie autonome. Mais nous aurons à y revenir ultérieurement.

2.4.2. Le rôle de la fréquence

Il semblait logique d'anticiper un impact important de la fréquence, compte tenu des observations faites sur les précédentes.

Analyse croisée des mots codés

Figure 79: *Pourcentage d'accidents d'identification des adjectifs en fonction de leur présence dans la liste d'É. Brunet*

	CE2			CM1			Total		
	Nb d'occurrences	Nb d'accidents d'identification	%age d'accidents	Nb d'occurrences	Nb d'accidents d'identification	%age d'accidents	Nb d'occurrences	Nb d'accidents d'identification	%age d'accidents
Adjectifs appartenant à la liste	28	5	17,9	21	4	19	49	9	18,4
Adjectifs dont la base appartient à la liste	5	2	40	8	4	50	13	6	46,2
Adjectifs n'apparaissant pas dans la liste	13	8	61,5	12	5	41,7	25	13	52
Total	46	15	32,6	41	13	31,7	87	28	32,2

La différence est nette entre les adjectifs fréquents et les adjectifs qui le sont moins. L'impact semble néanmoins faiblir légèrement au fur et à mesure de la progression des élèves, puisque l'écart diminue sensiblement au CM1 : les adjectifs moins fréquents donnent lieu à une proportion moindre d'accidents d'identification. L'importance persistante des erreurs suscitées par les adjectifs dont la base est fréquente renvoie à un phénomène morphologique que nous analyserons dans la sous-partie à venir : les adjectifs issus de conversions ou de dérivations constituent des sources d'erreurs de façon persistante.

2.4.3. Les aspects morphologiques

Puisque la variabilité en genre et en nombre fait partie intégrante des définitions scolaires de l'adjectif, nous nous interrogions sur l'impact de la flexion morphologique sur l'identification des occurrences relevant de cette classe grammaticale.

2.4.3.1. Variations à l'oral et à l'écrit

En fait, nous avions deux hypothèses opposées : du point de vue des apprentissages scolaires, nous l'avons dit, la variation étant très enseignée, peut-être les élèves auraient davantage de facilités à reconnaître les adjectifs dont la flexion s'entend, du point de vue de l'enseignement davantage empreint de distributionnalisme qui a pu être dispensé aux élèves de notre étude, la commutation aurait pu être entravée par la variation orale, celle-ci empêchant le jugement de grammaticalité de s'appliquer. Laissons là les hypothèses, notre corpus ne laisse transparaitre ni prise d'appui des élèves sur la morphologie orale, ni obstacle particulier engendré par celle-ci.

Figure 80: *Pourcentage d'accidents d'identification des adjectifs en fonction du marquage du genre et du nombre*

	CE2			CM1			Total		
	Nb d'occurrences	Nb d'accidents d'identification	%age d'accidents	Nb d'occurrences	Nb d'accidents d'identification	%age d'accidents	Nb d'occurrences	Nb d'accidents d'identification	%age d'accidents
Adjectifs invariables en genre à l'oral	21	5	23,8	24	7	29,2	45	12	26,7
Adjectifs variables en genre à l'oral	25	9	36	16	5	31,3	41	14	34,1
Singulier	26	12	0	27	9	33,3	53	21	39,6
Pluriel	19	3	0	13	3	23,1	32	6	18,8
Total	46	15	32,6	41	13	31,7	87	28	32,2

Les accidents d'identification sont assez régulièrement répartis : il n'existe pas d'écart significatif, ni positif, ni négatif entre les différentes proportions d'accidents d'identification. À l'oral, l'absence d'écart significatif tend à montrer que la variabilité n'a guère d'impact. À l'écrit, les marques de pluriel semblent améliorer légèrement la performance, mais il convient de rester très prudent, compte tenu de la faible amplitude des écarts et des précautions que nous avons rappelées en début de chapitre[66]. Il faudrait vérifier lors d'une prochaine expérimentation que la flexion en nombre a réellement un impact.

---

[66] Cf. 2.2.4.

2.4.3.2. Conversions, dérivations et confusions

Si le domaine de la flexion ne nous offre que peu de réponses, la construction morphologique apparait offrir une piste plus solide.

Figure 81 : *Pourcentages d'accidents d'identification des adjectifs dans les cas de conversion et de dérivation, et en fonction du type de bases*

	CE2			CM1			Total		
	Nb d'occurrences	Nb d'accidents d'identification	%age d'accidents	Nb d'occurrences	Nb d'accidents d'identification	%age d'accidents	Nb d'occurrences	Nb d'accidents d'identification	%age d'accidents
Conversions	4	2	50	7	4	57,1	11	6	54,5
Dérivations	8	4	50	8	4	50	16	8	50
Bases verbales	7	3	42,9	9	6	66,7	16	9	56,3
Bases nominales	5	3	60	6	2	0	11	5	45,5
Total	12	6	50	15	8	53,3	27	14	51,9

Rappelons que de façon globale il y a environ 32 % d'accidents d'identification des adjectifs. Lorsque l'on considère uniquement ceux qui sont issus de dérivation ou de conversion, le pourcentage augmente nettement. L'écart est significatif, bien que devant être pondéré par l'écart important entre les nombres d'occurrences considérées, 27 *vs.* 87.

Reste à tenter de démêler ce qui relève du sémantique, étant donné que ces adjectifs sont aussi des adjectifs opérant une caractérisation plutôt subjective, et ce qui a trait à la construction, c'est-à-dire la proximité avec une autre classe grammaticale. Pour ce faire, nous avons choisi de regarder à la loupe les adjectifs issus d'une conversion de base verbale. Les formes issues de base nominale ne nous permettraient pas de faire la différence entre impact de la dérivation ou de la conversion, et phénomène général d'inclusion des adjectifs dans la catégorie du nom, inclusion qui touche tous les adjectifs, comme nous avons pu le dire précédemment.

Figure 82: *Codage mot à mot des adjectifs issus d'une conversion de base verbale*

	CM1-3 pourrie	CM1-4 glacée	CM1-8 escarpées	CM1-8 culminants	CM1-9 fatigué	CM1-10 abandonné	CM1-11 impressionnantes
Moyenne totale	-2,9	2,1	-1,3	3,2	7,1	-1,7	2,9
Moyenne par tri	-1,6	3,6	1,5	1,5	7,1	0,2	2,9
Arvinde	3	10	10	10	10	vb. -10	10
Cihan	3	3	10	10	10	10	10
David	10	10	10	10	10	10	10
Ibrahim							
Jennee	10	10	10	10	10	10	10
Kelly	nom -10	nom -10	3	10	10	10	10
Sarah	nom -10	3	10	10	vb. -10	3	10
Moyenne S1	1	4,3	8,8	10	6,7	5,5	10
Moyenne S1 par tri	2	5,5	8,7	8,7	6,7	5,8	10
Camila	3	-5	10			10	10
Célia	nom -10	3	nom -10	10		10	10
Ismaël	nom -10		vb. -10			vb. -10	10
Leila	10	10	3	3	10	3	nom. -10
Marcoss	nom -10	3	3	nom -10		vb. -10	3
Sharon	nom -10	10	-10	-10		vb. -10	vb. -10
Sofia	vb. -10	3	-10	-10		vb. -10	10
Moyenne S2	-5,3	4	-3,4	-2,3		-2,4	3,3
Moyenne S2 par tri	-3,6	4,9	-0,5	-0,5		-0,7	3,3
Bandjigou	nom -10	3	nom -10	3		nom -10	
Brahim	vb. -10	nom -10	nom -10	nom -10		10	10
Daniel		vb. -10	nom -10	10		vb. -10	nom -10
Hicham	3	5	vb. -10	3		vb. -10	vb. -10
Oumou	-5	3	vb. -10			vb. -10	nom -10
Philippe	-5	-5	vb. -10	3		vb. -10	
Yasmine	3	3	5	3		vb. -10	vb. -10
Moyenne S3	-4	-1,6	-7,9	2		-7,1	-6
Moyenne S3 par tri	-2,8	0,9	-2,8	-2,8		-3,7	-6

Nous avons mis en évidence dans le tableau ci-dessus les identifications erronées en tant que verbe en jaunes, en tant que nom en bleu. Les formes de participes passés posent visiblement davantage de problèmes, leurs moyennes d'identifications sont globalement inférieures aux moyennes par tri, et leur identification en tant que verbe augmente tendanciellement au fil des tris. En revanche, les deux formes issues de participes présents semblent plutôt moins touchées par la confusion avec les verbes. Nous pouvons formuler une hypothèse d'explication : les participes en /e/ constituent de bons candidats à la catégorie des verbes parce qu'ils sont la clé d'accès au paradigme verbal, offrant la possibilité de conjuguer facilement, sur la base de leur homophonie avec l'infinitif. Cette hypothèse entre en cohérence avec la décontextualisation de l'énoncé très souvent opérée par les élèves, qui jugent alors le signifiant oral du mot, plus que sa morphologie graphique.

2.4.4. Quel impact pour la syntaxe ?

Nous pensions retrouver ici aussi des traces de l'enseignement grammatical scolaire, plus précisément des progressions induites par les programmes : l'adjectif apparait initialement dans le seul groupe du nom, en fonction d'épithète liée, ce n'est qu'à partir du CM1 que l'attribut est introduit dans les leçons d'étude de la langue. Il y a peu de structures attributives dans les énoncés soumis aux élèves, sur ce point également, il faudra vérifier les tendances perceptibles dans notre corpus.

Figure 83: *Pourcentages d'accidents d'identification des adjectifs selon la fonction occupée par ceux-ci*

		CE2			CM1			Total		
		Nb d'occurrences	Nb d'accidents d'identification	%age d'accidents	Nb d'occurrences	Nb d'accidents d'identification	%age d'accidents	Nb d'occurrences	Nb d'accidents d'identification	%age d'accidents
Epithètes	antéposées	23	11	47,8	13	4	30,8	36	15	41,7
	postposées	23	4	17,4	20	7	35	43	11	25,6
Apposé		0	0	0	1	0	0	1	0	0
Attributs	du sujet	0	0	0	6	2	33,3	6	2	33,3
	du COD	0	0	0	1	0	0	1	0	0
Total		46	15	32,6	41	13	31,7	87	28	32,2

Une fois encore, le contexte syntaxique semble n'avoir quasiment aucun impact sur l'identification. En regroupant les épithètes d'un côté, les attributs de l'autre, nous obtenons respectivement 32,9 % contre 28,6 %. Compte tenu de l'écart dans le nombre d'occurrences, autant dire qu'il n'y a pas de différence. Le placement de l'épithète par rapport au nom ne donne pas davantage d'explication : au CE2, l'écart observé provient tout simplement de la postposition obligatoire des adjectifs de couleur, adjectifs dont nous avons analysé les spécificités dans un précédent chapitre[67]. Il n'y a donc rien à voir de ce côté-ci de l'analyse, si ce n'est un indice supplémentaire de l'absence de relation entre grammaire enseignée et outillage métalinguistique des élèves.

---

[67] Cf. 2.2.4.1.2.

2.4.5. Synthèse

Tout en prenant les précautions qui s'imposent du fait de la nature de nos données, nous pouvons poser ici quelques traits remarquables, et qui entrent en cohérence avec les précédentes observations concernant les autres catégories de mots lexicaux. Les élèves n'utiliseraient pas le contexte de l'énoncé, ce qui expliquerait que la syntaxe n'a pas d'impact, pas plus que la morphologie écrite, qui ne fournirait que peu, voire pas, d'appui. Ils ne serviraient pas vraiment de l'axe paradigmatique puisque les variations morphologiques ne les dérangent pas, mais ne leur sont pas utiles non plus. Restent la fréquence et le sens comme principaux outils de l'identification : un mot fréquent exprimant une caractérisation visuelle (sens des plus concrets) représente un bon candidat au statut d'adjectif.

2.5. Les pronoms

Le premier constat qui s'impose, avant tout propos concernant un éventuel archétype de pronom plus facilement identifiable par les élèves, est celui d'une catastrophe annoncée, dont le graphe ci-dessous rend bien compte.

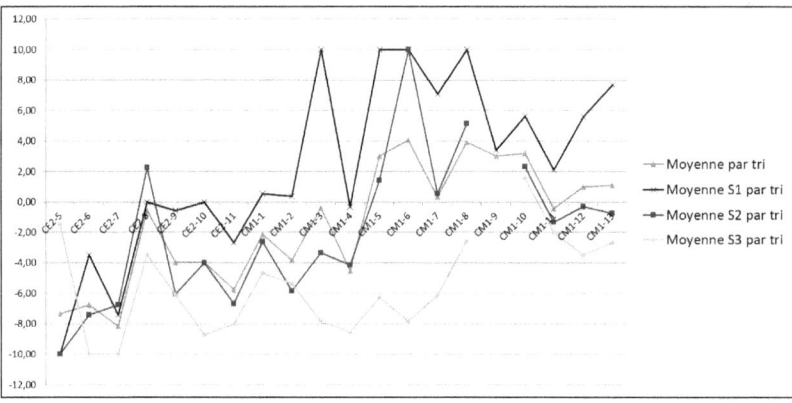

Figure 84: *Moyennes des scores d'identification pour les pronoms*

Comparant les graphes obtenus pour les différentes classes grammaticales, le lecteur ne peut qu'être frappé par des scores très largement négatifs, pour l'ensemble des élèves en CE2, pour les élèves de S2 et S3 quasiment jusqu'à la fin du CM1, avec de meilleures performances pour S2 de CM1-5 à CM1-10. Ces scores négatifs rendent compte d'un phénomène que nous avons peu observé pour les catégories précédentes : les pronoms sont massivement identifiés de façon erronée, c'est-à-dire positionnés dans une classe grammaticale dont ils ne relèvent pas. Étant des mots grammaticaux, ils ne se prêtent guère à des intitulés de catégorie sémantiques, ce qui engendre très peu de codage en -5 ou 5, d'où des moyennes qui peuvent descendre très bas, notamment tant que la catégorie grammaticale n'est pas utilisée. Pour rappel, elle apparait en CE2-8 chez deux élèves, mais demeure rare jusqu'en CM1-5, tri pour lequel elle atteint une moyenne d'utilisation de 0,5 sur 1, en dessous de laquelle elle ne redescend plus, mais, jusqu'à la fin de l'année, elle plafonne autour de 0,6 sur 1, le dernier tri voyant son utilisation par un maximum de treize élèves sur dix-neuf présents. Nous avons décidé d'abandonner une analyse par le biais d'accidents d'identification afin de tenir compte de ces spécificités, mais aussi en raison d'un nombre d'occurrences global trop faible : il est fréquent qu'il n'y ait qu'un ou deux pronoms dans les énoncés, ce qui rend trop fragile la moyenne par tri, et inopérante la comparaison entre moyenne pour le mot et moyenne pour le tri.

2.5.1. Trop petits… et autres aspects morphologiques

Le suspens n'existe pas et il n'y aura de ce point de vue aucune surprise : les pronoms sont très largement positionnés dans la catégorie des déterminants. Sur 454 identifications erronées, seules 32 ne relèvent de ce cas de figure. Il est intéressant de comparer les données à la lumière de la charnière du tri CM1-5.

Figure 85: *Proportion d'erreurs d'identification des pronoms*

	Avant CM1-5	À partir de CM1-5	Total
Nb d'erreurs d'identification	316	138	454
Nb d'erreurs d'identification n'impliquant pas la classe des déterminants	6	26	32
Pourcentage d'erreurs d'identification n'impliquant pas les déterminants	1,9	18,8	7

Un début d'explication à l'écart entre les deux périodes définies peut être trouvé dans la diversification du corpus des pronoms à partir de CM1-11. En effet, les trois derniers tris donnent lieu à l'emploi dans les énoncés de pronoms autres que personnels : à lui seul, *certains*, présent en CM1-11 et CM1-12, est rangé par dix fois dans la catégorie des noms ou celle des adjectifs. Il semble évident que la longueur de ce mot n'est pas étrangère aux erreurs qu'il suscite, nous y reviendrons.

2.5.1.1. Confusion, ou étape ?

Mais revenons sur ce qui pourrait être trop rapidement traduit comme une confusion entre déterminants et pronoms. Certes, nous l'avons vu précédemment[68], les mots de moins de quatre lettres présentent de fortes probabilités d'être considérés comme des déterminants. Mais penser que les élèves considèrent comme des déterminants tous les mots qu'ils regroupent sous cet intitulé nous semble être une erreur d'interprétation, dans la mesure où l'adulte emploie « déterminant » dans son sens plein de concept grammatical. Il nous parait important de considérer que la manière dont les élèves utilisent l'intitulé nous en dit davantage sur les constructions systémiques qu'ils tentent d'échafauder. Revenons à nos petits pronoms : à regarder un certain nombre de tris d'élèves, nous constatons que pronoms et déterminants forment un ensemble qui va de pair avec celui qui inclut les noms et les verbes, et ce, quelles que soient les étiquettes employées. Ce sont chez les élèves du groupe S3 que l'on va trouver le plus d'exemples de ce type : Brahim et Bandjigou offrent de nombreux exemples de cette bipartition, mais ils ne sont pas les seuls.

L'observation des travaux de Bandjigou révèle qu'il y a une évolution derrière ce qui pourrait sembler une suite d'erreurs identiques concernant les pronoms. En effet, ceux-ci sont positionnés dans la colonne « déterminant », quasiment tout le temps, exception faite du tri CM1-11, qui est le seul pendant lequel cet élève utilise la catégorie « pronom ». Mais tandis que dans les premiers tris, les pronoms et les déterminants sont mélangés avec d'autres petits mots, au fur et à mesure, la catégorie déterminant devient plus sélective : en CE2-8, *ils* est dans « déterminants », mais *lui* est dans « ? ». En parallèle, le regroupement des « mots qui vont avec les déterminants »[69] inclut des noms, des verbes et des adjectifs. En CM1-5, l'utilisation de la classe des verbes semble

---

[68] Cf. 2.2.1.1.
[69] Intitulé fourni par Bandjigou à l'enseignante en CM1-2.

provoquer l'exclusion des trois occurrences de *ils* du regroupement intitulé *« dét », vers « ? ». En CM1-11, la quadripartition est apparente avec l'arrivée d'une catégorie « pronom » dans laquelle se trouve *il*, mais les deux derniers tris montrent un retour à la tri-partition dans laquelle les pronoms personnels sujets sont inclus dans le regroupement intitulé « déterminants ». En trame de fond, et en mettant de côté les écarts de raisonnement symptomatiques de la difficulté de la tâche pour cet élève, se dessine l'évolution d'une bi-partition mots-grammaticaux/mots lexicaux vers une organisation quadripartite déterminants/noms//pronoms/ verbes, qui passe par la constitution d'un regroupement de mots atones conjoints à un mot lexical, l'ensemble étant intitulé « déterminants » vraisemblablement parce que le trait saillant que Bandjigou attribue à cette étiquette métalinguistique consiste en la façon dont ils « vont avec » un autre mot.

Ainsi, il y aurait comme une valeur d'emploi à attribuer aux métatermes en fonction de l'état de conceptualisation appréhendable par l'élève. Nous en avons quelques traces, y compris chez des élèves globalement plus performants que Bandjigou ou Brahim. Les tris de Sofia présentent la même évolution que ceux de Bandjigou, mais comme accélérée : les pronoms (puis, progressivement, seulement les formes de pronoms personnels sujets[70]) sont d'abord présents sous l'intitulé « déterminants » jusqu'en CM1-5, avant d'être isolés sous l'intitulé *« prenon personel sujet »[71]. Les intitulés nous offrent des indices de l'évolution des concepts. En CM1-4, le regroupement « déterminant » est mis en regard avec les *« verbe qui von avec les déterminant » tandis qu'en CM1-6, l'apparition d'une catégorie de pronoms coïncide avec l'utilisation de l'intitulé « determinant qui von avec les nom » : le retournement de la formulation pourrait signifier une modification du point de vue. En CM1-4, Sophia constitue un regroupement de candidats à l'étiquetage en tant que déterminants, visiblement fondé sur un critère morphologique de taille (mais pas seulement, puisque certains mots de deux et trois lettres sont en « ? »), puis, elle ajuste un regroupement de mots qui « vont avec ». La répartition spatiale des étiquettes sur son travail en fournit des indices assez probants.

---

[70] En CM1-4, par exemple, *il* est dans « déterminants » quand *qui* est dans « ? ».
[71] Intitulé présent en CM1-6, par la suite abrégé par l'élève en « P.P.S ».

Figure 86: *Sophia, CM1-4*

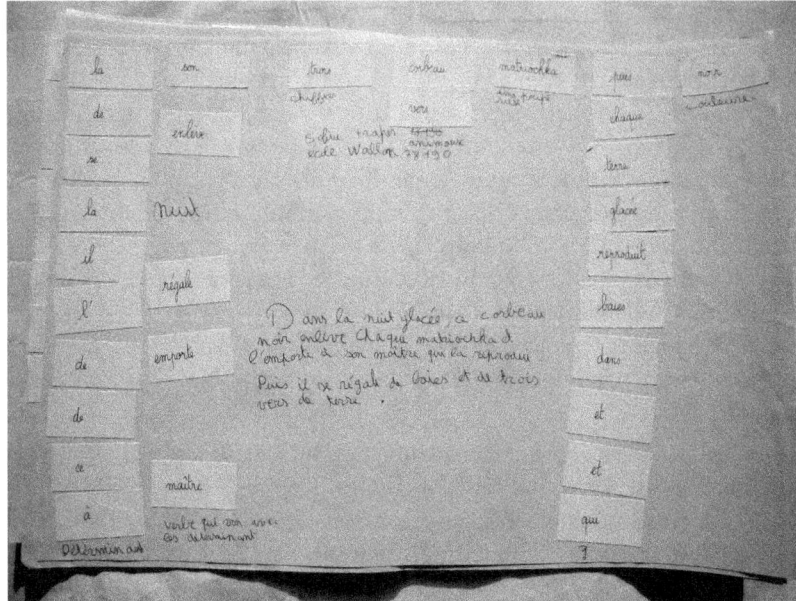

En CM1-6, la présentation en miroir des couples déterminant/nom et verbe/pronom personnel sujet montre un changement de perspective, changement plus présent encore dans la formulation, qui repositionne le nom comme premier et le déterminant comme une sorte d'accompagnateur.

Cependant, l'une des pierres de cette construction systémique n'est pas de même nature que les autres. En effet, lorsque Sofia est mise en demeure de justifier ces choix en CM1-10, elle explicite ainsi le positionnement de *elle* dans les « P.P.S » : *« j'ai fai : c'est un PPS car il et dan PPS et sa va pas changer et c'est pour sa que je le mais ici ». Tandis que toutes les autres justifications sont d'ordre procédural, l'identification des pronoms, tout du moins – et la nuance est d'importance – les pronoms personnels sujets, est le fruit d'un savoir déclaratif, justifié de façon tautologique.

Analyse croisée des mots codés 233

Figure 87: *Sophia, CM1-6*

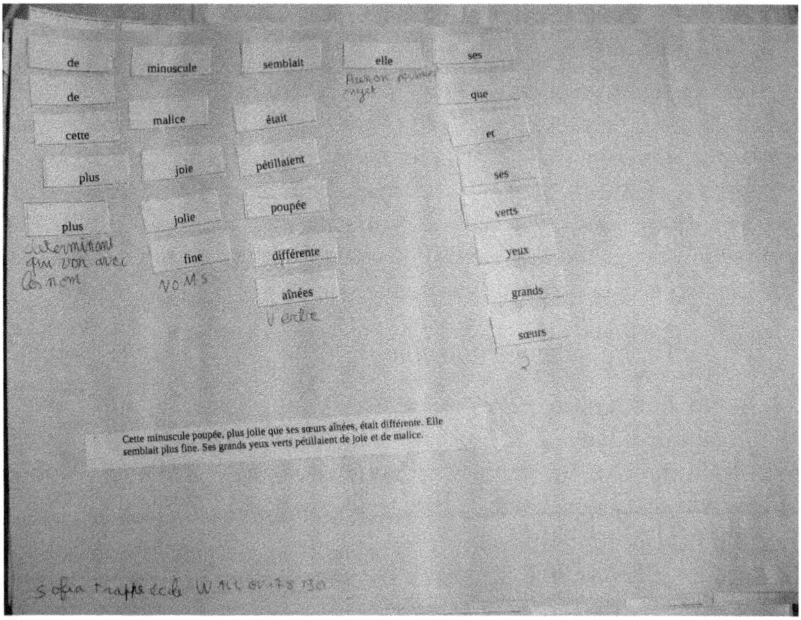

Dernier exemple de partie émergée de l'iceberg des métatermes flottants, l'emploi par Camila en CE2-10 d'une paire « pronom personnel » / *« mot qui vont avec les pronom personnel » semble montrer la même étape mais avec un glissement de désignation inédit et, pour tout dire, plutôt rare dans notre corpus. Dès CE2-11, elle utilise la paire « déterminants » / « mots qui vont avec les déterminants », de façon semble-t-il plus efficace, puisque les pronoms personnels en sont exclus. Cependant, il est difficile d'être formel sur ce dernier point, puisqu'en CE2-11, les deux pronoms *elle* sont de moins bons candidats à l'inclusion dans les déterminants, nous y reviendrons. Lors du premier tri de CM1, Camila emploie de nouveau « pronom personnel » pour intituler le regroupement d'un certain nombre de brefs mots grammaticaux, avant de corriger l'intitulé en « déterminant », dès le CM1-2. En CM1-4 et CM1-5, nous retrouvons l'utilisation des « mots qui vont avec les déterminants », et cela nous permet d'observer sur le même tri de CM1-4 un phénomène de même nature que ce que nous avons pu analyser sur le travail de Sophia. Puisque l'équivalent de la catégorie du nom est défini par son allégeance à celle des déterminants, le fait de mettre une forme de pronom personnel complément dans la liste des déterminants entraine logiquement le verbe qui le suit dans les « mots qui vont avec les déterminants » : c'est le cas de *reproduit*, une fois *la* inclus dans les déterminants.

Ces quelques exemples témoignent des difficultés d'emploi de la terminologie grammaticale par les élèves, mais aussi, de façon plus constructive, de la manière dont le concept de pronom se détache progressivement de l'ensemble constitué par les mots grammaticaux conjoints à des mots lexicaux. En ce sens, si le terme « déterminant » est le premier à apparaitre, peut-être est-ce faire usage de trop de facilité que d'affirmer que la classe grammaticale désignée par ce métaterme se construit elle aussi en premier.

2.5.1.2. Impact de l'homonymie

Au total, 19 occurrences de pronoms présentent des homonymes grammaticaux. Nous pouvions nous attendre à un fort taux d'échec d'identification de ces formes, notamment dans le cas des pronoms personnels compléments homonymes des articles définis.

Figure 88: *Codage mot à mot des pronoms* le, la *et* les

	CE2-5 la	CE2-6 les	CE2-7 les	CE2-9 le	CE2-11 les	CM1-1 la	CM1-2 la	CM1-4 la	CM1-9 la	CM1-12 les
Moyennes totales	-7,8	-7,2	-8,1	-6,8	-9,1	-7,6	-9,1	-7,6	-10	-0,3
Arvinde	-10	3	3	3	3	3	3	3	-10	10
Cihan						-5	-10	-10	-10	10
David	-10		-10	-10	-10	-10	-10	10	-10	-10
Ibrahim	-10	3		3	-10					
Jennee	-10	3	-10	3	-10	-10	-10	-10	-10	10
Kelly	-10	-10	-10	3		-10	-10	-10	-10	10
Sarah	-10	-10	-10		-10	-10	-10	-10	-10	3
Moyennes S1	-10	-2,2	-7,4	-1,3	-7,4	-7	-7,8	-4,5	-10	5,5
Camila	-10	-10	-10	-10	-10	10	-10	-10		-10
Célia						-10	-10	-10		-10
Ismaël	-10	-10	-10	-10	-10	-10				10
Leila	-10	-10	-10	-10	-10	-10	-10	-10	-10	-10
Marcoss	-10	-10	3	-10	-10	-10	-10	-10		3
Sharon	-10	-10		-10		-10	-10	3		
Sofia						-10	-10	-10		-10
Moyennes S2	-10	-10	-6,8	-10	-10	-7,1	-10	-7,8		-4,5
Bandjigou	-5		-10	-10	-10		-10	-10		
Brahim		-10	-10	-10		-10	-10	-10		
Daniel						-5	-10			
Hicham	3	-10	-10	-10	-10	-10	-10	-10		
Oumou	-5	-10	-10	-10	-10	-10	-10	-10		
Philippe	3	-10	-10	-10	-10	-10	-10	-10		-10
Yasmine						-5	-10	-10		
Moyennes S3	-2,8	-10	-10	-10	-10	-9	-9,3	-10		-10

Pas de surprise du côté des pronoms homonymes de la liste canoniques des articles définis : chaque codage -10 renvoie à une identification erronée en tant que déterminants. Nous manquons de données sur le CM1, mais un regard panoramique sur le codage mot à mot des pronoms le confirme : les homonymes d'articles définis engendrent les moyennes les plus basses de l'ensemble du corpus, jusqu'à -10 de moyenne en CM1-9, tri effectué pourtant par les élèves les plus performants. Sachant que l'enseignante a effectué un travail d'analyse explicite des pronoms compléments conjoint dans l'intervalle, il semblerait que la tendance s'améliore en CM1-12. Arvinde est le seul élève qui très régulièrement identifie que les formes concernées ne sont pas des déterminants. Quant à la réussite de Camila en CM1-1, elle est due aux choix terminologiques de l'élève plutôt qu'à une réelle prise en compte de la particularité de ces formes, comme expliqué précédemment.

Si nous regardons maintenant les formes élidées, les moyennes d'identification sont légèrement moins basses.

Figure 89: *Codage mot à mot des pronoms compléments conjoints élidés*

	CE2-5 l'	CE2-11 s'	CM1-2 l'	CM1-4 l'	CM1-11 l'
Moyennes totales	-6,9	-8	-6,5	-6,6	-6,3
Arvinde	-10	-10	3	-10	10
Cihan			-10	-10	-10
David	-10	3	3	3	-10
Ibrahim	-10	-10			
Jennee	-10	-10	-10	-10	-10
Kelly	-10		3	3	3
Sarah	-10	-10	-10	-10	-10
Moyennes S1	-10	-7,4	-3,5	-5,7	-4,5
Camila	-10		-10	3	-10
Célia			-10	-10	-10
Ismaël	-10		-10		10
Leila		-10	-10	3	-10
Marcoss	-10	-10	3	-10	-10
Sharon	-10	-10	-10	3	-10
Sofia			-10	-10	-10
Moyennes S2	-10	-10	-8,1	-3,5	-7,1
Bandjigou	-5	-10	-10	-10	
Brahim	3	3	-10	-10	-10
Daniel			-5	-10	-10
Hicham	3	-10	-10	-10	3
Oumou	-5	-10	-10	-10	-10
Philippe	3	-10	-10	-10	
Yasmine			3	-10	-10
Moyennes S3	-0,2	-7,4	-7,4	-10	-7,4

Mais, surtout, les moyennes obtenues sont très stables, même si les réponses d'un élève donné peuvent varier au fil du temps. Nous pourrions proposer l'hypothèse suivante : les articles élidés étant légèrement moins bien reconnus, leurs homonymes pronoms sont moins aisément rangés dans la catégorie des déterminants. Mais la différence est faible, dans un cas comme dans l'autre.

Parmi les cas d'homonymie avec des déterminants, restent trois formes, cette fois de quatre lettres et plus.

Figure 90: *Codage mot à mot de* leur, certains *et* tous

	CM1-1 leur	CM1-11 certains	CM1-11 tous	CM1-12 certains
Moyennes totales	0,8	-3,7	-0,4	-1,6
Arvinde	3	3	-5	3
Cihan	5	Dét. -10	10	10
David	3	-5	-5	3
Ibrahim				
Jennee	3	Dét. -10	10	10
Kelly	3	Nom -10	3	3
Sarah	Dét. -10	Dét. -10	3	3
Moyennes S1	1,2	-7	2,7	5,3
Camila	10	-5	-5	Dét. -10
Célia	Dét. -10	3	3	Adj. -10
Ismaël	3	-5	3	-5
Leila	3	3	3	3
Marcoss	3	3		Dét. -10
Sharon	Dét. -10	Nom -10	Nom -10	3
Sofia		3	-5	10
Moyennes S2	-0,2	-1,1	-1,8	-2,7
Bandjigou		3		3
Brahim	3	Nom -10	Nom -10	3
Daniel		Nom -10	3	Nom -10
Hicham	3	3	3	Nom -10
Oumou	3	Nom -10	3	Dét. -10
Philippe	3			Nom -10
Yasmine	-5	3	Nom -10	Nom -10

D'emblée, le codage couleur nous indique une configuration bien différente en ce qui concerne l'identification de ces trois pronoms :

une proportion importante des élèves les positionne dans « ? ». De plus, les erreurs d'identification, quand elles interviennent, ne sont pas si unanimes que pour les pronoms précédemment évoqués : *certains* est plus volontiers considéré comme un nom que positionné dans les déterminants. Le critère de taille parait être décisif et, de ce point de vue, le positionnement de certains dans les déterminants est plutôt l'indice d'un progrès d'élève, puisqu'il est le signe que l'élève a essayé de positionner le mot devant un nom afin de le tester, plutôt que de s'en remettre à un constat morphologique somme toute basique[72]. Oumou est donc plutôt en progrès de CM1-11 à CM1-12, tandis que Cihan et Jennee, deux élèves performants, commencent par une identification en tant que déterminant avant de parvenir à correctement identifier ce pronom. Il nous faudrait plus de profondeur temporelle et d'épaisseur en nombre d'élèves pour consolider cette hypothèse de progression.

2.5.1.3. Flexions et « mots invariables »[73]

Au même titre que pour certaines formes verbales, la présence de certains pronoms dans des regroupements intitulés « mots invariables » peut étonner, d'une part parce que le terme même de « pronom » est attaché dans la grammaire scolaire à la notion d'accord, par le biais du pronom de conjugaison, d'autre part dans la mesure où la variation en genre de certaines formes est marquée même à l'oral. Dans nos codages de ce positionnement en « mots invariables », nous avons d'ailleurs tenu compte de cet aspect, les formes ne possédant pas de possibilités de varier en genre ou en nombre étant codées 5 (par exemple *en* ou *qui*[74]), tandis que celles qui pouvaient varier en genre et/ou en nombre étant codées -5 (par exemple *certains* ou *lui*). La catégorie « mots invariables » apparait en CM1-5 et prend de l'ampleur à partir de CM1-10. Nous avons recensé les pronoms présents sous cet intitulé et effectué un ratio entre le nombre de tris d'élèves dans lesquels ils pouvaient apparaitre[75] et le nombre de fois où ils apparaissent réellement.

---

[72] Les classements par nombre de lettres sont très largement utilisés dans cette expérimentation au début du CE2.
[73] Cf. annexe « Utilisation des regroupements "mots invariables" ».
[74] La flexion par rapport à la fonction syntaxique nous semble trop loin des représentations potentiellement constructibles par les élèves de l'âge considéré.
[75] Ce nombre est obtenu en dénombrant les élèves utilisant la catégorie « mots invariables » lors du ou des tri(s) dans les énoncés desquels le pronom apparait.

Figure 91 : *Ampleur de la présence des pronoms dans le regroupement « mots invariables »*

Pronoms apparaissant dans les «mots invariables»	Nombre d'apparitions potentielles	Nombre d'apparitions constatées	Ratio
qui	13	3	0,23
lui	22	12	0,54
en	19	8	0,42
elle	10	1	0,1
certains	18	4	0,22
tous	9	3	0,33
celui-ci	8	2	0,25
eux	11	1	0,09
se	11	3	0,27

L'observation des ratios offre un point de vue intéressant sur les représentations des élèves. Première observation, le fait que *en* soit perçu comme un mot invariable n'est pas illogique : ce pronom ne subit pas de variations morphologiques en genre ou en nombre. *Qui* et *se* offrent des profils semblables. En revanche, le fait que *elle* puisse être considéré par une élève comme un mot invariable étonne pour le moins et pourrait être considéré comme un apax. Après tout, il ne s'agit que d'une élève. Seulement, il se trouve que le pronom le plus souvent considéré comme un mot invariable est *lui*, c'est-à-dire un pronom personnel variable en nombre et en personne[76]. Un constat s'impose : la flexion des pronoms personnels en tant que reste de déclinaison, selon la fonction syntaxique, n'est certes pas perçue par les élèves, mais la flexion en nombre et en personne ne semble pas comprise non plus, y compris par un élève performant et très scolaire comme David. Le même David fait partie des élèves considérant

---

[76] En CM1-9 et CM1-11, *lui* est un pronom disjoint, tandis qu'en CM1-10, il est conjoint. Il est possible que la position disjointe ait favorisé un positionnement en « mot invariable » : les élèves performants que sont Cihan, Jenny, Kelly et David ne considèrent pas *lui* comme un mot invariable dans les énoncés au sein desquels il est conjoint. La flexion plurielle *leur* pourrait être perçue davantage que *eux*, dont l'écart morphologique constitue un fossé quasi infranchissable, peut-être faute d'un enseignement explicite adapté. Mais nous y reviendrons dans le prochain chapitre, dédié aux pronoms personnels.

certains, *tous* et *celui-ci* comme des mots invariables : nous posons ici l'hypothèse qu'il manipule en définitive assez peu la langue, mais s'appuie sur un savoir déclaratif dont l'efficience initiale ne fait pas débat mais qui s'avère insuffisant lorsqu'il s'agit de traiter des mots inédits.

Au sein de cette liste de pronoms, nous trouvons peu d'habitués des listes orthographiques couramment utilisées par les enseignants. Cependant, ces listes ayant leur vie propre, notamment via les circuits de diffusion du web, il n'est pas exclu que les mots concernés aient pu être enseignés comme tel. En cherchant bien, nous avons trouvé le spécimen ci-dessous.

Figure 92: *Exemple de liste scolaire de mots invariables*[77]

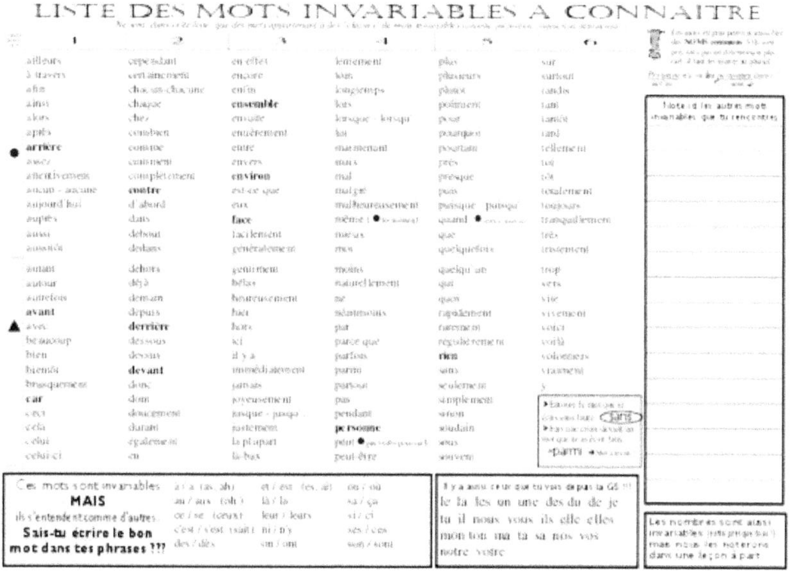

Il serait réellement trop facile de critiquer ce type d'outils d'enseignants... reste que l'enseignante des élèves qui nous intéressent ne travaillait pas avec une liste de ce type et que ce sont bien les élèves eux-mêmes qui ont jugé « invariables » ces mots. Au-delà du caractère

---

77 Liste trouvée sur le site http://notices-utilisateur.com/15615033/mots-invariables-cm1-listes-des-fichiers-pdf-mots-invariables-cm1, consulté pour la dernière fois le 10 septembre 2016.

critiquable de ce que l'orthographe scolaire entend par « mot invariable », c'est surtout l'incapacité de la grammaire scolaire à faire percevoir le système de la langue qui nous pose question.

2.5.2. Le paradigme des pronoms personnels

Pour une large majorité d'élèves, lorsqu'une catégorie de pronoms apparait, elle est intitulée « pronoms personnels » : ceux-ci tendent à phagocyter les représentations des élèves, plus encore que les articles au sein de la classe des déterminants. Parfois, les élèves vont même jusqu'à la précision de « pronom personnel sujet ». Ces intitulés sont souvent juste, au sens où les élèves mettent sous ces métatermes des occurrences qui leurs correspondent, mais parfois ils témoignent d'un étrange malentendu, comme en CM1-8, lorsque Célia place sous l'intitulé *« pronoms personnelle » *ou*, *de*, *ont* et *ainsi*, quand Sofia, en CM1-12, range *il* et *certains*[78] sous la désignation « P.P.S » ou encore quand Sharon positionne *lui* et *et* dans un regroupement intitulé « sujet », en CM1-11.

2.5.2.1. Les pronoms personnels sujets

L'examen de cette zone du paradigme bien connue des élèves conforte une hypothèse peu originale : les pronoms personnels sujets sont les pronoms les mieux reconnus par les élèves. Ce ne sont pas forcément les pronoms qui recueillent la meilleure moyenne d'identification : le codage scalaire, dans le cas d'une catégorie grammaticale peu utilisée par les élèves, tend à mettre en avant les formes positionnées dans « ? » plutôt que celles qui ont suscité de nombreuses erreurs d'identification, à côté des réussites de certains élèves. Pour prendre un exemple concret, en CM1-11, *celles-ci* obtient une moyenne d'identification de 3,1, alors que seulement quatre élèves l'ont reconnu comme pronom, parce que onze élèves le rangent dans « ? », tandis que *il* n'obtient que 1,8, dix élèves l'identifient correctement, mais sept le rangent sous l'intitulé « déterminants ». Nous retrouvons ici la particularité des pronoms personnels, et plus particulièrement encore des formes sujets du type « il(s) » : ils sont soit correctement identifiés, soient source d'erreurs d'identification, mais très rarement soumis à un autre traitement. Pour reprendre l'hypothèse développée plus haut[79], ils sont d'abord intégrés dans une sorte de catégorie regroupant les mots grammaticaux conjoints avant

---

[78] *Certains* est bien un pronom dans cet énoncé, mais il est utilisé en fonction de complément de verbe dans « il en tuera certains », ndlr.
[79] Cf. 2.2.5.1.1. Confusion ou étape ?

de constituer un ensemble différencié, étape que la plupart des élèves de S3 n'ont pas atteint pendant notre expérimentation.

C'est pourquoi, afin de voir la prédominance des pronoms personnels dans les premières représentations construites par les élèves autour du concept de pronom, il nous faut changer d'outil d'analyse en nous intéressant à la proportion d'élèves ayant correctement reconnu le pronom. Ce pourcentage met en lumière de façon nette la plus grande réussite des élèves dans le cas de pronoms personnels sujets[80] : quand la moyenne globale sur l'ensemble des tris et des pronoms s'établit à 22 % de réussite, *il* atteint 44 % dès CE2-10, et 60 % en CM1-12. La synthèse en tableau permet de percevoir l'évolution positive assez régulière au fil de l'année.

Figure 93: *Tableau des pourcentages d'élèves identifiant correctement des pronoms personnels sujets, par tri et par pronom*[81]

	il	ils	elle	elles
CE2-8		20		
CE2-9			19	
CE2-10	44			
CE2-11			27	
CM1-1			33	
CM1-2			40	
CM1-3			44	
CM1-4	37			
CM1-5		45		
CM1-6			67	
CM1-7		53		
CM1-8				50
CM1-9	71			
CM1-10			80	
CM1-11	56			
CM1-12	60			
CM1-13		68		

---

[80] Dernière ligne du feuillet « pronom » de l'annexe « Codage mot à mot ».
[81] Nous avons choisi de commencer le tableau lorsqu'au moins un élève a utilisé la catégorie : avant CE2-8, toutes les valeurs sont de zéro. Les pourcentages très élevés en CM1-9 et CM1-10 s'expliquent par la différenciation opérée lors de ces tris : CM1-9 n'est effectué que par sept élèves (les plus performants selon l'enseignante) tandis qu'en CM1-10 *elle* n'est pas inclus dans l'énoncé fourni aux cinq élèves perçus comme les plus en difficulté.

Nous aurions pu nous attendre à ce que *elle* soit moins bien reconnu que *il*, parce que moins fréquent[82] : il n'en est rien, et cela viendrait plutôt conforter l'hypothèse selon laquelle les élèves reconnaissent ces formes parce qu'ils en ont un savoir déclaratif : leur utilisation scolaire comme pronoms de conjugaison balaie tout impact de fréquence en discours. En CM1-10, Arvinde justifie la catégorie intitulée *« pronom personnel » ainsi : *« il se place derrière le verbes »[83]. La justification proposée par David en CM1-10 est dans le même esprit : *« j'essayé avec le verbe ». Mais, en CM1-12, David va jusqu'au bout de cette logique en positionnant *il* juste devant *tuera* au sein de la catégorie des verbes, et en ne créant pas de catégorie « pronom », du même coup.

Figure 94: *David, CM1-12*

---

[82] É. Brunet attribue une fréquence de 270395 à *il*, contre 126397 à *elle*, qui est considéré comme moins fréquent que *qui* (148392) et *se* (168684).

[83] Sic. Nous avons eu moult fois l'occasion de constater que la localisation relative des constituants de la phrase par « devant »/« derrière » était extrêmement périlleuse pour l'ensemble des élèves. Rappelons ici qu'Arvinde est un des élèves les plus performants de la classe à ce moment de l'expérimentation.

Il est très rare que les élèves aient passé outre la consigne de tri par étiquette en reconstituant des ensembles dans une catégorie ; en dehors de cette occasion, cela n'arrive qu'avec le réfléchi *se*, positionné à gauche du verbe dans la catégorie « verbe » par Cihan et Jennee en CM1-13. C'est pourquoi nous pourrions également y voir la manifestation d'un lien syntaxique tellement fort qu'il en devient inanalysable pour l'élève.

En fin d'année, la reconnaissance des pronoms personnels sujets par environ deux tiers de la classe correspond de façon assez nette au découpage en groupes de performance. Les élèves de S3 dans leur ensemble n'ont pas accès à cette connaissance, ou, du moins, ne parviennent pas à l'utiliser dans le contexte du tri de mots, ou alors de façon extrêmement ponctuelle.

2.5.2.2. Les autres formes du paradigme, portion congrue des représentations des élèves

Lorsque nous prenons en compte les autres formes de pronoms personnels, les choses se gâtent très rapidement. Le tableau ci-dessous nous exonèrerait presque de commentaires.

Figure 95: *Tableau des pourcentages d'élèves identifiant correctement des pronoms personnels, par tri et par pronom*

	il	*ils*	*elle*	*elles*	*eux*	*le*	*la*	*l'*	*les*	*lui*	*leur*	*se*	*s'*
CE2-8		20								0			
CE2-9			19		0					0			
CE2-10	44											13	
CE2-11			27						0				0
CM1-1			33			6				6			
CM1-2			40			0	0		0				
CM1-3			44										
CM1-4	37					5	0					5	
CM1-5		45											
CM1-6			67										
CM1-7		53											
CM1-8				50									
CM1-9	71					0			0				
CM1-10			80						20				
CM1-11	56							11		22			
CM1-12	60								25				
CM1-13			68		16							5	

Jusqu'en CM1-9 inclus, la reconnaissance des autres formes est quasi nulle. Lors des quatre derniers tris, quelques élèves, principalement appartenant au groupe S1, parviennent à élargir le spectre des pronoms reconnus.

Figure 96: *Tableau des pourcentages d'élèves identifiant correctement des pronoms autres que personnels, par tri et par pronom*[84]

	qui	en	certains	celles-ci	tous	celui-ci
CM1-4	0					
CM1-5						
CM1-6						
CM1-7	5					
CM1-8						
CM1-9						
CM1-10		0				
CM1-11	11		0	22	11	
CM1-12			5	15		15
CM1-13						

En fait, les pronoms personnels autres que sujet donnent lieu à des performances sensiblement équivalentes à celles engendrées par les autres types de pronoms (cf. tableau ci-dessus), preuve supplémentaire que le paradigme des pronoms personnels n'existe pas en tant que tel pour les élèves : *le, la, les* ne sont pas enseignés concurremment avec les formes sujet, lorsque les enseignants les introduisent, en général en CM1, les effets de listes les renvoient aux articles, et ne permettent pas de déplacer des représentations déjà très verrouillées.

2.5.3. Les enjeux de la terminologie

L'utilisation des expressions « pronom personnel » ou encore « pronom personnel sujet » n'est nullement accompagnée d'une conscientisation du sens de chacun des termes employés. Elles constituent des mots valises comme la grammaire scolaire peut en construire[85]. Resterait à mieux

---

[84] Nous commençons ce tableau au CM1-4 parce qu'aucune de ces formes n'apparait auparavant dans les énoncés soumis aux élèves.
[85] Nous pensons ici à « adjectif qualificatif », dont le second terme a perdu toute signification au fil des aléas des injonctions institutionnelles.

évaluer à quel point elles peuvent entraver ou non la construction du concept de pronom. Lorsqu'Oumou intitule *« pronoms personel » le regroupement de *lui* et *celle-ci* en CM1-11, il semblerait qu'elle utilise l'expression simplement en lui donnant une extension plus importante ; mais ce savoir est fragile, en cours de construction, vues les différentes performances de cette élève en matière de pronoms.

Cihan et Jennee sont les élèves les plus performants dans l'identification des pronoms. L'examen des intitulés qu'ils utilisent propose des pistes de réflexion. Cihan utilise « pronom personnel » jusqu'en CM1-9, mettant sous cet intitulé exclusivement des formes de pronoms personnels sujets. En CM1-10, il ne donne pas d'intitulé au regroupement de deux *lui* et *elle*, mais fournit la justification suivante : *« Dans corpus il était devant un verbe. » À partir de CM1-11, il utilise le métaterme simple « pronom » et parvient à identifier correctement une bonne partie des formes concernées. Lorsqu'en CM1-10 il est demandé à Jennee de justifier une catégorie qu'elle nomme « pronoms », elle écrit *« j'ai remplacer avec un notre pronom ». Tout comme Cihan, avant ce tri, elle utilise « pronom personnel », tandis qu'à la suite de celui-ci, elle utilise « pronom » seulement, pour des performances quasiment identiques.

Arvinde est également un élève performant, mais qui peine à intégrer *qui*, *certains*, ou encore *tous* dans la catégorie des pronoms, contrairement à Cihan et Jennee. Arvinde utilise l'intitulé « pronom personnel » jusqu'à la fin du CM1, à une exception près, en CM1-9, tri lors duquel il constitue avec les trois *il* et *lui* une colonne « sujet ». Ajouté à une procédure déclarée en CM1-10 renvoyant au couple pronom-verbe (*« il se place derrière le verbes »), nous voyons là l'expression d'une zone de flottement entre nature et fonction, zone grise vraisemblablement due, entre autres phénomènes comme la fréquence, à l'enseignement massif des « pronoms personnels sujets ».

Pour conclure sur les éclairages apportés par notre corpus, il est manifeste que le concept de pronom n'est pas construit chez l'écrasante majorité des élèves, y compris par ceux qui peuvent manifester une bonne reconnaissance des formes de pronoms de conjugaison.

3. À la recherche des procédures des élèves

La question centrale à laquelle nous souhaiterions apporter des éléments de réponse situe ses enjeux au croisement de la linguistique et de la didactique : comment font les élèves pour identifier les mots du point de vue grammatical ? Invité à devenir linguiste, souvent bien malgré lui, l'élève est mis en demeure de résoudre des problèmes auxquels des siècles de réflexions n'ont pas apporté de réponses fixes, étant entendu que la langue, décidément, refuse de rentrer dans les cases que les grammairiens aménagent pour elle. Nous voulions savoir ce que les élèves font vraiment. Pour cela, nous leur avons certes posé la question, à l'oral et à l'écrit, mais nous avons également tenté de déduire de leurs écrits, des mots qu'ils parviennent le mieux ou le plus difficilement à identifier, quelles sont leurs procédures réelles.

3.1. De quelques constats préalables

Avant d'entrer dans le détail, la première constatation qui fut la nôtre lorsque nous avons dépouillé les données, c'est l'extrême fluctuation qui s'en dégageait ; autrement dit, nous ne nous attendions pas à une telle fragilité des savoirs et savoir-faire. Les différents graphes que nous avons pu établir le montrent, s'il est possible de lire des tendances, il est illusoire de considérer les savoirs et savoir-faire des élèves comme acquis à compter d'une date définie. Leurs progressions ne sont pas linéaires, que ce soit en termes de performances, mais aussi dans l'utilisation des catégories grammaticales ou même dans le métalangage utilisé.

3.1.1. Labilité des métatermes

Nous devons rappeler ici que la consigne du tri de mots ne fut jamais accompagnée d'une contrainte d'intitulé à utiliser, et c'est ainsi qu'est mis en lumière la difficulté de certains élèves à se saisir d'une terminologie et à en fixer l'usage. L'observation de quelques graphes d'utilisation des catégories par des élèves de S2, c'est-à-dire de niveau médian par rapport à la classe concernée, le montre bien.

Figure 97 : *Quelques représentations de l'utilisation des catégories grammaticales par les élèves*

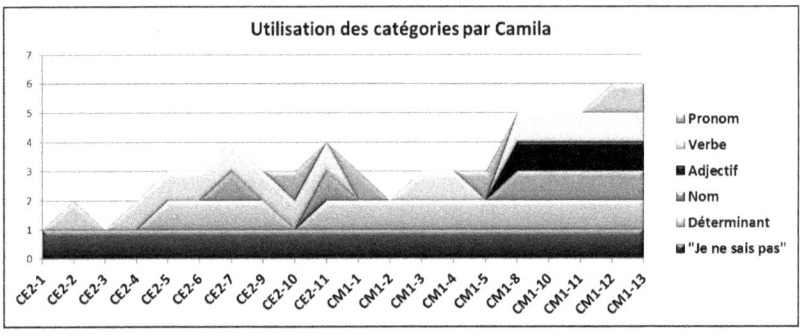

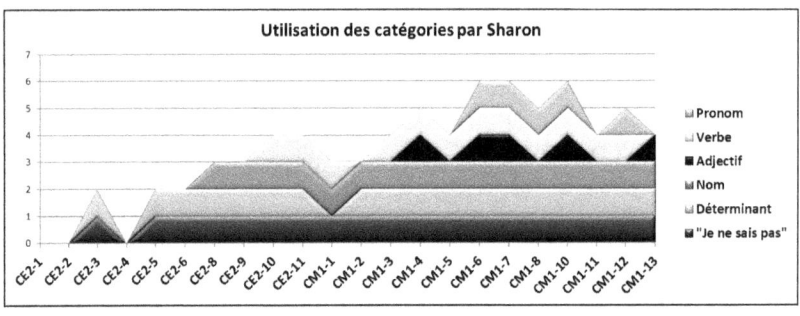

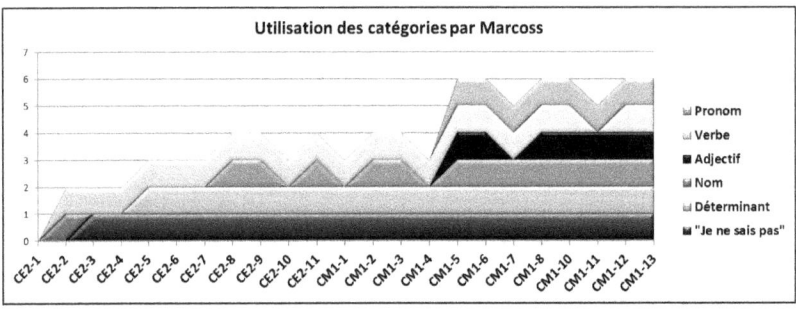

Nous attirons l'attention sur l'absence de la catégorie « verbe » dans le tri de Marcoss en CM1-11, par exemple ; ou encore sur l'abandon de cette même catégorie par Camila en CM1-5, et par Sharon, en CM1-13, alors même que nous aurions pu croire en une réelle stabilisation depuis le début de cette année de CM1.

Autre aspect de déséquilibre lié aux métatermes, la situation de communication entre adultes experts et enfants apprenants engendre un grand nombre de ce que nous appellerons des malentendus. En effet, par le biais de l'enseignement, l'adulte préconise, impose des mots pour décrire la langue : « déterminants », « adjectif qualificatif », « pronom personnel »... Marie Nadeau et Carole Fisher[1] ont bien montré l'importance des métatermes dans la construction des concepts grammaticaux par les élèves, et il ne s'agit pas ici de revenir sur cette avancée, mais de questionner les ambigüités qu'engendre l'utilisation des métatermes. Lorsque l'enseignante dit « déterminant », elle envisage une certaine extension de ce terme[2], mais lorsque ses élèves écrivent « déterminants » pour justifier en l'intitulant un regroupement de mots qu'ils ont constitué, ils n'envisagent pas la même extension à ce métaterme. Et si nous étions joueuse, nous ajouterions que nous-même avons amené dans cette classe et dans nos discours avec ses acteurs une troisième extension du mot « déterminant ».

Allons un peu plus loin, et faisons l'hypothèse d'un élève qui ne posséderait, dans son vocabulaire actif, que deux ou trois mots désignant des classes grammaticales, soit peut-être « déterminant » et « verbe », par exemple (mais pas au hasard). Soyons explicite et précisons ce que nous entendons par là : cet élève serait à un stade de conceptualisation qui lui permettrait de discriminer deux ou trois catégories de mots, catégories pour lesquelles il aurait des métatermes. Confronté à une tâche de catégorisation dont il a perçu les enjeux au travers des précédentes séances, cet élève va devoir composer avec ce qu'il a et organiser un système à son échelle, avec les outils qui sont les siens. Dès lors, il conviendrait d'évaluer le résultat à l'aune de ce système, et pas forcément en fonction d'une répartition canonique. Un élève qui parviendrait à ranger tous les pronoms personnels conjoints et les déterminants dans un regroupement intitulé « déterminants », tous les verbes et les noms sous l'intitulé « verbes » et le reste des mots en « ? » pourrait être considéré en réussite par rapport à la mise en œuvre d'un système en quelques sortes binaire,

---

[1] Nadeau & Fisher (2006).
[2] Extension que l'on pourrait considérée comme plus vraie, si nous considérions le savoir grammatical des enseignants comme abouti, maitrisé. Nous nous permettons quelques doutes, sur cela.

prototypique, contrastant les mots grammaticaux conjoints et les mots lexicaux avec lesquels ils entretiennent une relation syntaxique.

En somme, nous souhaitons pointer la nécessité d'une progression dans l'acquisition des concepts grammaticaux qui accepterait de débuter avant un emploi au sens propre des métatermes. À défaut d'avoir des termes intermédiaires, qui précéderaient ceux qui existent, il faut bien tenter de percer, à travers les regroupements effectués par les élèves, les mystères des mouvements souvent flottants qui accompagnent l'apparition des concepts, ceux-ci étant le produit de l'évolution, de la dissociation de protoconcepts qui les précèdent dans le temps. Il y a là un palimpseste trop souvent ignoré, et pourtant linguistiquement passionnant.

3.1.2. Quelle influence pour le contexte de l'énoncé ?

Autre constat préalable qui semblait s'imposer, l'énoncé soumis aux élèves provoquerait la variation de leurs performances. Ce qui pourrait être considéré quasiment comme une tautologie mérite d'être explicité : nous nous efforçons de lire à travers les écrits des élèves des performances relatives, des procédures qui se construisent, des concepts qui émergent, mais nous ne pouvons pas le faire de façon scientifique, en ne modifiant aucune variable si ce n'est celle de l'élève. Lorsque nous utilisons le même texte pour l'évaluation consistant à souligner les verbes puis les adjectifs, nous essayons de retrouver une certaine stabilité des paramètres. Mais la succession des énoncés soumis au tri ne peut évidemment pas être de même nature.

Pourtant, après avoir labouré les données de notre champ, un constat étrange s'impose : l'énoncé n'a que peu d'impact sur l'identification des mots en tant qu'environnement. La comparaison des différentes courbes de performances des élèves d'un tri à l'autre de permet pas d'identifier des baisses ou des hausses qui toucheraient toutes les classes grammaticales concurremment, ou encore tous les élèves simultanément. Le seul phénomène de ce type se situe en CM1-1 et CM1-2, et il est nettement probable que la baisse qui frappe quasiment toutes les classes grammaticales et de nombreux élèves n'est pas due aux énoncés mais au début d'année, avec des performances moindres engendrées par le retour à la scolarité après une longue période de vacances. Cela s'explique, et nous serons amenée à l'évoquer de nouveau à propos des procédures des élèves : ceux-ci ne s'appuieraient que peu, voire pas du tout, sur l'énoncé qui leur est fourni.

3.1.3. « ? » et l'augmentation régulière du nombre de classes grammaticales

Parce que nos études préalables[3] nous ont convaincue de son importance, nous commencerons par observer de plus près ce qui constitue le reste de l'opération de catégorisation, au sens arithmétique. Les élèves sont en effet informés dès le premier tri qu'il leur est possible de ne pas savoir où ranger certains mots, et donc de les rassembler en une catégorie « je ne sais pas », qui a rapidement été intitulée par des « ? ».

Figure 98: *Moyennes relatives à l'utilisation de regroupements « je ne sais pas », mises en regard avec l'apparition des classes grammaticales*

Numéro du tri	Présence d'un regroupement "Je ne sais pas"	Ampleur de la catégorie "je ne sais pas"	Nb de classes grammaticales explicites	Numéro du tri	Présence d'un regroupement "Je ne sais pas"	Ampleur de la catégorie "je ne sais pas"	Nb de classes grammaticales explicites
CE2-1	0,07	0,18	0	CM1-1	0,8	24,57	2
CE2-2	0,67	24,76	0,5	CM1-2	0,9	31,55	2,4
CE2-3	0,94	26,36	0,9	CM1-3	0,9	29,48	3
CE2-4	0,63	15,97	0,9	CM1-4	1	33,62	3,2
CE2-5	0,88	21,73	1,6	CM1-5	0,95	28,2	3,6
CE2-6	0,87	20,32	2	CM1-6	1	26,53	4
CE2-7	0,93	21,73	2,6	CM1-7	1	13,89	4,1
CE2-8	1	30,48	2,9	CM1-8	0,95	19,44	4,1
CE2-9	1	34,58	2,8	CM1-9	1	16,39	4,9
CE2-10	0,88	19,91	3	CM1-10	0,95	24,09	4,2
CE2-11	1	23,47	3,1	CM1-11	1	23,3	4,3
				CM1-12	1	20,56	4,3
				CM1-13	1	21,68	4,6

La présence de ce regroupement dévolu à ce qui ne peut pas s'intégrer par ailleurs est constante, elle souffre très peu d'exceptions parmi les tris composés par les élèves. En CE1-1, son faible usage est le signe de catégorisations massivement morphologiques : les élèves, comptant le nombre de lettres afin de composer leur tri, n'ont pas besoin de regroupement « ? ». L'utilisation de celui-ci est nettement liée à des critères plus complexes, qui ne permettent pas de tout ranger. En revanche, l'ampleur relative de la catégorie, exprimée dans le tableau ci-dessus par le pourcentage de mots de l'énoncé qui y sont positionnés, est soumise à des variations assez fortes. Ces variations sont certes liées à la composition de l'énoncé, c'est-à-dire au nombre de mots n'appartenant pas aux classes grammaticales utilisées par les élèves, mais elles sont également corrélées au nombre de ses classes grammaticales ; cela s'observe bien en CM1, année pendant laquelle l'augmentation progressive du nombre de classes

---

[3] Beaumanoir-Secq (2014).

grammaticales utilisées s'accompagne tendanciellement d'une baisse du nombre de mots positionnés dans « ? ». Les variations perceptibles à travers cette tendance de fond semblent renvoyer à la difficulté des énoncés telle que perçue par les élèves.

La courbe du nombre de classes grammaticales utilisées en moyenne pour chaque tri présente une augmentation parfaite, si nous gardons en tête que le CM1-9 n'a été fait que par sept élèves performants.

Figure 99: *Moyenne de nombres de classes grammaticales par tri*

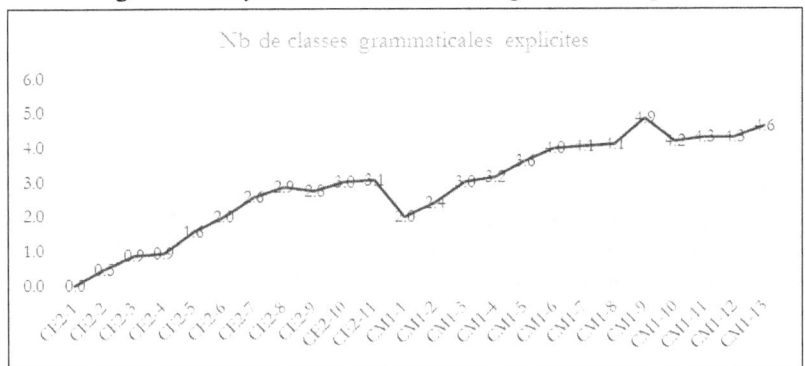

En CM1-3, la classe a récupéré la moyenne de fin de CE2, ayant à ce moment-là absorbée la pause estivale, mais aussi les nouveaux arrivants. Cette progression régulière nous parait être un indicateur intéressant de l'évolution des performances des élèves.

3.1.4. Tautologies et difficultés à expliciter

Nous sommes consciente de la difficulté de la tâche d'explicitation des procédures. Au même titre que les entretiens métagraphiques[4], les demandes de justifications auxquelles nous avons procédé, à l'oral en CM1-8, puis à l'écrit en CM1-10, ne peuvent être prises au pied de la lettre et nous ne saurions les considérer avec cette naïveté. Néanmoins, les discours des élèves sur les classes grammaticales apportent un éclairage intéressant, bien que partiel, et partial. Dès lors, justifier de son raisonnement n'est pas chose facile, et le degré de capacité d'un élève à justifier sa catégorisation se révèle, en soi, être un indice de son degré de

---

[4] Cogis (2005).

conceptualisation. Du point de vue de la qualité des discours construits, nous pouvons esquisser une sorte de typologie rapide.

Dans certains cas, bien qu'il ait fourni un travail effectif, l'élève est incapable de le justifier de quelque façon que ce soit. Trois élèves n'ont fourni aucune explication écrite en CM1-10 ; il s'agit de Kelly, Leïla et Oumou. Difficile de dire dans ce cas si elles n'ont pas réussi, ou pas essayé. Mais il y a aussi des justifications incomplètes, l'élève ayant fourni une procédure pour certains regroupements, mais pas pour d'autres. Ismaël et Sharon ne donnent pas d'explications pour le regroupement de pronoms qu'ils ont créé, Brahim et Marcoss pour celui des adjectifs, Ismaël et Marcoss ne justifient pas la classe des déterminants tandis que Daniel et Célia font l'impasse sur l'explicitation de la classe des noms. Dans ces deux derniers cas, nous faisons l'hypothèse que les élèves pensent justifier simultanément la catégorie des déterminants et celle des adjectifs, avec des discours du type : *« J'ai fait les déterminant par ce que sa va avec des noms » (Célia) ou encore *« les nom je les esayé avec des determinant » (Marcoss), mais nous reviendrons sur le caractère circulaire de ces justifications. Pour ce qui est de l'absence de justifications concernant les adjectifs, ou encore les pronoms, il nous semble que cela relève davantage de l'incapacité réelle à produire une argumentation sur ces classes grammaticales. Un regard sur les autres justifications nous conforte dans cette hypothèse. Hicham offre une justification par l'exemple dont la nature tautologique dit la difficulté ressentie par cet élève : il place *grec* seul et écrit *« parce-que parexample un prince grec ». Sarah regroupe *grec* et *imminente* et sous-titre *« Pour les adjectifs bas j'ai imaginer avec grec et imminente et j'ai réussi ». Cette peine à concevoir un discours peut être expliquée par des compétences de production d'écrits assez faibles chez de nombreux élèves de cette classe. Mais, à l'oral, pour certains, c'est tout aussi difficile. Lorsque l'enseignante lui demande « Tu as mis la colonne des adjectifs, comment tu as fait ? »[5], Célia laisse passer un très long silence, lit la liste des mots qu'elle a disposés au-dessus de cet intitulé : *jeunes, points, neiges, culminants*. L'enseignante relance afin d'obtenir une justification à plusieurs reprises.

Cél. : ça va avec des noms
M : ça va avec des noms + alors tu me montres ?

---

[5] Dans cette partie de notre travail, nous nous appuyons sur les fichiers annexes inclus dans « Corpus par tri, CM1-8 ». Ici, fichier audio CM1-8 Justifications individuelles Célia, Brahim, Hichem, l'échange débute à 7'30".

Cél. : ++ ça va avec des déterminants

M : alors ça va avec des noms et des déterminants ++ alors + vas-y + montre-moi

Cél. : *des jeunes montagnes*

M : *des jeunes montagnes* + d'accord <*attend une suite à cet exemple, attente perceptible par son intonation*>

Cél. <*ne répond pas, l'enseignante relance par la suite vers Brahim*>

Il est manifeste que la co-construction du discours ne suffit pas à combler les difficultés de Célia à justifier le regroupement intitulé *« ajectif qualificatif ». Autre exemple de cette difficulté, Sofia butte sur la justification d'une catégorie « adj » constituée par *éternelles*, *pentes*, *jeunes* et *altitude*[6].

M : comment tu les reconnais ? Qu'est-ce que t'as fait dans ta tête pour les mettre ensemble ?

Sof. : parce que ++ comment dire +++

M : je sais pas + il faut que tu m'expliques ce que c'est que leur point commun

Sof. : bah ++ bah c'est un adjectif

M : Ah + oui + mais comment tu fais ? il suffit pas de le dire + il faut que tu m'expliques comment t'as su ++ comment t'as su dans ta tête que c'était des adjectifs ? tu vois + c'est pas marqué dessus + que c'est des adjectifs

Sof. : nan ! <*amusée*>

M : c'est dans ta tête + que t'as décidé que c'étaient des adjectifs + mais comment t'as fait ?

Sof. : j'ai +++ j'ai cherché + j'ai trouvé que c'était un adjectif + mais j'me rappelle plus comment

Nous retrouvons ici le recours à une justification tautologique, faute de parvenir à reconstituer le raisonnement qui fut à la source de la construction du tri.

Nous posons l'hypothèse qu'il n'est pas étonnant que la catégorie des adjectifs suscite fréquemment ce type de discours : d'une part, nous l'avons vu précédemment, c'est une catégorie grammaticale mal maitrisée par les élèves, d'autre part, ils ne possèdent pas d'éléments de langage tout prêts à fournir aux enseignantes, contrairement aux cas de figure de justification d'autres classes. En effet, pour ce qui est des déterminants,

---

[6] Fichier audio CM1-8 Sofia, l'échange débute à 3'57".

des noms et des verbes, les élèves ont toujours quelque chose à répondre, mais au risque de réciter des procédures, sans être pour autant en capacité d'en donner des exemples, lors des entretiens. Lorsque l'enseignante demande à Daniel de justifier de la catégorie des noms après qu'il lui a affirmé « montagne, c'est un nom », cet élève lui répond « parce que c'est une action »[7]. Lorsque l'enseignante lui demande « montre-moi l'action de la montagne », Daniel répond qu'il ne sait pas. Nous avons là l'exemple d'un savoir-faire partagé en classe mais insuffisamment compris et devenu un savoir déclaratif, pas plus opérationnel qu'une définition.

3.2. Ce que les élèves déclarent de leurs systèmes

À travers le traitement des mots, nous avons été amenée à esquisser en négatif des procédures potentielles que les échecs et les réussites en fonction des profils de mots permettaient de discerner. Nous changeons de point de vue en interrogeant les élèves et en analysant leurs discours de justification, à l'oral et à l'écrit, non sans perdre de vue les constats établis ci-dessus.

3.2.1. La relation déterminant-nom

Lorsqu'un élève doit justifier de la classe des déterminants, à l'oral comme à l'écrit, il invoque la relation avec le nom. La réciproque est également vérifiable. Si nous devions synthétiser à traits grossiers, il semble bien que les élèves, tous les élèves[8], pensent qu'un mot est un déterminant parce qu'on peut mettre un nom après et qu'un mot est un nom parce qu'on peut mettre un déterminant avant. Vu comme cela, cette procédure syntaxique peut paraitre assez opérationnelle, et plutôt juste, syntaxiquement parlant.

3.2.1.1. Un ensemble de procédures

En affirmant que tous les élèves déclarent la même procédure, nous pratiquons un raccourci qui ignore les écarts à la fois de formulations et de performances. Il y a une nette différence de formulation quand

---

[7] Fichier audio CM1-8 Daniel, 3'15".
[8] Rappelons ici que ces justifications ont été recueillies au début du mois de février pour les traces écrites, à la fin du mois de mars, pour les enregistrements oraux, le tout en CM1.

Arvinde écrit « J'ai mis ces déterminants devant un nom » et quand Philippe écrit « les déterminent on les roconet grace ô noms ». Dans les propos de Philippe se retrouve la relation déterminant-nom, mais sans le repérage précis et la construction d'un réel outil d'identification explicité tel un savoir-faire par Arvinde. En fait, Philippe précise sa pensée en justifiant que « les noms on les roconet par ce que devant déterminent ». Mais reprenons cette gradation en essayant de caractériser les procédures en fonction du groupe de performance auquel appartiennent les élèves.

Chez les élèves du groupe S1, il existe un phénomène frappant de miroir entre la procédure d'identification des déterminants et celle des noms. Les élèves n'utilisent pas tous la même formulation, en revanche, ils en utilisent une seule chacun. Un tableau comparatif le dit mieux que des mots.

Figure 100: *Justifications écrites des élèves de S1 pour les catégories des déterminants et des noms*

*	Déterminants	Noms
Arvinde	J'ai mis ces déterminants devant un nom et pour m'assurer que se sont des déterminants je l'ai remplacer par un autre déterminant	je l'ai mis derrière des déterminants et je l'ai remplacer par d'autre nom
Cihan	Je les est mis avec des noms et sa marchait	Je les est mis avec des déterminants
David	j'ay essayé avec les noms	j'essayé avec les déterminants
Jennee	j'ai utilisé le noms est je l'avais placer derrière	J'ai ulisé les déterminants puis je l'avais placer devant
Sarah	Pour les déterminants je l'ai et essayer avec des noms ça à marcher	Pour les noms je les est essayer avec des noms et ça a marcher

Les formulations sont plutôt précises, avec des variations néanmoins : « mettre avec », « essayer avec » manquent de précision. Interrogé en CM1-8, Cihan utilisait déjà la même construction pour justifier le regroupement des déterminants « parce qu'on pouvait les mettre avec des noms »[9] et celui des noms « parce qu'on pouvait les mettre avec des

---

[9] Fichier audio CM1-8 Cihan, à 0'11".

déterminants »[10] Lorsque les élèves tentent de localiser spatialement les deux éléments, le discours est juste, bien qu'un peu emberlificoté de côté de Jennee. Il demeure difficile de percevoir quel est le rapport à l'énoncé source. Arvinde, Cihan et Sarah utilisant l'article indéfini, nous pourrions en déduire qu'ils positionnent un nom, pas forcément issu du corpus, devant les mots qu'ils veulent tester en tant que déterminant ; David et Jennee formulent leurs procédures avec des articles définis, ce qui semblerait indiquer qu'ils s'appuient plutôt sur les noms du corpus pour trancher sur l'appartenance d'un mot à la classe des déterminants. En fait, lorsqu'en CM1-8 il est demandé à Cihan d'expliciter par un exemple sa procédure de reconnaissance des déterminants, il donne « des pentes » ou encore « les sommets »[11], s'appuyant sur les étiquettes qui se trouvent sur son tri, et donc exclusivement sur des mots issus de l'énoncé. Cela ne présage pas de ce qu'il a réellement fait lorsqu'il a constitué cette trace, et il est par ailleurs remarquable que le tri de cet élève, en CM1-8 comme en CM1-10 est tout à fait correct, tant du point de vue des déterminants que de celui des noms. En CM1-10, Sarah, en revanche, fait deux erreurs en positionnant *va* dans les déterminants et *bientôt* dans les noms. Pourtant les procédures qu'elle déclare sont sensiblement similaires. Est-ce que l'erreur incluse dans la justification du regroupement des noms est représentative d'une faille de raisonnement ? En effet, elle écrit *« Pour les noms je les est essayer avec des noms et ça a marcher », discours pour le moins circulaire mais dans lequel nous voyons plutôt un lapsus qu'une réelle confusion. Restent les erreurs, qui ne résisteraient pas à l'application de la procédure déclarée. À moins que… à moins qu'il ne faille entendre mieux la logique de la procédure : dans l'énoncé, *va* précède *bientôt*, c'est-à-dire que, contrairement à ce qu'elle semble affirmer, elle aurait distribué la paire « va bientôt » au même titre que d'autres, comme « le prince », ou « ses origines », le premier mot dans la classe des déterminants, le second dans celle des noms. Et ainsi apparait le risque de circularité engendré par cette procédure double.

Les traces écrites des élèves de S2 présentent des caractéristiques similaires à celles de ce premier groupe évoqué. La formulation en miroir se retrouve chez les élèves ayant fourni une justification pour chaque classe.

---

[10] Fichier audio CM1-8 Cihan, à 1'17".
[11] Fichier audio CM1-8 Cihan, à 0'22".

Figure 101: *Justifications écrites de Camila, Sharon et Sofia (appartenant au groupe S2) pour les catégories des déterminants et des noms*

*	Déterminants	Noms
Camila	je les est mis avec des noms et j'ai regarder si ca marchait et je les ai mis dans la colonne des déterminants	j'ai regarder avec des déterminants et si ça marchait je les mettais dans la colonne
Sharon	sa va avec des non	par ce que sa va avec des déterminan
Sofia	j'ai fait : ba j'ai mi le D parceque devant ya un noms et alors ont peut	j'ai fait : ba j'ai mi les N ici car deriere ya le D et on peu le mettre ensemble et sa marche

Les éléments de discours présentent une réelle constance pour Sharon et Sofia. Cette dernière, interrogée en CM1-8, utilise déjà des marqueurs spatiaux lors de l'entretien, disant des déterminants qu'ils « étaient devant un nom »[12] ou encore des noms « qu'ils sont derrière les déterminants »[13]. En revanche, Camila présente une formulation moins figée, d'ailleurs, en CM1-8, elle en utilise une autre, justifiant l'appartenance des mots à la classe des déterminants « parce qu'ils vont avec les noms, avec des noms »[14]. Lorsqu'il s'agit de vérifier l'appartenance d'un mot à la classe des noms, elle propose de « l'accompagner avec un déterminant »[15]. Les verbes utilisés dans l'expression des procédures sont assez semblables à ceux lisibles dans les écrits des élèves de S1. Les locutions « mettre avec », « mettre ensemble », « essayer avec », « aller avec » disent toutes le lien syntaxique entre déterminant et verbe. Mais seule Sofia tente de localiser spatialement les deux composants syntaxiques, et elle s'y perd un peu, lorsqu'elle écrit à propos des noms que * « deriere ya le D ». Fait marquant, à l'exception de Leïla, qui n'a écrit aucune justification, Sofia est la seule élève du groupe S2 à n'avoir mis aucun intrus dans les catégories du déterminant et du nom, en CM1-10 : peut-être tenons-nous là, avec des pincettes, une piste, l'indice d'une meilleure représentation mentale de la procédure. Ce qui change avec les justifications des élèves de S2, c'est que trois élèves ne produisent qu'une seule procédure pour

---

[12] Fichier audio CM1-8 Sofia, à 0'19".
[13] Fichier audio CM1-8 Sofia, à 1'35".
[14] Fichier audio CM1-8 Camila, à 0'07".
[15] Fichier audio CM1-8 Camila, à 5'28".

l'identification des déterminants et des noms, procédure qui ne concerne que les premiers pour Célia, que les seconds pour Ismaël et Marcoss. Et ces élèves commettent des erreurs qui permettent d'envisager le type de défauts de raisonnement qui les ont engendrées. Comme Sarah avec « va bientôt », Célia gère « lui dévoiler » comme un binôme déterminant + nom, tandis que Marcoss fait de même avec « est imminente ». Nous retrouvons ici la circularité du raisonnement, d'autant mieux mise en valeur que l'élève n'éprouve pas le besoin de dissocier les procédures d'identification respectives des déterminants et des noms. À partir de là, il est difficile de situer le début de l'erreur d'identification : nous faisons l'hypothèse que la petite taille du premier mot et la perception de son lien avec un plus grand mot lui succédant engendrent l'identification comme déterminant + nom. Peut-être même ces alliances n'ont-elles pas besoin d'être consommées dans l'énoncé fourni aux élèves. Ainsi, toujours dans le tri de Marcoss, en CM1-10, la présence du couple *lui* + *semble* pourrait être justifiée par la possibilité de dire « lui semble ».

En ce qui concerne les élèves de S3, en CM1-10, lorsqu'il y a une justification écrite pour chaque classe grammaticale, nous retrouvons le même effet miroir de procédures échos. Devant la tâche d'écriture, mais aussi, dans une mesure moindre, en dictée à l'adulte dans le cas de Bandjigou, les verbes mais aussi les structures phrastiques employés se font répétitives, quitte d'ailleurs à poser des problèmes de repérages spatiaux, comme dans le cas d'Hicham.

Daniel utilise le même verbe que Bandjigou et Brahim, lors de la justification unique produite en dictée à l'adulte : « j'ai essayé les déterminants avec les noms ». Interrogé en CM1-8 sur la classe des noms, Bandjigou explicite un test de grammaticalité d'association de type déterminant plus nom (« les éternelles », dont il juge que « ça fonctionne ») par « ça marche avec un déterminant »[16]. Toujours en CM1-8, Hicham dit des déterminants qu'« on peut les mettre avec des noms »[17] tandis que Philipe justifie cette classe grammaticale en affirmant : « j'ai testé avec des noms »[18]. Quant à Oumou, qui ne produit aucune justification écrite en CM1-10, elle donne comme critère de reconnaissance des déterminants cette même relation.

---

[16] Fichier audio CM1-8 Bandjigou, à 0'16".
[17] Fichier audio CM1-8 Hicham, à 0'16".
[18] Fichier audio CM1-8 Philippe, à 0'11".

Figure 102: *Justifications écrites de Bandjigou, Brahim, Hicham, Philipe et Yasmine (appartenant au groupe S3) pour les catégories des déterminants et des noms*

*	Déterminants	Noms
Bandjigou	*J'ai essayé les déterminants avec les noms et après j'ai trouvé des noms grâce aux déterminants*	*J'ai essayé les déterminants devant un nom et j'ai trouvé des noms*
Brahim	je les s'est essayer avec des noms	je les ai essayer avec des déterminants
Hicham	des qu'il y a des noms devant un déterminant donc s'est un déterminant	des qu'il y a un déterminant devant un noms c'est un nom
Philippe	les déterminent on les roconet grace ô noms	les noms on les roconet par ce que devant déterminent
Yasmine	j'ai regarder tous les pronons personnel est j'ai mi tous les déterminants qui il y avait devant	derière les pronoms personnel Il y avait des noms j'ai mis tous les nom

M : tu m'expliques comment tu as fait + comment tu t'y es pris ?

Oum. : XXX il y a des déterminants je les ai mis dans la colonne des déterminants parce qu'ils accompagnent un nom et ça se met derrière un nom ou un verbe

M : derrière le nom ?

Oum. : derrière un nom ou un mot ou un verbe

M : d'abord y'a le nom et après y'a le déterminant ?

Oum. : nan + d'abord y'a le déterminant et après y'a le nom[19]

Nous retrouvons ici la délicate gestion du repérage spatial dans l'énoncé : décidément, les élèves ont bien du mal à s'y retrouver, même si, aidés par le retour de l'enseignant, ils semblent davantage avoir des problèmes à l'exprimer plutôt qu'à le manipuler. D'ailleurs, à cette période de l'année et pour tous les élèves de la classe, la présentation des tris effectués par les élèves présente une constante très prégnante : la colonne des déterminants est quasiment toujours à gauche de celle

---

[19] Fichier audio CM1-8 Oumou, début de l'enregistrement.

qui regroupe les noms[20]. Mais revenons aux procédures des élèves de S3, et aux tris qu'elles justifient. Si nous comparons leurs déclarations avec les erreurs commises, le phénomène de paires erronées observé pour S2 est présent chez Hicham, avec *est* dans les déterminants et *imminente* dans les noms. Les autres erreurs semblent beaucoup plus périlleuses à interpréter. Bandjigou place *abandonné* dans les noms, mais pas *et* dans les déterminants, par exemple. Quant à Philippe, si considérer *grec* comme un nom s'envisage assez simplement, en revanche, pour *semble*, *va* ou encore *bientôt* il est plus délicat d'envisager une justification, à moins que *« sa semble » et *« sa va » aient été jugés satisfaisant ? Difficile à dire. En revanche, ce qui filtre des différentes procédures exprimées, à l'écrit comme à l'oral, c'est une maitrise moindre des métatermes, ou, plutôt, des métatermes qui ne constituent pas une interface fiable entre l'enseignant et l'apprenant, parce qu'ils ne signifient pas pareillement pour les deux acteurs. Dans l'extrait d'entretien avec Oumou en CM1-8, « nom », « mot » et « verbe » semblent équivaloir dans une certaine mesure. Dans la justification écrite de Yasmine en CM1-10, les termes « pronom personnel », « déterminant » et « nom » entretiennent des liens qui demeurent à interpréter : la lecture de la justification des noms donne à penser que « pronom personnel » et « déterminant » sont équivalents, mais la procédure donnée pour les déterminants les différencie.

3.2.1.2. Le risque de la circularité

Reprenons de la distance et tentons de mettre en valeur les tendances qui se dégagent. Nous retrouvons alors une procédure que Helga Kilcher-Hagedorn, Christine Othenin-Girard et Geneviève de Weck présentent ainsi : « l'emploi de l'association « Déterminant + Nom » s'impose pour devenir le noyau stable d'une procédure de reconnaissance des éléments nominaux ». Elles ajoutent que « le caractère opérationnalisable et facilement généralisable de cette connaissance en est probablement la raison »[21]. Mais sous cette présentation se profilent différentes mises en œuvre, dont nous tentons un inventaire :

---

[20] En CM1-8, David fait exception, il est le seul à positionner en colonnes les déterminants tout à fait à droite sur sa feuille, tandis que Camila constitue des ensembles parmi lesquels les déterminants sont placés au-dessus du regroupement des noms. Est-ce que cela joue sur ses performances ? en tout état de cause, elle pratique de nombreuses rectifications lors de l'entretien. En CM1-10, Marcoss, Oumou et Sarah sont les seuls à mettre les déterminants en colonne à droite des noms.

[21] Kilcher-Hagedorn, Othnenin-Girard & de Weck (1987, p. 188).

- certains élèves positionnent un ou plusieurs mots dont ils sont certains que ce sont des déterminants devant les mots candidats au statut de nom ;
- certains élèves recherchent des couples déterminant + nom dans l'énoncé ;
- certains élèves repèrent dans l'énoncé un déterminant qu'ensuite ils positionnent devant les mots qu'ils pensent être des noms ;
- certains élèves repèrent les déterminants dans l'énoncé puis recherchent des mots susceptibles de pouvoir se positionner à leur droite.

Il y a des zones d'ombre, du non-avoué, dans certaines façons de faire, puisque pour repérer un ou plusieurs déterminants dans l'énoncé, il faut bien à l'élève des procédures antérieures à celles que nous avons recomposées. Nous nous interrogeons dès lors sur l'effet de cette mise en demeure de se justifier : l'élève ne pouvant répondre que *les* est un déterminant parce qu'il l'a reconnu, parce qu'il a appris la liste des articles un jour, il reconstruit une procédure, mais qui suppose ce savoir antérieur. Cela expliquerait en partie pourquoi certains échouent à maitriser ce fonctionnement, identifiant comme déterminant des « petits mots », et donc, conséquemment, comme nom les mots lexicaux qui les suivent dans l'énoncé. En fait, cette procédure est presque trop « opérationnalisable et facilement généralisable », pour reprendre les termes des auteures suisses. Si elle n'est pas étayée par d'autres savoirs sur la langue, elle peut devenir circulaire, le pseudo-nom justifiant du pseudo-déterminant et vice-versa. Prenons l'exemple d'Hicham, élève du groupe S3 qui justifie par le rapport déterminant/nom les deux classes grammaticales. Lorsque l'enseignante l'amène à vérifier sur son travail s'il a bien appliqué sa procédure, il effectue une relecture qui l'amène à juger de la paire « sont pentes », tandis qu'il avait auparavant jugé *les pentes* satisfaisant. Sans commentaire, il met *pentes* entre parenthèse, signifiant par là qu'il revient sur le positionnement de ce mot dans le regroupement des noms. L'enseignante l'interroge[22] :

M : alors + attends + pourquoi tu mets *pentes* entre parenthèses ?

Hich. : parce que *sont* <*l'enseignante le coupe*>

M : tout à l'heure tu m'as dit que ça fonctionnait + tout à l'heure tu l'as essayé avec ?

---

[22] Fichier audio CM1-8 Hicham, à 2'24".

Hich. : *les*

M : *les pentes* ++ *les pentes* ça fonctionne ?

Hich. : oui

M : et là + *sont pentes* + ça ne fonctionne pas

Hich. : oui

M : alors peut-être que le problème c'est que + *sont* n'est peut-être pas un déterminant + par contre +++ tu vois parce que je peux dire leurs pentes + des pentes + les pentes ++ peut-être qu'y a une erreur avec sont + par contre

Hich. : on le met entre parenthèses ?

M : à toi de voir + qu'est-ce que tu en penses ?

Hich. : +++ je le mets entre parenthèses

Nous voyons bien que si le fait de constituer des paires est effectivement accessible, le jugement qui suit l'est moins, faute de procédures de contrôle : devant un binôme estimé non satisfaisant, l'élève choisit d'éliminer un des deux éléments, mais pas forcément le bon. Hicham en fait une nouvelle fois l'expérience avec « elles neiges », l'enseignante l'oriente tout de suite en faisant varier le déterminant, ce qui amène Hicham à mettre *elles* entre parenthèses. Mais, sans cet étayage, qu'aurait-il pu conclure ? Le même phénomène se retrouve dans l'entretien de Célia[23].

M : qu'est-ce qui ne fonctionne pas + alors + tu m'expliques ?

Cél. : *elles sommets*

M : *elles sommets* + ça ne fonctionne pas ++ pourquoi ça ne fonctionne pas ?

Cél. : parce que + quand on dit *elles sommets* + ça fait un mot bizarre

M : ça fait un mot bizarre ? ++ mais d'accord + là + tu as deux mots + lequel ne convient pas ?

Cél. : *sommets*

M : toi tu penses que *sommets* n'est pas un nom du coup + alors ce qu'on pourrait faire + on peut peut-être tester *elles* ? voir si c'est + comment est-ce que tu peux voir si c'est bien un déterminant encore ? +++ tu peux peut-être l'essayer avec d'autres noms ? alors on essaie ? *elles glaciers* + ça fonctionne ?

Cél. : +++ euh + non

M : non ? *elles altitude* ?

C : non

M : *elles montagnes* ?

Cél. : non

---

[23] Fichier audio CM1-8 Célia, Brahim et Hicham, à 5'59".

M : alors est-ce que tu penses que ce sont ces mots-là qui ne conviennent pas ou est-ce que c'est plutôt celui-là ?
Cél. : c'est *elles*

Il est manifeste que sans la conduite de l'adulte Célia n'aurait pas pu aller jusqu'au bout de ce qui constitue un raisonnement à étapes successives. Célia est globalement plus performante qu'Hicham, néanmoins, elle ne parvient pas non plus à sortir d'une procédure dont la circularité renvoie à l'arbitraire d'une décision qui parait conditionnée par le mot jugé. Comme ce sont respectivement les mots *pentes* et *sommets* que Hicham et Célia veulent tester, ce sont eux qu'ils écartent, bien que le problème provienne du pseudo-déterminant qu'ils ont choisi pour cet essai.

Nous avons déjà évoqué une particularité de la disposition des écrits constitués par les élèves : la colonne des déterminants est quasi toujours à gauche de celle des noms. Dans les entretiens, lorsque l'enseignante demande aux élèves de montrer par l'exemple la véracité de la procédure invoquée, un certain nombre d'entre eux lisent leurs tris, de gauche à droite. C'est d'ailleurs ainsi que Hicham en arrive à lire « sont pentes » et « elles neige ».

Figure 103: *Hicham CM1-8*

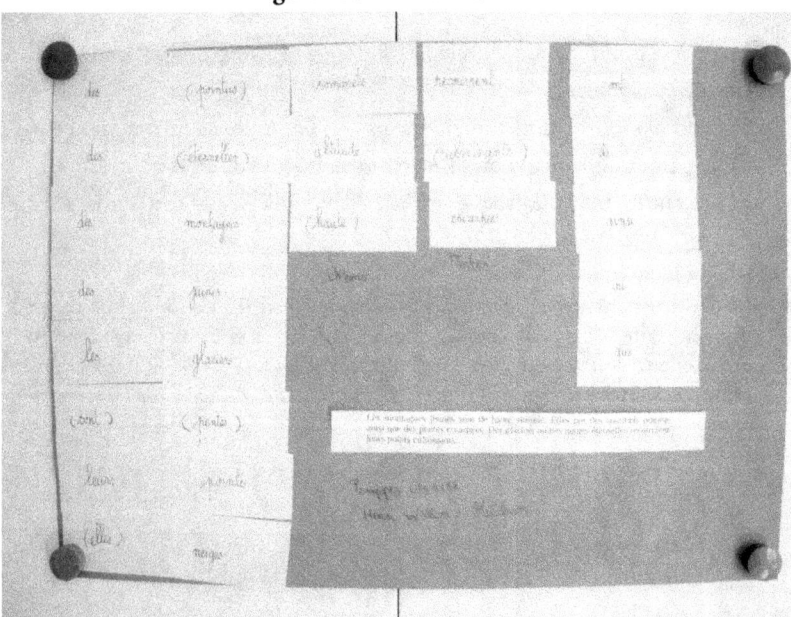

Mais il n'est pas le seul à procéder de la sorte. Philippe pratique de même[24]. Cihan aussi, lorsqu'il lui est demandé de donner des exemples, fournit deux groupes nominaux reconstitués à partir de son tri : « des pentes », « les sommets »[25]. Célia lit ainsi « des montagnes, des hautes, des altitudes, des glaciers, elles sommets, les éternelles, que pentes, sont pointus »[26].

Figure 104: *Célia CM1-8*

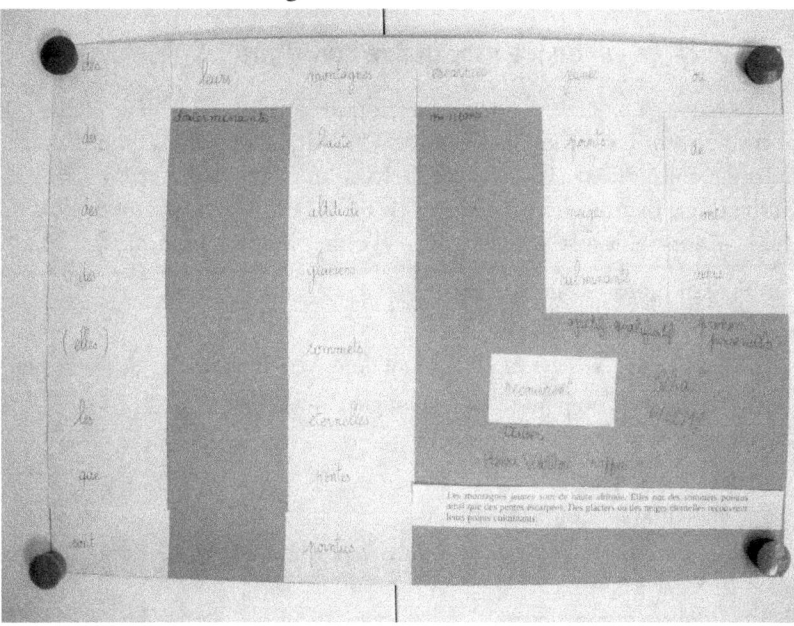

La lecture *a posteriori* ne permet pas de savoir si la constitution des colonnes a suivi cette logique. Pour Célia, la réponse serait plutôt non, l'enregistrement témoignant plutôt du ton de voix d'une découverte, alors qu'elle s'oblige à lire tous les groupes constitués ; cependant, il est vrai qu'elle recense autant de noms que de déterminants, ce qui constituerait plutôt un indice inverse. Mais nous entrons dans une zone opaque et il nous faut bien nous accommoder de cet angle mort.

---

[24] Fichier audio CM1-8 Philippe, à 0'18".
[25] Fichier audio CM1-8 Cihan, à 0'20".
[26] Fichier audio CM1-8 Célia, à 0'20".

À l'opposé de ce type d'exemplification, Oumou met *les* devant chacun des mots de sa liste de noms afin de justifier de sa procédure[27]. Il est remarquable qu'elle fasse partie des rares élèves à positionner la colonne des noms à gauche de celle des déterminants, celle-ci étant par ailleurs extrêmement inclusive. Si elle avait essayé les noms avec les pseudos-déterminants qu'elle a réunis, il y aurait eu des problèmes. Procéder de la sorte engendre deux effets : le regroupement des noms est plutôt juste[28], en revanche, elle ne vérifie pas les déterminants[29], qui donc hébergent de nombreux intrus.

3.2.2. Le verbe, ce mot qui se conjugue

Lorsque les élèves sont questionnés sur la manière dont ils reconnaissent les verbes, ils répondent la plupart du temps en utilisant le terme « conjuguer ». C'est le cas de tous les élèves de S2 et S3 lorsqu'ils écrivent ou dictent des procédures en CM1-10. Mais c'est aussi le cas en CM1-8 lorsqu'ils justifient leurs tris à l'oral, prenons l'exemple de Célia[30].

M : là + qu'est-ce que tu as mis ?

Cél. : un verbe

M : d'accord + *recouvrent* + pourquoi donc ? comment est-ce que tu as fait ?

Cél. : parce qu'on pouvait les + conjuguer

M : vas-y

Cél. : *je couvre + tu couvres*

M : attention + c'est REcouvre

Cél. : *je recouvre + tu recouvres + il recouvre + nous recouvrons + vous recouvrez + ils + recouvrent*

M : donc + ça fonctionne ?

Cél. : oui

M : d'accord +++ et tu n'as pas trouvé + est-ce que tu as une autre façon de reconnaitre un verbe ? ++ mis à part le conjuguer

Cél. : +++

M : non ? tu n'as pas d'autres façons

---

[27] Fichier audio CM1-8 Oumou, à 0'36".
[28] Exception faite de *bientôt*.
[29] Et l'adulte avec qui elle a cet entretien d'explicitation laisse glisser l'échange, d'une question qui concerne les déterminants, à la vérification de la colonne des noms. Nous voilà bien placée pour affirmer que cette relation déterminant-nom n'est pas si facile à décomposer.
[30] Fichier audio CM1-8 Célia, Brahim et Hicham, à 11'32".

3.2.2.1. Le couple pronom personnel sujet / verbe

L'identification comme verbe est justifiée par la possibilité de retrouver un paradigme correspondant au mot donné. Dans ce cas, deux possibilités nous semblent envisageables : soit l'élève se souvient du tableau de conjugaison du verbe concerné, ce qui suppose qu'il l'a déjà vu, soit il reconstitue ce tableau en appliquant au mot testé la règle d'engendrement du temps verbal essayé, celui-ci étant la plupart du temps le présent de l'indicatif. Mais certains indices montrent qu'il s'agit parfois davantage de faire dérouler les pronoms de conjugaison devant le verbe putatif, et de juger du résultat à l'oreille. Ainsi Sofia justifie l'appartenance de *recouvrent* à la classe des verbes par « je recouvre, tu recouvres, il recouvre » mais aussi celle de *escarpées* par « j'escarpais, tu escarpais »[31]. Mais nous trichons un peu, en adoptant la graphie de l'imparfait : tout est affaire d'oral dans ces démonstrations et il est difficile de dire si cette élève a une conscience quelconque du tiroir verbal utilisé. Il est plus probable qu'elle fasse défiler les premiers pronoms de conjugaison. Il est très probable aussi que ce ne soit pas exactement cela qu'elle ait fait puisque, interrogée sur culminants, elle dit « je me rappelle plus… je culminant, tu culminais », formes qui ne la convainquent pas, à postériori. Pourtant « tu culminais » est plutôt satisfaisant, mais l'élève ne le reconnait pas, ce qui renvoie vraisemblablement à la rareté de ce verbe, que l'élève n'aurait pas rencontré avant la leçon de géographie dont est extrait l'énoncé.

Le problème posé par cette procédure renvoie donc au savoir langagier des élèves plutôt qu'à leurs compétences grammaticales. Ainsi, Oumou « conjugue », au sens que nous venons de circonscrire, *recouvrent* « je couvre, tu couvres, il couvre, nous couvrons, vous couvrez, ils ou elles au pluriel couvrent », *escarpées* « j'escarpe, tu escarpes, nous escarpons, vous escarpez » mais aussi *pentes* : « je pente, tu pentes, il pente, nous pentons, vous pentez »[32]. Après une relance de l'adulte, elle convient que ce n'est pas très satisfaisant, mais, au ton de sa voix, il semble que cela constitue un pis-aller dont elle se suffise. Nous posons comme hypothèse que ces élèves sont mis en difficulté par une maitrise de la langue insuffisante pour parvenir à juger de l'acceptabilité ou non des paradigmes construits, au même titre qu'ils sont parfois en difficulté, nous l'avons vu, pour construire ces paradigmes. Nous aurons à y revenir, mais il parait évident qu'au jeu du « on peut dire / on ne peut pas dire », certains élèves partent

---

[31] Fichier audio CM1-8 Sofia, à 2'50".
[32] Fichier audio CM1-8 Oumou, à 2'10".

avec un handicap certain, lorsqu'ils essaient de se servir de cette traduction procédurale de la définition « le verbe est un mot qui se conjugue ».

Du côté des élèves performants, parmi les élèves de S1, Cihan, David et Jennee formulent différemment une procédure qui pourrait sembler parente avec cette même définition.

Figure 105: *Justifications écrites de Cihan, David et Jennee (appartenant au groupe S1) pour la catégorie des verbes*

*	Verbes
Cihan	Je les est mis avec des pronoms personnels
David	j'essayé avec un pronom personnel
Jennee	Verbes déjà conjuguer : J'ai essayer avec le pronom est je l'avais placer devant le verbe / verbe pas conjuguer J'ai remplacer par un verbe qui n'était pas conjuguer

Interrogé en CM1-8, Cihan montre bien qu'il ne s'agit pas de la même manipulation. Il explique qu'il a « essayé avec des pronoms personnels », et donne comme exemples « elles recouvrent, elles ont, ils sont » : *elles* est le seul pronom personnel présent dans l'énoncé, « elles ont » est un extrait de cet énoncé, en revanche « ils sont » est reconstruit indépendamment du contexte d'origine, le sujet de *sont* n'étant pas masculin initialement. L'élève ne décline pas un paradigme type de conjugaison, il reconstruit une paire syntaxiquement typique, « pronom personnel sujet + verbe ». D'ailleurs, en CM1-10, Jennee spécifie verbes conjugués et verbes non conjugués, et pour ces derniers propose une procédure de commutation, commutation qui constitue un indicateur assez fiable du degré de maitrise grammaticale.

Alors certes, dans les deux types de procédures que nous venons d'évoquer, il est question de mettre des pronoms personnels devant le verbe, mais il nous apparait que si la première est accessible à tous les élèves de façon formelle, superficielle, appuyée sur le savoir déclaratif des tableaux de conjugaison, la seconde témoigne d'une compréhension du fonctionnement syntaxique du verbe. Cette distinction nous amène une hypothèse quant à la nature réelle des pronoms utilisés : les élèves qui utilisent la première procédure tentent de réciter des pronoms de conjugaison, ceux qui se servent de la seconde font usage de pronoms personnels sujets.

Cependant, nous retrouvons dans la relation pronom personnel sujet / verbe de la seconde procédure évoquée la même difficulté liée à une certaine circularité.

Hich. : *elles* + tu peux le mettre avec + des verbes

M : alors + toi tu dis que *elles* + Hicham <*l'enseignante s'interrompt pour un propos sans rapport direct*> + ça peut aller avec les verbes ++ alors + tu me montres ?

Hich. : *elles recouvrent*

M : oui ++ tu essaies avec les autres que tu as mis ?

Hich. : XXX

M : ah + mince alors ! alors qu'est-ce que ça veut dire ? +++ qu'est-ce que ça veut dire pour les deux autres ? <*nouvelle interruption sans rapport*> alors + si tu me dis que *elles* + ça peut aller avec un verbe + je suis d'accord avec toi Hicham + c'est bien + mais tu me dis que *elles* ne peut pas aller avec ces deux autres mots que tu as mis dans les verbes ++ alors + mince ++ y'a un souci + du coup ? il est où + le problème + à ton avis ? où se situe le problème ?[33]

Par la suite, Hicham ne parvient pas à s'aider des étayages de l'enseignante pour faire aboutir le raisonnement. Les visibles difficultés cognitives que rencontre cet élève vont être renforcées par le croisement avec une autre procédure. En effet, l'adulte demande alors une autre procédure aux autres élèves présents (Célia et Brahim), et Brahim propose de les conjuguer. Dans ce cadre, Hicham accepte *recouvrent*, refuse *culminants* mais estime que « je escarpais, tu escarpais, il escarpait, nous escarpons, vous escarpez, ils escarpent », « ça fonctionne ». Il prend donc la décision de laisser *escarpées* dans les verbes. Difficulté de tenir un raisonnement complexe, procédure mécanique et jugement de grammaticalité constituent un mélange redoutable, même avec le feed-back de l'enseignante.

3.2.2.2. Existe-t-il d'autres façons de faire ?

Un seul élève évoque un critère morphologique, il s'agit de Daniel, un élève parmi les plus faibles de la classe. Après avoir proposé « à la fin, il y a un "s" » comme critère de reconnaissance des déterminants, il aboutit, après une réflexion relativement longue[34] à l'identification de *recouvrent* comme verbe « parce qu'à la fin il y a "-ent" ». Chez cet élève

---

[33] Fichier audio CM1-8 Brahim, Célia et Hicham, à 3'08".
[34] Fichier audio CM1-8 Daniel, à 1'50".

mis en difficulté par les demandes de justification, le recours au critère morphologique ne permet pas de généralisation : Daniel ne parvient pas à identifier *ont* et *sont* comme verbes, peut-être sont-ils considérés comme trop petits, ou encore peut-être la suite « -ent » comme marque du verbe n'est pas réductible à « -nt ».

Le critère sémantique se fait très rare, de façon étonnante, vu qu'il est très souvent présent dans les manuels. Mais peut-être est-il néanmoins perçu comme moins légitime, surtout dans une classe que l'enseignante à chercher à emmener vers d'autres procédures. Le sens n'est évoqué à l'écrit que par Sofia, après la procédure plus commune : *« jai fait : ba pour verbes : savoir ba je l'ai conjugai si sa ne marche pas je ne le mais pans dans cette colone. et aussi sa marche car sa peut êtreune action ». Nous le retrouvons dans la bouche de Philippe, au milieu d'une sorte de catalogue, dans un contexte particulier, puisqu'en CM1-8, cet élève n'a trouvé aucun verbe. Nous avons choisi justement de reproduire intégralement la partie de cet entretien traitant des verbes, parce qu'il nous semble exposer assez bien les problèmes auxquels les élèves se heurtent.

> M : par rapport à ce qu'on fait d'ordinaire quand on fait un tri + on a souvent + effectivement + la classe des déterminants + la classe des noms + même toujours + qu'est-ce qu'on trouve d'autre d'habitude ?
>
> Phil. : la classe des verbes
>
> M : la classe des verbes + et alors aujourd'hui tu n'as trouvé aucun verbe
>
> Phil. : non
>
> M : ou c'est que tu n'y a pas pensé ?
>
> Phil. : j'y ai pensé mais j'ai pas réussi à en trouver
>
> M : alors + comment est-ce qu'on fait pour reconnaitre un verbe ?
>
> Phil. : on le conjugue
>
> M : on peut conjuguer + d'accord + est-ce que tu as une autre façon de savoir comment on peut reconnaitre ?
>
> Phil. : ça peut être une action
>
> M : ça peut être une action
>
> Phil. : euh + on peut changer de temps
>
> M : on peut changer de temps + bah dis-donc + tu en sais des choses + c'est bien ++ est-ce que tu as une autre procédure encore pour reconnaitre le verbe ?
>
> Phil. : non
>
> M : non + bah c'est déjà

Phil. : on peut le mettre au féminin

M : on peut mettre au féminin + alors montre-moi + est-ce que tu connais un verbe par exemple + pas forcément un verbe qui serait dans le texte + est-ce qu'il y a un mot pour lequel tu sais que c"est vraiment un verbe

Phil. : +++ *glisse*

M : *glisse*

Phil. : je peux le mettre au + je peux le changer de temps

M : d'accord + surtout + tu me disais que tu pouvais le mettre au féminin ++ alors *glisse* + c'est le verbe quoi ?

Phil. : *glisser*

M : c'est le verbe *glisser* + comment est-ce que tu le mets au féminin ? tu me montres ?

Phil. : *gli* + *glissait*

M : *glissait* ? ça c'est le féminin ?

Phil. : non

M : qu'est-ce que c'est ? qu'est-ce que tu as fait quand tu me dis *glissait* ?

P : j'ai montré + ce que j'ai fait

M : mouais + là + tu l'as changé de temps ++ tu l'as mis à quel temps ?

Phil. : au passé

M : oui ++ quel passé ? tu sais ?

Phil. : passé composé

M : nan + c'est l'imparfait +++ c'est pas très grave + ça + Philippe +++ alors + est-ce que + regarde + regarde bien le corpus ou là sur ta feuille si tu préfères ++ est-ce que + tu vois un mot par exemple qui pourrait être une action + un mot qu'on pourrait conjuguer ++ peut-être que tout à l'heure tu n'as pas bien regardé ou peut-être que maintenant en discutant ça

Phil. : *recouvrent*

M : *recouvrent* ++ alors comment est-ce que tu fais pour l'identifier comme verbe ?

Phil. : je le conjugue

M : vas-y

Phil. : *je recouve + tu recouvres + il recouvre + nous recouvrons + vous recouvrez + ils recouvrent*

M : d'accord + est-ce que tu as une autre procédure pour être sûr que c'est bien un verbe ?

Phil. : oui ++ c'est un + une action

M : c'est une action + qu'est-ce que ça veut dire + *recouvrent* ?

Phil. : c'est recouvre peut-être avec une couette ou quelque chose d'autre

M : d'accord +++ donc les neiges éternelles + ce sont les couettes des points culminants ++ c'est très joli + ça +++ donc + *recouvrent* + moi je suis bien d'accord avec toi + c'est un verbe ++ tu écris + *v* à côté + hein parce que tu l'as trouvé tout seul ++ alors est-ce qu'il y en aurait un autre ? dans le corpus ?

Phil. : ++ *escarpe* <*dans l'énoncé, il s'agit de 'escarpées', NDLR*>

M : alors + vas-y

Phil. : *je escarpe + tu escarpes + il escarpe + nous escarpons + vous escarpez + ils escarpent*

M : ça fonctionne + ça ?

Phil. : oui

M : et + est-ce que tu as une autre procédure en poche qui nous permettrait d'être certains qu'il s'agit d'un verbe ?

Phil. : +++ je le change de temps

M : alors vas-y

Phil. : *je escarperais + tu escarperais + il escarperait + nous escarperons + vous escarperez + ils escarperaient*

M : ça fonctionne + donc ?

Phil. : oui[35]

Premier constat, une fois interrogé, cet élève se trouve posséder trois procédures efficientes pour reconnaitre les formes verbales : on peut les conjuguer, ce sont des actions, on peut en changer le temps. Pourtant, seul face à l'énoncé et aux étiquettes-mots, il n'a trouvé aucun verbe. Peut-être pour répondre à la demande de son enseignante, il en trouve une quatrième, qui s'avère être plutôt l'indice d'une confusion avec une autre catégorie grammaticale, vraisemblablement celle des adjectifs, catégorie dont Philippe ne se sert pas. Lors de la manipulation initiée par l'adulte, il est perceptible que l'élève ne fait pas de différence entre changer le temps[36] et mettre au féminin : il s'agit de faire varier une modalité, mais le fait que les métatermes, et les modalités qu'ils recouvrent, soient spécifiques pour chaque classe grammaticale ne semble pas perçu par l'élève. Autre constat, l'étayage de l'adulte, la réflexion autour des formes verbales permet d'identifier un verbe dans l'énoncé ; pourtant, l'élève ne se sert pas de la procédure qui vient d'être évoquée. L'impression qui domine

---

[35] Fichier audio CM1-8 Philippe, à 1'57".
[36] Nous pensons qu'il ne s'agit pas d'une confusion avec la procédure « on peut le conjuguer », parce que Philippe n'utilise pas de pronom support quand il dit « glissait », mais qu'en revanche l'ouverture du /E/ est nette, indiquant le choix d'un tiroir verbal autre que le présent de l'indicatif.

serait que la discussion qui précède positionne l'élève au juste endroit pour bien regarder les mots, comme s'il ne s'agissait pas d'un problème de procédure (d'ailleurs, il en avait virtuellement trois avant même d'échanger avec l'enseignante), mais d'un problème de point de vue. Nous retrouvons ici de façon très concrète un phénomène bien connu, la nécessité pour l'élève de se positionner dans « l'attitude réflexive que nécessite l'analyse de la langue »[37]. Pour Philippe, le repérage des couples déterminant-nom constitue un outil concret, suffisamment pragmatique pour être accessible. Pour accéder aux verbes, il lui faut visiblement faire un effort supplémentaire d'abstraction, effort qu'il parvient à réaliser grâce à l'étayage de l'adulte. Dernier constat, comme Oumou ou Sofia, cet élève est de toute évidence handicapé par ses lacunes langagières lorsqu'il s'agit d'utiliser les procédures qui consistent à conjuguer ou à changer le temps : il est trahi par son jugement de grammaticalité autant que par ses compétences à produire des formes verbales.

3.2.3. Grandeur et décadence de l'adjectif

Nous l'avons vu, la classe de l'adjectif apparait plus tardivement que les trois premières analysées. En CM1-10, encore six élèves ne l'utilisent pas du tout. Lors des entretiens, en CM1-8, nombre d'élèves ne l'utilisent pas non plus. Il faut donc garder en mémoire que le fait de l'utiliser constitue une conquête récente pour certains de ces élèves, et que celle-ci n'est pas à la portée de tous. Les procédures invoquées sont de différents types.

3.2.3.1. Support de procédures plutôt syntaxiques

Il peut paraitre assez étonnant au premier abord de constater que le syntagme « groupe nominal » apparaisse à la faveur d'une réflexion sur l'adjectif : dans les discours recueillis, le nom, le déterminant ou encore leur relation ne provoquent pas l'emploi du terme qui désigne ce que l'alliance de ces deux catégories constitue. Autre fait peu prévisible, ce sont des élèves du groupe S2 qui l'utilisent. Sharon écrit *« c'est des groupes nominal », et Sofia *« c'est un adj car il peut être dans un groupe nomineun ». La première formulation est très approximative mais nous pensons que l'idée est à peu de choses près la même. Dans les deux cas, nous ne voyons pas bien comment les élèves peuvent mettre *bientôt* en

---

[37] Calame-Gippet (2009).

cohérence avec leur procédure. En revanche, la prise en compte par Sharon de *découverte* est aisément explicable dans l'hypothèse d'une décontextualisation faisant de *découverte* l'épithète d'un nom. Nous retrouvons cette même intuition dans l'entretien de Célia[38].

> M : comment tu as fait pour savoir que ces mots sont des adjectifs ?
> Cél. : parce que ça va avec des noms
> M : parce que ça va avec des noms + alors tu me montres ?
> Cél. : +++ ça va avec des déterminants
> M : alors + ça va avec des noms ET des déterminants + c'est ça ? alors vas-y + montre-moi
> Cél. : *des jeunes montagnes*
> M : *des jeunes montagnes* + d'accord

En effet, afin de traduire une procédure initialement de type « ça va avec des noms », Célia est obligée de passer par la présence de déterminants, parce que vraisemblablement la paire « adjectif + nom » n'est pas opérationnelle d'un point de vue syntaxique, elle ne suffit pas à constituer un syntagme. Cela peut peut-être expliquer le recours au groupe nominal chez des élèves de S2 (Célia en fait également partie) : en S3, nous le verrons, c'est l'entrée sémantique qui est préférée, tandis qu'en S1, on peut penser que les élèves n'ont pas besoin de l'appui d'une structure supérieure pour comprendre la relation entre nom et adjectif. En CM1-10, Célia croise les deux types de critères dans son écrit : *« les adjectifs va avec des nom sa vedire comment sa présice ». Elle parvient ainsi à un inventaire correct de deux adjectifs, sans intrus, tandis qu'en CM1-8, elle positionnait deux noms et deux adjectifs dans sa colonne « adjectifs ». Peut-être que ce qu'a évité Célia grâce à la procédure sémantique, c'est l'ambiguïté d'une composition de groupe nominal au sein duquel il est difficile de repérer qui est qui. En CM1-8, elle met par exemple *éternelles* dans les noms et *neiges* dans les adjectifs : nous retrouvons un phénomène proche de la circularité qui entachait les raisonnements d'identification du déterminant et du nom.

Le rapport entre adjectif et groupe nominal se retrouve aussi dans le discours de Philippe, que l'enseignante pousse à approfondir son raisonnement sur la justification du couple déterminant-nom[39].

---

[38] Fichier audio CM1-8 Brahim, Célia et Hicham, à 8'17".
[39] Fichier audio CM1-8 Philippe, à 0'36".

M : quand tu dis que ça marche + qu'est-ce que ça veut dire que ça marche ?
Phil. : c'est que ça ++ que c'est possible
M : c'est possible, c'est-à-dire ?
Phil. : c'est que + on peut mettre + des + des glaciers avec après un verbe
M : d'accord + par exemple ? tu me montres ?
Phil. : *des glaciers blancs*
M : d'accord + donc *blancs* c'est un verbe ? + comment est-ce qu'on fait pour reconnaitre un verbe ?
Phil. : ah + c'est pas un verbe !
M : c'est pas un verbe + qu'est-ce que c'est + alors ?
Phil. : c'est +++ un adjectif
M : comment est-ce que tu fais pour dire que c'est un adjectif + c'est bien
Phil. : parce qu'en fait on + on dit que c'est un adjectif parce que ça montre de quelle couleur il est
M : d'accord + c'est bien ++ donc + ça fonctionne déterminant nom si on peut mettre un adjectif avec + c'est comme ça que tu sais que ça fonctionne + toi ?
Phil. : oui

Dans la construction du raisonnement de Philippe, l'apport de l'adjectif justifie le couple « déterminant + nom » en achevant le groupe nominal, un peu comme s'il l'équilibrait, comme si, auparavant, le syntagme n'était pas suffisant.

Camila est la seule à proposer une procédure qui s'appuie sur la fonction d'attribut du sujet, par le biais d'une formule opérationnelle[40].

M : comment tu sais que ce sont des adjectifs ?
Cam. : par exemple dans une phrase tu peux dire + les montagnes + par exemple tu dis les montagnes + elles sont + elles sont jeunes
M : d'accord + tu peux dire les montagnes elles sont jeunes ++ tu peux dire + les montagnes elles sont
Cam. : éternelles
M : éternelles ++ elles sont pointues
Cam. : elles sont hautes
M : hautes
Cam. : elles ont des glaciers

---

[40] Fichier audio CM1-8 Camila, à 4'20"

Dans la suite de l'entretien, il est manifeste que l'élève peine à percevoir ce qui diffère entre la structure en « sont » et la structure en « ont ». Alors même que le côté mécanique de la formule offrait potentiellement à l'utilisateur un certain confort, des savoirs linguistiques limités la rende dangereuse parce que conduisant à une surgénéralisation.

Chez les élèves du groupe S1, le patron syntaxique du groupe nominal est différemment exprimé. Quand Arvinde écrit *« J'ai essayé de qualifier des noms avec ces mots donc ces des adjectifs », il est probable qu'il ait constitué des syntagmes et donc utilisé également des déterminants. Jennee aussi utilise une procédure syntaxique, expliquant la commutation ainsi : *« j'ai essayer avec un notre adjectif ». Quant à Cihan, il justifie son regroupement d'adjectifs de la même façon à l'oral en CM1-8, « parce que ça précisait le nom »[41], et à l'écrit en CM1-10, « Ils précisaient les noms » ; l'expression utilisée condense l'argument syntaxique, par le rapport au nom, et l'argument sémantique, par le biais du verbe « préciser ».

3.2.3.2. Aléas des indices sémantiques

Glissons donc vers la face sémantique de l'adjectif. Le verbe « préciser » est souvent employé pour caractériser l'adjectif, mais nous constatons des écarts qualitatifs qui proviennent de l'objet de cette précision. Ainsi, tandis que Cihan (S1) affirme que les adjectifs précisent les noms, Camila (S2) écrit que *« Sa précise comment est l'objet ou où il est » et Philippe (S3) justifie : *« les adj on les roconet par ce que montre comment ». En CM1-8, après avoir dit plus tôt « on reconnait que c'est un adjectif parce que ça montre de quelle couleur il est », Philippe formule ainsi son critère de reconnaissance : « ça montre ce qu'il fait, ce qu'il est »[42]. Illustrant sa procédure après avoir repéré *pointus*, il l'applique : « ça montre que c'est pointu et que ça peut être dangereux ».

Au-delà des écarts qualitatifs de maitrise de la langue orale ou écrite de ces trois élèves, les formulations rendent également compte de positionnements différents. Chez Cihan, la relation de description des référents passe par la relation syntaxique nom-adjectif. Chez Camila et Philippe, le métaterme « nom » a disparu, reste l'adjectif et la possibilité qu'il offre d'ajouter une caractéristique, mais cette caractéristique semble s'appliquer directement à un référent, sans l'appui linguistique d'un support grammaticalement défini. Dans ce cadre

---

[41] Fichier audio CM1-8 Philippe, à 0'36".
[42] Fichier audio CM1-8 Philippe, à 6'30".

très large, la relation de caractérisation pourrait porter sur quantité de mots, voire même de morceaux d'énoncé, et le contenu de cette caractérisation en devient extensible. C'est confirmé par l'amalgame fait par Camila entre « comment » et « où » : ce que nous retrouvons ici, c'est une trace d'un phénomène souvent observé d'amalgame entre la classe grammaticale de l'adjectif et un groupe de fonctions syntaxiques caractérisées sémantiquement par l'apport d'informations périphériques à la prédication et syntaxiquement par la possibilité d'être supprimé sans porter atteinte à la grammaticalité de l'énoncé. Cette extension aboutit au fait qu'un groupe en fonction de complément de phrase (ici, à valeur de lieu) peut être considéré comme un adjectif[43].

3.2.4. Les apories du pronom

Pour les élèves de S2 et S3, les justifications portant sur la classe des pronoms sont rares, d'une part parce que l'existence même de cette catégorie l'est, mais aussi parce que les élèves semblent n'avoir aucune procédure à déclarer. En CM1-10, Sharon et Ismaël ne produisent pas de justification pour ce regroupement tandis qu'ils l'ont fait pour les autres classes de mots. En CM1-8, quand l'enseignante demande à Célia puis à Brahim des explications sur les pronoms personnels[44], ces deux élèves n'ont aucune réponse. Concernant le second, c'est assez logique, compte tenu du fait qu'il n'utilise pas cette catégorie dans son tri. Célia, en revanche, a positionné *ou*, *de*, *ont* et *ainsi* sous cet intitulé, intitulé dont le contenu semble quasi vide, ou, du moins, inaccessible à postériori. Bien que n'ayant pas mentionné les pronoms dans leurs travaux, Brahim et surtout Hicham semblent pourtant avoir un point de vue.

> M : on peut dire *des montagnes* <elle reprend une affirmation précédente de Célia, pour relancer l'échange> + donc ça marche + d'accord + est-ce que + comment est-ce que tu fais pour savoir que *elles sommets* + ça fonctionne ? +++ ah + du coup Brahim change quelque chose +++ alors qu'est-ce que tu penses de ça toi Brahim + qu'est-ce que tu es en train de faire ?
>
> Brah. : parce que *elles sommets* ça se peut pas se dire
>
> M : toi tu l'avais mis dans les déterminants + *elles* + aussi ? +++ et qu'est-ce que tu dis + toi ?

---

[43] Nous reviendrons sur ce point, mais remarquons pour illustrer le propos que de nombreux élèves ont par exemple souligné « à sept heures » comme adjectif dans la passation d'évaluation sur texte normé.
[44] Fichier audio CM1-8 Brahim, Célia et Hicham, à 12'34".

Brah. : parce que *elles* + ça va aucun + ça va + ça va aucun XXX du nom

M : toi + tu penses que *elles* + ça ne fonctionne pas avec les noms que tu as mis ++ et comment est-ce que tu fais pour savoir que ça ne fonctionne pas ?

Brah. : parce que on + on regarde parce que + ça va ensemble + et si + et si ça se peut + si + parce que des fois

M : oui mais comment est-ce que tu peux te dire dans ta tête que ça marche ou que ça ne marche pas ? quand tu dis + *elles montagnes* + *elles jeunes* + *elles altitude* + pourquoi est-ce que tu dis que ça ne marche pas ?

Brah. : parce que c'est ++ c'est pas correct

M : d'accord ++ ouais + mais c'est bien + nan + c'est pas un piège + hein + Brahim

[*L'enseignante s'adresse à un autre élève afin de passer une consigne, et Hicham s'adresse à Brahim*]

Hich. : *elles* + tu peux le mettre avec + des verbes

M : alors + toi tu dis que *elles* + Hicham <*interruption sans rapport direct*> + ça peut aller avec les verbes ++ alors + tu me montres ?

Hich. : *elles recouvrent*[45]

Brahim se révèle capable d'isoler *elles* comme n'appartenant pas à la classe des déterminants, tandis que Hicham va jusqu'à l'associer à la classe du verbe, mais néanmoins sans l'étiqueter davantage. D'un côté, une élève qui utilise une étiquette sans réel contenu, de l'autre, des élèves pour qui la construction d'une classe de mots conjoints indépendante de celle du nom est en cours de dissociation de l'ensemble constitué par les déterminants. L'examen des tris qui suivent nous renforce dans une intuition : tant que les élèves n'ont pas sorti les pronoms, notamment les pronoms personnels sujets, de leurs regroupements de déterminants il est impossible qu'ils construisent une classe des pronoms personnels. Au CM1-12, Célia met *une, quelques, il, d', au, et, en* dans les pronoms personnels tandis qu'Hicham n'utilise toujours pas de regroupement "pronom", mais différencie *le, d', au, les* comme déterminants et *il* et *en*, qu'il positionne, entre autres, dans « ? ». Reste vivace la question de savoir si l'utilisation erronée ou flottante d'une étiquette constituerait un obstacle ou une étape à la conceptualisation.

Notamment en S2, en CM1-10, certains élèves, à défaut de pouvoir justifier leur proposition, sont néanmoins capables d'isoler *elle* sous l'étiquette pronom. L'absence de justification dans ce cas s'explique

---

[45] Fichier audio CM1-8 Brahim, Célia et Hicham, à 1'37".

vraisemblablement par la nature non procédurale de celle qu'ils auraient à fournir. Sofia écrit : *« c'est un PPS car il et dan PPS et sa va pas changer et c'est pour sa que je le mais ici ». L'affirmation peut paraitre un brin autoritaire mais elle constitue un reflet honnête de ce qui s'est produit lors de l'identification ; Sofia a reconnu une forme comme appartenant à un paradigme très fréquent, celui des pronoms personnels sujets, et, d'ailleurs, l'étiquette utilisée à ce moment-là est « P.P.S ». En CM1-8, elle l'avait déjà clairement exprimé lors de l'entretien, lorsqu'elle répond « parce que *je, tu, il, elle, nous, vous, ils, elles* »[46]. Étant donné que la mise en place du dispositif dans la classe a amené l'enseignante à insister sur l'importance de trouver des arguments qui ne soient pas d'autorité, de prouver par la manipulation plutôt que de se contenter d'affirmer qu'on le sait parce qu'on le sait, il est très probable que des élèves ne s'autorisent pas de connaissance purement déclarative dans les justifications de tri.

Marcoss justifie ainsi l'identification de *elle* en CM1-10 : *« J'ai mis les pronom ensemble par ce que on peut dire elle chante ». Pas de mention explicite de la catégorie « verbe », l'élève semble pourtant avoir choisi un mot dont il était certain de l'appartenance à cette catégorie afin de tester le candidat à la classe des pronoms. Cette procédure est largement utilisée par les élèves de S1.

Figure 106: *Justifications écrites des élèves de S1 pour la catégorie des pronoms*

*	Pronom
	S1
Arvinde	lui, elle
	il se place derrière le verbes
Cihan	lui, lui, elle
	Dans corpus il était devant un verbe
David	elle
	j'essayé avec le verbe
Jennee	elle, lui, lui
	j'ai remplacer avec un notre pronom
Kelly	elle
	Ø
Sarah	elle
	Pour les pronom(s) personnel(s) j'ai essayer avec les verbes ça à marcher

---

[46] Fichier audio CM1-8 Sofia, à 1'10".

À l'exception de Jennee, qui déclare une commutation et qui intitule le regroupement « pronoms », ces élèves utilisent le mot « verbe » et s'appuient sur la supposée relation pronom-verbe pour identifier une catégorie qu'ils nomment « pronoms personnels ». Dans le cas de David et Cihan, cette procédure fait un écho direct à celle déclarée pour reconnaitre les verbes. Globalement, ces élèves sont en réussite dans l'identification d'une certaine sous-catégorie de pronoms, mais on voit bien que le critère utilisé ne suffit pas à conceptualiser ce qu'est un pronom, à généraliser à l'ensemble des individus relevant de la catégorie. Derrière ces formulations se cachent certainement déjà des écarts de conceptualisation importants. En effet, lors du tri suivant, en CM1-11, l'énoncé comporte sept pronoms, dont un seul pronom personnel sujet. Pour donner une idée de l'étendu du spectre un mois et quelques jours plus tard, quand Sarah n'identifie que *il*, l'unique pronom personnel sujet, Cihan est capable d'en repérer six, dont *qui*, pronom relatif, ou encore *lui*, qui se situe en position disjointe de complément du verbe. Jennee, quant à elle, en retrouve cinq. En CM1-8, interrogé sur *elles*, Cihan déclare qu'il l'a « mis avec des verbes »[47], en CM1-10, il sert encore de la proximité avec le verbe pour justifier de *lui*, *lui* et *elle*. Mais est-ce réellement son seul critère ? La performance dont il fait preuve par la suite nous parait faire preuve d'une habileté plus grande, d'un ensemble de procédures forcément plus complexe : le critère invoqué ne suffit pas à identifier correctement *tout*, dans « malgré tout ». Nous aurions bien aimé savoir comment il s'y prenait, mais la curiosité du chercheur en sera pour ses frais.

3.2.5. Synthèse

Bien que partiels, les recueils de procédures nous permettent d'ébaucher à grands traits une présentation des réussites et des obstacles rencontrés par les élèves.

Premier constat, les justifications portant sur une classe grammaticale donnée s'appuient très fréquemment sur une autre. Ainsi, les couples « déterminant – nom » et « pronom – verbe » présentent des avantages et des inconvénients comparables, ils peuvent permettre un ancrage qualitatif dans une réflexion de nature métalangagière, mais semble insuffisants car tendant à la circularité quand ils sont utilisés comme seule

---

[47] Fichier audio CM1-8 Cihan, à 2'09".

procédure par des élèves peu performants. L'adjectif forme avec le nom un autre binôme possible (avec ou sans l'appui explicite de la notion de groupe nominal) mais au sein duquel, là encore, les élèves peinent parfois à discerner qui est qui.

Par ailleurs, nous posons l'hypothèse que bien qu'ils ne déclarent qu'une procédure, les élèves performants procèdent en fait par recoupement : leurs réussites semblent supposer l'existence d'autre procédure, soit, en amont, de première intention, soit, en aval, de contrôle. À l'inverse les élèves moins habiles ne possèdent souvent qu'une procédure, et ne parviennent pas à hiérarchiser des résultats potentiellement divergents lorsqu'un adulte les invite à croiser des arguments.

Chez des élèves comme Brahim, Hicham ou Daniel, il est manifeste que les métatermes ne sont pas des interfaces fiables, peut-être parce qu'ils reposent sur des malentendus, comme quand Brahim, interrogé sur les procédures de reconnaissance de l'adjectif (classe qu'il n'utilise pas), répond par un argument concernant le nom[48]. Certains manipulent en fait deux voire trois classes de mots : les mots grammaticaux conjoints, les mots lexicaux voire les mots lexicaux et les verbes qui en sont exclus. À l'opposé, Arvinde ou encore Jennee déclarent utiliser la commutation pour identifier les classes dont on perçoit dès lors une conceptualisation bien avancée, via l'utilisation de l'axe paradigmatique.

La dimension sémantique est présente, parfois, comme pour l'adjectif, dans le mouvement de la hiérarchie syntaxique. Il nous semble important de souligner que l'enseignement reçu par ces élèves dans leurs années de CE2-CM1 était fortement axé sur les manipulations, le rapport au référent n'étant pas exclu, mais clairement mis au second plan, ceci justifié dans l'esprit de l'enseignante par la volonté d'aider les élèves à adopter un point de vue méta.

Dernier constat, la classe du pronom en son extension entière demeure très rarement approchée par les élèves, la plupart n'ayant comme seul repère que la liste formelle des pronoms de conjugaison.

---

[48] Fichier audio CM1-8 Brahim, Célia et Hicham, à 9'33".

Partie 3

Les questions ouvertes par cette expérimentation, entre linguistique et grammaire

1. Évolutions et évaluations des compétences[1]

Comme explicité dans la première partie de ce travail, nous avons souhaité contextualiser cette étude par le biais d'une évaluation conçue pour servir de repère[2]. Afin de travailler à partir d'un échantillon d'élèves constant, nous avons considéré trois passations dans la classe de Carole Deblaere : septembre 2011, juin 2012 et octobre 2012, ce qui correspond en termes d'année scolaire respectivement au début du CM1, à la fin du CM1 et au début du CM2. Par ailleurs, lors du premier trimestre 2011, nous avons fait passer cette même évaluation à plusieurs classes de CM1 et CM2[3], classes situées dans des circonscriptions contrastées du département des Yvelines : Beynes, recouvrant des milieux ruraux plutôt favorisés, et Élancourt, avec une population très mélangée, caractéristique des villes nouvelles de la banlieue parisienne. Ces repères n'ont pas de légitimité scientifique statistique, mais le nombre d'élèves considérés étant tout de même de 5 à 7,5 fois supérieur au nombre d'élèves dans la classe cible, il nous parait raisonnable de considérer les tendances qui se dégagent de cette comparaison, en attendant des moyens de recherche qui dépassent le cadre de notre étude exploratoire et solitaire.

Afin de favoriser une passation facilement insérable dans les pratiques de classe communes, nous avons choisi l'identification des verbes et des adjectifs, identification sur texte normé et sur textes produits par les élèves : nous analyserons uniquement les premières, les outils nécessaires au traitement des secondes demeurant à construire lors de recherches ultérieures.

---

[1] Pour davantage de détails sur les éléments chiffrés, cf. annexe *Évaluation sur texte normé verbes et adjectifs*.
[2] Cf. partie 1, chapitre 3.1.
[3] Le corpus d'évaluations recueilli est en fait plus large, il inclut des classes de CE2, et des évaluations sur production d'écrits, autant d'éléments qui pourront donner lieu à des études ultérieures.

1.1. Comparaisons, sous l'angle des performances des élèves

Le traitement statistique général de ces évaluations aboutit à trois données :

- le score, c'est-à-dire le nombre de formes reconnues ;
- l'anti-score, c'est-à-dire le nombre de formes reconnues à tort, autrement dit, le nombre d'intrus ;
- la différence, c'est-à-dire le nombre obtenu en soustrayant l'anti-score du score.

1.1.1. Les verbes

Pour ce qui est des verbes, le score maximal est de 12, l'anti-score peut théoriquement atteindre 58, et donc la différence peut se situer entre -58 et 12. Nous rappelons que le texte comporte neuf verbes conjugués au présent de l'indicatif, un verbe à l'infinitif, un verbe au participe présent (employé dans un gérondif) et un présentatif *c'est*, que nous avons finalement choisi d'inclure parce qu'il est susceptible de varier du point de vue du tiroir verbal utilisé.

Du point de vue du ratio d'identification des formes verbales, c'est-à-dire du score, la moyenne des évaluations repères en CM1 est de 8,0 et de 9,4 en CM2. Les verbes conjugués sont donc globalement bien reconnus par les élèves de ce niveau.

La classe observée se situe assez nettement en deçà de la moyenne repère au début du CM1, et encore davantage au début du CM2, alors même que le pic de performance de fin de CM1 avait rapproché l'ensemble des élèves de cette moyenne repère de début du CM2. Les élèves de S3 sont ceux qui progressent le plus, tandis que les résultats sont nettement plus mitigés pour les élèves de S1. Les scores en octobre 2012 ne dessinent pas de tendance par groupes, mais plutôt une sorte d'homogénéité.

Figure 107: *Scores et moyennes par groupes pour les verbes*

Élèves	Score sept-11	Score juin-12	Score oct-12
S1			
Arvinde	11	8	7
Cihan	9	9	7
David	4	11	9
Jennee	6	9	7
Kelly	11	9	6
Sarah	8	9	10
Moyenne S1	8,2	9,2	7,7
S2			
Camila	5	11	5
Célia	5	7	10
Ismaël	9	10	7
Leïla	6	9	6
Marcoss	7	9	6
Sharon	6	7	7
Sofia	8	10	
Moyenne S2	6,6	9	6,8
S3			
Bandjigou	10	8	7
Brahim	4	8	8
Daniel	5	7	5
Hicham	9		8
Oumou		10	10
Philippe	3	10	10
Yasmine	3	10	7
Moyenne S3	5,7	8,8	7,9
Moyenne tota	6,79	9	7,47

Les anti-scores ci-dessous peuvent être comparés aux moyennes repères d'anti-scores de 1,4 en CM1 et de 0,6 en CM2, moyennes qui montrent une représentation assez stable des verbes, avec peu d'intrus[4].

---

[4] Notons que nous avons fait le choix de neutraliser des formes, nous y reviendrons lors de l'analyse par mot, en 1.2.

Figure 108: *Anti-scores et moyennes par groupes pour les verbes*

Élèves	Anti-score sept-11	Anti-score juin-12	Anti-score oct-12
S1			
Arvinde	2	0	0
Cihan	0	0	0
David	1	0	0
Jennee	2	0	0
Kelly	0	4	0
Sarah	2	0	0
Moyenne S1	1,2	0,7	0
S2			
Camila	8	0	0
Célia	3	1	3
Ismaël	3	0	1
Leïla	1	0	1
Marcoss	4	0	0
Sharon	4	0	0
Sofia	3	1	
Moyenne S2	3,7	0,3	0,8
S3			
Bandjigou	5	7	5
Brahim	2	2	2
Daniel	13	7	9
Hicham	12		0
Oumou		0	0
Philippe	5	1	1
Yasmine	7	0	1
Moyenne S3	7,3	2,8	2,6
Moyenne totale	4,05	1,21	1,21

Le phénomène est net et stable dans le temps : la classe était nettement en dessous de la moyenne repère de CM1, elle y accède de façon consolidée en début de CM2. Tous les élèves soulignent nettement moins d'intrus en octobre 2012 qu'en septembre 2011, et les élèves de S1 n'en soulignent aucun. De fait, les élèves de S1 et S2 rattrapent le niveau repère de CM2, tout comme la majorité des élèves de S3, puisque l'examen attentif montre que Bandjigou et Daniel tirent vers le haut la moyenne de l'anti-score de S3, tandis que les autres élèves s'en sortent nettement mieux.

Évolutions et évaluations des compétences 289

La différence constitue un indicateur de réussite globalisant, qui se situe à 6,7 pour le repère CM1 et à 8,8 pour le repère CM2.

Figure 109: *Différences et moyennes par groupes pour les verbes*

Élèves	Différence	Différence	Différence
	sept-11	juin-12	oct-12
S1			
Arvinde	9	8	7
Cihan	9	9	7
David	3	11	9
Jennee	4	9	7
Kelly	11	5	6
Sarah	6	9	10
Moyenne S1	7	8,5	7,7
S2			
Camila	-3	11	5
Célia	2	6	7
Ismaël	6	10	6
Leïla	5	9	5
Marcoss	3	9	6
Sharon	2	7	7
Sofia	5	9	
Moyenne S2	2,9	8,7	6
S3			
Bandjigou	5	1	2
Brahim	2	6	6
Daniel	-8	0	-4
Hicham	-3		8
Oumou		10	10
Philippe	-2	9	9
Yasmine	-4	10	6
Moyenne S3	-1,7	6	5,3
Moyenne totale	2,74	7,79	6,26

Observant les chiffres de moyenne des différences, nous y retrouvons logiquement les caractéristiques pointées précédemment, notamment le décrochage de deux élèves, Bandjigou et surtout Daniel, seul élève encore crédité d'un solde négatif. De fait, la classe atteint le niveau repère de CM1 en entrant au CM2, tandis qu'elle présentait un retard important un an auparavant. Le groupe d'élèves qui profite le plus de cette progression est S3, avec une augmentation de 7 points, tandis que les différences des élèves de S1 stagnent, voire baissent légèrement. De façon assez prévisible, l'écart se réduit, avec un effet de plafond qui touche les élèves déjà performants. Néanmoins, la baisse de performance de certains élèves nous étonne : elle est due à des non-repérages de verbes, comme si ces élèves étaient devenus plus méfiants, plus difficiles dans leurs identifications de verbes. Mais ce n'est qu'une hypothèse, qui demandera à être explorée.

1.1.2. Les adjectifs

Du côté des adjectifs, le codage utilisé engendre un score maximal de 7, sachant que nous avons comptabilisé *petit* comme une réussite, pour les raisons évoquées précédemment[5], et un anti-score extrême de 66.

Les évaluations repères donnent des moyennes de scores de 2,61 pour le CM1 et de 3,91 pour le CM2.

Les moyennes des scores de la classe se situent quasiment au niveau des moyennes repères, avec un phénomène qui, à première vue, peut sembler étonnant : les élèves de S3 progressent significativement plus que ceux de S2, sans effet de plafond, puisque la moyenne pour S3 atteint 4,0 en fin d'année de CM1. Mais ces chiffres cachent une réalité très hétérogène, que l'on peut percevoir via les données d'anti-score.

---

[5] Cf. partie 1, chapitre 3.1.

Évolutions et évaluations des compétences

Figure 110: *Scores et moyennes par groupes pour les adjectifs*

Élèves	Score sept-11	Score juin-12	Score oct-12
S1			
Arvinde	2	6	6
Cihan	6	4	6
David	4	7	6
Jennee	2	4	5
Kelly	4	6	4
Sarah	4	6	5
Moyenne S1	3,7	5,5	5,3
S2			
Camila	7	3	3
Célia	2	2	3
Ismaël	0	3	2
Leïla	6	5	7
Marcoss	1	2	1
Sharon	1	2	0
Sofia	1	1	
Moyenne S2	2,6	2,6	2,7
S3			
Bandjigou	0	4	5
Brahim	0	5	3
Daniel	6	3	2
Hicham	3		2
Oumou		4	4
Philippe	0	6	6
Yasmine	1	2	0
Moyenne S3	1,7	4	3,1
Moyenne totale	2,63	3,95	3,68

Figure 111: *Anti-scores et moyennes par groupes pour les adjectifs*

Élèves	Anti-score sept-11	Anti-score juin-12	Anti-score oct-12
S1			
Arvinde	27	3	3
Cihan	17	0	1
David	1	5	1
Jennee	0	1	1
Kelly	15	3	6
Sarah	42	1	1
Moyenne S1	17	2,2	2,2
S2			
Camila	38	11	12
Célia	12	5	5
Ismaël	2	8	7
Leïla	28	5	4
Marcoss	6	7	11
Sharon	5	11	4
Sofia	0	8	
Moyenne S2	13	7,9	7,2
S3			
Bandjigou	3	12	7
Brahim	0	13	4
Daniel	7	11	11
Hicham	20		22
Oumou		32	20
Philippe	0	17	25
Yasmine	0	4	20
Moyenne S3	5	14,8	15,6

Certains élèves sont crédités d'un très bon score, mais en fait ils ont souligné des empans de texte considérables, au sein desquels les adjectifs se trouvent inclus. Camila et Leïla sont dans ce cas de façon nette en septembre 2011 : elles identifient respectivement 7 et 6 adjectifs, mais ceux-ci sont noyés au milieu de 38 et 28 intrus. Du côté des évaluations repères, les anti-scores moyens sont de 7,51 en CM1 et 7,27 en CM2. La progression serait donc quasi nulle d'une année sur l'autre. Pour la classe considérée, la baisse du nombre moyen d'intrus est significative, autour de trois points. L'observation du détail fournit l'explication de la rupture de hiérarchie apparente entre S2 et S3 : en septembre de CM1, les données sont en fait assez erratiques, parce que, vraisemblablement mis en grande difficulté par la consigne, certains élèves choisissent de ne rien souligner, tandis que d'autres englobent à l'inverse énormément de texte. Les deux comportements sont symptomatiques de l'absence de représentations de ce que pourrait être un « adjectif ». À l'inverse, les évaluations de fin de CM1 et début de CM2 montrent une certaine solidité des représentations telles qu'elles se sont construites, avec leurs réussites et leurs limites.

Du côté des repères, les moyennes de différences respectives de CM1 et CM2 demeurent négatives, avec -4,90 et -3,36. Comme pour les verbes, la moyenne de classe atteint en début de CM2 le niveau repère de début de CM1. Comme pour les verbes, les progrès sont importants, avec plus de quatre points de gain. En revanche, les similitudes s'arrêtent à la porte des groupes : les écarts entre ceux-ci sont faibles en début de CM1 (la moyenne de S3 s'expliquant par un assez large refus de la tâche), et extrêmement importants au début de CM2. David et Jennee avaient vraisemblablement déjà des procédures de reconnaissance de l'adjectif, en revanche, nous nous permettons de considérer que Arvinde, Cihan et Sarah ont forgé le concept d'adjectif pendant cette année de CM1, et ce de façon pérenne, puisque l'été a peu d'impact sur leurs performances. À l'opposé, Hicham, Oumou, Philippe et Yasmine n'ont toujours quasiment aucune idée stable de ce qu'est un adjectif.

Figure 112: *Différences et moyennes par groupes pour les adjectifs*

Élèves	Différence sept-11	Différence juin-12	Différence oct-12
S1			
Arvinde	-25	3	3
Cihan	-11	4	5
David	3	2	5
Jennee	2	3	4
Kelly	-11	3	-2
Sarah	-38	5	4
Moyenne S1	-13,3	3,3	3,2
S2			
Camila	-31	-8	-9
Célia	-10	-3	-2
Ismaël	-2	-5	-5
Leïla	-22	0	3
Marcoss	-5	-5	-10
Sharon	-4	-9	-4
Sofia	1	-7	
Moyenne S2	-10,4	-5,3	-4,5
S3			
Bandjigou	-3	-8	-2
Brahim	0	-8	-1
Daniel	-1	-8	-9
Hicham	-17		-20
Oumou		-28	-16
Philippe	0	-11	-19
Yasmine	1	-2	-20
Moyenne S3	-3,3	-10,8	-12,4
Moyenne tota	-9,11	-4,32	-5

Il faudrait développer, vérifier cette intuition, mais la comparaison entre apparition et régularité d'emploi de l'intitulé « adjectif » au sein des tris de mots et performance dans l'identification des adjectifs sur texte normé laisse apparaitre une corrélation assez régulière. Les élèves qui utilisent régulièrement cette catégorie dans leurs tris depuis le début du CM1, voire avant, affichent une différence positive. C'est le cas de tous les élèves de S1 sauf Kelly, qui est la seule dont la différence ne dépasse pas zéro en début de CM2, et d'une élève de S2, Leïla, seule élève de son groupe à utiliser régulièrement l'intitulé « adjectif » depuis le CM1-3. Les quatre élèves dont les différences sont au plus bas, de -20 à -16, présentent tous les quatre les utilisations les plus anarchiques de la catégorie, celle-ci apparaissant de façon rare et sporadique. Les autres élèves, dont les différences se situent entre -10 et -1, utilisent le regroupement « adjectif » de façon assez régulière, mais depuis moins longtemps que les premiers élèves mentionnés. De façon évidente, cette corrélation demanderait à être consolidée par une recherche plus solide statistiquement par son ampleur. Cependant, elle indique un lien dont il faudrait éclaircir la nature. Nous formulons l'hypothèse que le choix des catégories utilisées par les élèves lors du tri de mots fournit un reflet de l'état d'organisation de leur catégorisation d'une part, et que la manipulation fréquente de cette catégorie lors des tris de mots construit un concept de plus en plus solide rattaché au métaterme. Cette dernière hypothèse vient confirmer les propos de Carole Fisher et Marie Nadeau concernant l'importance de nommer les faits de langue, la construction des concepts grammaticaux ne pouvant faire l'économie d'un métaterme support.

Autre indicateur que nous avons choisi pour évaluer la progression de la classe étudiée, l'ampleur proportionnelle des groupes d'élèves en fonction de la performance permet d'observer si la classe étudiée s'est rapprochée des données de contextualisation.

Figure 113: *Comparaison des proportions d'élèves en fonction de la valeur de la différence pour les adjectifs*

	Proportion d'élèves dont la différence est > 0	Proportion d'élèves dont la différence est < -15
Repère, début de CM1	30,30%	5,60%
Classe étudiée, début de CM1	15,80%	26,30%
Repère, début de CM2	36,00%	5,20%
Classe étudiée, début de CM2	31,50%	21,00%

Au début du CM1, sans grande surprise, il y a beaucoup moins d'élèves performants dans la classe observée qu'en moyenne dans les élèves utilisés comme repère. Inversement, la proportion d'élèves présentant des scores très bas est cinq fois plus importante. Tandis que les chiffres des repères évoluent assez peu entre CM1 et CM2, dans la classe observée, la proportion d'élèves performants atteint cette moyenne repère, tandis que la proportion d'élèves en grande difficulté demeure quatre fois plus importante. Il est évident que le choix de seuils (0 et -15) influe sur ces écarts, mais ceux-ci sont suffisamment importants pour que l'on puisse y voir une réelle tendance : concernant l'adjectif, la pratique du tri de mots a vraisemblablement eu un impact très positif sur certains élèves, de fait, les plus performants, mais elle n'a pas permis aux élèves les moins habiles d'accéder à l'identification. Il semblerait que ce type de dispositif profite à un certain profil d'élèves, mais pas à d'autres, ou du, moins, pas au point que cela soit perceptible sur le type d'évaluations pratiquées. Une analyse individuelle plus poussée des évaluations permettrait peut-être d'esquisser une typologie, à laquelle nous ne nous risquerons pas pour l'instant ; cependant, afin d'éviter tout regard trop manichéen sur ces données, nous nous contenterons de remarquer que certains élèves pourtant en grande difficulté scolaire globalement, s'ils n'atteignent pas la barre d'une différence positive, manifestent de réels progrès, par exemple Bandjigou et Brahim, dont les scores respectifs de 5 et 3 et les anti-scores de 7 et 4 montrent des représentations encourageantes, en cours de construction, à comparer avec leur quasi refus de la tâche en début de CM1, symptomatique selon nous d'une incompréhension totale du métaterme « adjectif ». Il faudrait pouvoir comprendre quel cheminement ces élèves-là ont emprunté, que Philippe n'a pas su saisir, parti du même point et crédité d'un anti-score de 25 à la fin du CM1.

1.2. Comparaisons, sous l'angle qualitatif du mot à mot

De même, il y aurait fort à faire afin de dépouiller *in extenso* les évaluations du point de vue du type de mots identifiés. Nous choisirons ici quelques traits saillants, toujours dans le but de comparer la classe observée avec les données repères. Nous avons procédé à des codages couleurs permettant de mettre en lumière les principaux intrus ainsi que les mots les mieux identifiés pour chaque classe grammaticale, verbes puis adjectifs. Cela nous permet de comparer une sorte de cartographie des erreurs et des réussites.

1.2.1. Les verbes

Dans un premier temps, la comparaison des évaluations repères de début CM1 et début CM2 nous permet de mettre en relief quelques traits caractéristiques.

Le codage couleur présente une constance remarquable des équilibres, c'est-à-dire que, globalement, les élèves font en moyenne à peu près les mêmes réussites et les mêmes erreurs, même si la part des erreurs diminue et que celle des réussites augmente, de façon plutôt logique et rassurante. Nous relèverons quelques nuances : l'identification de *choisit*, *chatouille* et *attends* ne progressent pas de façon significative, contrairement aux autres formes verbales conjuguées, l'identification du participe présent *sifflotant* est stable, alors que l'infinitif *sonner* est significativement davantage identifié comme verbe, tout comme le présentatif *c'est* et que le participe passé employé comme adjectif *grillé* sort de la classe du verbe pour l'ensemble des élèves, passant de 20,2 % à 6,5 % d'identification. Du côté des identifications indues[6], les régulations opèrent, mais certains mots demeurent identifiés comme verbe par au moins 5 % des élèves : *douche*, *copieux* et *déjeuner*. Si *douche* et *déjeuner* ressortent bien d'une base verbale, *copieux* est plus difficile à interpréter, il est probable que sa faible fréquence ait favorisé son rapprochement du verbe « copier », hypothèse à manier avec précautions. *Cuisine*, *odeur* et *orange* sont en revanche en net recul, alors qu'ils faisaient partie des confusions.

Observons avec le même instrument de visualisation les évaluations de la classe étudiée.

---

[6] Nous n'évoquerons pas ici la question des mots conjoints parfois soulignés par le même trait que la forme qui succède : l'incertitude fréquente concernant l'intention de l'élève par rapport à sa gestuelle nous semble induire une trop grande fluctuation. Dans le codage couleur, nous avons neutralisé les réfléchis conjoints et intégré dans les erreurs le pronom personnel complément *l'*.

Figure 114: Cartographie de l'identification des verbes pour l'évaluation repère de début de CM1

Théo		se		réveille		à		sept		heures		tous		les		matins		il		prend	
0,8		18,5		81,5		1,7		2,5		1,7		0,0		1,7		0,0		1,7		5,9		85,7
sa		douche		et		choisit		sa		tenue		du				jour		il		puis		se	
1,7		7,6		0,0		78,2		0,8		1,7						0,0		1,7		0,0		1,7		18,5
dirige		vers		la		cuisine		là		un				copieux		petit		déjeuner		l'		attend	
84,0		0,0		0,8		5,9		0,0				0,0		9,2		2,5		15,1		46,2		73,9
une		bonne		odeur		de		pain		grillé		lui		chatouille		les		narines		dès	
0,0		2,5		4,2		0,0		1,7		20,2		0,8		68,1		0,8		0,0		0,0
qu'		il		entend		la		pendule		sonner		huit		heures		il		enfourche		son	
0,8		1,7		76,5		0,8		1,7		56,3		1,7		2,5		3,4		71,4
vélo		orange		et		se		dirige		en		sifflotant		vers		l'		école		toute	
3,4		5,9		0,0		12,6		74,8		0,0		40,3		1,7		3,4		3,4		0,0
proche		c'		est		le		nouveau		maire		du				CM1							
2,5		2,5		12,6		0,0		3,4		0,8		0,0		0,0							

Évolutions et évaluations des compétences

Figure 115: *Cartographie de l'identification des verbes pour l'évaluation repère de début de CM2*

Théo	se	réveille	à	sept	heures	tous	les	matins	il	prend
0,0	0,0	43,1	90,2	1,3	0,0	0,0	0,0	0,0	0,0	5,9	96,1

sa	douche	et	choisit	sa	tenue	du	jour	puis	il	se
0,7	5,2	0,7	79,7	0,0	2,0	0,0	0,0	0,0	1,3	44,4

dirige	vers	la	cuisine	à	un	copieux	petit	déjeuner	l'	attend
92,2	0,0	0,0	1,3	0,0	0,0	5,2	0,0	9,8	22,2	78,4

une	bonne	odeur	de	pain	grillé	lui	chatouille	les	narines	dès
0,0	0,7	0,0	0,0	0,0	6,5	69,3	0,0	0,0	0,0

qu'	il	entend	la	pendule	sonner	huit	heures	il	enfourche	son
0,7	1,3	92,8	0,7	0,7	75,8	0,0	0,0	5,2	87,6

vélo	orange	et	se	dirige	en	sifflotant	vers	l'	école	toute
0,0	0,0	0,0	40,5	92,2	0,7	42,5	1,3	0,0	0,0

proche	c'	est	le	nouveau	maître	du	CM1
0,7	2,6	40,5	0,7	0,7	0,0	0,0

Figure 116: *Cartographie de l'identification des verbes pour la classe étudiée, au début de CM1*

Théo	se		réveille		à		heures		sept		heures		tous		les		matins		il		prend	
	0,0		21,1		78,9		15,8		10,5		15,8		10,5		0,0		0,0		10,5		26,3	63,2

sa		douche		et		choisit		sa		tenue		du		jour		puis		il		se	
15,8		57,9		5,3		5,3		68,4		0,0		10,5		5,3		5,3		5,3		21,1	31,6

dirige		vers		la		cuisine		là		un		copieux		petit		déjeuner		l'		attend	
68,4		5,3		5,3		5,3		15,8		0,0		0,0		15,8		5,3		31,6		36,8	52,6

une		bonne		odeur		de		pain		lui		chatouille		les		narines		dès	
0,0		0,0		0,0		0,0		0,0		15,8		57,9		0,0		5,3	5,3	0,0

qu'		il		entend		la		pendule		sonner		huit		heures		il		enfourche		son	
5,3		10,5		63,2		5,3		5,3		42,1		0,0		21,1		78,9	5,3

vélo		orange		et		se		dirige		en		sifflotant		vers		l'		école		toute	
10,5		0,0		0,0		0,0		36,8		63,2		42,1		5,3		5,3		0,0	0,0

proche		c'		est		le		nouveau		maître		du		CM1	
15,8		0,0		0,0		0,0		0,0		0,0		10,5		0,0

Les évaluations de début de CM1 mettent en avant certaines différences frappantes : les verbes conjugués sont globalement moins bien reconnus, mais surtout, la zone d'erreurs est beaucoup plus étendue, c'est-à-dire qu'un nombre beaucoup plus important de mots sont susceptibles d'être identifiés comme des verbes. La perception que ces élèves ont des verbes est très inclusive, c'est-à-dire qu'un trait de ressemblance engendre facilement une identification. On peut supposer par exemple que l'homophonie engendre l'identification de *maitre*, de même que la conversion originelle de *déjeuner* ou encore que la possibilité de conjuguer *douche*[7] suffit à en faire un verbe. Ces mots sont également identifiés de façon erronée par certains élèves de notre corpus repère, mais dans des proportions faibles, voire très faibles : si *déjeuner* est également un support d'erreur fréquent, *maitre* ne l'est pas du tout, ce qui tendrait à montrer que certains élèves de la classe observée font abstraction de la graphie. L'identification erronée de *douche* constitue l'écart le plus visible, puisqu'il est considéré comme un verbe par davantage d'élèves de notre classe observée qu'un verbe aussi fréquent qu'*attend*. En revanche, le participe présent *sifflotant* est autant reconnu : le critère morphologique ou, plus vraisemblablement, sémantique fonctionne aussi bien dans la classe de Trappes que sur l'échantillon repère.

---

[7] Possibilité liée à une base commune au nom et au verbe.

302   Conceptualiser les classes de mots

Figure 117: Cartographie de l'identification des verbes pour la classe étudiée, au début de CM2

Théo	se	réveille	à	sept	heures	tous	les	matins	il	prend
0,0	0,0	42,1	63,2	0,0	0,0	0,0	0,0	0,0	0,0	10,5	84,2

sa	douche	et	choisit	sa	tenue	du	jour	puis	il	se
0,0	10,5	10,5	0,0	68,4	0,0	5,3	0,0	0,0	0,0	0,0	36,8

dirige	vers	la	cuisine	là	un	copieux	petit	déjeuner	l'	attend
84,2	0,0	0,0	0,0	5,3	0,0	10,5	10,5	0,0	15,8	36,8	68,4

une	bonne	odeur	de	pain	grillé	lui	chatouille	les	narines	des
0,0	0,0	0,0	0,0	0,0	0,0	5,3	0,0	31,6	0,0	5,3	0,0

qu'	il	entend	la	pendule	sonner	huit	heures	il	enfourche	son
0,0	5,3	5,3	94,7	0,0	5,3	57,9	5,3	0,0	5,3	84,2	0,0

vélo	orange	et	se	dirige	en	sifflotant	vers	l'	école	toute
5,3	5,3	5,3	0,0	31,6	73,7	0,0	0,0	31,6	5,3	5,3	0,0

proche	c'	est	le	nouveau	maître	du	CM1
5,3	0,0	5,3	5,3	0,0	0,0	0,0	0,0	0,0

Au début du CM2, la cartographie de l'identification des verbes s'est nettement rapprochée de celle des évaluations repères. Les résultats sont assez similaires de ceux du repère CM1, confirmant la compensation partielle du retard sans atteindre le niveau de performance repère de CM2. Les quelques variations significatives concernent *entend* ou encore *enfourche* très bien reconnus par les élèves observés, aussi bien que par l'échantillon repère de début CM2. Inversement, *réveille* est plutôt mal identifié, et *chatouille* met en échec une majorité d'élèves. Au sein du présentatif, *est* n'est pas perçu comme un verbe. Du côté des intrus, *douche* rentre dans le rang, avec un pourcentage d'identification de 10,5 %. Les identifications erronées parmi les plus problématiques (*tenue, narines, pendule, huit, vélo, orange, l'école, proche*) ont été produites par un seul et même élève, Daniel, dont on perçoit ici le décrochage par rapport au groupe classe et par rapport aux moyennes de performances plus ou moins attendues.

1.2.2. Les adjectifs

Effectuons la même démarche pour tenter de rendre compte de l'identification des adjectifs.

Figure 118 : Cartographie de l'identification des adjectifs pour l'évaluation repère de début de CM1

Théo 7,9	se 7,9	réveille 9,0	à 10,1	sept 7,9	heures 22,5	tous 19,1	les 18,0	matins 10,1	il 14,6	prend 11,2	12,4
sa 16,9	douche 20,2	et	choisit 2,2	sa 6,7	tenue 13,5	du 13,5	jour 15,7	puis 24,7	il 3,4	se 12,4	13,5
dirige 16,9	vers 7,9	la 13,5	cuisine 20,2	la 4,5	un	copieux 38,2	petit	déjeuner 31,5	l' 14,6	attend 3,4	2,2
une 3,4	bonne 33,7	odeur 13,5	de 6,7	pain 12,4	grillé	lui 33,7	chatouille 6,7	les 13,5	narines 6,7	dès 11,2	4,5
qu' 6,7	il 9,0	entend 9,0	la 9,0	pendule 15,7	sonner 7,9	huit 20,2	heures 20,2	il 11,2	enfourche 11,2	son 12,4	
vélo 15,7	orange 55,1	et 3,4	se 10,1	dirige 11,2	en 5,6	sifflotant 29,2	vers 4,5	l' 6,7	école 9,0	toute 20,2	
proche 32,6	c' 3,4	est 3,4	le 0,0	nouveau 36,0	maître 6,7	du 10,1	CM1 9,0				

Évolutions et évaluations des compétences

Figure 119: Cartographie de l'identification des adjectifs pour l'évaluation repère de début de CM2

Théo	se	réveille		sept	heures	tous	les	matins	il	prend
4,4	2,6	2,6	4,4	5,3	28,9	22,8	14,9	21,9	4,4	2,6

sa	douche	et	choisir	sa	tenue	du	jour	puis	il	se
7,9	17,5	2,6		5,3	11,4	18,4	29,8	37,7	4,4	4,4

dirige	vers	la	cuisine	là	un	copieux	petit	déjeuner	l'	attend
6,1	11,4	11,4	2,6	15,8	2,6	9,6	58,8	36,0	21,1	3,5

une	bonne	odeur	de	pain	grillé	lui	chatouille	les	narines	dès
5,3	53,5	9,6	5,3	11,4	7,0	53,5	12,3	8,8	14,9	0,0

qu'	il	entend	la	pendule	sonner	huit	heures	il	enfourche	son
1,8	1,8	0,9	7,9	14,0	4,4	27,2	21,9	3,5	2,6	7,9

vélo	orange	et	se	dirige	en	sifflotant	vers	l'	école	toute
10,5	71,9	3,5	3,5	4,4	17,5	33,3	9,6	5,3	7,0	28,1

proche	c'	est	le	nouveau	maitre	du	CM1			
55,3	2,6	2,6	7,0	62,3	7,9	9,6	15,8			

Ce qui frappe lorsque l'on compare ces deux représentations graphiques, c'est que le rouge recule peu, c'est-à-dire que la part d'intrus est très forte et le demeure, ce que nous disaient déjà les moyennes d'anti-scores, 7,51 en CM1, 7,27 en CM2. Les identifications progressent, mais elles demeurent très en deçà des pourcentages observés concernant les verbes : quand, au CM2, *prend* atteint 96,1 % d'identification, *orange*, l'adjectif le mieux reconnu, plafonne à 71,9 %. Sans trop d'étonnement, la couleur se révèle prototypique du contenu sémantique attendu d'un adjectif. Mais les pourcentages sont surtout révélateurs du fait qu'environ un tiers des élèves associe une représentation totalement erronée au métaterme « adjectif », et que les obstacles à cette représentation ne sont pas dépassés lors de l'année de CM1. Le participe passé *grillé* se comporte comme les adjectifs *bonne* ou *proche*, son origine verbale ne semble pas influer, ni dans le sens d'un avantage, ni dans le sens d'un obstacle à l'identification[8]. Les adjectifs connaissent toutefois une augmentation de plus 20 % environ entre les évaluations repères de CM1 et de CM2.

Du point de vue des pourcentages d'identifications réussies, les évaluations en début de CM1 de la classe observée sont très similaires à celles de l'échantillon repère (de la même façon que pour les moyennes de scores). En revanche, les identifications erronées sont nettement plus nombreuses, avec une extension et une fréquence plus importantes.

---

[8] Dans certains cas, les élèves soulignent *grillé* comme verbe puis comme adjectif, ndlr.

Évolutions et évaluations des compétences

Figure 120: *Cartographie de l'identification des adjectifs pour la classe étudiée, au début de CM1*

Théo	se	réveille	à	sept	heures	tous	les	matins	il	prend
26,3	15,8	10,5	15,8	15,8	31,6	36,8	15,8	15,8	31,6	5,3	10,5

sa	douche	et	choisit	sa	tenue	du	jour	puis	il	se
10,5	21,1	0,0	10,5	10,5	26,3	26,3	31,6	5,3	21,1	15,8

dirige	vers	la	cuisine	là	un	copieux	petit	déjeuner	l'	attend
31,6	36,8	36,8	36,8	5,3	10,5	36,8	31,6	31,6	10,5

une	bonne	odeur	de	pain	grillé	lui	chatouille	les	narines	dès
15,8	31,6	15,8	15,8	21,1	47,4	15,8	21,1	31,6	5,3

qu'	il	entend	la	pendule	sonner	huit	heures	il	enfourche	son
10,5	15,8	15,8	15,8	21,1	21,1	26,3	26,3	5,3	5,3	0,0

vélo	orange	et	se	dirige	en	sifflotant	vers	l'	école	toute
10,5	52,6	0,0	10,5	15,8	21,1	21,1	21,1	21,1	26,3

proche	c'	est	le	nouveau	maître	du	CM1
36,8	5,3	5,3	5,3	26,3	15,8	26,3

Figure 121: Cartographie de l'identification des adjectifs pour la classe étudiée, au début de CM2

Théo		se		réveille		à		sept		heures		tous		les		matins		il		prend	
	10,5		5,3		10,5		0,0		36,8		47,4		5,3		10,5		26,3		0,0		5,3

sa		douche		et		choisit		sa		tenue		du		jour		puis		il		se	
	15,8		26,3		5,3		10,5		15,8		21,1		21,1		31,6		0,0		0,0		5,3

dirige		vers		la		cuisine		là		un		copieux		petit		déjeuner		l'		attend	
	10,5		5,3		26,3		31,6		0,0		0,0		26,3		42,1		31,6		10,5	

une		bonne		odeur		de		pain		grillé		lui		chatouille		les		narines		dès	
	5,3		47,4		10,5		5,3		21,1		68,4		0,0		21,1		10,5		15,8		0,0

qu'		il		entend		la		pendule		sonner		huit		heures		il		enfourche		son	
	0,0		0,0		10,5		10,5		26,3		0,0		31,6		36,8		5,3		5,3

vélo		orange		et		se		dirige		en		sifflotant		vers		l'		école		toute	
	15,8	73,7		5,3		5,3		10,5		0,0		26,3		5,3		10,5		26,3

proche		c'		est		le		nouveau		maître		du		CM1	
57,9		0,0		5,3		5,3		52,6		10,5		15,8		31,6

Au début du CM2, les progrès sont massifs, et, ce qui est notable, les élèves de la classe observée parviennent à des scores sensiblement identiques à ceux des repères pour *bonne*, *orange* ou *proche*, et même atteignent un meilleur pourcentage d'identification pour *grillé*. *Copieux*, en revanche, est nettement moins bien reconnu, et il nous semble vraisemblable que des paramètres de fréquence et donc de compétence lexicale engendrent cet écart défavorable de 30 %. Concernant les intrus, les zones de difficultés se situent aux mêmes endroits du texte. « à sept heures », « à huit heures », « du jour », « en sifflotant » et « du CM1 » ont comme point commun d'être des syntagmes prépositionnels facultatifs, dont le soulignement est fréquemment opéré en tant que syntagme : ce sont clairement des adjectifs pour une part non négligeable des élèves, dans l'échantillon repère comme dans la classe observée[9]. « En sifflotant » et « du jour » sont plutôt convenablement gérés par les élèves de la classe observée, puisqu'ils provoquent des pourcentages d'identification identiques voire inférieurs, en revanche, les trois autres syntagmes mettent en échec un bon tiers, voire quasiment la moitié de la classe, alors que les erreurs d'identification sur ces parties de l'énoncé touchent plutôt autour de 20 % des élèves repères.

1.3. Faut-il faire réfléchir les élèves ?

Autant nous considérions comme une évidence la nécessité d'enseigner la grammaire plutôt par la réflexion, autant nous pensons légitime aujourd'hui de ne pas adopter un positionnement dogmatique, parce que la question nous parait on ne peut plus légitime : les élèves d'élémentaire tirent-ils davantage profit de l'exposition à un savoir préconstruit ou de la résolution d'une situation problème ajustée ? Cela peut sembler naïf de poser en ces termes un problème qui traverse la didactique, mais il nous aurait paru encore plus inconséquent de l'éviter.

---

[9] Ils sont très fréquemment soulignés en continu, pas mot par mot. Même s'il est possible que les élèves aient rencontré la dénomination « adjectif numéral » dans leur scolarité et que cela constitue un motif d'identification erronée, le soulignement par groupes de mots nous amène à privilégier l'hypothèse d'un double glissement, de la classe grammaticale vers la fonction, d'une part, de la fonction d'expansion du nom à la fonction de complément de la phrase, d'autre part. Nous aurons à revenir sur cet aspect dans un prochain chapitre.

1.3.1. Ce que nous dit notre recherche

De toute évidence, nous ne pourrons prétendre trancher le nœud gordien avec notre étude, dont la nature qualitative et exploratoire n'est guère compatible avec les démonstrations statistiques. Néanmoins, l'analyse des évaluations offre quelques tendances.

– Les progrès faits par la classe étudiée sont d'autant plus remarquables que la notion grammaticale considérée recouvre un concept complexe : ils sont plus conséquents du côté de l'identification de l'adjectif que de celle du verbe.

– Les profits sont variables en fonction d'une typologie d'élèves et d'une typologie de notions qui restent à construire : certains ont énormément progressé sur les verbes et les adjectifs, d'autres, seulement sur l'une de ces classes grammaticales, enfin une frange d'entre eux présente une progression assez semblable à celle observée entre les deux repères choisis, ce qui laisse à penser qu'ils auraient vraisemblablement effectué le même cheminement avec un autre type d'enseignement.

Si nous devions esquisser une description plus fine, nous avancerions avec prudence qu'il existe comme un plafond de verre observable au niveau de la classe des verbes, les élèves en difficulté progressent davantage que ceux qui possèdent une meilleure maitrise dès le début du CM1, comme si un palier de maitrise des procédures d'identification ne permettait pas d'éliminer les scories, erreurs liées à des contextes, à des traits saillants qui viennent entraver l'application du raisonnement de l'élève. Ce palier serait atteint par quasiment tous les élèves de la classe étudiée en fin de CM2, à l'exception de Daniel et de Bandjigou, mais finalement assez peu dépassé, même s'il intègre des gradations, en fonction du nombre de scories. Du côté de l'identification des adjectifs, les évolutions sont très différentes. Ce que l'on perçoit relève davantage d'un concept en cours de construction chez tous les élèves, et donc, à l'entrée au CM2, il est nettement moins aisé de discerner des paliers, et surtout de corréler les niveaux de performance initiaux avec les aptitudes acquises. Il aurait fallu poursuivre l'expérimentation pour voir comment évoluaient ces élèves.

Ce qui nous semble évident, en revanche, c'est l'absence de corrélation entre la situation de cette classe en zone d'éducation prioritaire et les performances à la fin de l'expérimentation. Parmi cette vingtaine d'élèves, certains ont atteint des niveaux d'analyse supérieurs à ce que l'on pourrait observer dans une classe plus ordinaire. Nous rejoignons ici le constat de Fabienne Calame Gippet :

> Les meilleurs élèves en ORL, dans les classes suivies, sont ceux qui savent identifier le fait de catégoriser : il faut noter qu'ici le milieu étant défavorisé, cela signale que le profil cognitif, les capacités d'abstraction, semblent plus significatifs que le milieu socio-culturel ; ce sont des élèves qui s'emparent très vite de ce que leur propose l'école[10].

Prenons l'exemple de Brahim, qui ne produit aucun soulignement au début du CM1, il reconnait en début de CM2 trois adjectifs sur les six présents, avec un anti-score de 4, alors même qu'en fin de CM1 il en reconnaissait cinq, mais noyés dans un anti-score de 13. Le cheminement est perceptible dans les choix faits, y compris dans les intrus considérés comme adjectifs. Si l'on essaie de comprendre la distance parcourue par Cihan, il est flagrant que l'élève, qui soulignait déjà six adjectifs en début de CM1, a surtout restreint l'extension de ce qu'il entendait par « adjectif », passant de 17 à 1 en anti-score. Arvinde, quant à lui, a dû déplacer ses représentations puisqu'en début de CM1 il souligne 27 intrus et seulement 2 adjectifs, tandis qu'en CM2 il identifie 6 adjectifs et souligne seulement 3 intrus. En revanche, Marcoss ou Sharon n'ont pas progressé, ils semblent ne pas réellement savoir ce qu'ils cherchent, soulignent des verbes conjugués, mais aussi des syntagmes prépositionnels : il est très difficile de rendre compte de ce qu'ils se représentent derrière le terme d'« adjectif ». Les uns ont tiré grand profit de la situation de recherche dans laquelle ils ont été amenés à réfléchir, les autres semblent être restés, dans une certaine mesure, en retrait de cette activité.

1.3.2. Tentative de réponse

Dans un article intitulé « Langue et discours : tensions, ambigüités de l'école envers les milieux populaires », Élisabeth Bautier cherche à mieux comprendre les raisons d'un divorce de plus en plus prononcé entre certains élèves et le « genre scolaire des textes de savoirs », écart grandissant et que les pratiques actuelles ne semblent parvenir à résoudre.

> Sur le plan linguistique, ce qui était le fait des exclus de la scolarisation longue, il y a vingt ans, à savoir l'impensé et l'impensable d'une langue comme système non aléatoire, d'une langue réglée et grammatisée, nécessaire pour construire et se construire dans l'ordre des savoirs scolaires, est ainsi

---

[10] Calame-Gippet (2006, p. 31).

aujourd'hui le fait de bacheliers largement issus de milieux populaires… Enseigner la langue à l'école, qui ne s'appelle plus « faire de la grammaire » (Masseron, 2005) devrait pourtant faire accéder les élèves à cette conception, au moins avoir cet objectif [11].

Une fois le constat posé d'une fracture augmentée, constat observable dès l'école élémentaire, par exemple dans les zones prioritaires qui constituent l'ensemble de la circonscription de Trappes dont fait partie la classe que nous avons étudiée, reste encore à comprendre ce qui dysfonctionne, ce qui est à l'origine surtout de l'aggravation. Élisabeth Bautier évoque plusieurs obstacles à « l'appropriation par les élèves de la langue comme système global, réglé, grammatisé et son utilisation comme ressources nécessaires pour écrire et comprendre des textes (des discours) ». Dans la liste ainsi constituée, nous trouvons une critique des ingénieries de décloisonnement (principalement dans le secondaire) qui entraverait la perception de la cohérence des objets de savoir au sein d'une discipline, le problème du type de tâches, essentiellement individuelles et fondamentalement inadaptées à des démarches qui supposent le socioconstructivisme ainsi qu'une prise en compte de la parole des élèves qui ne s'accompagne pas suffisamment de la formalisation nécessaire à l'efficacité des propos. S'ajoute à ces trois points la question des contenus et de leurs formes.

> Certes, on ne peut que s'associer aux exigences de compréhension plus que de restitution des savoirs, de raisonnement, de commentaires, de problématisation, de réflexivité, car ces modes de faire avec le langage qui sont des modes de faire avec la pensée sont sans doute nécessaires à ce qui fait aujourd'hui nécessité cognitive dans notre société littéraciée (mode de pensée et usages langagiers largement fondés dans la familiarisation et les pratiques d'l'écrit) et correspondent à l'élévation du niveau général de scolarisation. Au demeurant, les conséquences peuvent être sources de difficultés pour une partie des élèves.
>
> Ainsi, ces objets et conduites cognitives à élaborer par les élèves conduisent à produire plus rarement les savoirs déclaratifs de façon formelle et complète au collège, moins encore dans l'enseignement primaire. Or, même si leur restitution n'est pas « suffisante », ils sont nécessaires en tant que formes linguistiques et discursives comme ressources pour écrire et réfléchir. De plus, cet objectif, cette « élévation du niveau d'exigence intellectuelle » en vient à masquer et à dévaloriser des modes d'apprentissage comme la mémorisation, l'automatisation d'un certain nombre de savoirs et de

---

[11] Bautier (2007, p. 59).

procédures fondamentales, élémentaires mais importantes car ce sont elles qui permettent les cumuls, les mobilisations rapides et nécessaires pour effectuer le travail quotidien[12].

Ne toucherait-on pas du doigt la limite de dispositifs comme le tri de mots ? Nous revient forcément en mémoire la difficulté, exprimée par les élèves eux-mêmes, à entrer dans l'activité, faute de représentation d'une tâche qui comporterait en soi un obstacle par sa complexité, mais aussi le cas de certains qui n'ont semble-t-il pas tiré réel profit du point de vue de la conceptualisation des classes grammaticales. Mais voilà, au sein même d'une cohorte d'une vingtaine d'élèves, la question de ce qui est accessible et de ce qui est profitable ne se pose pas de la même manière d'un individu à l'autre. Et là, l'exemple d'élèves comme Cihan[13] ou, davantage encore, Arvinde montre que la dévolution d'une réflexion, la prise de responsabilité des élèves sur leurs savoirs, et sur l'organisation de leurs savoirs (nous allons y revenir), permet d'atteindre des niveaux de formulation métalinguistiques qui n'auraient vraisemblablement pas été atteints, sinon[14]. Dès lors, il ne s'agit pas de botter en touche, mais de constater que le problème n'est vraisemblablement pas seulement celui des milieux « populaires » ou non, mais aussi celui de ce que nous pensons être un stade d'évolution cognitif qui permet de tirer parti d'une posture d'élève qui dépasse le déclaratif.

« Dépasser le déclaratif » : si cela peut constituer un objectif, l'expression suppose qu'il existe un savoir à déclarer. Les perspectives didactiques qui s'ouvrent concernent les conditions de rentabilité d'une telle ingénierie : à quel moment de l'apprentissage des élèves la proposer ? en lui assignant quelle(s) finalité(s) ? en exigeant quels gestes professionnels et quels

---

[12] *Ibid.*, pp. 61-62.
[13] Rappelons, toute réflexion utile, que les parents de Cihan ne sont pas francophones. Sollicitée sur cette question, Carole Deblaere nous a répondu ainsi : « Non francophones, ni l'un ni l'autre. Remise de livrets en langue des signes et en regards qui en disaient longs... Il est certain que la réussite à l'école revêtait une importance particulière, un pari sur l'avenir pour leur enfant et je pouvais lire beaucoup de fierté dans les yeux du papa qui regardait son fils, et une grande reconnaissance envers moi. Je n'avais jamais vécu aussi belle et touchante remise de livrets. Je n'oublierai jamais cette dernière... »
[14] Écrivant cela, nous sommes consciente de prendre le risque de la partialité. Évidemment, il faudrait pouvoir comparer avec d'autres Arvinde... et cela pose la question de la possibilité même d'effectuer des recherches à caractère statistique dans des conditions écologiques : il demeure des méthodologies à construire.

savoirs des enseignants ? À la suite de Carole Tisset[15] et en reprenant implicitement les descriptions didactiques élaborées par celle-ci, Ecaterina Bulea-Bronckart et Marie-Laure Elalouf préconisent l'usage du tri de mots comme « aide à la conceptualisation »[16]. Leur analyse linguistique des difficultés engendrées par un énoncé exemple constitue certes un éclairage, mais elle met également en relief la difficulté de l'exercice, envisagé du côté de l'élève comme de celui de l'enseignant. Lorsque les auteures affirment « les tâches d'observation, de tri, de classement, à l'aide de manipulations, et la verbalisation de leurs constats permettent aux élèves d'accéder en tâtonnant à un raisonnement grammatical », nous ne pouvons que souscrire, du point de vue de l'objectif tel que nous nous le représentons ; cependant, la mise en œuvre montre que certains élèves ne se représentent pas ce type d'activités et demeurent dans les marges des apprentissages. Pour quelles raisons ? nous ne sommes pas en mesure de faire la part des choses, mais il nous est apparu à de nombreuses reprises que le dispositif n'était pas utile à un élève donné parce que les objets que ce dispositif nécessitait de penser lui étaient partiellement inaccessibles, cette part ayant d'ailleurs une ampleur éminemment variable[17]. La question délicate de la zone proximale de développement se pose en des termes individuels, qui nous semblent assez peu compatibles avec la réalité de l'enseignement dans les classes. Ces réflexions nous renvoient à la première question que nous posions en ouverture de ce paragraphe : à quel moment de l'apprentissage des élèves faut-il proposer des tris de mots ? Puisque ce dispositif constitue une situation-problème pour l'élève, il convient que celui-ci ait des savoirs et des savoir-faire à mettre en jeu. Pour cela, la question des finalités appartient au même mouvement de réflexion. En fonction du stade[18] auquel se situe l'élève, le tri de mots pourrait permettre de travailler la capacité à catégoriser des

---

[15] Tisset (2010, p. 36).
[16] Bulea-Bronckart & Elalouf (2016, p. 58).
[17] L'ampleur variable de ce qui échappe constituerait un objet d'étude passionnant mais aussi terriblement labile : les écarts de performance de certains élèves sont tels que l'adulte peine à les envisager, et nous nous retrouvons confronter à des fluctuations telles qu'il y aurait un travail de fourmi à effectuer pour en saisir les sources.
[18] Et nous n'empruntons pas par hasard un terme de psycho-cognition : il y a là des données, des indicateurs qui restent à construire. Les jalons proposés par Clairelise Bonnet (2008 et 2012) ne nous semblent pas suffisants pour permettre de construire des progressions ajustées aux besoins et aux questionnements des enseignants, du premier degré, notamment.

mots[19], la capacité à s'approprier la catégorisation attendue[20], la capacité à résoudre des problèmes d'analyse grammaticale complexes. Parmi les élèves de la classe étudiée, certains ont vraisemblablement passé un temps non négligeable à acquérir une représentation suffisante de la première de ces capacités, tandis que d'autres sont parvenus assez loin dans l'appropriation de la terminologie, suffisamment pour nous demander : « fais-en un difficile, un vraiment dur, fais-le *toi* ![21] ». Nous pensons aussi que c'est avec raison qu'Ecaterina Bulea-Bronckart et Marie-Laure Élalouf insistent sur le rôle de l'enseignant, sur son « étayage [...] nécessaire », mais aussi sur ses compétences : « pour intervenir au moment voulu, lorsqu'un obstacle ne peut être franchi par le seul échange, l'enseignant doit avoir analysé les difficultés potentielles »[22]. Mais cette remarque ouvre un autre champ problématique, celui dans lequel nous entrions par une précédente question concernant les conditions d'efficacité du tri de mots : en exigeant quels gestes professionnels et quels savoirs des enseignants ?

Arrêtons-nous un instant sur un angle peu abordé jusqu'à présent, et pourtant qui n'est pas sans légitimité lorsque l'on s'efforce de réfléchir en termes d'efficacité d'une ingénierie, d'autant plus dans un contexte d'enseignement spécifique. Dans un article à charge, reflet d'une intervention encore plus à charge, Danièle Manesse met en cause les orientations de la didactique de la langue, les chargeant d'une part de responsabilité non négligeable dans « les plus grands écarts entre les

---

[19] Capacité qui en suppose une autre, très largement sous-estimée, à savoir la capacité à catégoriser tout court, à catégoriser des objets concrets, en premier lieu. Nous ne pouvons nous arrêter longuement sur ce point, mais, lors de notre expérimentation, nous avons pris conscience de l'importance fondatrice de cette capacité, qu'avec une grande naïveté nous pensions acquise pour tous.

[20] Au sein de celle-ci, il faudrait distinguer des étapes liées à la prise en compte successive par l'élève des classes grammaticales : stabilisation du trio déterminant-nom-verbe, ajout de l'adjectif, puis du pronom. Mais nous entrons-là davantage dans une progression des concepts visés (qui, du même coup, demanderait de nouveau une décomposition interne), tandis que nous voulions mettre en avant une progression dans les capacités construites.

[21] Cette demande s'est traduite par le tri mis en œuvre seulement pour les sept élèves les plus performants de la classe (CM1-9). Quant à la demande d'un énoncé produit par la visiteuse occasionnelle que nous avons été plutôt que par l'enseignante, c'est affaire d'exotisme, mais cela renvoie aussi à un désir de se frotter à des énoncés plus complexes, l'exercice ayant pris des allures de défi pour ces élèves.

[22] Bulea-Bronckart & Elalouf (2016, p. 59).

élèves des ZEP et ceux du système ordinaire »[23]. Si la tonalité polémique n'engage pas notre adhésion entière, la conclusion résonne aux oreilles de la formatrice d'enseignants.

> Les limites de ce que peut faire un professeur, sa marge de manœuvre, les forces dont il dispose à l'issue de sa formation, devant des publics d'élèves plus difficiles dans un contexte social tourmenté, sont des données importantes à intégrer dans la réflexion innovatrice, et il faut éviter de tirer sur le pianiste pour expliquer les difficultés croissantes en langue des élèves de milieu populaire. Simplifier la tâche du pianiste, lui donner des repères solides, est une tâche digne aussi de la didactique ; elle est urgente si on ne renonce pas à l'ambition de doter tous les élèves, y compris ceux de milieu défavorisé, de cette « littéracie étendue » qu'évoquait Élisabeth Bautier[24].

À la lumière des propos de Danièle Manesse, nous nous sommes beaucoup interrogée sur le caractère transférable ou non du dispositif de tri de mots[25]. Cela donnera certainement lieu à d'autres travaux, car nous ne saurions conclure ici sur ce point, mais nous voudrions tout de même signaler que ce dispositif en lui-même ne suffit pas, qu'il ne fonctionne que si l'enseignant se positionne à cet endroit juste, décrit par Ecaterina Bulea-Bronckart et Marie-Laure Elalouf, ce lieu de l'intervention nécessaire pour orienter à la fois le propos et la réflexion de l'élève. Il s'agit certes d'avoir des compétences linguistiques développées, mais pas seulement, car pour aider les élèves les plus en retrait, il faut réussir à voir ce qui est conceptualisation balbutiante, mais juste, réussir à laisser se développer des constructions que l'on identifie comme fertiles. Prenons un exemple concret. Bandjigou fait partie des élèves ayant tiré profit des tris de mots successifs ; pour de nombreuses raisons de natures hétérogènes[26], il semblait voué à l'attente violente de l'élève à qui l'école

---

[23] Manesse (2013, p. 231).
[24] *Ibid.*, pp. 241-242.
[25] Mais aussi au contact des enseignants du premier degré eux-mêmes. Sans vouloir réduire la réflexion à l'anecdote, les incompréhensions de tout ordre transpirent des deux remarques suivantes :
« Ça change de l'ORL ! » (Remarque d'une PE chevronnée suite à une animation pédagogique sur le tri de mots, contexte de formation continuée).
« Du coup, si on trie des mots, on fait trier que des noms ? » (Réaction d'une PE stagiaire lors d'un atelier d'accompagnement, contexte de formation initiale).
[26] Quelques éléments de contexte succincts : benjamin d'une famille de 12 enfants, Bandjigou était principalement perçu dans l'école comme le dernier garçon d'une fratrie dont aucun ainé n'était parvenu à maitriser la lecture de façon acceptable ; garçon agité, difficile, son comportement parfois violent était *a priori* peu compatible

ne sert à rien ; au début de son année de CM2, entre autres acquisitions, il possède une représentation des classes déterminant, nom et verbe, et approche la notion d'adjectif, ses productions témoignent d'un début de construction systémique. Mais nous faisons l'hypothèse que, si cet élève a ainsi profité de l'espace de raisonnement qui lui était donné, c'est parce qu'il s'est autorisé à penser, marge de manœuvre qui lui a été offerte par son enseignante. Et si celle-ci est parvenue à ouvrir ainsi des perspectives, c'est d'une part grâce à son expérience d'enseignante et à ses outils pédagogiques et d'autre part grâce à l'appui d'une professionnelle plus experte en linguistique (aidée d'une encore plus experte par moments) qui lui a fourni des explications pour comprendre en quoi la démarche de cet élève n'était pas une impasse, mais un début. En effet, combien d'enseignants auraient été tentés de corriger l'étrange bipartition déterminant-nom, sans y voir une étape préliminaire à la disjonction entre nom et verbe ? Carole Deblaere a appris à voir à travers certaines formulations d'élèves des savoirs et savoir-faire en construction, et à les encourager tout en proposant des mises en mots modélisantes à d'autres moments. En ce sens, nos résultats, s'ils éclairent, modestement, les façons de faire des élèves, ne nous semblent pas constituer des appuis solides pour évaluer le dispositif. Élisabeth Bautier met également en garde : « Ces pratiques sont très exigeantes pour les enseignants comme pour les élèves, elles supposent que les enseignants acceptent de se confronter aux raisonnements, aux logiques, aux univers des élèves, mais aussi et surtout que les enseignants sachent quoi faire de ces raisonnements et observations des élèves et qu'ils aient des échanges collectifs argumentés formellement pour construire des savoirs collectifs nouveaux ayant valeur en eux-mêmes[27]. »

D'une certaine façon, Ecaterina Bulea-Bronckart et Marie-Laure Elalouf ne disent pas autre chose lorsque, concluant sur les démarches d'observation de la langue, elles affirment :

> Adopter un questionnement plus ouvert et faire face à l'imprévu est source d'insécurité ; aussi les enseignants doivent-ils pouvoir s'appuyer sur des outils cohérents avec leurs objectifs et mis à l'épreuve de la pratique pour

---

avec les apprentissages. Ayant été maintenu une année en CP, il n'avait pas encore acquis les compétences de lecteur nécessaires aux activités scolaires lors de son entrée en CE2.

[27] Bautier (2007, p. 64).

proposer des corpus dont les difficultés ont été répertoriées et graduées[28]. Les constructions atypiques de la langue standard ou non standard y ont leur place car l'enseignant doit pouvoir les identifier et les analyser dans les productions de ses élèves pour intervenir de façon explicite. Après avoir fait verbaliser les élèves dans le but de connaitre leurs conceptions, il est nécessaire d'institutionnaliser le savoir grammatical, c'est-à-dire de fixer de façon explicite les connaissances, procédures et stratégies pour les rendre disponibles dans d'autres situations[29].

Comme ceux d'Élisabeth Bautier, ce propos conclusif rappelle également une autre nécessité induite par l'utilisation de ce type d'ingénierie : pour qu'il y ait apprentissage, il faut qu'il y ait stabilisation des acquis, même de façon transitoire. La question de la trace écrite laissée par les tris de mots se pose ici de façon aigüe, au croisement entre posture enseignante et didactique de la langue. Il est très difficile de définir une bonne institutionnalisation écrite à cette activité, parce que l'intérêt de celle-ci réside précisément dans les allers-retours entre les conceptions réelles des élèves, telles qu'elles peuvent notamment transparaitre de leurs tris individuels, et les procédures et concepts visés par l'enseignant, qui peuvent apparaitre lors des phases de mises en commun, grâce aux étayages croisés qui s'y tiennent. Figer à l'écrit ces échanges et leurs différentes compréhensions pourrait se faire soit en mettant à l'écrit des procédures, soit en effectuant des collectes de mots. Les deux options possèdent leurs atouts et leurs difficultés[30], mais dans les deux cas, elles ne peuvent compenser la tenue d'une réelle synthèse de l'état de connaissances sur lequel la mise en commun s'est achevée ; cette synthèse est dévolue à l'enseignant qui y expose ce qui est à retenir, offrant ainsi des repères essentiels à la réussite des élèves ne gérant pas ou gérant mal l'implicite scolaire de la construction de connaissances, au-delà de l'activité conjoncturelle.

---

[28] Ce point pose problème, pour ce qui est du tri de mots, dont l'outillage actuellement existant nous semble insuffisant pour sécuriser les enseignants, nous en avons fait l'expérience lors de certaines actions de formation (l'une d'entre elles est décrite dans un article en ligne des *Cahiers pédagogiques*, http://www.cahiers-pedagogiques.com/A-l-assaut-de-la-complexite-grammaticale).

[29] Bulea-Bronckart & Elalouf (2016, p. 59).

[30] Pour le dire de façon succincte, mettre à l'écrit des procédures suppose de figer des formulations, l'expérience montre que celles-ci sont quasi toujours celles des élèves les plus performants, parce qu'elles correspondent davantage aux attentes de l'enseignant. Constituer des collections de mots suppose de gérer les problèmes d'homonymie et, dans ce cadre, peut se révéler inducteur d'erreurs.

2. Les élèves et la langue

Écouter les élèves permet de mieux comprendre le fonctionnement de la langue. Cela peut paraitre étonnant, mais c'est ainsi ; avec le recul, nous avons acquis la certitude que ceux qui n'ont pas la prétention de savoir sont aussi ceux qui mettent le mieux en lumière à la fois les courants profonds et les contradictions de surface, les outils ergonomiques et les instruments mal calibrés, pour peu qu'un espace de parole réelle leur soit accordé. C'est pourquoi nous avons interrogé nos propres références, cherché des réponses aux questions ouvertes dans l'écart entre les prescriptions grammaticales de l'École et les analyses linguistiques des élèves, que ce soit en termes de contenus conceptuels ou de procédures.

2.1. La linguistique des élèves

Avant d'aborder les constructions métalinguistiques des élèves, il convient de rappeler, à la suite de Bernard Combettes et Jean-Pierre Lagarde, que « la grammaire construit son objet »[1]. Nous pointons ici une donnée non négligeable du problème qui nous occupe : il n'existe pas une seule façon de déterminer les parties du discours, mais différentes constructions qui nous semblent aujourd'hui réduites à un modèle unique et inévitable. Dès 1982, les auteurs d'« un nouvel esprit grammatical » prennent appui sur cet exemple pour démontrer ce qui semble faussement évident.

> Un autre exemple simple nous sera fourni par les parties du discours. L'école, par la pratique grammaticale, nous a donné une compétence métalinguistique et nous a appris à reconnaitre sous les différents mots des noms, des adjectifs, des verbes, etc. En vertu d'une longue habitude, on les tient pour des évidences immédiates, au point qu'on s'étonne trop rarement de l'absence,

---

[1] Combettes & Lagarde (1982, p. 26).

dans les manuels scolaires, de véritables définitions, de définitions qui soient procédure de reconnaissance. À quoi bon des procédures pour reconnaitre ce qui est évident[2] ?

Effectivement, les manifestations de la grammaire scolaire, institutionnelles comme mercantiles, n'accordent que peu de place à la question du comment, ou encore du pourquoi des classes grammaticales. Pourtant, ce qu'elles présentent pour évident n'en reste pas moins problématique. Bernard Combettes et Jean-Pierre Lagarde rappellent quelques variations du découpage en parties du discours.

> On verrait que cette taxinomie n'a rien de figé, que l'adjectif par exemple a été pendant très longtemps une sous-classe du nom, qu'il y a eu des grammairiens qui ont rapproché l'adjectif et le verbe rejoignant par là l'analyse platonicienne, etc. Cette mise en perspective montrerait les mutations qui se sont opérées (et s'opèrent encore) et qui, d'évidence, ne correspondent pas à une évolution de la langue, mais à un changement de point de vue[3].

Cet enjeu du point de vue, n'est-ce pas ce que les enseignants ignorent ? ce que les préconisations institutionnelles minorent ? Nous avons voulu jouer le jeu d'un regard sur la langue qui serait celui de l'élève, cet élève qui se trouve à cet endroit inconfortable de devoir utiliser la « taxinomie », mais sans avoir acquis une « compétence métalinguistique » qui constituerait peut-être l'objectif et pas le point de départ des activités d'analyses grammaticales en classe.

2.1.1. Le continent sémantique

Décidant de choisir comme objet d'étude les classes grammaticales variables, le lecteur de grammaires de référence comme la *Grammaire méthodique du français* est immédiatement prévenu : « les propriétés sémantiques telles qu'on les conçoit ordinairement ne permettent pas de distinguer de façon univoque les différentes parties du discours »[4]. Du côté des classes, Marie Nadeau s'en désole, mais il est pourtant vrai que « l'enseignement traditionnel prend appui sur la grammaire scolaire que nous connaissons depuis des générations. La nature des mots est définie sur une base sémantique et son enseignement se résume trop souvent à apprendre par cœur une définition : le nom désigne "une personne, un

---

[2] *Ibid.*, p. 27.
[3] *Ibid.*, p. 29.
[4] Riegel, Pellat & Rioul (2014, p. 227).

animal ou une chose" ; le verbe est "un mot d'action", l'adjectif "qualifie le nom"[5]. » Présenté ainsi, le hiatus semble indépassable. Mais, entre linguistique et grammaire des écoles, où se situent les représentations des élèves sur les classes grammaticales ?

2.1.1.1. Les conceptions intuitives face aux constructions systémiques

Annonçant une « ramification en sous-catégories, illustrée par les développements sémantiques dans les sections consacrées aux parties du discours », Martin Riegel, Jean-Christophe Pellat et René Rioul placent donc la dimension sémantique en second rideau, et montrent régulièrement ses incohérences, par exemple en rappelant qu'« une définition uniquement notionnelle ne permet pas de délimiter strictement la catégorie du verbe »[6] ou encore en réfutant la pertinence de l'opposition concret/abstrait qu'ils qualifient de « problématique »[7]. En fait, la lecture d'une telle grammaire de référence renvoie le lecteur à l'insuffisance de ses catégories intuitives, à toutes les exceptions qui échappent aux tiroirs grossiers d'une répartition qui s'avère parfois oublieuse de la nécessité de séparer la langue et le monde. Cet oubli, les auteurs de la *Grammaire méthodique* le pointent d'une « remarque » qui pourrait sembler anodine : « Parler de noms comptables/massifs, animés/non animés, concrets/abstraits, etc., est une facilité d'expression : ce sont les référents de ces noms qui sont caractérisés par ces propriétés ou du moins conçus comme tels[8]. » La linguistique explique donc à son lecteur en quoi les intuitions sémantiques sont insuffisantes, peut-être même en quoi elles constituent des obstacles à la compréhension du fonctionnement de la langue. Dans son chapitre « Le sens dans la description linguistique », *La Grammaire d'aujourd'hui* décrit l'acte fondateur de Saussure comme le refus de dissocier des formes linguistiques la dimension sémantique.

C'est pourquoi, la première décision susceptible de fonder la discipline a consisté à considérer la langue avant tout comme un système qu'il convient d'aborder et de décrire de façon formelle. Dans cette perspective, le sens

---

[5] Nadeau (1996, p. 142).
[6] Riegel, Pellat & Rioul (2014, p. 435).
[7] *Ibid.*, p. 326.
[8] *Ibid.*, p. 326.

n'est pas préexistant, il n'apparait que comme l'un des deux éléments d'une association : c'est un signifié (ou contenu) qui n'est accessible qu'à travers la relation qu'il entretient avec un signifiant (ou expression).

Aussi, le premier souci des linguistes a-t-il été de décrire la langue comme si elle était provisoirement débarrassée de cet aspect conceptuel que constitue le signifié, en tendant de l'atteindre, d'abord, à travers sa manifestation matérielle (le signifiant) – tout en gardant à l'esprit, bien entendu, que cette analyse n'était rendue possible que par l'existence de la relation entre les deux plans signifiant-signifié[9].

Ainsi, les linguistiques structurale, distributionnelle et générative construisent des systèmes de description de la langue dont le sens constitue un produit, même s'il ne faudrait évidemment pas aplanir toute différence entre ces différents systèmes.

Mais le point de vue de l'apprenant, comme celui de n'importe quel locuteur/scripteur ordinaire, est tout autre : ce qui préexiste, ce qui est premier, c'est bien le message, la langue étant un moyen de l'exprimer. D'une certaine façon, les curricula en rendent également compte : schématiquement, le cursus élémentaire commence par l'apprentissage de la lecture/écriture, dans lequel la référence au sens est permanente, avant d'interpeler l'élève sur le fonctionnement de la langue et d'exiger de lui une posture qui s'affranchisse provisoirement du sens. À la suite des recherches sur l'apprentissage de la lecture[10], le développement de la conscience phonologique est passé par des activités impliquant des comportements langagiers allant de l'épilinguistique vers le métalinguistique ; l'étude explicite de la langue a remonté le courant pour débuter au CP et surtout en CE1 depuis les instructions officielles de 2007. Mais la perspective de l'acquisition du langage écrit tend à faire resurgir des éléments relevant davantage de la communication que de l'étude de la langue : nous pensons par exemple à la définition très prégnante de la phrase commençant par une majuscule, s'achevant par un point et ayant un sens. Cette dernière partie du triptyque courant dit toute la difficulté de « faire de la grammaire » avec des élèves qui ignorent le sens même de cette expression, et représente à notre avis un malentendu typique de l'enseignement/apprentissage de la grammaire. Tout se passe comme si les enseignants allaient chercher les élèves du côté de la relation au signifié pour ensuite essayer de les faire réfléchir sur le signifiant. Du même coup, l'observateur d'élèves

---

[9] Arrivé, Gadet & Galmiche (1986, p. 617).
[10] Sprenger-Charolles, Bechennec & Lacert (1998).

d'élémentaire, s'il constate comme nous l'avons fait un impact fort des traits saillants sémantiques pourrait s'interroger sur l'origine de celui-ci : effet d'enseignement ou fonctionnement cognitif intrinsèque ?

Pour tenter de trouver un éclairage décalé sur cette question, nous avons, modestement, interrogé le versant de la recherche s'intéressant à l'acquisition du langage. Lors de son intervention au colloque *Le complexe du verbe*, Dominique Bassano effectue une revue de questions portant sur les acquisitions comparées du verbe et du nom, avant de tempérer ainsi la primauté du nom sur le verbe :

> Les verbes sont plus difficiles à traiter que les noms. Mais la distinction est-elle réellement entre ces deux classes syntaxiques, ou bien ces différences d'apprentissage ne renverraient-elles pas plutôt à une distinction plus générale, liée aux concepts de concrétude versus abstraction ? C'est ce que suggèrent différents auteurs, qui proposent que les mots, et parmi eux les noms et les verbes, se situent sur un continuum défini globalement par l'abstraction, allant du plus concret au plus abstrait, ou de plus facile à apprendre au plus difficile. À l'extrémité "facile" du continuum se trouvent des noms comme « voiture », « chat », appris précocement, mais aussi certains verbes comme « manger », « laver ». À l'extrémité "difficile" se trouvent les mots qui servent à exprimer des concepts moins reliés à la perception et au contexte, tels que les noms relationnels comme « oncle », « passager » et les verbes abstraits comme « croire », « imaginer »[11].

Certes, il est question ici de décrire les mécanismes d'acquisition du langage oral, pas les capacités d'analyse du système de la langue écrite[12]. Mais quand les linguistes reculent devant l'opposition entre abstraction et concrétude, les cognitivistes proposent une définition plurifactorielle qui fait écho avec certains de nos résultats. Ainsi le rapport à l'abstraction est caractérisé par quatre facteurs :

- *Shape* : la fiabilité et la cohérence de la « forme » perceptuelle des référents ;
- *Individuation* : la facilité avec laquelle ceux-ci peuvent être individualisés et distingués des autres éléments présents ;
- *Concretness* : leur aptitude à être observés et manipulés ;
- *Imageability* : leur aptitude à générer une image mentale chez les adultes[13].

---

[11] Bassano (2014, p. 21).
[12] En effet, l'étude de la langue porte massivement sur l'écrit, étant donné qu'elle est massivement instrumentalisée en vue de performances orthographiques.
[13] Maguire M.J., Hirsh-Pasek K. & Golinkoff R.M. (2006). « A unified Theory of Word learning: Putting Verb Acquisition in Context », in K. Hirsh-Pasek & R. M. Golinkoff

Gardant en tête que cette échelle concerne aussi bien les verbes que les noms, elle éclaire les productions des élèves que nous avons observés, comme si la difficulté à catégoriser au sein de l'hyper-catégorie constituée par les mots lexicaux pouvait s'expliquer par des caractéristiques semblables à ceux qui entrent en jeu dans la perception initiale du langage. Prenant l'exemple des noms référant à des sentiments, tels *peur* (CM1-5), *malice* ou *joie* (CM1-6), l'échec relatif de leur identification fait écho à un rapport à l'abstraction très fort, au même titre d'ailleurs que les verbes pris dans des tropes, tel *pétillaient* (CM1-6). Même si le degré d'abstraction ne semble pas un critère très satisfaisant aux yeux d'un linguiste, notre étude confirme que s'en est un pour le didacticien, en cela qu'il est partie prenante des réussites et des erreurs d'identification des mots lexicaux, parce qu'il conditionne en partie l'entrée dans le langage et le rapport que l'élève entretient avec ce dernier. Est-ce à dire que la grammaire scolaire, en sa tradition de définition sémantique, est dans le vrai des représentations accessibles aux élèves ?

2.1.1.2. Une grammaire sémantique ?

Nous avons vu que le critère sémantique avait un impact fort sur les performances d'identification des élèves, mais cela ne dit pas si c'est un mode efficace de catégorisation des parties du discours. Frédéric François, Danielle Cnockaert et Sabine Leclercq n'en sont pas loin lorsqu'ils décèlent dans les définitions produites par les élèves des structures plus stables et mieux maitrisées que celles utilisées par les élèves pour identifier des « noms », des « verbes » et des « adjectifs ».

> Si l'on considère les conduites de définition (et non plus de classement) de façon quantitative, on voit apparaitre une grande stabilité des modes dominants de définition. Ce dont on peut supposer que cela traduit l'existence de classes plus réelles que celles de la grammaire[14].

Ces classes de mots seraient par conséquent plus opérationnelles, naturellement proches du sentiment épilinguistique des élèves. Nous en retenons que les mots lexicaux sont structurés dans la bibliothèque mentale par une catégorisation efficiente, reposant massivement sur leurs référents, ce qui est assez cohérent avec les remarques des cognitivistes.

(eds.), *Action meets words: How children learn verbs*. Oxford: Oxford University Press, pp. 364-391, cités par Dominique Bassano (2014), *op. cit.*

[14] François, Cnockaert & Leclerc (1986, p. 35).

Mais un souci apparait d'emblée : cette catégorisation exclut, de fait, les mots qui ne sont pas lexicaux, qui ne réfèrent pas, ou qui réfèrent de façon interne à la langue (les pronoms ou encore les déterminants possessifs, par exemple). Et nous voilà de retour à un point d'impasse : peut-on laisser les élèves ne considérer comme mot que ces mots lexicaux ? Rappelons ici que c'est un stade identifié des représentations sur le langage, comme montré par Clairelise Bonnet dans ses travaux[15], mais aussi un stade dépassé par les élèves, notamment par le biais de l'écrit et de la découverte du mot graphique. Autre problème soulevé par ce critère, il encouragerait les élèves à se maintenir dans un rapport non distancié au langage, en entretenant l'illusion d'une certaine unicité entre mot et référent. Dans les discours enseignants, il n'est pas rare que le verbe, après avoir été « le mot qui désigne l'action », devienne « l'action », tout court, et dans une apparente simplicité. Mais cet écrasement des deux dimensions fait obstacle à un positionnement métalinguistique pourtant nécessaire et recherché. Suffit-il de catégoriser les objets phénoménaux pour catégoriser efficacement les parties du discours ? La réponse est entendue, somme toute rebattue par toutes les grammaires de référence, et nous bouclons un cercle en forme d'impasse.

Évidemment, l'entrée sémantique ne saurait suffire. Évidemment, elle engendre des malentendus et ne saurait rendre compte y compris d'une tournure très simple comme « ils ont peur » (CM1-5). Cependant, nous ne sommes pas convaincue qu'une analyse de type « verbe + nom » éclaire davantage ce type de structures figées en locution. Mais surtout, d'un point de vue didactique, le problème est toujours d'évaluer d'une part l'efficacité d'un concept, d'autre part le prix cognitif qui s'y rapporte, le tout en fonction d'un certain stade atteint par l'élève, et donc des capacités de celui-ci : l'ingénierie didactique gagne à réfléchir à son ergonomie. Revenant sur les interrogations soulevées, nous les synthétisons en empruntant la formulation de Catherine Brissaud et Francis Grossmann afin de poser « une question de fond, depuis longtemps débattue, mais qui n'a pas trouvé jusqu'à aujourd'hui de solutions vraiment satisfaisantes en didactique de la grammaire : la définition et la place du critère sémantique dans l'identification des catégories grammaticales »[16].

En effet, il ne s'agit pas d'exclure la dimension sémantique, c'est à la fois impensable conceptuellement et impossible pragmatiquement, du

---

[15] Cf. partie 1, 1.1.2.
[16] Brissaud & Grossmann (2009, p. 12).

point de vue des élèves et des enseignants qui s'adressent à eux, mais bien plutôt de situer plus précisément à quel moment et pour quelles classes grammaticales les critères sémantiques peuvent constituer des leviers, et, en miroir, à quels moments et pour quelles classes grammaticales ils peuvent être des obstacles. Pour synthétiser les propos qui précèdent, il nous semble que l'entrée sémantique a un rôle à jouer, parmi d'autres, dans la dissociation des classes lexicales, notamment dans l'opposition noms[17] *vs.* verbes, puis substantifs *vs.* adjectifs, notamment en cela que l'entrée lexicale permet la constitution de listes à vocation analogique. En revanche, les critères syntaxiques doivent ensuite prendre le relai explicatif d'énoncés choisis pour déstabiliser ces premières représentations. Cette ébauche de progression demanderait à être précisée et surtout ajustée à une image plus nette des stades successivement atteints par les élèves sur le chemin des parties du discours, à des données statistiques plus solides, qui permettraient de travailler à un outil de progression plus puissant.

2.1.2. Le problème de la disparition des noms

Deuxième point sur lequel nous souhaitions effectuer un gros plan, la question de ces parties du discours anciennement appelée « noms » ouvre un certain nombre de questions linguistiques.

Les classes grammaticales du nom et de l'adjectif, outre qu'elles appartiennent à la terminologie scolaire[18], font également partie d'un ensemble plus notionnel que conceptuel, considéré comme commun à l'ensemble ordinaire des locuteurs du français. Pourtant, il est redoutable de constater que les élèves de notre étude ne construisent pas concurremment ces deux classes, mais de manière successive, la stabilisation de la catégorie intitulée « nom » paraissant nécessaire à la distinction progressive d'une autre catégorie, celle que les élèves intitulent « adjectif ». Le processus d'apparition de cette dernière tient donc de la séparation d'un premier ensemble en deux ensembles disjoints, séparation progressive, délicate, souvent remise en question, tant la porosité entre les deux classes ainsi constituées apparait forte.

Avant d'entamer ce travail de recherche, nous avions déjà constaté dans les classes les difficultés liées à la classe grammaticale de l'adjectif : les élèves peinent à les identifier, à les accorder, à les utiliser. Le problème

---

[17] « Noms » étant ici à entendre dans son extension maximale incluant substantifs et adjectifs.
[18] Point que nous traiterons en 2.2.1.

orthographique a été assez bien documenté[19], l'accord de l'adjectif n'est pas intuitif, et il est parfois bon de rappeler qu'il n'est pas la norme dans toutes les langues, l'anglais en étant un exemple proche. Intuitivement, nous avions émis l'hypothèse d'un écart entre pratiques langagières et enseignement explicite. Les progressions institutionnelles pour le primaire proposent en général d'abord l'adjectif par sa face épithète, dans le cadre du groupe nominal et des fonctions d'expansion du nom, dans le but d'obtenir des élèves le marquage morphologique de l'accord dans ces cas de figure, considérés comme simples. La pratique des élèves est toute autre, ils sont d'abord locuteurs avant d'être scripteurs, et l'adjectif épithète n'existe quasiment pas dans leurs productions écrites, sauf dans des locutions au degré de figement plus ou moins avancé, comme « belle vie » ou « petite fille »[20]. Cette absence s'explique assez facilement, en s'appuyant sur les analyses de Claire Blanche-Benveniste :

> En comparant les comptages faits sur le français écrit des romans (Engwall, 1984) et sur le français parlé des conversations, nous avions pu voir (Cloutier, 1984) que les adjectifs représentent en moyenne 25 % de l'ensemble des mots écrits, alors qu'ils ne sont que 2 % pour les conversations[21].

Il resterait à chercher dans quelle position syntaxique se situent les 2 % d'adjectifs présents en communication orale, mais il y a fort à parier qu'ils sont plutôt des composants obligatoires, donc plutôt en fonction d'attribut. Puisque les élèves commencent par écrire comme ils parlent, nous ne voyons pas bien comment ils pourraient intuitivement se servir d'adjectifs en position d'épithète. Nous avions donc tiré quelques conséquences de ce fait, en nous interrogeant sur la possibilité pour les élèves de conceptualiser l'adjectif sur la base d'un tel hiatus entre pratique et analyse explicite.

Notre étude offre un autre cadre d'explication aux obstacles rencontrés par les élèves dans l'identification des adjectifs. Il s'agit de considérer les classes grammaticales non comme une catégorisation perceptible dans son intégralité (point de vue de l'adulte expert, linguiste ou non), mais dans la progressivité de distinctions successives. Concernant la paire nom-adjectif, les étapes successivement atteintes par les élèves retrouvent le cheminement de la grammaire (au sens de système décrivant la langue)

---

[19] Nadeau & Fisher (2009) ; Cogis (2004 et 2005).
[20] Ces exemples sont tirés d'un corpus de production d'écrits des élèves de la classe observée, corpus dont l'exploitation systématique reste à construire.
[21] Blanche-Benveniste (2000, p. 74).

elle-même. Marc Wilmet le raconte, mettant ainsi en cause les discours d'évidence concernant cette distinction :

> Les grammairiens du latin en étaient là, qui réunissaient sous les *nomina* tant *dominus* « maitre », *rosa* « rose », *templum* « temple »… que *bonus*, *bona*, *bonum* « bon, bonne »… (ils se déclinaient pareillement). C'est au douzième siècle que s'effectue la division de *nomina substantiva*, exprimant des « substances », et de *nomina adjectiva*, exprimant les « ajouts » de la substance (ses « accidents »).
>
> La grammaire française pousse plus loin. À partir de l'abbé Gabriel Girard (1747), elle dédouble l'ancienne classe unique des *noms* (*substantifs* et *adjectifs*) en une classe de *substantifs* et une classe d'*adjectifs*[22].

La première grammaire scolaire de Lhomond adopte la bi-partition de cette zone des parties du discours, et il n'y aura pas de retour en arrière. Reste alors un glissement à accomplir, celui qui voit le métaterme « nom », initialement hyperonyme, devenir dans la langue courante de l'enseignement grammatical l'équivalent de l'hyponyme « substantif ». Marc Wilmet détaille les enjeux de ce doublon et de sa simplification :

> Un luxe inutile… Mais quel terme rayer ? *Nom* garde le mérite de la simplicité (et de la généralité : personne ne dit « *substantif* propre » ou « *substantif* abstrait », mais « *nom* propre » et « *nom* abstrait »), *substantif* a sort lié avec *adjectif* : l'option synchronique (sans considération d'histoire) et l'option diachronique (intéressante du point de vue de l'épistémologie) sont l'une et l'autre fondées[23].

En effet, si ces deux termes peuvent se rencontrer aujourd'hui, il est tout de même rare qu'ils ne soient pas perçus comme des équivalents. Par ailleurs, les rubriques des grammaires de référence, déclinant les descriptions des différentes classes grammaticales, utilisent le terme « nom » de façon préférentielle, tout comme les grammaires scolaires ou encore les instructions officielles pour le primaire.

Dans le contexte improbable d'une terminologie grammaticale qui choisirait de façon scientifique ses contenus[24], la disparition de l'hyperonyme peut constituer néanmoins une source de regrets, parce qu'elle prive la réflexion linguistique d'une étape préalable à la distinction

---

[22] Wilmet (2010, p. 60).
[23] *Ibid.*
[24] Cf. 2.2.1. pour un retour sur les raisons du caractère pour le moins utopique de cette affirmation.

substantif/adjectif. Or il s'avère que c'est bien à la conceptualisation de l'ensemble des « noms », entendu au sens hyperonymique, que les élèves accèdent d'abord. Les objections linguistiques peuvent être nombreuses face à la reconstitution de cette proto-catégorie – variation en genre, fonctionnement référentiel (type d'extension), variation en degré sont autant de différences utilisées pour rationaliser la distinction – mais il ne s'agit pas ici de mettre en question la partition, mais bien davantage de montrer que l'unité lui préexiste, dans une logique qui est celle de l'acquisition par les élèves. En somme, lorsque ceux-ci rangent sous la catégorie des « noms »[25] les substantifs et les adjectifs, ils reconstituent une classe grammaticale oubliée, d'autant plus oubliée que le terme qui la désignait a changé d'extension. Pour autant, il nous semble que ce concept provisoire, intermédiaire, mériterait d'être réhabilité en tant que tel, et notamment perçu par les enseignants comme la marque d'une construction transitoire, jalon vers la systématisation plus élaborée de la catégorisation des parties du discours.

2.1.3. La perception des clitiques

S'il est un autre point d'analyse relevant de ces conceptions intermédiaires, c'est bien l'ensemble constitué par les clitiques. Le métaterme n'appartient guère aux terminologies scolaires, il est largement inconnu des enseignants du premier degré, et pourtant, le concept qu'il désigne est omniprésent dans les représentations des élèves.

Pour trouver les clitiques dans les grammaires de référence, il convient d'aller chercher du côté de la prosodie. *La Grammaire d'aujourd'hui* les définit par contraste, opposant « les mots accentogènes, susceptibles de porter un accent, et les clitiques (prenant appui sur un accentogène), qui peuvent être proclitiques s'ils prennent appui sur le mot suivant (c'est le cas le plus fréquent en français : par exemple l'article), ou enclitiques s'ils prennent appui sur le mot qui précède »[26]. *La Grammaire méthodique* en énumère une typologie constituée par un découpage selon les classes grammaticales : « ce sont surtout les déterminants simples (VII : 2.), les pronoms clitiques antéposés à la forme verbale (VII : 5.), les prépositions, les conjonctions et le premier élément *ne* de la négation »[27]. Dans

---

[25] Métaterme que nous avons fait le choix d'utiliser dans son sens couramment admis, par simplicité, mais aussi parce que c'est justement l'usage courant.
[26] Arrivé, Gadet & Galmiche (1986, p. 579).
[27] Riegel, Pellat & Rioul (2014, 5ᵉ éd., p. 108).

l'ensemble, il est notable que les considérations sur l'accent ou la prosodie sont portion congrue tant dans les grammaires universitaires que scolaires, et que l'ensemble constitué par les clitiques est peu considéré, la plupart des auteurs renvoyant, implicitement ou explicitement, leur lecteur aux chapitres concernant les différentes parties du discours concernées. La littérature linguistique les traite également en ses sous-parties et souvent dans un horizon d'attente comparatiste[28], hormis l'étude, publiée en anglais, d'Arnold Zwicky[29], qui tend à l'exhaustivité dans sa description du phénomène et de ses marges. Il nous semble que la discrétion de cet ensemble conceptuel dans les publications les plus courantes provient de son ancrage dans le domaine prosodique – et donc se rapportant massivement à l'oral – et de l'hétérogénéité qu'il présente du point de vue des classes grammaticales, justement. En somme, c'est un objet peu pratique, qui ne correspond guère au cadre habituel de la grammaire et de son enseignement.

Le souci, c'est qu'il semblerait d'après notre étude que les élèves construisent d'abord cet ensemble-là, l'ensemble des clitiques, et qu'ils le désignent par le métaterme le plus proche dans leur environnement, à savoir « déterminant ». Jugés pour des déterminants, les paradigmes constitués de la sorte sont passablement erronés, ce dont rend compte notre analyse statistique, puisqu'elle s'appuie sur une extension de « déterminants » réduite à sa définition habituelle. Ce dont nos choix statistiques ne peuvent apporter une image, c'est de la construction de cette catégorie de clitiques puis du tamisage de celle-ci (qui a pour corollaire potentiel l'agrandissement vers les déterminants non clitiques) pour aboutir à la classe des déterminants. Il y aurait là une belle aventure à mener, afin de vérifier cette hypothèse.

Mais une objection évidente demande à être observée : celle de la concurrence du critère graphique. Se servant peu ou prou du même dispositif pédagogique de tri de mots, Corinne Gomila met en valeur les « petits mots », montrant à la fois l'emploi souvent emphatique du

---

[28] Miller & Monachesi (2003) ; Cabredo-Hofherr (2004) ; Moot & Retoré (2006) ; Müller & Kupish (2007).
[29] Zwicky (1977).

syntagme en classe et ailleurs, mais aussi la construction d'une protocatégorie grammaticale intitulée ainsi.

La classe des petits mots se spécifie très vite dans les séances de grammaire à l'étude comme une classe grammaticale à spectre large. En effet, la partition *mot* vs. *petit mot* recoupe celle des mots lexicaux *vs.* mots grammaticaux, ce qu'exprime clairement Alicia dans l'extrait ci-dessous. L'élève explique qu'elle n'a pas compté les petits mots dans la phrase car ce ne sont pas des mots pour elle, ou plutôt parce qu'elle les considère comme « une autre sorte de mots »[30].

Nous retrouvons ici la suite d'une bipartition originelle à l'entrée dans la réflexion sur la langue, mise en évidence par Clairelise Bonnet[31]. Cependant, dans ces écrits, il nous semble qu'il n'est pas suffisamment fait mention du critère prosodique. En effet, si cet écart se construit potentiellement avant même l'entrée dans l'écrit, alors c'est qu'il s'appuie sur une réalité de l'oral. Par ailleurs, le glissement vers les « mots outils » cités par Corinne Gomila doit également être observé de plus près. Les désignations de « mots outils » ou encore de « mots invariables », puisqu'il s'avère que ces syntagmes sont de quasi-équivalents dans les classes, ne recouvrent pas le même ensemble de mots que celui des « petits mots ». Si nous prenons l'exemple de *maintenant* (en CE2-9), il n'est jamais associé par les élèves aux déterminants ou à une catégorie qui s'en rapproche[32], pourtant, c'est un habitué des listes traditionnellement supports d'apprentissage graphique dans le cadre des classes d'élémentaire.

Sortant du regard du scripteur expert, prenant intuitivement ses références dans l'écrit, il nous semble pertinent de considérer l'entrée par la prosodie comme étant à approfondir, afin de nous mettre à hauteur du jeune élève. Les phénomènes assez fréquents d'identifications (justes ou erronées) sur des bases phonétiques accréditent l'hypothèse : même si l'élève manipule de l'écrit, il porte des jugements fortement influencés par l'oral.

---

[30] Gomila (2013, p. 151).
[31] Bonnet, Borgeaud & Piguet (2008) ; Bonnet, Demaurex, Ticon & Zutter (2012).
[32] Onze élèves le repoussent en « ? », Leïla en fait un nom, Kelly l'isole sous l'intitulé « présent », Sharon l'associe à *cinquante* et *sombre* sous l'intitulé *« colone ou se termine par e, ou t ».

2.2. Les outils d'analyse

Pour compléter cette investigation, nous nous intéressons aux outils qui sont proposés ou imposés aux élèves. Puisque l'usage de la langue et encore moins sa description ne semblent aller de soi, le problème didactique qui se pose est bien celui des méthodes d'investigation, de leur adaptation au public auquel elles sont destinées, de leur ergonomie. La question est à la fois ancienne et d'actualité : quels sont les instruments d'analyse qui conviennent aux élèves ? Nous tenterons d'apporter des réflexions critiques en réponse à cette interrogation pragmatique en abordant successivement les tensions entre terminologie et métalangue, et les conditions de possibilité des manipulations syntaxiques.

2.2.1. Terminologie et métalangage

Nous commencerons par essayer de déplier le problème sensiblement compact des discours utilisés en classe pour parler à propos de la langue.

2.2.1.1. Impossible terminologie ?

La terminologie est censée structurer le champ du savoir qu'elle décrit. Elle constitue une organisation de la matière qui en permet la compréhension, lorsqu'elle fonctionne. Marie-André Lord et Marie-Laure Elalouf rappellent les critères permettant d'évaluer une terminologie scientifique :

- univocité (un terme a une acception et une seule, définie avec précision),
- non-redondance (deux termes différents ne désignent pas la même réalité),
- cohérence (les termes entretiennent entre eux des relations précises).[33]

Lorsque l'institution promulgue une terminologie, mais aussi lorsqu'elle en utilise une, elle devrait logiquement se situer dans l'exigence de ces critères qui, de fait, circonscrivent les conditions d'efficacité du système ainsi constitué. Or, pour de nombreuses raisons, il se trouve que les instructions officielles ne peuvent pas s'inscrire dans cette visée. En effet, les textes du Ministère ne sont pas des publications scientifiques, mais des interfaces qui doivent être appréhendables par l'ensemble des très nombreux acteurs de l'enseignement, avec des moyens de formation

---

[33] Lord & Elalouf (2016, p. 66).

restreints. À ce titre, les changements ne peuvent être des ruptures, les modifications se lisent dans des glissements, la tradition et la reproduction des modèles sont à prendre en compte et les critères évoqués ci-dessus en deviennent des vœux pieux.

Nous en prenons un exemple avec les fluctuations successives des désignations des classes grammaticales supposées maitrisées (tantôt sous forme d'identification, tantôt sous forme d'utilisation, nuance importante) par les élèves en fin de cycle 3, désignations que nous avons extraites des programmes successifs :

2002[34] : « verbes », « noms », « déterminations du nom (articles, déterminants possessifs, démonstratif, indéfinis) », « adjectifs qualificatifs »[35], « pronoms »[36]

2007[37] : « verbes conjugués et à l'infinitif », « noms », « pronom personnel sujet », « déterminants du nom (articles, déterminants possessifs) », « adjectif qualificatif », « pronoms personnels », « pronoms relatifs »

2008[38] : « verbes », « noms », « déterminants (articles définis et indéfinis, déterminants possessifs, démonstratifs, interrogatifs) », « adjectifs qualificatifs », « pronoms (personnels, possessifs, relatifs, démonstratifs et interrogatifs) », « adverbes », « prépositions »

2015[39] : « nom / verbe / déterminant (article indéfini, défini, partitif – déterminant possessif, démonstratif) / adjectif / pronom / groupe nominal »[40]

Avant ces programmes, la dernière terminologie grammaticale en date[41] positionne sous l'intitulé de chapitre « classes de mots » une liste assez extensive des parties du discours, y compris les sous-catégories.

---

[34] MEN (2002, pp. 75-76).
[35] L'adjectif qualificatif est inséré dans la liste « adjectifs qualificatifs, relatives, compléments du nom », mais semble ne devoir être abordé que par le biais des manipulations et jeux d'écriture, et n'avoir pas à être identifié.
[36] Les pronoms sont situés dans « quelques phénomènes grammaticaux portant sur le texte », inclus dans les « divers substituts d'un nom », au même titre que les « substituts nominaux ».
[37] MEN (2007, p. 78).
[38] MEN (2008, p. 22).
[39] MEN (2015, p. 119).
[40] Ces programmes sont les seuls à spécifier « Terminologie utilisée » en tête de la liste citée et d'autres métatermes nécessaires. Par ailleurs, nous rappelons qu'ils se différencient des précédents par le changement de cycle, passant de CE2-CM2 à CM1-6e. Les « repères de progressivité » précisent pour le cours moyen et la 6e les contenus attendus. Les sous-catégories de déterminants et de pronoms (« personnels, possessifs, démonstratifs ») sont spécifiques à la 6e.
[41] MEN (1997, pp. 22-25).

Comme pour les autres notions, il n'est pas donné de définitions, mais des exemples ; pour les pronoms sont fournis les « tableaux des formes ». Somme toute, à partir d'un catalogue de nature assez traditionnelle visant l'exhaustivité, les programmes successifs effectuent des choix, d'une part en retenant ou non certaines classes grammaticales comme étant à utiliser ou à identifier, d'autre part en simplifiant ou pas le métaterme lui-même. Par exemple, l'« adjectif » n'est plus « qualificatif » dans les derniers programmes ; ou encore, la classe des pronoms est plus ou moins inclusive, en fonction que le métaterme qui y renvoie est ou non accompagné d'une restriction précisant de quelle sous-catégorie il est question.

Face aux instructions officielles concernant la grammaire, le linguiste est sensible aux variations, davantage que l'enseignant, qui tend à chercher et à retrouver ce qu'il connait (et croit reconnaitre). Ces variations, le second, quand il les perçoit, les attribue aux aléas des marées plus ou moins politiques[42], lorsque le premier en interprète aussi les mouvements en fonction des influences successives des théories linguistiques. C'est pourquoi les malentendus potentiels constituent un continent à explorer[43] : puisque les textes officiels ne peuvent être des ruptures, ils recyclent des termes, qu'ils reconfigurent, le plus souvent de manière implicite[44]. De la sorte, ils créent un Frankenstein terminologique, syntagme dont le degré d'oxymore se mesure à l'aune des trois propriétés citées en ouverture de ce chapitre. Quel sens donner à l'identification des compléments circonstanciels de lieu dans des programmes préconisant les manipulations syntaxiques ?[45] De fait, l'injonction des programmes peine souvent à atteler des concepts plus ou moins récents de linguistique avec

---

[42] Tant il est vrai que la discipline du français et souvent l'otage de luttes de pouvoir autour de la charge identitaire qui la caractérise.

[43] Tâche que nous n'accomplirons pas dans ces pages, mais qui passionne la formatrice d'enseignants que nous demeurons.

[44] Nous l'avons remarqué précédemment, dans l'avalanche de programmes depuis 2000, seuls les derniers, de 2015, pointent de façon explicite qu'ils utilisent une certaine terminologie ; cependant, ils ne la déplient pas davantage, ce travail restant à effectuer dans des sphères plus ou moins idoines (site ministériel, inspections académiques, circonscriptions, équipes pédagogiques, blogs d'enseignants).

[45] Cf. par exemple MEN (2007), avec cet extrait : « Les compléments circonstanciels (temps et lieu). On fera dans des phrases simples, à partir de manipulations, la distinction entre compléments de verbe, essentiels, et compléments de phrase, susceptibles d'être supprimés ou déplacés. » Par la suite, les programmes de 2008 préconisent les manipulations mais ne reconnaissent la notion de syntagme que pour le groupe nominal et sélectionnent certaines circonstances comme devant faire l'objet d'un étiquetage, ne traitant qu'une partie des moyens d'expression du lieu ou du

des métatermes traditionnels, appartenant au patrimoine perçu comme commun y compris par ceux qui n'en maitrisent pas les arcanes. Mais la critique n'est pas neuve, hélas ; en 1975, Bernard Combettes concluait déjà ainsi un article concernant la terminologie officielle pour le second degré qui venait de paraitre.

> La nouvelle nomenclature se caractérise donc par les points suivants, qui, à notre avis, sont critiquables : Maintien des catégories et des définitions traditionnelles ; parallèlement ; souci d'introduire des notions plus « modernes » – comme si une « troisième voie » pouvaient être trouvée ! – mais sans la réflexion indispensable sur la nature d'une nomenclature : on a vu que « nommer » des unités linguistiques n'était que le reflet, l'aboutissement d'une méthode d'analyse. Or cette méthode d'analyse n'apparait nullement dans le texte[46].

Présenté de la sorte, l'usage institutionnel semble incompatible avec la rigueur terminologique nécessaire à une mise en système. En somme, le reproche fait par l'Inspection générale aux enseignants[47] pourrait être retourné à l'institution elle-même et à ses injonctions : elles ne rendent pas compte d'une logique systémique. Marie-Andrée Lord et Marie-Laure Elalouf se font ainsi l'écho d'un constat fort ancien : « la métalangue scolaire a reçu nombre de critiques de la part des linguistes et didacticiens depuis les années 1960, notamment, et a été qualifiée de floue et d'incohérente (voir entre autres É. Genouvrier et J. Peytard, 1972, l'ouvrage collectif de 1996 sous la direction de S.-G. Chartrand, sans oublier les critiques fort anciennes de Ferdinand Brunot). Son principal défaut est de ne pas permettre aux élèves de tenir un raisonnement cohérent[48]. » Avec cette

---

temps, s'engageant ainsi de façon partielle et mal située dans une dimension relevant de problématiques de réception/production.

[46] Combettes (1975, p. 99).

[47] Pour exemple, cette citation du *Rapport sur la mise en œuvre du programme de français au collège* : « Mais l'analyse des justifications montre que l'étude de la langue bénéficie surtout du caractère rassurant que procure un ensemble de connaissances bien délimitées dont le contenu est perçu comme logique et rigoureux, à la différence des savoir-faire en lecture, en écriture et à l'oral. Cette vision témoigne cependant davantage d'une compréhension insuffisante des enjeux de l'étude de la langue, limitée à un ensemble de savoirs techniques, que d'un goût pour la linguistique et d'une réflexion sur le fonctionnement de la langue. C'est ce qui explique notamment que les enseignants ne fassent pas de la réflexion sur le fonctionnement de la langue un objectif d'enseignement prioritaire » (p. 13). (http://cache.media.eduscol.education.fr/file/Francais/66/5/RESS-ECOL-COLL-LGT_Rapport_enquete_etude_de_la_langue_288665.pdf)

[48] Lord & Elalouf (2016, p. 70).

citation nous glissons de « terminologie » à « métalangue », et peut-être que ce glissement constitue en lui-même un écart à considérer, que nous allons explorer dès le chapitre suivant.

Mais nous voudrions préciser aussi ce que nous avons évoqué plus haut, considérant la réception par les enseignants des instructions officielles concernant la langue, et des terminologies dont celles-ci font usage. D'une part, les enseignants ne perçoivent pas forcément les changements d'extension des métatermes, mais, de plus, lorsqu'ils mettent en œuvre les programmes, même si leurs intentions sont conformes à l'injonction institutionnelle, ils se réfèrent inconsciemment à un ensemble qui excède largement les programmes. Claudine Garcia-Debanc l'a bien montré à travers la notion de « modèle disciplinaire en acte ».

> En effet, lorsqu'ils conçoivent et mettent en œuvre dans une classe une activité, les enseignants effectuent des choix en se fondant sur les programmes d'enseignement, les connaissances qu'ils ont des notions à enseigner, le matériel d'enseignement à leur disposition, mais aussi sur les prescriptions secondaires diffusées par les institutions de formation (Goigoux, 2002), les habitudes disciplinaires, la culture d'établissement, des routines professionnelles ou leurs propres souvenirs d'élèves. Nous avons déjà pu montrer (Garcia-Debanc, Trouillet, 2000) comment les contradictions entre ces modèles disciplinaires sous-jacents peuvent expliquer les écarts entre le prévu et le réalisé[49].

Les enseignants sont des individus tissés dans une histoire personnelle et un rapport aux savoirs, notamment grammaticaux, tout aussi personnel. Il ne suffit pas d'expliciter pour eux des changements de paradigmes pour que leurs gestes professionnels quotidiens intègrent toutes les conséquences de ces changements. Réalisée en 1987, l'étude de Helga Kilcher-Hagedorn, Christine Othenin-Girard et Geneviève de Weck[50] peut être lue aussi sous cet angle, puisqu'elle tente de mesurer l'impact de l'effort de formation des maitres réalisé à cette période en Suisse. Ses conclusions ne permettent pas de mettre en valeur des écarts décisifs et constants, et certains processus d'identification semblent échapper à l'influence d'un cadre théorique pourtant explicité et dont l'adoption est accompagnée par un volant de formation.

---

[49] Garcia Debanc (2008, pp. 52-53).
[50] Kilcher-Hagedorn, Othenin-Girard & de Weck (1987).

L'élan de la « grammaire rénovée »[51], qui se donne comme objectif de « permettre aux élèves de comprendre les grandes régularités du fonctionnement de la langue appréhendé comme un système », semble par là-même hypothéqué, partiellement suspendu à cette question toujours d'actualité de la terminologie. Ainsi, Marie-Laure Elalouf et Ecaterina Bulea Bronckart constatent la difficulté engendrée par cette « forme de continuité sur le plan terminologique entre la grammaire traditionnelle et la grammaire rénovée », par les glissements d'extension des métatermes (par exemple ceux qui désignent les classes de mots). « La présence de ce type d'expressions, qui évite une perte de repères lors du passage de l'approche traditionnelle à l'approche rénovée, peut trouver une forme d'incompréhension, de masquage, voire d'évacuation des choix théoriques de la grammaire rénovée[52]. » Le terme d'« évacuation » se passerait presque de commentaire : il semblerait bien que la recherche de compromis terminologique puisse même annihiler les intentions premières d'une dynamique didactique.

Nous le voyons, les conditions de mise en œuvre de l'étude de la langue en classe constituent autant de filtres qui viennent modifier la prescription, prescription qui, elle-même, ne peut s'appuyer sur une solidité scientifique, parce que celle-ci la rendrait pragmatiquement illisible. La terminologie grammaticale semble bien aporétique, de ce point de vue.

2.2.1.2. Parties du discours et métalangue

Nous l'avons dit plus haut, les oscillations institutionnelles plus ou moins lisibles s'inscrivent dans la tradition, même lorsqu'elles tentent d'intégrer certains apports de la linguistique. Dans le champ qui nous préoccupe, les termes utilisés pour désigner des classes grammaticales sont remarquables de stabilité, même s'ils ne découpent pas forcément de manière identique les différents regroupements de mots qu'ils désignent, selon la mécanique de glissement souterraine que nous venons d'évoquer.

Comme Gilles Siouffi et Dan Van Raemdonck[53] le rappellent, le découpage en parties du discours date des stoïciens, et Denys le Thrace, au IIe siècle avant J.-C., définit déjà huit métatermes dont nous nous

---

[51] Nous empruntons le terme à l'ouvrage-somme dirigé par Suzanne-G. Chartrand (2016), ainsi que la citation qui suit à l'introduction de ce même ouvrage, p. 1.
[52] Bulea-Bronckart & Elalouf (2016, p. 53).
[53] Siouffi & Van Raemdonck (2014, p. 106).

servons encore aujourd'hui : « nom, verbe, participe, article, pronom, préposition, adverbe, conjonction ». Ils se situent donc aux origines de la formalisation de la réflexion métalanguistique par les philosophes de l'Antiquité. Après avoir rappelé les critiques qui peuvent être formulées à l'encontre de la répartition traditionnelle en classes grammaticales et évoqué les positions de différents grammairiens et linguistes autour d'un débat définitionnel qui semble infini, Gilles Siouffi et Dan Van Raemdonck concluent ainsi :

> Faut-il rejeter définitivement l'appareil théorique que constituent les parties du discours ? Même s'il n'est pas parfait, il semble bien qu'il rende compte de l'intuition des locuteurs, qui perçoivent tout de même des liens entre les différents constituants de la langue qu'ils pratiquent et ces parties du discours[54].

Nous souhaitons interroger cette catégorisation des mots sous l'angle de la métalangue : si le métalangage est un lieu de compréhension de la langue, la liste des parties du discours telle qu'elle est utilisée suppose une certaine organisation de la langue. La question, de nature résolument pragmatique, qui nous préoccupe est la suivante : existe-t-il une réelle concordance entre l'intuition des locuteurs et le système construit par la métalangue actuelle désignant les classes grammaticales et les relations qui les articulent ?

Mais avant d'essayer de traiter de cette question, il nous faut préciser certains termes en cela qu'ils construisent une représentation de l'activité grammaticale des élèves. Ironie du sort, nous voilà donc à la recherche d'une terminologie fiable. Jean-Émile Gombert propose de différencier :

- les activités épilinguistiques qui d'après Culioli accompagnent nécessairement toute activité langagière et qui apparaissent donc en même temps que le langage ;
- les comportements langagiers à caractère épilinguistique, comportements qui s'apparentent aux comportements métalinguistiques sans que leur caractère réfléchi puisse être établi ;
- les activités métalinguistiques non observables mais inférables à partir des… ;
- comportements langagiers à caractère métalinguistique dont le caractère réfléchi ne peut être mis en doute[55].

---

[54] *Ibid.*, p. 107.
[55] Gombert (1986, p. 24).

La distinction ainsi posée nous permet d'interroger une première fois l'« intuition des locuteurs » : le locuteur adulte a une représentation de ce qu'il cherche lorsqu'il est interrogé sur les classes de mots, ou même, plus largement, sur la façon de les catégoriser, mais cette représentation est le produit de ses apprentissages antérieurs. Il est d'emblée dans une réflexion métalinguistique, qui plus est polarisée par une norme qu'il a intégrée. L'enfant n'ayant pas reçu d'enseignement grammatical se trouve être dans une situation d'ignorance touchant jusqu'à la représentation de ce que peut bien être une catégorisation des parties du discours, et ses réponses ne l'amènent pas sur le chemin des classes grammaticales traditionnelles, mais plutôt vers une bipartition forte, de type mots lexicaux/mots grammaticaux, qui peut ensuite se voir pondérée par d'autres types de constats, en fonction des corpus rencontrés. Il se situe sur un chemin menant de l'épilinguistique vers le métalinguistique. Et, via les situations de questionnements du fonctionnement de la langue, il se trouve confronté à la métalangue, métalangue reçue de la part de l'enseignant, mais aussi, métalangue construite au fil des nécessités de l'analyse, comme nous allons le voir.

De son côté, soulignant la nécessité de se représenter le métalangage en acte, Henri Portine propose trois « activités fondatrices de l'activité métalangagière » :

- que l'on convoque des éléments du langage objet parmi les éléments du métalangage et donc que l'on juxtapose des éléments de deux niveaux différents (la *mention*) ;
- que l'on classe (en catégorie comme le *nom* ou le *verbe*, en domaine comme la *morphologie* ou la *syntaxe*) ces éléments et donc que l'on nomme ces domaines et ces catégories ;
- que l'on nomme des opérations (*réaliser identiquement, déplacer, accorder avec*, etc.) portant sur ces éléments ou sur des catégories d'éléments et donc qu'on conceptualise ces opérations en tant que telles[56].

Le métaterme n'a d'existence que s'il s'intègre à un énoncé mixte, constitué de la langue prise pour objet et du métalangage qui la décrit, s'il est intégré dans un système, une catégorisation qui suppose une hiérarchie et s'il s'articule avec les autres métatermes par de possibles manipulations, elles-mêmes interfaces des liens conceptuels entre les éléments du métalangage. Cette définition tend à décrédibiliser les listes

---

[56] Portine (1997, p. 28).

notionnelles qui ne se justifient ni par l'exemple, ni par des relations, listes dont les programmes de 2008[57] donnent un bon exemple. Mais il nous semble qu'elle dément également la possibilité d'un discours purement définitionnel, tel que les manuels et autres supports pédagogiques tentent de l'établir. Il ressort de ces trois éléments la nécessité d'une activité du sujet utilisant le métalangage, d'une action sur la langue qui place le discours métalinguistique sous le signe du lien, d'un système en actes, où l'on retrouve « le moteur, le cambouis et la pâte » de Danièle Cogis et Catherine Brissaud[58]. Henri Portine définit ainsi les « pratiques métalangagières » en distinguant bien les langages de programmation, scientifiques, étanches à leur objet, des langues naturelles, au sein desquelles langage et métalangage se côtoient, se confondent même.

Plus intéressant encore, il explicite deux qualités fondamentales exigées d'un métalangage, qu'il nomme « exigences fonctionnelles de la notion de métalangage » :

– une exigence d'immédiateté ou d'intuitivité ;
– une exigence de conventionnalité ou de transportabilité[59].

En somme, un bon métaterme doit être suffisamment efficace pour ne pas avoir à être défini à chacun de ses usages, il doit donc entretenir une certaine proximité avec son locuteur, mais il doit aussi être partagé par une communauté, il doit se constituer en une interface reconnue par un ensemble de locuteurs. Il nous semble que nous sommes là au cœur des questionnements didactiques qui secouent l'enseignement/apprentissage de la grammaire. Si la liste des classes grammaticales usuelles peut constituer une convention très largement partagée, parce que très anciennement constituée[60], elle répond bien au second critère d'Henri Portine, mais est-elle si intuitive que Gilles Siouffi et Dan Van Raemdonck l'affirment ? Les adultes ne sont pas si performants que cela au jeu de l'identification

---

[57] MEN (2008).
[58] Cogis & Brissaud (2003, p. 66).
[59] Portine (1997, p. 30).
[60] Les tentatives de modification ou d'extension de la terminologie communément admise aboutissent du même coup à des accusations de jargon : par exemple, l'anodin « complément essentiel » dont la terminologie grammaticale de 1997 a entériné l'usage avec des critères définitoires a été parfois mal perçu par les enseignants du premier degré lorsqu'il a été explicitement repris dans les programmes du primaire 2008, contrairement à « complément circonstanciel » qui lui était problématiquement associé.

des classes grammaticales, tout universitaire ayant déjà tenté l'aventure avec ses étudiants le sait[61]. Les mots grammaticaux sont notamment très largement confondus, mais la classe de l'adjectif réserve parfois également des surprises. Si nous prenons le point de vue des élèves sur les métatermes, l'exigence d'intuition s'effrite : les termes conventionnels semblent ne pas correspondre à leur intuition sur le fonctionnement de la langue. Le cas des mots grammaticaux conjoints constitue un exemple frappant de ce phénomène : intuitivement, les élèves ne conceptualisent pas des articles/déterminants[62] et des pronoms personnels sujets, mais un ensemble de formes relevant de catégories traditionnellement distinguées mais ayant en commun de pouvoir précéder un mot lexical, en somme, l'ensemble constitué par les clitiques, comme nous l'avons vu précédemment[63].

Approfondissant la question en l'ouvrant à la dimension didactique, Henri Portine éclaire ce hiatus.

> On voit pourquoi il est normal que les notions de métalangue divergent selon les objectifs et les pratiques et pourquoi les définitions de métalangage ne sont pas toutes identiques. Il serait donc inutile de chercher à construire une métalangue rigoureuse dans le domaine de la didactique car on ferait passer alors l'utilité pratique au second plan. Il faut donc distinguer métalangage grammatical pragmatique et construction d'un système de représentation métalinguistique[64].

La quête d'un outil scientifique de description de la langue à destination d'un public scolaire, tel que les linguistiques de la seconde moitié du XXe siècle l'ont rêvé, serait donc d'autant plus vaine que l'on confondrait en elle des objectifs incompatibles : transférabilité didactique et exigence scientifique. La remarque lève un certain nombre de malentendus, notamment les critiques d'incohérence ou d'approximation qui peuvent être proférées contre la grammaire scolaire. Plutôt que de lui reprocher de

---

[61] Pour objectiver le ressenti, nous avons déjà soumis des stagiaires professeurs des écoles à l'exercice du tri de mots, ou encore demandé à des étudiants en première année de licence de Lettres modernes d'identifier les verbes et les adjectifs dans des écrits qu'ils avaient produits.

[62] Nous posons cette équivalence étrange linguistiquement parce que nous sommes nous-même bien ennuyée par un métaterme manquant : celui qui désignerait tous les déterminants monosyllabiques à l'oral, d'environ deux ou trois lettres, atones, conjoints (ensemble auquel nous pourrions également ajouter les formes préverbales, *ne* et pronoms conjoints).

[63] Déterminants et pronoms ou articles et adjectifs et pronoms, en fonction de la théorie à laquelle on se réfère.

[64] Portine (1997, p. 33).

ne pas rendre compte de l'ensemble du système de la langue, il s'agirait davantage de la juger pour les choix qu'elle fait pour devenir un outil pragmatique de description des usages et de résolution des problèmes, ce qui nous semble poser des priorités à l'horizon des éventuelles controverses qui ne manquent pas d'agiter la didactique de la grammaire[65].

Allant au bout des enjeux d'un métalangage ancré dans l'activité de manipulation de la langue, Henri Portine constate que « l'apprenant devrait pouvoir proposer un terme métalinguistique à l'enseignant et à la classe », mais qu'« il n'en est rien ». « Pourquoi les apprenants ne proposent-ils pas de termes métalinguistiques ? Sans doute parce qu'ils ne se sentent pas légitimés »[66]. Son affirmation portant plutôt sur de la formation d'adultes, à propos d'un enseignement universitaire, on imagine avec un sourire son application hyperbolique à une classe de CE2. Non, pour plusieurs raisons dont la première est certainement liée à la représentation qu'il a de son savoir et de sa légitimité à savoir, l'élève ne peut pas nommer un concept pour décrire un fonctionnement de la langue. L'écart important entre les procédures déclarées et les regroupements de mots effectués par les élèves nous amène même à préciser qu'ils s'interdisent certaines formulations parce qu'ils les considèrent comme pas assez sérieuses pour être invoquées, par exemple la taille du mot ou la dimension sémantique. Mais, pour revenir aux métatermes en eux-mêmes, les enseignants tendent à considérer comme des impropriétés les usages que les élèves font de la terminologie que l'enseignement amène. Autrement dit, lorsque l'élève utilise le mot « déterminant » et inclut sous cet intitulé des pronoms personnels sujets, l'enseignant constate l'erreur et la désigne comme une confusion entre deux notions différenciées. Or nous nous proposons de considérer cette utilisation du métaterme du point de vue du *work in progress* du travail de conceptualisation grammaticale opéré par l'élève.

---

[65] Nous pensons ici à l'impossibilité de publier le document d'accompagnement concernant l'observation réfléchie de la langue, le retrait du site du SCEREN étant symptomatique d'une absence cruelle de consensus (sous format pdf, ce document a par ailleurs poursuivi son chemin, mais dans l'anonymat d'une légitimité battue en brèche : il est aisé de le trouver sur le web, ainsi à cette adresse, consultée le 2 octobre 2016 : http://dpernoux.chez-alice.fr/Docs/Docs_acc_ORLF.pdf).

[66] Portine (1997, pp. 34-35).

Revenons à une autre citation de Henri Portine, qui nous aide à faire aboutir ce renversement de perspectives :

> Une métalangue est-elle une langue ? Le fait de restreindre fréquemment l'activité métalinguistique à l'activité grammaticale (ce qui est erroné) a une conséquence : la surévaluation de l'activité de mention dans l'activité métalinguistique. Il en découle que l'on considère plus souvent un métalangage comme une liste de mots que comme une langue. Ce qui serait intenable en logique l'est tout autant pour les langues naturelles. Tout d'abord, un terme métalinguistique n'a pas un signifié autonome. Il véhicule une représentation de l'activité de langage. À ce titre, chaque terme fait système avec d'autres termes, ce qui est la condition *sine qua non* d'une langue. Par ailleurs, chaque terme métalinguistique entre dans un ensemble d'énoncés qui ont des propriétés propres. Une métalangue est donc bien une langue[67].

Le métaterme se définit dans son rapport avec les autres éléments de la réflexion, dans un ensemble dont on a vu le caractère par ailleurs mouvant et conditionné aux énoncés supports de réflexion, c'est-à-dire aux extraits de langue-objet auxquels l'élève fait référence. En définitive, la difficulté de l'adulte prescripteur à voir le travail de réflexion sur la langue opéré par l'élève viendrait de sa représentation de ce qu'est une activité métalinguistique : si faire de la grammaire, c'est étiqueter, ranger dans un classement préconçu et figé, valable à tout âge et tout stade de l'apprentissage, alors, les élèves peuvent être considérés comme fréquemment et durablement en échec. En somme, les élèves sont en échec en regard de la terminologie scolaire, tandis que leur travail de conceptualisation serait vraisemblablement mieux estimé à la lumière d'une métalangue exigeante.

2.2.2. Manipulations et gestion d'énoncés

Ouvrant le n° 125-126 de *Pratiques*, tandis que l'« observation réfléchie de la langue » a dépassé le milieu de son règne institutionnel, Caroline Masseron prévient :

> Certains impensés théoriques et pratiques demeurent en effet, et il convient de ne pas les masquer sous couvert d'une option idéologique qui, certes généreuse, pourrait se retourner contre ses auteurs si on laissait planer un tant soit peu l'idée que l'intuition linguistique des élèves assortie à des manipulations mécaniques exercées sur n'importe quelle unité de langue

---

[67] Portine (1997, p. 36).

ou de discours (commutation, déplacement, etc., appliqué au phonème comme au paragraphe) suffisaient à renforcer les compétences linguistiques en production et en réception[68].

Notre choix du tri de mots s'inscrit dans un postulat de départ qui considère la manipulation de la langue comme nécessaire à la conceptualisation des systèmes susceptibles d'expliquer celle-ci. Néanmoins, la pratique des manipulations syntaxiques et son corollaire, la fabrication d'énoncés dérivés de l'énoncé à analyser ne sont pas sans poser des questions aigües lorsque l'artisan-linguiste est un jeune élève.

2.2.2.1. Aller au bout d'une démonstration

Pointant « les difficultés posées par les manipulations syntaxiques », Carole Fisher et Marie Nadeau rappellent le danger de l'écart entre « utiliser les manipulations comme de simples "trucs" et y recourir en assumant qu'elles font partie d'une démarche d'analyse scientifique »[69]. Elles ébauchent les étapes nécessaires à la réussite de cette démarche : « la nommer, la faire réaliser, demander un jugement sur son résultat ». Ces trois étapes sont reprises et étayées dans le tout récent ouvrage *Mieux enseigner la grammaire*[70].

Nous ne pouvons que souscrire à cette description d'un cheminement qui aboutit. Mais, dans la pratique, il s'avère que sans l'étayage de l'enseignant, bien mis en valeur par les différents supports de cette didactique de la procédure, les élèves peinent à tenir le raisonnement jusqu'à son terme, et d'autant plus à l'appliquer de façon systématique. Ainsi, pour de nombreux tris effectués par les élèves de notre étude, s'il y a à l'origine de la constitution d'un regroupement une procédure, procédure appliquée une, deux ou trois fois, il est également visible que l'élève perd le fil de son principe initial, et semble rattrapé par des considérations autres, par des représentations vraisemblablement plus directement accessibles, demandant un moindre effort de concentration. Concernant la classe des déterminants par exemple, si l'élève constitue cette catégorie d'emblée avec un critère de type syntaxique lié à la présence d'un nom à droite ou à la possibilité de mettre un nom à droite, il y positionnera tout de même des petits mots qui ne sont pas des déterminants, comme s'il était rattrapé

---

[68] Masseron (2005, p. 4).
[69] Fischer & Nadeau (2014, p. 186).
[70] Chartrand (dir. 2016, pp. 37-38).

par cette caractéristique morphologique plus intuitive, plus ergonomique pour lui à ce moment-là. Assez fréquemment, d'ailleurs, les premiers mots disposés dans la colonne[71] sont réellement des déterminants, et les intrus viennent dans un second temps, comme s'il y avait un épuisement du raisonnement, ou encore l'envie de remplir le mieux possible les catégories constituées.

En CM1-8, le travail de Camila fournit un exemple assez documenté de ces enjeux. En effet, après avoir construit un premier tri, elle reconfigure de façon assez importante son écrit grâce à l'étayage de l'adulte lors de l'entretien d'explicitation[72]. La photographie de son tri rend compte des modifications à travers les nombreuses flèches matérialisant les déplacements et l'enregistrement montre comment les relances de l'adulte permettent la mise en cohérence de l'ensemble.

Le tamisage des mots grammaticaux pour obtenir la classe des déterminants est bien plus opérationnel avec l'étayage que sans. Ce type de conduite cognitive n'est pas sans rappeler la distinction entre erreurs de gestion et erreurs de connaissance en orthographe. Dans le tri de Camila, l'identification de *sont* comme un déterminant constitue une erreur de connaissance, dont l'origine phonétique est assez évidente, l'étayage de l'adulte tel qu'il est pratiqué ici ne permet pas de la rectifier. En revanche, *elles*, *ont* et *ou* représentent plutôt des erreurs de gestion, dans le sens où l'élève possède les ressources procédurales nécessaires, mais ne parvient pas à les appliquer seule : il suffit de solliciter l'examen attentif de ces mots pour que l'élève perçoive que son premier choix n'est pas correct. Évidemment, ces considérations ouvrent un certain nombre de problèmes, de natures variées. D'une part, à quels choix procéder quant à l'évaluation ? Le savoir de l'élève repose-t-il dans la manifestation de ces réflexions solitaires ou dans le potentiel exprimé grâce aux interactions avec l'adulte ? Dans le second cas, jusqu'où doit aller l'étayage ? Durant cette recherche, nous avions cherché un positionnement qui se contenterait de relancer la réflexion par des *pourquoi* et des *comment*, mais tout adulte le sait, le fait même de poser une question tend à remettre en cause le degré de vérité de l'objet sur lequel elle porte, et l'ensemble des étayages possibles compose une sorte de dégradé d'intensité de guidage sur lequel il est difficile de se tenir en un point fixe[73].

---

[71] De fait, par mimétisme, tous les élèves font des colonnes, alors même que cela ne fait jamais partie de la consigne, ndlr.
[72] Cf. Camila CM1-8, le fichier audio et la photographie de son tri.
[73] Rétrospectivement, l'écoute des entretiens, mais aussi des séances de mise en commun, non étudiées dans ces pages, nous a souvent fait pester contre nos propres

Figure 122: *Camila CM1-8*

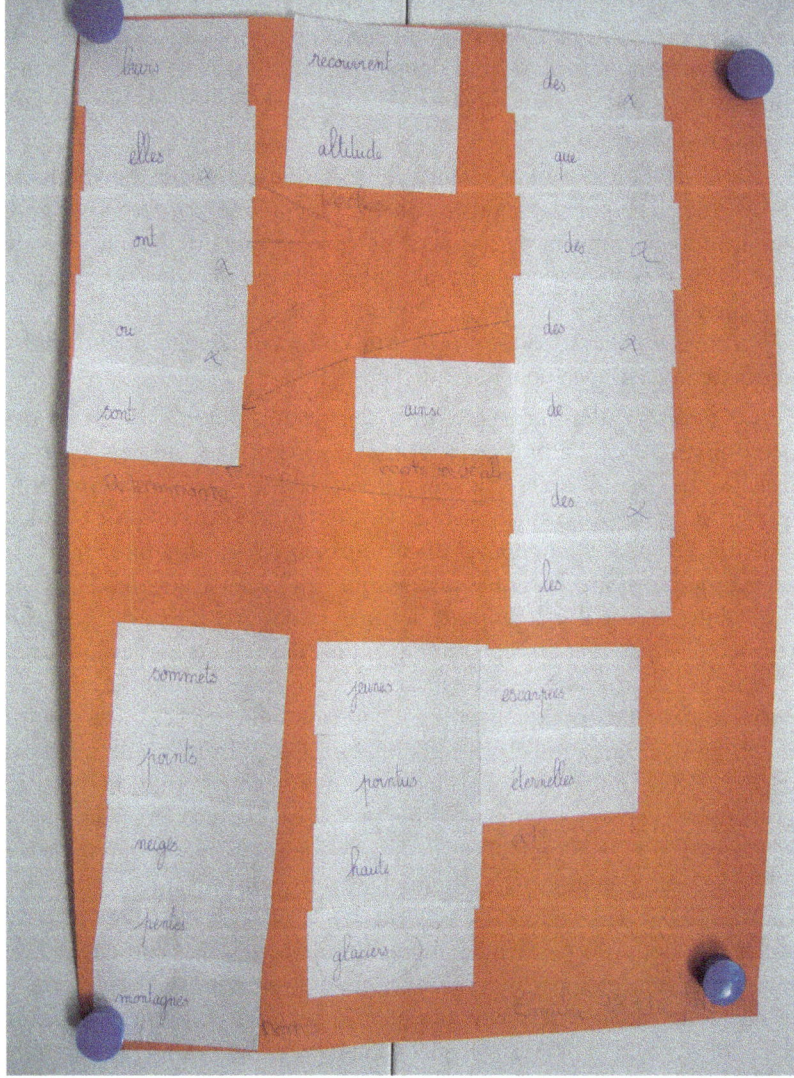

interventions, et surtout contre la tendance forte à envahir le temps de parole. Avoir la patience d'attendre la parole des élèves représente un idéal qui s'est trouvé parfois court-circuité par l'envie d'étayer au mieux, justement.

La question didactique qui s'ouvre dès lors est celle de l'accompagnement des élèves, entre idéal réflexif et principe de réalité. Nous venons de le voir, le positionnement à adopter n'est pas si simple que cela à définir, mais, de plus, l'occasion même d'un étayage individuel demeure rare, dans un contexte de classe ordinaire[74]. Si les élèves ne réfléchissent qu'accompagnés par un enseignant, alors ils réfléchiront peu, puisque le temps imparti à chacun sera faible. S'ils réfléchissent sans l'étayage de l'enseignant, alors ils réfléchiront moins bien (pour le dire très vite), puisqu'ils ne profiteront pas des relances qui leur permettraient d'optimiser et de systématiser leurs procédures. Il n'est donc matériellement pas possible de garantir la qualité des manipulations, en revanche, nous posons deux hypothèses : d'une part, la pratique régulière des manipulations syntaxiques considérées comme des outils de résolution de problème permet progressivement d'améliorer leurs mises en œuvre, tant du point de vue de la régularité d'emploi que de celui de l'aboutissement ; d'autre part, l'utilisation de modalités pédagogiques favorisant la socio-construction des savoirs, par le biais de confrontations argumentées, permet d'offrir un espace-temps de verbalisation qui fait avancer les représentations de chacun. Puisque l'enseignant ne peut pas être ce miroir nécessaire à la continuité du cheminement cognitif, alors il faut utiliser les échanges entre pairs pour jouer le même rôle, tout en sachant qu'ils constituent un étayage (en principe) moins précis, moins orienté, et moins ancré dans la référence à la terminologie. Pour toutes ces raisons, ils ne peuvent suffire, ce qui repose la nécessité non seulement d'une mise en commun collective, mais surtout d'une synthèse conçue comme le geste professionnel de l'enseignant qui permet de poser l'état des compétences et des savoirs.

Nous ajouterons un constat à cette analyse : les procédures d'identification, même lorsqu'elles prennent la forme d'une manipulation syntaxique, demeurent seulement mentales, voire tout au plus oralisées (dans le cadre des confrontations exigeant une argumentation). Il nous semble qu'il y a là une source de difficulté non négligeable pour les élèves, comme s'il leur était demandé des opérations de calcul très complexe, directement en calcul mental. Danièle Cogis a bien mis en lumière les obstacles que cela crée, notamment par l'analyse d'erreurs d'élèves issues de

---

[74] De ce point de vue, la classe de Carole Deblaere, parce que située en zone d'éducation prioritaire, offrait quelques facilités, quand, ailleurs, il peut y avoir jusqu'à 50 % d'élèves en plus. Néanmoins, même avec vingt élèves, l'individualisation demeure largement déraisonnable.

commutation mal positionnées dans l'énoncé[75]. L'analyse grammaticale ne fait pas exception, et, si le recours à des manipulations de supports écrits est pragmatiquement difficile à mettre en œuvre en classe, il n'en demeure pas moins nécessaire à la compréhension par les élèves des opérations qu'ils sont amenés à pratiquer sur la langue. Reste à leur donner un cadre concret, c'est-à-dire un temps d'enseignement propre.

2.2.2.2. Dé / re – contextualiser

Autre difficulté rencontrée par les élèves de notre étude, la capacité à prendre en compte l'énoncé contexte de la réflexion de catégorisation semble très faiblement développée. Nous l'avons évoqué précédemment[76], et nombre de résultats exposés dans cette recherche le montrent : nombre d'élèves tendent à juger de la classe grammaticale du mot sans faire retour à la phrase d'où il provient. Les conséquences visibles de ce problème s'établissent dans le domaine de l'identité graphique, voire même phonétique. Les pronoms personnels compléments tels que *le*, *la* ou *les* sont très susceptibles d'être pris pour des déterminants, ou encore *ont*, pour un pronom personnel, *sont*, pour un déterminant, pour exemple. L'identification de *douche* comme verbe dans l'évaluation peut relever du même type d'erreurs. Mais il nous faut être extrêmement précis, afin de ne pas confondre, ne pas écraser le phénomène que nous voudrions évoquer et des confusions fondées sur la seule prise en compte de la morphologie. L'écart est signifiant, et il se situe dans les procédures utilisées : d'un côté une procédure plutôt paradigmatique ("c'est un déterminant parce que je peux mettre un nom derrière"), de l'autre une reconnaissance graphique ou phonétique ("c'est un déterminant parce que je le reconnais comme appartenant à la liste des déterminants que j'ai apprise"). Dans le second cas, l'obstacle est constitué par des savoirs déclaratifs, facilement mobilisables parce que ne demandant aucune transformation, aucun raisonnement, à proprement parler. Dans le premier cas, l'élève fait l'effort d'utiliser une procédure induisant la manipulation de l'unité qu'il souhaite tester, mais il ne se sert pas pleinement d'une manipulation syntaxique, au sens où Suzanne-G. Chartrand, Marie-Andrée Lord et

---

[75] Cogis (2005, p. 261).
[76] Cf. notamment partie 2, 3.1.2.

François Lépine la définissent[77], puisqu'il ne modifie pas la phrase, mais qu'il en extrait une partie et qu'il procède à des opérations sur cette partie.

La procédure visée par l'enseignante est la commutation paradigmatique, outil heuristique permettant la constitution des classes grammaticales. Mais dans la classe considérée, peu d'élèves se sont révélés capables de l'utiliser : la plupart l'ont traduite en un autre outil, vraisemblablement plus ergonomique pour eux, à savoir le couplage décontextualisé d'un supposé déterminant avec un supposé nom, procédure dont nous avons pu souligner les risques de circularité[78]. Tout se passe comme si les élèves ne parvenaient pas à gérer simultanément trois éléments, à savoir le mot à identifier, la procédure pour l'identifier et l'énoncé dont il est issu, et comme si la simplification de ce triangle aboutissait quasiment toujours à l'exclusion de l'énoncé. De ce point de vue, la mise en œuvre des tris dans la classe tendait pourtant à rappeler l'importance du contexte, par le biais de rappels de consignes (émis par l'enseignante, mais aussi reformulés par les élèves), de mise en valeur matériel de l'énoncé (systématiquement distribué avec les étiquettes mots, inscrit au tableau à chaque étape du dispositif) et de mise en relief explicite des problèmes soulevés par l'homonymie, lors des phases de reformulation.

Une étude plus approfondie des échanges enregistrés lors des mises en commun permettrait de montrer la nécessité ici encore de l'étayage de l'enseignant. De fait, pour certains élèves, les manipulations syntaxiques, au sens le plus plein du terme, ont été menées uniquement lors d'échanges typiques, dont nous pouvons schématiser le déroulement. L'élève propose une procédure, l'enseignante demande à voir l'application de celle-ci, l'élève répond par un résultat de manipulation, avec une alternative : soit la manipulation est située, soit cette manipulation n'est pas située, et l'enseignante relance en demandant de redire la phrase modifiée dans son ensemble. Pour certains élèves, le délai de réponse matérialise la difficulté

---

[77] Chartrand, Lord & Lépine (2016, p. 38). « On doit faire subir à tout l'énoncé la transformation nécessaire. » Les auteurs insistent dans ce chapitre sur l'échelle de la phrase comme lieu de la manipulation syntaxique, non sans insister sur un point qui n'est pas sans poser de problème : « Il est nécessaire aussi, faut-il le rappeler, que la phrase obtenue à la suite du recours à une manipulation conserve le sens initial. » Cette contrainte nous parait difficilement tenable, à moins de restreindre grandement l'extension des manipulations syntaxiques : la reconnaissance du verbe grâce à l'encadrement par « ne… pas » ne répond pas à ce critère, par exemple. Nous rencontrons de nouveau ici la question du rapport au sens, motif récurrent des réflexions sur la didactique de la grammaire.

[78] Cf. partie 2, 3.2.1.

cognitive que constitue la contextualisation de la manipulation. Pour d'autres, tel Arvinde en fin de CM1, une certaine habileté dans ce type de raisonnement se fait jour au travers de l'aisance des prises de parole.

Il est souvent question des aller-retours nécessaires entre contextualisation et décontextualisation, mais davantage dans le rapport de l'étude de la langue avec les enjeux de lecture-écriture. Il nous semble modestement que se nouent dans le rapport à l'énoncé des complexités sur lesquelles la didactique glisse un peu rapidement. L'adulte, didacticien, enseignant, prescrit une manipulation contextualisée. Il prescrit la prise en compte de l'énoncé parce qu'il pose le principe d'une réflexion grammaticale incluse dans la phrase (celle que l'on qualifie souvent « de base »), d'une structure cadre qui serait la condition de possibilité du raisonnement sur la langue[79], sans laquelle il n'est pas de rigueur possible. Les erreurs des élèves témoignent d'ailleurs assez fidèlement des problèmes posés par le non-respect de ce cadre. Cependant, les auteurs minorent, nous semble-t-il, une étape du raisonnement qui nécessite une certaine décontextualisation. S'interroger sur la nature d'un mot dans un énoncé donné amène l'élève à extraire ce mot[80], et pour certains d'entre eux, c'est grâce à la simplification engendrée par cette extraction qu'ils parviennent à émettre une première hypothèse, que la manipulation syntaxique est censée tester. Mais nous posons le constat que la capacité à gérer le contexte, bien que présentée comme une nécessité par certains didacticiens, se révèle, à l'usage, faire partie des objectifs vers lesquels tendre. Cette tension est sans aucun doute soluble dans le principe de progression, et l'on comprend par là que la mise en œuvre à la fois autonome et rigoureuse d'une manipulation syntaxique demande un certain stade d'acquisition. D'acquisition de quoi, d'ailleurs ? De certains concepts ? D'une certaine posture ? Il y a là à creuser, mais aussi à s'interroger sur l'effet de circularité qui nous apparait de façon un peu vertigineuse : s'il faut un certain degré d'expertise[81] pour pouvoir

---

[79] Il va de soi que nous réfléchissons ici sur des notions relevant justement de la grammaire de phrase, mais ceci non sans en percevoir les dangers tautologiques.

[80] Nous sommes bien consciente du fait que l'utilisation d'étiquettes-mots favorise ce type de configuration. Mais nous avons également été confrontée à l'impossibilité pour certains élèves de gérer un contexte phrastique tout entier. Il y a là une intuition qu'il faudra confirmer.

[81] Et nous utilisons sciemment un terme assez générique pour repousser à plus tard et à d'autres réflexions l'identification de la nature exacte des savoirs, postures, savoir-faire concernant la langue nécessaires à l'utilisation optimisée des manipulations syntaxiques.

utiliser les manipulations syntaxiques, alors ces mêmes manipulations syntaxiques ne peuvent constituer le mode d'accès à ce degré d'expertise, sous peine d'une situation pour le moins aporétique.

Peut-être pouvons-nous considérer une alternative à ce cercle, qui serait plutôt de l'ordre de la spirale, cette fameuse spirale dont tous les didacticiens de toutes les disciplines se revendiquent. Les manipulations, entendues cette fois au sens large, comme des opérations appliquées à des parties de discours plus ou moins étendues, se constitueraient alors en étapes successives, en outils de plus en plus ajustés aux exigences de rigueur de plus en plus grandes. Danièle Cogis, Marie-Laure Elalouf et Virginie Brinker ébauchent une progressivité nécessaire en s'appuyant sur les phénomènes d'accentuation des groupes syntagmatiques typiques de l'oral.

> [...] repérage des accents toniques et des groupes de souffle, identification des segments affectés par une reformulation ou une correction, délimitation du groupe dans lequel est ajouté une détermination précisant le référent visé, etc. De telles manipulations aident à dégager les niveaux d'organisation de l'énoncé sans perdre de vue son sens ; elles constituent sans aucun doute une étape nécessaire avant d'aborder des procédures plus formelles comme la commutation[82].

La piste ouverte par l'exploitation des ressources de l'oral nous apparait à la fois très satisfaisante du point de vue de l'appui sur les connaissances épilinguistiques des élèves, et malheureusement assez loin des classes, tant il est vrai qu'il existe très peu de supports sur lesquels appuyer ce type d'innovations didactiques. Le chantier est ouvert, mais les fondations sont à peine posées.

Pour conclure sur ce point, la maitrise fine de ces opérations sur le langage pourrait devenir l'un des objectifs de l'enseignement, en tant que constitution d'une boite à outils efficace pour l'apprenti linguiste, le lecteur, le scripteur, le relecteur[83]. Le choix de ces opérations, de leur terrain d'application, de leurs conditions d'acceptabilité devrait être alors mis en relation avec les possibles des élèves, dans un but de réelle progression. Pour revenir aux enjeux de la contextualisation tels que nous les avons exposés, il nous apparait que la possibilité de manipuler des unités (mot ou groupe de mots) et de juger de l'acceptabilité des produits

---

[82] Cogis, Elalouf & Brinker (2009, p. 65).
[83] Chacun de ces termes renvoie à des finalités de l'activité grammaticale... sur lesquelles nous reviendrons dans le chapitre 3.

de ces manipulations est une étape qui, le plus souvent, précède la capacité d'effectuer des opérations directement dans le cadre de l'énoncé.

2.2.2.3. Juger de la grammaticalité

En 1982, à la suite du plan de rénovation pour l'école élémentaire, Bernard Combettes prévenait déjà :

> Dans la réalité, que constate-t-on ? Souvent, en fait, le retour à des dichotomies assez brutales, qui rappellent fortement les classements (correct/incorrect, bon/mauvais…) de la grammaire normative. L'impression générale laissée par la plupart des manuels est que tout va « tourner rond », que les locuteurs seront d'accord – par quelle opération magique ? – pour proposer un jugement identique sur un corpus de phrases. Les observations, les classements, les règles que l'on veut faire découvrir aux élèves, portent sur un modèle de langue bien précis ; y a-t-il une place pour les écarts ? Nous ne le pensons pas. Que se passe-t-il si une partie des élèves « n'accepte » pas, intuitivement, telle ou telle transformation de phrase, ou, au contraire, accepte fort bien telle structure qui peut sembler agrammaticale à l'enseignant[84] ?

En contraste et pour le discuter, nous citons ici le propos de Suzanne-G. Chartrand, Marie-Andrée Lord et François Lépine, qui, proposant, 34 ans plus tard, une description étayée de l'utilisation des manipulations syntaxiques, traitent en appel de note[85] du problème de l'acceptabilité grammaticale.

> En effet, poser un jugement de grammaticalité acceptable est un défi de taille pour les apprenants, francophones comme non francophones : cela exige de connaitre la langue dans sa variété standard. Mais les manipulations syntaxiques sont justement l'occasion de faire verbaliser l'état de leurs connaissances de la langue et, pour le maitre, de montrer ce qui est acceptable et ce qui ne l'est pas – et, lorsque c'est possible, d'expliquer pourquoi. Peu à peu, les apprenants développeront leur capacité à poser des jugements adéquats et amélioreront leur connaissance du français standard. Si l'on ne mène pas ces activités, oralement en classe, comment peuvent-ils savoir qu'ils utilisent des formulations erronées[86] ?

Nous allons le voir, l'écrasement dans le même propos du jugement de grammaticalité et des pratiques langagières nous parait brouiller certaines

---

[84] Combettes (1982, p. 51).
[85] Nous pensons d'ailleurs que le positionnement de cette remarque en appel de note n'est peut-être pas représentatif de l'étendue du problème.
[86] Chartrand, Lord & Lépine (2016, p. 38).

lignes, du moins lorsque l'on tente de circonscrire les enjeux de ces pratiques didactiques à l'école élémentaire. Mais avant cela, comme nous avions pu le constater pour les problèmes posés par la gestion des énoncés contexte, nous pensons important d'expliciter et de considérer comme centrale d'un point de vue pragmatique la difficulté de finalités qui sont aussi des moyens. Ainsi, le jugement de grammaticalité serait nécessaire à l'utilisation des manipulations syntaxiques, mais les manipulations syntaxiques seraient également une activité de construction du jugement de grammaticalité. Cette circularité, dont le didacticien fait une spirale positive, l'enseignant[87] tend à la vivre comme une malédiction récurrente.

En écho, dans notre étude, se sont d'autant plus posés des problèmes de jugement que les élèves que nous observions entretenaient un certain rapport à la langue ; dès que celle-ci devient objet d'analyse, elle s'éloigne d'autant de l'espace de familiarité de l'élève, qui perd toute légitimité à l'évaluer en tant que locuteur. Le déplacement de la posture de l'élève, d'usager à analyste, place celui-ci sur un terrain qui ne lui est pas familier, au sein duquel il perd ses repères. Nous pensons qu'il y a deux raisons à cela, qu'il est intéressant de différencier :

- d'une part, la posture méta est plus ou moins éloignée des habitudes langagières de l'élève. Quand certains s'interrogent très tôt sur l'origine du langage ou les limites de son caractère conventionnel et donc arbitraire[88], d'autres nécessitent de prendre du temps pour accéder à un point de vue sur la langue qui sépare le signe du signifié et explore l'écart entre les deux ;
- d'autre part, une fois que l'élève se positionne à l'école de façon à porter des jugements sur les énoncés, il est confronté à des phénomènes qui lui sont présentés comme réguliers mais qui ne correspondent pas entièrement à ses propres savoirs, à ces régularités que lui peut avoir construites hors les murs. Perdant ainsi les repères qu'il possédait, il est amené à accepter des énoncés dont l'étrangeté aurait amené à leur refus dans une situation d'énonciation ordinaire, quotidienne.

---

[87] D'autant plus l'enseignant en zone d'éducation prioritaire, nous allons y revenir.
[88] Nous avons en tête cette remarque d'une jeune fille âgée de quatre ans, désignant une table : « mais si, moi, je décide que ça s'appellera un fauteuil ? ». Exemple dans notre expérience personnelle d'un stade bien décrit par Clairelise Bonnet dans Bonnet, Borgeaud & Piguet (2008).

Ces deux obstacles ne naissent pas aux mêmes sources, même s'ils se trouvent parfois amplifiés simultanément par certains environnements, et donc concurremment très handicapants pour des élèves issus de milieux sociaux que l'on dira « défavorisés », faute de mieux, et sans cautionner les amalgames que cela engendre. Pour défaire une partie des amalgames, justement, revenons aux deux obstacles distingués ci-dessus. Nous pensons que le premier est surtout influencé par le stade cognitif atteint par l'élève, tel que Clairelise Bonnet a pu en rendre compte[89]. Le second ne nous apparait pas corrélé au premier, mais dépendant des pratiques langagières de l'élève, ainsi que du jugement porté par celui-ci sur celles-là. Entendons-nous bien, les élèves dits « de banlieue » ont une représentation très dévalorisée de leur façon de parler et d'écrire, ils se pensent incompétents du point de vue d'une norme dont tous les indices qui leur sont renvoyés indiquent qu'elle leur est lointaine, sinon étrangère[90]. L'altérité à la fois réelle et ressentie de la langue de scolarisation engendre la difficulté d'émettre des jugements de grammaticalité.

Nous avions rendu compte à l'occasion d'un colloque de la distance entre les élèves de notre étude et la langue de l'école, distance qui avait été mise en lumière à la fois par des activités de jeux d'écriture et par les justifications dans les tris de mots, telles que nous avons pu en donner des exemples préalablement. Nous avions alors ébauché quelques perspectives didactiques.

C'est pourquoi à la suite de Françoise Calame-Gippet[91], il nous semble si important de trouver appui sur « les connaissances cachées » des élèves. Quand Françoise Gadet[92] critique la « *tabula rasa* que suppose trop souvent l'école au moins implicitement », elle évoque l'absence de démarche intégrative dans l'enseignement d'une nouvelle langue. Mais son propos vaut doublement ici : dans le domaine de l'étude de la langue, l'École ignore les compétences métalangagières développées par les élèves, parce que celles-ci ne s'extériorisent pas par le biais du métalangage traditionnel scolaire. De surcroit, elle stigmatise la langue des banlieues sans en évaluer réellement les caractéristiques, et elle repousse les autres langues environnant les enfants

---

[89] Bonnet, Borgeaud & Piguet (2008, pp. 57-82).
[90] Nous citerons ici sans hiérarchie et sans velléité d'exhaustivité : difficulté à comprendre les textes lus en classe, difficulté à acquérir l'orthographe (perçue comme aléatoire), actes de langage des enseignants fondamentalement distanciés de ceux que les élèves peuvent émettre, mais aussi, en dehors du contexte scolaire, identité construite à travers une langue stigmatisante, dès le « quartier » quitté.
[91] Calame-Gippet (2007).
[92] Gadet (2012, p. 125).

(faute de connaissances des PE à propos de celles-ci ? Faute de vision intégrative ?), alors qu'il faudrait parvenir à confronter explicitement les élèves à la dimension scripto-centrée des apprentissages scolaires. Exhiber la norme scolaire, sans déprécier celle de l'oral, dont une variation socialement neutre est ô combien nécessaire, en posant l'écart avec les pratiques langagières qui sont celles des élèves permettrait peut-être de réduire la fracture en la rendant plus intelligible aux apprenants eux-mêmes[93].

Mais redonnons la parole à l'auteur en compagnie duquel nous avons ouvert ce chapitre, avec la conclusion de ce même article moderne et programmatique.

> C'est ici l'intuition qui est première, ou, plus exactement, la diversité des intuitions : d'un même locuteur sur plusieurs phrases, de plusieurs locuteurs sur une même phrase... Le jugement du locuteur n'est plus seulement un simple procédé, un moyen pédagogique, capable d'amener à la « construction » d'une grammaire, qui est loin de correspondre aux véritables intuitions des élèves, il devient lui-même l'objet à construire[94].

Bien sûr, Bernard Combettes n'évoque pas ici la représentation que chacun se fait du langage des banlieues, mais la variabilité inhérente à la langue, à toute langue. Reste à savoir où s'arrête l'une et où commence l'autre, ce qui n'est pas si simple dès lors que l'on considère des corpus oraux. Les travaux de Claire Blanche-Benveniste[95] construisent l'écart entre langue écrite et langue orale, obligent le lecteur-scripteur expert à objectiver ses pratiques langagières et à y reconnaitre d'autres structures, d'autres régularités que celles de l'écrit qu'il tend à surinvestir, de façon souvent inconsciente, même. Ainsi, le jugement de grammaticalité attendu des élèves relève d'une construction, d'un choix. En soi, cela pourrait n'être pas problématique, mais cela le devient à partir du moment où ce choix demeure impensé par les acteurs, enseignants comme élèves[96].

> Sans vouloir ouvrir à nouveau le débat sur le fait linguistique, nous essaierons de montrer à partir de quelques exemples très simples que le fait de langue n'est pas une réalité matérielle directement perçue par les sens, n'est pas un donné brut qui s'impose à l'évidence, mais est toujours un objet construit par le linguiste à partir de présupposés implicites ou explicites, dans le cadre

---

[93] Beaumanoir-Secq (2013, p. 438).
[94] Combettes (1982, p. 59).
[95] Blanche-Benveniste (2000).
[96] Et peut-être formateurs, aussi...

de théories, d'hypothèses avouées ou masquée. Il apparaitra ainsi que « la réalité de l'objet n'(est) pas séparable de la méthode propre à le définir » (Benveniste, 1966, p. 119)[97].

La langue de la grammaire, « grammaire » étant entendu au sens de discipline scolaire identifiée par un intitulé séquentiel, est un objet particulier, objet construit par les activités menées en classe et les interactions ayant lieu durant ces activités. Dans ce cadre, émettre un jugement de grammaticalité revient à se rapporter à des énoncés précédemment acceptables, et à d'autres, précédemment inacceptables, et à observer le nouvel énoncé produit à l'horizon de cette possible culture linguistique commune, dans le cadre de la classe. Peut-être que trouver les moyens d'expliciter cette situation permettrait de clarifier du côté des élèves un point sur lequel ils n'ont pas de visibilité, et donc pas de stratégie optimisée. Lors des entretiens d'explicitation que nous avons enregistrés, lorsque l'enseignante demande aux élèves « pourquoi ça fonctionne ? », à la suite de leurs affirmations en ce sens, ils n'ont pas de réponse. On pourra objecter que la question est difficile, qu'elle renvoie à de l'épilinguistique, à de l'intuition… nous faisons l'hypothèse qu'au contraire, elle renvoie à une construction métalangagière extrêmement située, celle de la norme de la langue de scolarisation. Certains énoncés peuvent se dire et s'écrire dans ce cadre, d'autres pas, et si l'on modifiait le cadre, les valeurs en seraient vraisemblablement changées.

---

[97] Combettes (1982, p. 26).

3. La grammaire, pour quoi faire ?

Au bout des chemins que nous avons tenté d'arpenter, nous rencontrons une question qui sonne comme un refrain bien connu : quelles finalités pour l'enseignement de la langue ? ou encore dans quels buts faire faire de la grammaire aux élèves ? Selon la façon dont on la pose, la question ne raisonne pas de la même façon, d'ailleurs. Intuitivement, le terme de « langue » renvoie à la maitrise de cette dernière, à l'efficacité communicationnelle quand la « grammaire » pourrait constituer un domaine quasi indépendant, un objet culturel valable en lui-même. Nous ne prétendons d'ailleurs pas trancher un débat dont les profondeurs sont vertigineuses, mais le re-problématiser, à la lumière des analyses qui précèdent.

3.1. Prétentions scientifiques

Les différents modèles d'explicitation du système de la langue essaient d'atteindre une sorte d'exactitude, qui rapprocherait la linguistique d'une discipline scientifique. L'objet d'étude s'y prête mal, il se dérobe, cela n'est pas nouveau. Et ce n'est pas tant la diversité des théories qui fragilise le potentiel explicatif de chacune, mais l'incapacité de rendre compte de façon exhaustive de la réalité de la langue et du polymorphisme de celle-ci. Néanmoins, on peut considérer que la linguistique progresse, et propose des solutions aux didacticiens pour rationaliser le système explicatif du fonctionnement de la langue. Ainsi Bernard Schneuwly, imaginant de désolidariser la grammaire de perspectives utilitaristes habituelles, envisage un autre profil pour cette discipline :

> On peut se poser la question de savoir quel pourrait être un enseignement de la grammaire, ou plus généralement de savoirs sur la langue, pensé comme introduction dans un mode de pensée disciplinaire autonome, comme introduction – n'ayons pas peur des mots – à la linguistique, tout comme les

enseignements de la géographie, de l'histoire, des mathématiques, etc., ont aussi comme finalités parmi d'autres, l'introduction à des modes de pensée particuliers, sans être subordonnés à une utilité extérieure étroite[1].

Plusieurs articles se font l'écho du besoin de prendre comme modèle la didactique des sciences, et les progrès qui la caractérisent ces dernières années. Dès 1979, Jean-Pierre Jaffré affirme qu'« il est sans aucun doute possible de créer une atmosphère propice à l'analyse, hors tout *a priori* didactique, par l'introduction d'un état d'esprit comparable à celui qui caractérise les activités d'éveil scientifique »[2]. À leur tour, Catherine Brissaud et Francis Grossmann, dénonçant les nostalgies mal placées, critiquent les attitudes communément adoptées en mettant en valeur cette même démarche d'investigation : « on pleure un âge d'or et les méthodes d'antan comme si elles avaient fait leurs preuves ; on est incapable d'envisager la construction des notions grammaticales comme celle des concepts scientifiques »[3]. Mais nous voudrions aller au bout de cette logique et en tirer quelques conclusions nécessaires.

Si l'on considère l'étude de la langue comme une science, y compris d'un point de vue didactique[4], alors il convient d'accepter de considérer les variations plutôt que la norme, puisque celle-ci devient impossible à circonscrire. Cela suppose aussi de la part des enseignants de se positionner dans une configuration de recherche au côté de leurs élèves, plutôt que dans une posture magistrale de détenteur de la norme, justement. Les enseignants seraient amenés à mettre leurs savoirs en perspective, à les questionner et à s'intéresser davantage aux situations langagières pouvant constituer des supports optimaux afin de permettre le cheminement cognitif de leurs élèves. Mais, comme toute démarche d'investigation, aborder la langue sous l'angle de la réflexion méta est chronophage, du moins à l'échelle de l'enseignant et de l'année pendant laquelle il est responsable des apprentissages des élèves. Les connaissances qui

---

[1] Schneuwly (1998, p. 269).
[2] Jaffré (1978, p. 41).
[3] Brissaud & Grossmann (2009, p. 6).
[4] Ce qui revient, peu ou prou, à adopter la démarche de *La Main à la pâte* (le site de la fondation : http://www.fondation-lamap.org/) ; l'historique de la fondation rappelle en quelques mots les fondamentaux du programme initial, mis en œuvre à Chicago « initié pour lutter contre l'échec scolaire et la violence dans les quartiers défavorisés, [et qui]met l'accent sur un enseignement des sciences fondé sur l'expérimentation, l'observation, le questionnement et visant à développer les capacités d'écoute et de raisonnement des enfants ».

émergent, puis se structurent, ne sont pas toujours visibles, ou du moins, demandent de changer d'instruments d'évaluation et d'échelle de temps pour être perçues. Lorsque Bernard Schneuwly envisage comme objectif à la discipline grammaire de « faire de la langue un objet d'analyse comme les autres », de transformer « le rapport de l'élève à l'objet "langue" »[5], il est manifeste que les résultats tangibles de ce déplacement de perspectives ne peuvent s'envisager à l'échelle d'une année scolaire, quel que soit d'ailleurs le niveau de classe envisagé. Certains concepts mettent plusieurs années à se stabiliser, et l'échelle du temps d'apprentissage de l'élève excède de beaucoup celle du temps d'enseignement du professeur : l'écart génère des frustrations, mais aussi, des inquiétudes. Trop souvent, ce qui n'est pas évaluable n'existe pas.

Si l'on veut enseigner la norme, dans une perspective utilitariste, alors, le procédé d'investigation devient quasiment intenable, car la langue des élèves n'est pas le français de l'École ; mais aussi parce qu'au-delà des enjeux de la variabilité, le système de la langue n'est pas une science exacte. Comme l'explique bien Bernard Combettes il y a ce « problème posé par le fait qu'il s'agit d'un ensemble de propriétés s'appliquant en termes de degrés et non en termes binaires »[6]. Les phénomènes langagiers s'inscrivent dans un dégradé d'acceptabilité et de variabilité, dégradé d'autant plus important que l'on accepte de considérer la langue y compris sous l'angle de ses manifestations orales[7]. Cela explique d'ailleurs l'impact de traits saillants : telle ou telle propriété, davantage perçue par tel ou tel locuteur, fait basculer le mot dans l'une ou l'autre des parties du discours pré-construites. Parfois ce trait saillant recoupe une représentation d'adulte, et nous émettons des hypothèses explicatives (qui se révèleraient justes ou erronées, d'ailleurs, si nous avions moyen de les vérifier), et parfois il demeure profondément étranger à l'adulte, nous laissant dans l'expectative[8]. Mais revenons à notre hypothèse de norme visée, il nous semble bien qu'elle tend à engendrer une imitation plus ou moins crédible de démarche d'investigation, puisque le résultat

---

[5] Schneuwly (1998, p. 269).
[6] Combettes (1982, p. 58).
[7] L'oral étant le capital des élèves d'abord, avant l'appropriation progressive de l'écrit et de ses spécificités, l'exclure de la réflexion sur la langue n'est pas sans risque de dépaysement et de malentendus, comme nous avons pu le montrer.
[8] Le fait que la saillance d'un mot soit relative nous parait être une clé d'explication assez puissante, à défaut d'être réellement éclairante : reste la frustration de ne pas savoir ce qui a déterminé la réponse d'un élève. Mais le domaine scolaire de la grammaire ne fait pas exception sur ce point.

attendu ne peut pas vraiment être trouvé par les élèves, mais relève de choix effectués par l'enseignant et, avant lui, par l'institution. C'est une configuration assez chronique des manuels d'étude de la langue qui, pour se conformer avec plus ou moins de sincérité à l'air du temps didactique, proposent systématiquement des situations dites « de recherche » ou « de découverte », mais écrivent la « leçon » juste en dessous, dans une sorte de parodie qui n'est pas sans mépris pour le bon sens des élèves. Dès lors, il faut être bien scolaire pour jouer la comédie d'une investigation dont le résultat est déjà imprimé sur la même page. Sans aller jusqu'à ces extrémités éditoriales qui ne sont pas sans comporter une part d'hypocrisie et de flatterie pour « le modèle disciplinaire en actes » des enseignants, il est néanmoins difficile de construire une réelle démarche d'investigation en étude de la langue, surtout lorsque l'enseignant est mis en demeure de rappeler l'acceptabilité grammaticale à des élèves dont la langue se tient à distance de la variété scolaire.

Pour schématiser, une vision utilitariste de l'enseignement de la langue suppose un rapport fort à la norme, qui ne nous apparait pas compatible avec une approche scientifique qui met en demeure d'accepter l'écart à la norme, ou plutôt le caractère insaisissable de celle-ci, à force d'être déformée, travaillée, étendue par les usages et la variabilité.

3.2. Tentatives de résolution pragmatique

Il ne serait pas très honnête intellectuellement de s'arrêter là, entre ces deux chemins parallèles voués à ne jamais se rencontrer. Mais, changeant d'espace géométrique, changeant de perspective, il s'agit bien de leur trouver un point de convergence, si possible en classe.

Une première piste repose dans la distinction entre activités métalangagières et activités grammaticales. Bernard Schneuwly aborde en ces termes la question du versant utilitaire : « quelles activités métalangagières mener pour construire quel outil susceptible d'aider l'élève à maitriser telle technique d'écriture d'un genre, telle régularité orthographique, telle type de lecture ? »[9]. Il repousse de fait la grammaire en tant que discipline scolaire plus loin dans le temps des curricula, dans un espace différencié, accessibles plus tardivement parce que nécessitant des capacités cognitives importantes. À l'école primaire, il n'y aurait de grammaire qu'appliquée à des problèmes de lecture écriture.

---

[9] Schneuwly (1998, p. 271).

La proposition est séduisante, parce que d'une part elle a le mérite de clarifier les rapports, établissant la maitrise de la langue en finalité première et urgente, mais aussi parce qu'elle semble ouvrir la voie à des séances d'étude de problèmes linguistiques en lien avec les préoccupations de communicants des élèves, ce qui semble une motivation pertinente. Cependant, elle ouvre également son lot de questionnements. Adhérant à ce type de conceptions, l'enseignant se heurte à la difficulté de construire des progressions : si ce sont les besoins en lecture et en écriture des élèves qui guident la progression, comment s'assurer que les concepts linguistiques à mobiliser, même implicitement, sont accessibles ? Comment traduire des curricula à l'échelle d'une école, voire d'un binôme école-collège[10] ? D'ailleurs, la structure de la séquence didactique mise en place surtout dans le second degré et induisant des séances dites « décrochées » d'étude de la langue n'est pas sans poser ces mêmes problèmes de mise en œuvre.

Suzanne-G. Chartrand discute elle aussi ce point de vue de séparation des deux grandes finalités de l'enseignement grammatical : « ces conceptions extensives de la grammaire, fort éloignées de la tradition scolaire, ne permettent pas de saisir la spécificité des activités grammaticales ou métalinguistiques par rapport aux activités métalangagières menées en français ; les unes s'intéressant aux phénomènes relevant du système de la langue et les autres, aux réalisations concrètes d'une langue travers le langage »[11]. Elle propose une autre voie, qui nécessite le tissage des deux objectifs : « l'enseignement de la grammaire doit poursuivre deux finalités, non hiérarchisées (c'est-à-dire qu'aucune des deux finalités n'est subordonnée à l'autre). L'une vise le développement des compétences langagières et l'autre la connaissance et la compréhension minimales du système et du fonctionnement de la langue. »[12] Mais nous voilà revenue à la source des difficultés d'un rapport à la norme qui peine à s'ajuster simultanément aux deux buts qui lui sont fixés. Il est manifeste que cette aporie ne peut être soluble que dans l'expertise de l'enseignant, puisqu'à travers des supports, des consignes et des interactions, celui-ci est seul à être concrètement en capacité de positionner des énoncés par rapport à un cadre d'acceptabilité explicite et situé. Par conséquent, il faut des enseignants bien outillés afin de laisser parfois la bride sur le cou

---

[10] Le nouveau cycle 3 des programmes oblige à cette inclusion. Cf. MEN (2015).
[11] Chartrand (2013, p. 70).
[12] *Ibid.*, p. 84.

de conceptualisations forcément vagabondes, mais aussi de rappeler la norme du français écrit scolaire comme objectif d'apprentissage.

Suzanne-G. Chartrand prévient :

> L'entrée dans ces savoirs disciplinaires nécessite un enseignement, qui ne suit pas nécessairement les besoins et les intérêts immédiats des élèves, mais l'organisation même de ces savoirs en système [...]. Cependant, cet enseignement ne pourra atteindre les deux buts exposés plus haut que s'il tient compte de la zone de développement proche pour déterminer les contenus à enseigner et les approches pour le faire aux différents moments de la scolarité. La question éminemment didactique de la progression dans l'enseignement en lien avec les capacités intellectuelles et langagières des élèves se pose et doit recevoir des réponses[13].

Nous voudrions finir sur cet appel pour en souligner la nécessité absolue. Quel que soit son format, quel que soit son degré de proximité avec la classe, quel que soit le niveau de classe visé, toute intervention de formation voit émerger, plus ou moins rapidement, le besoin viscéral d'une progression qui réponde à la fois aux besoins des élèves du point de vue de la maitrise de la langue et aux contraintes des enseignants du point de vue des curricula et instructions en cours de validité. Lorsque certains demandent à des fonctionnaires stagiaires, par définition débutants dans le métier d'enseignant, de construire des progressions, nous nous émouvons. Devant la complexité de la tâche, c'est aux didacticiens de faire des propositions à la fois réalistes et satisfaisantes, et cela constitue à coup sûr une gageure.

---

[13] *Ibid.*, p. 84.

Conclusion

Comme tout voyage, une recherche au long cours dépayse, déstabilise, ouvre des horizons. Nous avons beaucoup pesté après l'adjectif « exploratoire », parce que sa récurrence nous ramenait à la frustration de ne suivre *que* vingt élèves, sur *seulement* deux ans et donc de ne pouvoir prétendre à un apport d'une solidité suffisante. Mais l'exploration fut belle, tant dans l'observation qui nous a amenée à côtoyer de près ces élèves et leur enseignante, que dans la traduction analytique que nous avons tenté d'établir par la suite. Nous en avons ramené des hypothèses et surtout des perspectives de recherches ultérieures.

Nous pensions nécessaire un changement de perspectives : quand la recherche en didactique de la grammaire s'intéresse surtout aux pratiques enseignantes et à la façon dont celles-ci négocient avec les différentes contraintes qui pèsent sur elles, nous voulions voir la langue avec les yeux des élèves, essayer de comprendre comment ils appréhendent cet objet à la fois si proche et si lointain. La difficulté a été de construire le bon instrument d'investigation dans une masse de données dont l'ampleur nous avait un temps échappé. Nous avons fait des choix dont nous savons qu'ils ne sont pas les seuls valables, mais qu'ils offrent, par leur cohérence, un certain point de vue sur les conceptions des élèves. Certains constats renforcent des recherches antérieures, d'autres sont plus déroutants. Nous ne reprendrons pas dans le détail l'ensemble de ces constats mais souhaitons en rappeler les lignes de force ainsi que les points remarquables, tout en insistant par avance sur leur caractère relatif au contexte de notre étude.

Comme on pouvait s'y attendre, le critère sémantique demeure une entrée massive dans les systèmes en construction des élèves, étayé par l'influence du degré de fréquence. Plus étonnant en revanche, l'impact des marques graphiques et des structures syntaxiques est faible. Les élèves de notre étude mènent très souvent des raisonnements sur la base de l'oral, matière à laquelle ils font subir plus ou moins de manipulations, mais qui, dans tous les cas, les amène à ignorer les indices orthographiques. La décontextualisation des mots est forte, et la capacité à gérer les énoncés dont ceux-ci sont issus s'acquière comme une expertise à conquérir, ce qui nous semble expliquer le faible impact des structures syntaxiques, à contre-courant de la mise en valeur des rupteurs de chaines d'accord, en didactique de l'orthographe.

Les classes grammaticales traditionnelles ne se constituent pas de façon simultanée en catégories susceptibles d'organiser le discours en parties. Les élèves accèdent successivement à des stades de répartition des ensembles qui ne recoupent pas les définitions linguistiques couramment acceptées et enseignées. Ainsi, après avoir effectué une distinction entre clitiques et mots accentogènes, ils discerneraient au sein des seconds les noms (entendus au sens antique du terme, et incluant substantifs et adjectifs) et les verbes, tout en tamisant progressivement le regroupement des clitiques pour n'en garder que les déterminants de ce type ; avant d'opérer une distinction au sein des noms, entre substantifs et adjectifs. Les conditions d'apparition et de gestion de la classe des pronoms sont fortement brouillées par les savoirs déclaratifs concernant les pronoms de conjugaison, mais nous supposons que la conceptualisation de cette catégorie ne commence que plus tardivement. En conséquence, les décalages entre métalangue des élèves et terminologie grammaticale suscitent de très nombreux malentendus, et supposent des habiletés particulières pour l'enseignant qui souhaite les percevoir.

Par ailleurs, la question du jugement de grammaticalité nous est apparue comme sensible dans le contexte de cette classe relevant de l'éducation prioritaire. Tout à la fois outil, dans le cadre des procédures nécessaires à l'argumentation, et objet à construire, du fait de la distance entre les pratiques langagières des élèves et la norme prescriptive du français scolaire, la question de la recevabilité des énoncés demeure très largement suspendue à la prise en considération des « grammaires floues »[1]. D'une part, appliquant aux catégories grammaticales la théorie sémantique du prototype, il s'agirait d'accepter de considérer le système de la langue non plus d'un point de vue binaire mais sous l'angle scalaire d'un dégradé allant du prototypique jusqu'au frontière du concept considéré. D'autre part, adoptant le point de vue de la sociolinguistique, il faudrait reconnaitre la variation en tant que phénomène tout à la fois synchronique et diachronique, « les divers sous-systèmes utilisés par les groupes de locuteurs ne correspondraient pas à des écarts, à un non-respect des règles, mais à l'exploitation de l'éventail des possibilités

---

[1] Combettes (1982).

offertes par le système général »[2]. Ces deux aspects se manifestent fréquemment dans les classes comme autant de problèmes, d'accidents subis par les enseignants. Accepter à la fois que les catégories de la langue ne soient pas nettement circonscrites et que les variations en diachronie soient perceptibles et doivent être gérées en synchronie devrait engendrer un traitement des erreurs des élèves selon la même structure scalaire plutôt que binaire. L'alternative entre enseigner la norme ou montrer le dégradé des possibles ramène à un autre couplage problématique, celui des finalités de l'enseignement grammatical : perspective utilitariste ou investigation scientifique décorrélée de la maitrise de la langue ?

De fait, cette question n'a de réponse que dans la pragmatique des moyens à mettre en œuvre en classe pour parvenir à faire s'y rencontrer des chemins à certains titres disjoints. Dès lors, ce qui demeure à construire nous parait monumental. De façon centrale et fondamentale, il faudrait pouvoir fournir des progressions étayées par des observables permettant de situer les élèves dans les différentes étapes de conceptualisation des parties du discours. Pour cela, il faudrait bien entendu pouvoir constituer des corpus plus vastes, et donc plus puissants en termes de modélisation que celui que nous avons recueilli. Mais nous pensons aussi que celui-ci est loin d'avoir tout dit, faute d'avoir été interrogé selon tous les angles qui s'offraient. C'est pourquoi nous présentons dans les annexes numérisées y compris des éléments que nous n'avons pas exploités, tels que les écrits produits en groupes, les échanges oraux enregistrés pendant la conception de ceux-ci, ou encore les captations de mises-en-commun. C'est aussi pour cela que les fichiers d'analyse statistique sont conçus de façon à pouvoir être modifiés, afin que peut-être d'autres formules interprétatives permettent d'y percevoir d'autres phénomènes. Il y aurait aussi grand intérêt à procéder à des études de cas centrées sur certains élèves choisis en fonction de leur positionnement dans les typologies construites. Les évaluations sur texte normé donnent aussi matière à recherches ultérieures, soit en travaillant sur des typologies au sein des élèves de l'échantillon repère (qui pourra être augmenté par de nouvelles passations), soit en articulant les évaluations aux études de cas précédemment mentionnées, soit en forgeant d'autres textes possédant les mêmes caractéristiques linguistiques afin de mesurer la solidité des constats par rapport aux saillances particulières à certains mots.

---

[2] Combettes (2007, p. 45).

Il y aurait par ailleurs un corpus complémentaire à numériser, puisque les évaluations, dont nous avons utilisé le versant le plus facilement exploitable, comprenaient également une seconde passation, constituant en une répétition des consignes d'identification des verbes et des adjectifs, mais cette fois sur un texte produit par l'élève lui-même, et non corrigé. Le corpus ainsi recueilli concerne à la fois la classe étudiée et des centaines d'élèves ayant été à l'origine des échantillons repères dans cette recherche. L'analyse de ce corpus permettrait d'ajouter une pierre à l'édifice de la compréhension des rapports entre analyse grammaticale et performances orthographiques. Il y aurait aussi des analyses à mener du côté de l'activité de l'enseignante cette fois, puisqu'elle a accepté de remplir des questionnaires, conçus comme des carnets de bord, pour un grand nombre des tris effectués, mais aussi un questionnaire renvoyant à son positionnement par rapport notamment aux savoirs grammaticaux. Il fallait faire un choix dans le cadre de cette étude, celui du point de vue des élèves fut le nôtre, mais il ne nous rend pas pour autant aveugle à des enjeux reposant dans les pratiques enseignantes.

Mais cette étude pourrait aussi déboucher sur d'autres recueils de données, par exemple dans une classe située sociologiquement à l'opposé de celle que nous avons observée, afin de mettre au jour d'éventuels invariants, ou de percevoir des spécificités. Les outils statistiques construits pourraient ainsi permettre d'exploiter de nouveaux corpus, sous réserve des moyens humains nécessaires aux tâches de codage sans lesquelles ce type de recueils se tient à distance de toute compréhension d'ensemble. À ce prix, peut-être serait-il possible d'aboutir à la construction d'une échelle d'acquisition de la catégorisation des parties du discours, échelle qui pourrait servir d'appui à la conception de progressions argumentées scientifiquement et ajustées via des évaluations conçues pour situer les élèves. Le chemin est long, mais l'attente est forte.

Bibliographie

Articles et ouvrages de linguistique

Arrivé Michel, Gadet Françoise & Galmiche Michel (1986). *La Grammaire d'aujourd'hui. Guide alphabétique de linguistique française.* Paris : Flammarion.

Béguelin Marie-José (dir.), Matthey Marinette, Bronckart Jean-Paul & Canelas-Trevi Sandra (2000). *De la phrase aux énoncés : grammaire scolaire et descriptions linguistiques.* Bruxelles : De Boeck-Duculot.

Blanche-Benveniste Claire (2000). *Approches de la langue parlée en français.* Paris : Ophrys.

Cabredo Hofherr Patricia (2004). « Les clitiques sujets du français et le paramètre du sujet nul ». *Langue française*, vol. 141, n° 1, *Le français parmi les langues romanes*, pp. 99-109.

Gombert Jean-Émile (1986). « Le développement métalinguistique : le point de la recherche ». In C. Fabre (dir.) *Études de Linguistique Appliquées*, n° 62, *Activités métalinguistiques et métadiscursives chez l'enfant de 6 à 11 ans*, pp. 5-25.

Moot Richard & Retoré Christian (2006). « Les indices pronominaux du français dans les grammaires catégorielles ». *Linguisticae Investigationes*, n° 29, pp. 137-146.

Müller Natascha & Kupish Tanja (2007). « Acquisition des déterminants et des clitiques objets chez des enfants bilingues (français-allemand) ». In *Acquisition et Interaction en Langue Étrangère*, n° 25, *Niveaux d'analyse et interfaces linguistiques : perspectives nouvelles des processus acquisitionnels.* Mis en ligne le 12 avril 2011, consulté le 12 octobre 2016. URL : http://aile.revues.org/2333.

Portine Henri (1997). « D'où vient le métalangage ? ». *Lynx*, n° 36, *Métadiscours... Langues. Actes du colloque international du Groupe de Recherche Jan Comenius en Linguistiques et Didactique des Langues (2-3 octobre 96)*, pp. 25-39.

Riegel Martin, Pellat Jean-Christophe & Rioul René (2014, première édition 1994). *Grammaire méthodique du français*. Paris : PUF, coll. « Quadrige manuels ».

Siouffi Gilles & Van Raemdonck Dan (2014). *100 fiches pour comprendre les notions de grammaire*. Paris : Bréal.

Sprenger-Charolles Liliane, Bechennec Danielle & Lacert Philippe (1998). « Place et rôle de la médiation phonologique dans l'acquisition de la lecture/écriture en français. Résultats d'une étude longitudinale (de la Grande Section de Maternelle en fin de CE1) ». *Revue française de pédagogie*, vol. 122, n° 1, pp. 51-67.

Wilmet Marc (2010, 5e éd.). *Grammaire critique du français*. Bruxelles : De Boeck-Duculot.

Zwicky Arnold (1977). *On clitics*. Bloomington, IN: Indiana University Linguistics Club.

Articles et ouvrages de recherches en didactique

Bautier Élisabeth (2007). « Langue et discours : tensions, ambigüités de l'école envers les milieux populaires ». *Le Français Aujourd'hui*, n° 156, *Enseignement de la langue : crise, tension ?* Paris : Armand Colin, pp. 57-66.

Beaumanoir-Secq Morgane (2013). « Réfléchir sur la langue, le problème de la construction du jugement linguistique ». In Olivier Bertrand & Isabelle Schaffner, *Enseigner la grammaire*. Palaiseau : Éditions de l'École polytechnique, pp. 431-440.

Besson M.-J., Genoud M.-R., Lipp, B. & Nussbaum R. (1979). *Maitrise du français*. Neuchâtel : Office Romand ; Paris : Nathan.

Bonnet Clairelise, Borgeaud Irène & Piguet Anne-Marie (2008). *La devinette au premier cycle primaire. Une séquence en expression orale. Une recherche sur la connaissance et la conscience du langage*. Vaud : HEP Vaud.

Bonnet Clairelise, Demaurex Madeline, Ticon José & Zutter Isabelle (2012). *Mots en scène, cinq expériences didactiques en classes primaires et secondaires*. Paris : L'Harmattan.

Branca-Rosoff Sonia & Gomila Corinne (2004). « La dimension métalinguistique dans les activités scolaires d'apprentissage de la lecture ». *Langages*, n° 154, *Représentation métalinguistique ordinaires et discours*, pp. 113-126.

BRISSAUD Catherine & GROSSMANN Francis (2009). « La construction des savoirs grammaticaux », présentation de *Repères, recherches en didactique du français langue maternelle*, n° 39, *La construction des savoirs grammaticaux*. Lyon : INRP, pp. 5-16.

BRISSAUD Catherine & COGIS Danièle (2011). *Comment enseigner l'orthographe aujourd'hui ?* Paris : Hatier, coll. « Enseigner à l'école primaire ».

BULEA BRONCKART Ecaterina & ELALOUF Marie-Laure (2016). « Contenus et démarches de la grammaire rénovée ». In Suzanne-G. Chartrand (dir.) *Mieux enseigner la grammaire. Pistes didactiques et activités pour la classe.* Montréal : ERPI, pp. 45-61.

CALAME-GIPPET Fabienne (2006). « Apprendre à identifier les constituants de la langue : du contexte didactique et pédagogique aux "voies de passage" conceptuelles ». *Langage et pratiques*, n° 38. Lausanne : ARLD, pp. 24-33.

CALAME-GIPPET Fabienne (2007). « Entrer dans l'analyse grammaticale de la langue à l'école : les ressources ignorées des élèves ». In Marie-Claude Penloup (dir.) *Les connaissances ignorées, approche pluridisciplinaire de ce que savent les élèves.* Lyon : INRP, pp. 77-103.

CALAME-GIPPET Fabienne (2009). « Le sémantique dans l'identification d'une catégorie grammaticale : problématique autour du nom commun ». *Repères, recherches en didactique du français langue maternelle*, n° 39, *La construction des savoirs grammaticaux*. Lyon : INRP, pp. 207-224.

CHARTRAND Suzanne-G. (dir.) (1996, 2ᵉ éd.). *Pour un nouvel enseignement de la grammaire.* Montréal : Les Éditions Logiques.

CHARTRAND Suzanne-G. et al. (1999). *Grammaire pédagogique du français d'aujourd'hui.* Boucherville : Graficor.

CHARTRAND Suzanne-G. (2013). « Quelles finalités pour l'enseignement grammatical à l'école ? Une analyse des points de vue des didacticiens du français depuis 25 ans ». *Formation et profession*, 20(3), pp. 77-88.

CHARTRAND Suzanne-G. (dir.) (2016). *Mieux enseigner la grammaire. Pistes didactiques et activités pour la classe.* Montréal : ERPI.

CHERVEL André (1977). *... et il fallut apprendre à écrire à tous les petits français. Histoire de la grammaire scolaire.* Paris : Payot.

CHEVALLARD Yves. (1985). *La transposition didactique : du savoir savant au savoir enseigné.* Grenoble : La Pensée sauvage.

Cogis Danièle (2004). « Une approche active de la morphographie. L'exemple d'une séquence sur l'accord de l'adjectif ». *Lidil, revue de linguistique et de didactique des langues*, n° 30, *Acquisition et enseignement de la morphographie*, pp. 73-86.

Cogis Danièle (2005). *Pour enseigner et apprendre l'orthographe. Nouveaux enjeux – Pratiques nouvelles. École / Collège*. Paris : Delagrave, coll. « Pédagogie et formation ».

Cogis Danièle & Brissaud Catherine (2003). « L'orthographe : une clé pour l'observation réfléchie de la langue ? ». *Repères, recherches en didactique du français langue maternelle*, n° 28, *L'observation réfléchie de la langue à l'école*. Lyon : INRP, pp. 47-70.

Cogis Danièle, Elalouf Marie-Laure & Brinker Virginie (2009). « La notion de "groupe" dans la phrase : une mise à l'épreuve en formation ». *Repères, recherches en didactique du français langue maternelle*, n° 39, *La construction des savoirs grammaticaux*. Lyon : INRP, pp. 57-81.

Combettes Bernard (1975). « La nouvelle nomenclature grammaticale ». *Pratiques*, n° 7-8, *Lire*. Metz : CRESEF, pp. 93-99.

Combettes Bernard (1982). « Grammaires floues ». *Pratiques*, n° 33, *Grammaires*. Metz : CRESEF, pp. 51-59.

Combettes Bernard (2007). « Quelle place pour la variation linguistique ? ». *Cahiers pédagogiques*, n° 453, *Étudier la langue*. Paris : Cercle de Recherche et d'Action Pédagogique, pp. 44-45.

Combettes B., Fresson J. & Tomassone R. (1977). *Bâtir une grammaire, 6ᵉ et 5ᵉ*. Paris : Delagrave.

Combettes Bernard & Lagarde Jean-Pierre (1982). « Un nouvel esprit grammatical ». *Pratiques*, n° 33, *Grammaires*. Metz : CRESEF, pp. 13-49.

Elalouf Marie-Laure (2009). « L'enseignement/apprentissage des déterminants en français langue première ». *Dyptique*, n° 16. Namur : Presses universitaires de Namur, pp. 83-101.

Elalouf Marie-Laure (2012). « La didactique de la grammaire dans 20 ans de la revue *Repères* ». *Repères, recherches en didactique d u français langue maternelle*, n° 46. *20 ans de recherches en didactique du français (1990-2010). Quelques aspects des recherches dans les revues*. Lyon : INRP, pp. 17-32.

Fillol Véronique (2012). « Pour une didactique du plurilinguisme à l'école calédonienne ». *Le Français aujourd'hui*, n° 164, *Langue(s) et intégration scolaire*. Paris : Armand Colin, pp. 53-60.

FISHER Carole (2004). « La place des *représentations* des apprenants en didactique de la grammaire ». In Claude Vargas (dir.) *Langue et étude de la langue Approches linguistiques et didactiques*. Aix-en-Provence : Presses universitaires de Provence.

FISHER Carole & NADEAU Marie (2014). « Usage du métalangage et des manipulations syntaxiques au cours de dictées innovantes dans des classes du primaire ». *Repères, recherches en didactique du français langue maternelle*, n° 49, *L'étude de la langue : des curricula aux pratiques observées*. Lyon : INRP, pp. 169-191.

FRANÇOIS Frédéric, CNOCKAERT Danielle & LECLERCQ Sabine (1986). « Noms, verbes et adjectifs ou définir et classer, De quelques formes de "conscience linguistique" chez les enfants de l'enseignement primaire (CE2 et CM2) ». In Claudine Fabre (dir.), *Études de linguistique appliquée*, n° 62, *Activités métalinguistiques et métadiscursives chez l'enfant de 6 à 11 ans*. Paris : Didier, pp. 26-39.

GADET Françoise (2012). « Postface. Les locuteurs et les savoirs sur les langues ». *Le Français aujourd'hui*, n° 176, *FLM, FLS, FLE. Au-delà des catégories*. Paris : Armand Colin, pp. 123-126.

GARCIA-DEBANC Claudine (2008). « De la configuration didactique au modèle disciplinaire en acte : trente ans de didactique du français avec Jean-François Halté ». *Pratiques*, n° 137-138, *La didactique du français. Hommage à Jean-François Halté*. Metz : CRESEF, pp. 39-56.

GARCIA-DEBANC Claudine & PLANE Sylvie (dir.) (2004). *Comment enseigner l'oral à l'école primaire ?* Paris : Hatier.

GARCIA-DEBANC Claudine *et al.* (2010). « Table ronde – Recherches et didactique », chapitre « Les enjeux de la didactique du français comme discipline de recherche et de formation ». *Pratiques*, n° 145-146, *Didactique du français 1*. Metz : CRESEF, pp. 8-44.

GOIGOUX Roland (2014). « Didactique du français et analyse du travail enseignant. À quelles conditions la didactique ne deviendra-t-elle pas un luxe inutile ? » In Marie-Laure Elalouf, Anissa Belhadjin, Marie-France Bishop & Aline Robert, *Les didactique en question(s), état des lieux et perspectives pour la recherche et la formation*. Bruxelles : De Boeck, coll. « Perspectives en éducation & formation », pp. 33-39.

GOMILA Corinne (2013). « Le *Petit mot* de la classe : entre catégorisation pratique et classification grammaticale ». In Olivier Bertrand & Isabelle

Schaffner, *Enseigner la grammaire*. Palaiseau : Éditions de l'École polytechnique, pp. 145-157.

Grossmann Francis & Vargas Claude (1996). « Pour une clarification du statut des activités grammaticales à l'école ». *Repères, recherches en didactique du français langue maternelle*, n° 14. *La grammaire à l'école. Pourquoi en faire ? Pour quoi faire ?* Lyon : INRP, pp. 3-14.

Haas Ghislaine & Lorrot Danielle (1996). « De la grammaire à la linguistique par une pratique réflexive de l'orthographe » *Repères, recherches en didactique du français langue maternelle*, n° 14. *La grammaire à l'école. Pourquoi en faire ? Pour quoi faire ?* Lyon : INRP, pp. 161-181.

Haas Ghislaine (1999). « Les ateliers de négociation graphique : un cadre de développement des compétences métalinguistiques pour des élèves de cycle 3 ». *Repères, recherches en didactique du français langue maternelle*, n° 20, *Recherches-actions et didactique du français. Hommage à Hélène Romian*. Lyon : INRP, pp. 127-142.

Haas Ghislaine & Maurel Laurence (2003). « La controverse linguistique : une entrée dans l'analyse morpholexicale ». *Repères, recherches en didactique du français langue maternelle*, n° 28, *L'observation réfléchie de la langue à l'école*. Lyon : INRP, pp. 13-25.

Jaffré Jean-Pierre (1979). « Comment observer l'enfant aux prises avec les systèmes graphiques de sa langue maternelle au CE1 ? *Repères pour la rénovation de l'enseignement du français à l'école élémentaire*, n° 54. *Éveil à l'orthographe. Éveil aux textes*. Lyon : INRP, pp. 25-44.

Jaffré Jean-Pierre (1995). « Compétences orthographiques et acquisition ». In Dominique Ducard, Renée Honvault & Jean-Pierre Jaffré (dir.) *L'orthographe en trois dimensions*. Paris : Nathan, pp. 93-158.

Kilcher-Hagedorn Helga, Othenin-Girard Christine & de Weck Geneviève (1987). *Le Savoir grammatical des élèves*. Berne : Peter Lang, coll. « Exploration ».

Lord Marie-Andrée & Elalouf Marie-Laure (106). « Enjeux de l'utilisation de la métalangue en classe de français ». In Suzanne-G. Chartrand (dir.) *Mieux enseigner la grammaire. Pistes didactiques et activités pour la classe*. Montréal : ERPI, pp. 463-479.

Manesse Danièle (2013). « La grammaire scolaire et ses fantômes ». In Olivier Bertrand & Isabelle Schaffner, *Enseigner la grammaire*. Palaiseau : Éditions de l'École polytechnique, pp. 229-242.

MASSERON Caroline (2005). « Présentation. Observations de la langue, théories et pratiques ». *Pratiques*, n° 125-126, *Observations de la langue*. Metz : CRESEF, pp. 3-5.

MONGENOT Christine (1998). « Quelles connaissances linguistiques pour aider les élèves dans la maitrise des discours ? ». In Marie-Laure Elalouf (dir.), *Professeur des écoles / enseignant de français*. Amsterdam : Éditions De Wereld, pp. 67-81.

MUNI-TOKE Valelia (2012). « Les présupposés ethnodidactiques de la coupure disciplinaire FLE/FLS/FLM ». *Le Français aujourd'hui*, n° 176, *FLM, FLS, FLE. Au delà des catégories*. Paris : Armand Colin, pp. 11-24.

NADEAU Marie (1996). « Identification des catégories et accord des mots : une expérimentation en troisième année du primaire ». *Repères, recherches en didactique du français langue maternelle*, n° 14, *La grammaire à l'école. Pourquoi en faire ? Pour quoi faire ?* Lyon : INRP, pp. 141-159.

NADEAU Marie (1995). « La réussite des accords grammaticaux au primaire : comment relever le défi ». In Suzanne-G. Chartrand (dir.) (1995). *Pour un nouvel enseignement de la grammaire : propositions didactiques*. Montréal : Éditions Logiques.

NADEAU Marie & FISHER Carole (2006). *La grammaire nouvelle. La comprendre et l'enseigner*. Montréal : Gaëtan Morin.

NADEAU Marie & FISHER Carole (2009). « Faut-il des connaissance explicites en grammaire pour réussir les accords en français écrit ? Résultats d'élèves de 6e année du primaire ». In Joaquim Dolz & Claude Simard (dir.) *Pratiques d'enseignement grammatical. Points de vue de l'enseignant et de l'élève*, AIRDF. Laval : Presses universitaires de Laval, pp. 209-228.

NONNON Elisabeth *et al.* (2010). « Table ronde – Recherches et didactique », chapitre « Quelle articulation entre la formation des maitres et la recherche en didactique du français ? ». *Pratiques*, n° 145-146, *Didactique du français 1*. Metz : CRESEF, pp. 8-44.

PAVEAU Marie-Anne (2005). « Linguistique populaire et enseignement de la langue : des catégories communes ? ». *Le Français Aujourd'hui*, n° 151, *Penser, classer. Les catégories de la discipline*. Paris : Armand Colin, pp. 95-107.

PÉRET Claudie & SAUTOT Jean-Pierre (2012). « Le verbe : entre curriculum institué et curriculum réel ». In Jean-Louis Dumortier, Julien Van Beveren & David Vrydaghs (dir.). *11e colloque de l'AIRDF*. Namur : Presses universitaires de Namur, pp. 253-273.

PEYTARD Jean & GENOUVRIER Émile (1970). *Linguistique et enseignement du français*. Paris : Larousse.

SCHNEUWLY Bernard (1998). « Tout n'est pas métalangagier dans l'enseignement du français. La grammaire doit-elle être utile ? ». In Joaquim Dolz & Jean-Claude Meyer (dir.), *Activités métalangagières et enseignement du français - Actes des journées d'étude en didactique du français (Cartigny, 28 février -1er mars 1997)*. Berne : Peter Lang, pp. 267-272.

TISSET Carole (2004). « Un jour fut le verbe ». *Diptyque*, n° 2, *Le verbe dans tous ses états, Grammaire, sémantique, didactique*. Namur : Presses universitaires de Namur, pp. 33-50.

TISSET Carole (2010, première édition 2005). *Enseigner la langue française, la grammaire, l'orthographe et la conjugaison à l'école*. Paris : Hachette éducation, coll. « Profession enseignant ».

TISSET Carole & CAMUGLI GALLARDO Catherine (2009). « L'épithète, un ajout superfétatoire ? ». *Diptyque*, n° 16, *Le groupe nominal et la construction de la référence. Approches linguistiques et didactiques*. Namur : Presses universitaires de Namur, pp. 141-156.

Autres ouvrages et articles

BASSANO Dominique (2014). « Comment les verbes "viennent" aux enfants : Approches intégratives et interlangues de l'acquisition ». In Corinne Gomila & Dominique Ulma (dir.), *Le verbe en toute complexité, Acquisition, transversalité et apprentissage*. Paris : L'Harmattan.

LAHIRE Bernard (2000). *Culture écrite et inégalités scolaires*. Lyon : Presses universitaires.

PIAGET Jean (1979). *L'épistémologie génétique*. Paris : PUF, coll. « Que sais-je ? ».

VYGOTSKI Lev (1997, 3e éd.). *Pensée et langage*. Paris : La Dispute.

Instructions et textes officiels

CLAUS Philippe, BOUYSSE Viviane, MEGARD Marie, AUVERLOT Daniel, DURPAIRE Jean-Louis, JARDIN Pascal, LOARER Christian & TENNE Yannick, inspecteurs généraux de l'éducation nationale (2013). *Bilan de la mise en œuvre des programmes issus de la réforme de l'école primaire de 2008*. Rapport n° 2013-066, juin 2013.

Ministère de l'Éducation nationale[1] (1997). *Terminologie grammaticale*. Centre National de Documentation Pédagogique.

MEN (2002). *Bulletin officiel de l'éducation nationale hors-série n° 1 du 14 février 2002. Horaires et programmes d'enseignement de l'école primaire.*

MEN (2007). *Bulletin officiel de l'éducation nationale hors-série n° 5 du 12 avril 2007. Mise en œuvre du socle commun de connaissances et de compétences. Programmes d'enseignement de l'école primaire.*

MEN (2008). *Bulletin officiel de l'éducation nationale hors-série n° 3 du 19 juin 2008. Horaires et programmes d'enseignement de l'école primaire.*

MEN (2015). *Bulletin officiel de l'éducation nationale spécial du 26 novembre 2015. Programmes d'enseignement de l'école élémentaire et du collège.*

---

[1] Abrégé « MEN » par la suite.

Annexes

Évaluation sur texte normé

Évaluation initiale de grammaire, 1re partie

Consignes de passation :
Donner l'exercice aux élèves en leur expliquant qu'il s'agit deux fois du même texte, mais qu'ils vont devoir faire deux exercices différents avec. Lire le texte avec eux, élucider les problèmes de compréhension éventuels.
Leur indiquer de bien lire les consignes. S'il y a des questions, ne rien indiquer concernant le verbe ou l'adjectif, renvoyer les élèves à leurs savoirs, leur demander de faire de leur mieux, tout en les rassurant sur le fait que s'ils se trompent, ce n'est pas grave. S'il y a des questions sur le soulignement ou autre détail matériel, les éclairer. Leur faire faire les exercices plutôt au crayon de papier, pour qu'ils puissent rectifier en cas d'erreur.

Durée de la passation :
15 minutes maximum.

Si vous avez des remarques à faire concernant la mise en œuvre de cette évaluation, n'hésitez pas à le faire ci-dessous :

Nom :   **Classe :**   **Date :**
Souligne tous les verbes de ce texte :
Théo se réveille à sept heures tous les matins. Il prend sa douche et choisit sa tenue du jour. Puis il se dirige vers la cuisine. Là, un copieux petit déjeuner l'attend. Une bonne odeur de pain grillé lui chatouille les narines. Dès qu'il entend la pendule sonner huit heures, il enfourche son vélo orange et se dirige en sifflotant vers l'école toute proche. C'est le nouveau maître du CM1 !

Maintenant, souligne tous les adjectifs de ce texte :

Théo se réveille à sept heures tous les matins. Il prend sa douche et choisit sa tenue du jour. Puis il se dirige vers la cuisine. Là, un copieux petit déjeuner l'attend. Une bonne odeur de pain grillé lui chatouille les narines. Dès qu'il entend la pendule sonner huit heures, il enfourche son vélo orange et se dirige en sifflotant vers l'école toute proche. C'est le nouveau maître du CM1 !

Ensemble des tris de mots

Légende :

En gris : les mots qui ont été neutralisés, non pris en compte dans le codage statistique

En italique : les parties d'énoncés qui n'ont pas été traitées par tous les élèves

Dates	Niveau	Code	Nb de mots	Énoncé
03-09.09.2010	CE2	CE2-1	38	Lundi, le petit escargot part chez son ami l'oiseau. Le soleil brille. Dans la forêt, il rencontre de gentils animaux. Il discute avec eux et arrive jeudi. Dans le ciel, d'épais nuages noirs arrivent. Il pleut.
28.09-01.10.2010	CE2	CE2-2	14	La petite fille mange un délicieux gâteau au chocolat et croque une pomme rouge.
11.2010	CE2	CE2-3	23	À la récréation, les petits élèves jouent avec des cerceaux bleus et des ballons jaunes. Les grands enfants courent et attrapent leurs camarades.
02.12.2010	CE2	CE2-4	18	La petite fille jette un caillou sur le méchant monstre, lance son long bâton et écrase l'œuf.
06-10.12.2010	CE2	CE2-5	21	La renarde rousse pénètre dans le poulailler, poursuit la petite poule blanche, l'attrape et la dévore avec ses dents pointues.
14-16.12.2010	CE2	CE2-6	21	Dans la forêt, la fillette rêvasse, cueille des fleurs multicolores, ramasse quelques champignons rouges. Elle les dépose dans ses paniers ronds.
11-13.01.2011	CE2	CE2-7	24	Les renards affamés passent sous le grillage, pénètrent dans le poulailler, attrapent quelques poulets blancs et les dévorent. Les méchants chiens défendent la volaille.

Dates	Niveau	Code	Nb de mots	Énoncé
07-11.02.2011	CE2	CE2-8	28	Le riche marin invite le pauvre porteur chez lui. Ils dînent, rient et blaguent. Puis le propriétaire de la demeure fait les longs récits de ses incroyables voyages.
28.02-01.03.2011	CE2	CE2-9	30	L'ogre géant coupe du bois dans la forêt sombre. Sa gentille femme le rejoint et discute avec lui. Elle explique que leur jeune fille a cinquante dents pointues maintenant.
23-27.05.2011	CE2	CE2-10	27	Le terrifiant dragon vert à trois têtes se cache dans un gouffre sombre et mystérieux. Le courageux chevalier noir approche puis attaque. Il conduit un assaut redoutable.
16-17.06.2011	CE2	CE2-11	25	La vieille dame s'assoit dans son confortable fauteuil devant le feu crépitant. Elle tricote trois longues écharpes rouges. Elle les offrira à ses filles.
15-19.09.2011	CM1	CM1-1	15 ou 28	Le vieux portail grincera si la fillette ne verse pas d'huile sur ses gonds. *Les chiens agressifs la dévoreront si elle ne leur donne pas de pain.*
22-29.09.2011	CM1	CM1-2	29	Quand la courageuse fille russe entendit ce chat, elle l'approcha et lui offrit quelques petits morceaux de lard frais. Il ronronna et la laissa tranquille, comme par magie.
11-14.10.2011	CM1	CM1-3	29	À huit ans, certains enfants se moquaient de l'ogresse car elle n'avait qu'une seule dent noire et pourrie dans sa bouche. Sa mauvaise haleine repoussait tous les écoliers …
03-04.11.2011	CM1	CM1-4	31	Dans la nuit glacée, ce corbeau noir enlève chaque matriochka et l'emporte à son maitre qui la reproduit. Puis il se régale de baies et de trois vers de terre.

Annexes

Dates	Niveau	Code	Nb de mots	Énoncé
14-17.11.2011	CM1	CM1-5	25	Comme les chevaux sont des animaux sensibles, ils ont peur et ils prennent la fuite dès qu'ils sentent une présence inquiétante dans les parages.
28.11-02.12.2011	CM1	CM1-6	25	Cette minuscule poupée, plus jolie que ses sœurs aînées, était différente. Elle semblait plus fine. Ses grands yeux verts pétillaient de joie et de malice.
06-09.01.2012	CM1	CM1-7	25	Le tsar et ses trois fils, leur poignard en main, attendaient la monstrueuse créature qui saccageait le jardin chaque nuit. Ils guettaient et poignarderaient le premier venu.
06-10.02.2012	CM1	CM1-8	27	Les montagnes jeunes sont de haute altitude. Elles ont des sommets pointus ainsi que des pentes escarpées. Des glaciers ou des neiges éternelles recouvrent leurs points culminants.
13.02.2012	CM1	CM1-9	34	Le vieux ouvre la porte de chez lui, sort d'un pas fatigué. Il prend la mer, rame et jette son filet. Il pêche une langouste d'or. Il la porte à son épouse.
26-27.03.2012	CM1	CM1-10	22 ou 32	Le prince grec semble seul et abandonné, mais la découverte de ses origines est imminente. Sa mère lui en fait la promesse : *elle va bientôt lui dévoiler les mystères de sa naissance.*
07-09.05.2012	CM1	CM1-11	25 ou 34	Les Athéniens accueillent chaleureusement l'étranger qui arrive dans leur cité, même si certains se méfient de lui, car il dégage une puissance et une force impressionnantes. *Malgré tout, celles-ci l'assurent du respect de tous.*

Dates	Niveau	Code	Nb de mots	Énoncé
14-15.06.2012	CM1	CM1-12	20 ou 27	Le roi d'une célèbre île grecque sacrifiera bientôt quelques jeunes innocents. Il en tuera certains et offrira les autres au monstre du labyrinthe. *Celui-ci les dévorera d'une seule bouchée.*
25-26.06.2012	CM1	CM1-13	25	Quand les grands sont tristes, ils ne laissent pas forcément voir leurs sentiments. À l'inverse, les enfants, eux, pleurent ou se mettent en colère.

Graphiques d'utilisation des catégories

Groupe U1

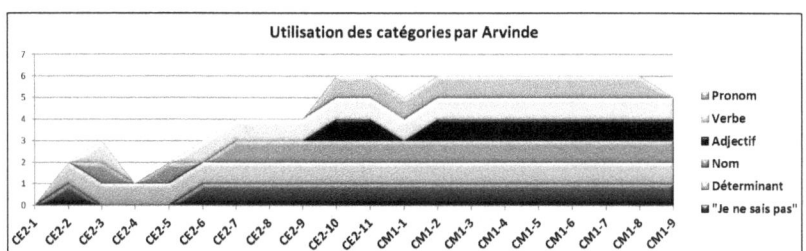

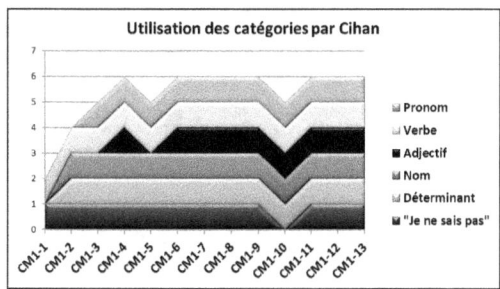

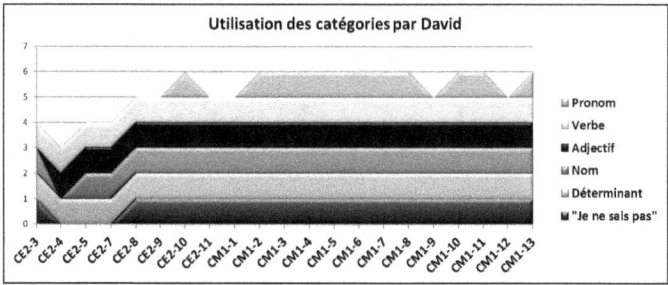

384 · *Conceptualiser les classes de mots*

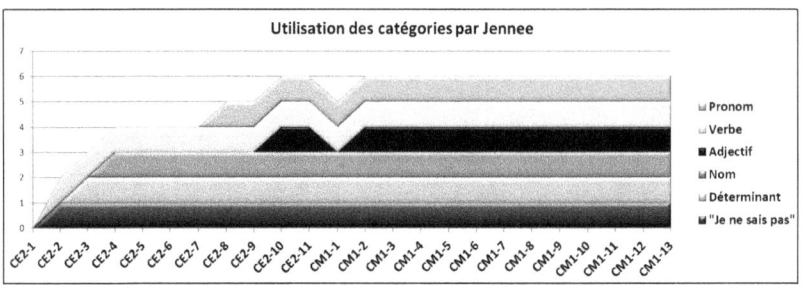

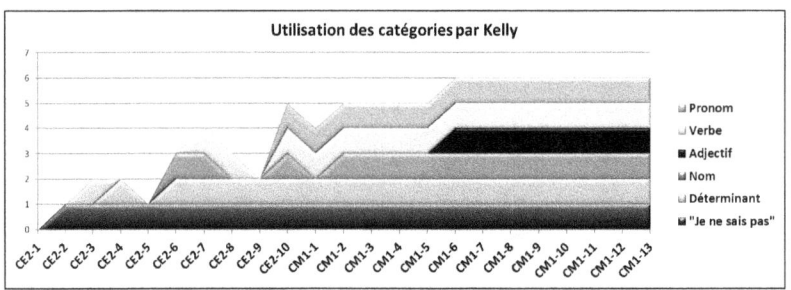

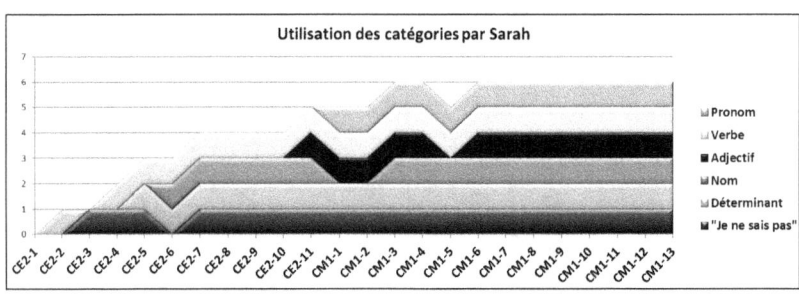

Groupe U2

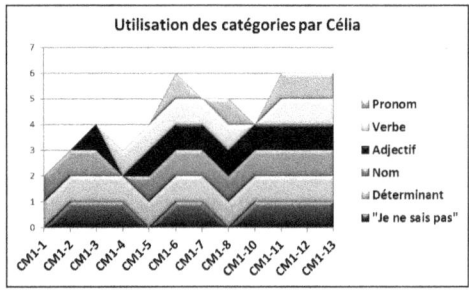

Annexes 385

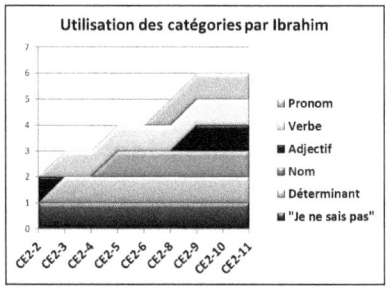

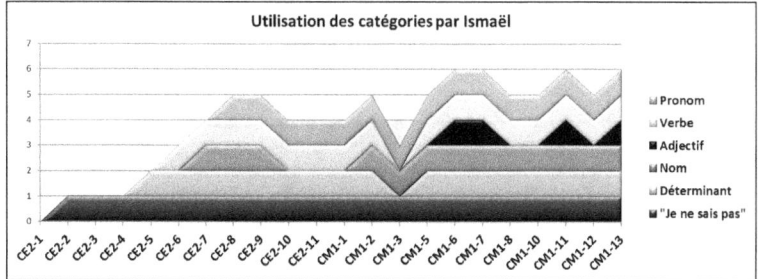

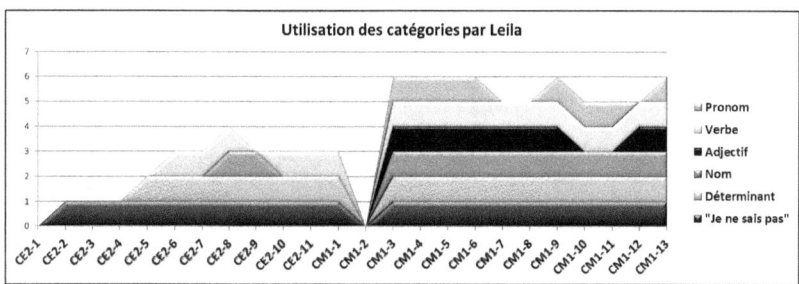

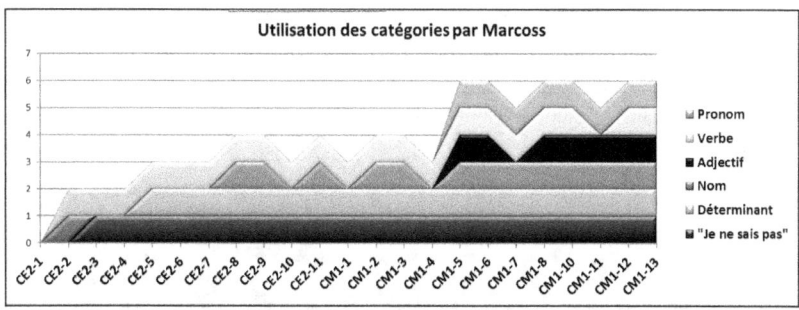

386   *Conceptualiser les classes de mots*

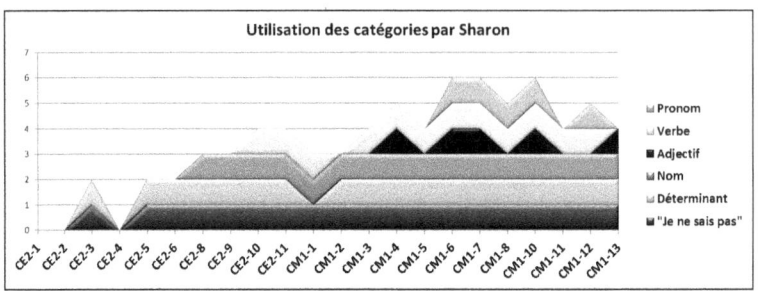

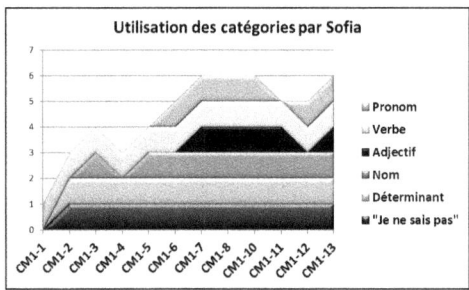

Groupe U3

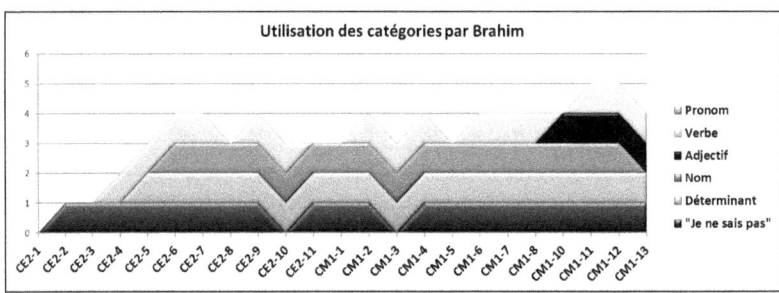

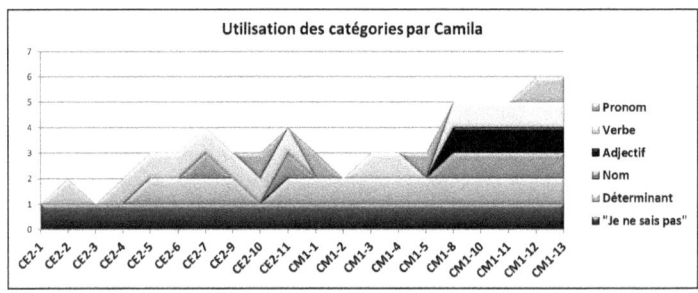

Annexes

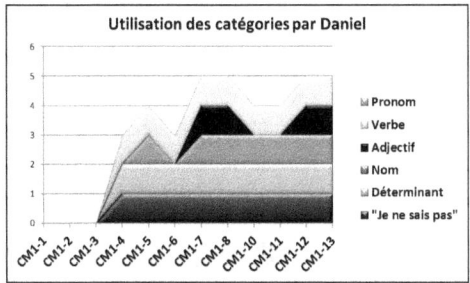

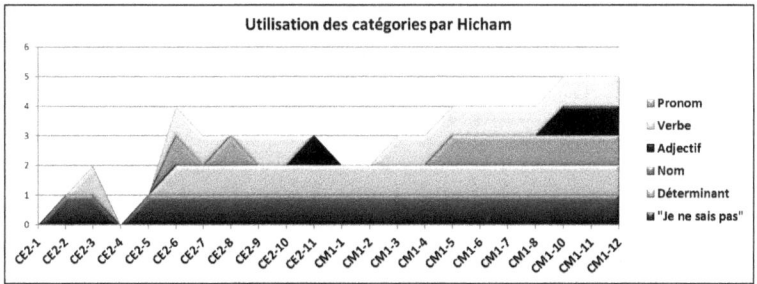

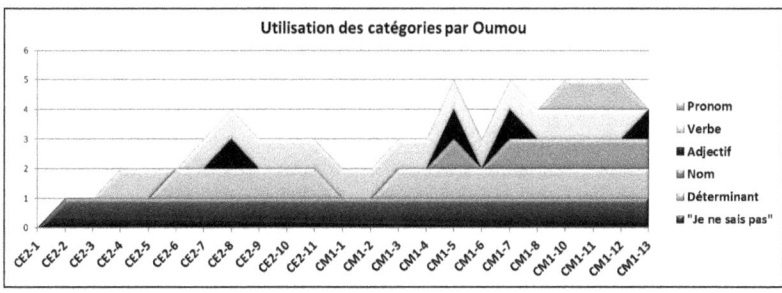

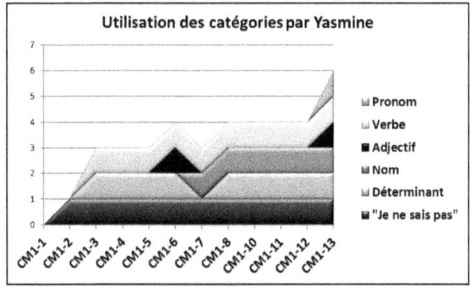

388 Conceptualiser les classes de mots

Groupe U4

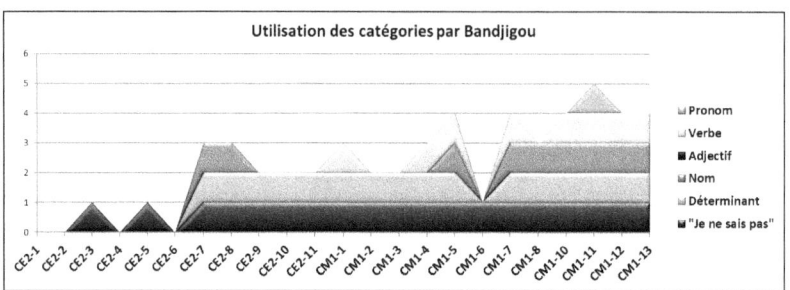

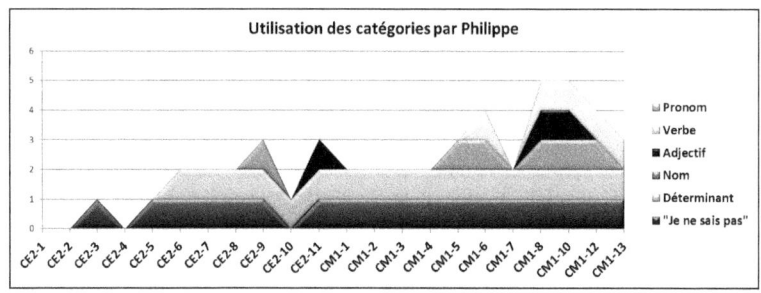

Graphiques de réussite

Groupe R1

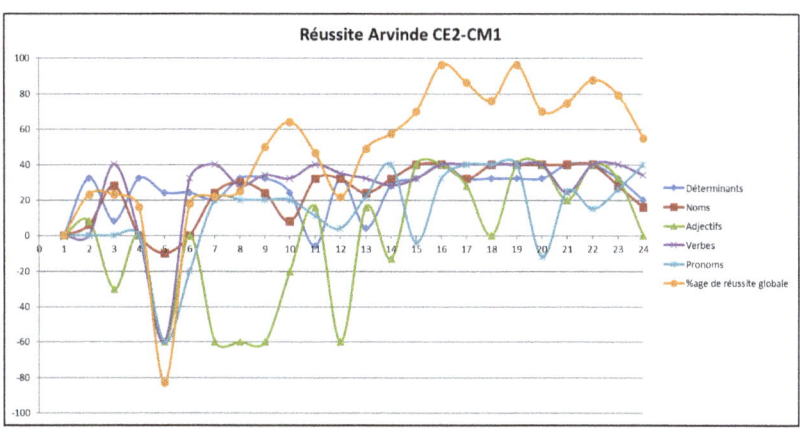

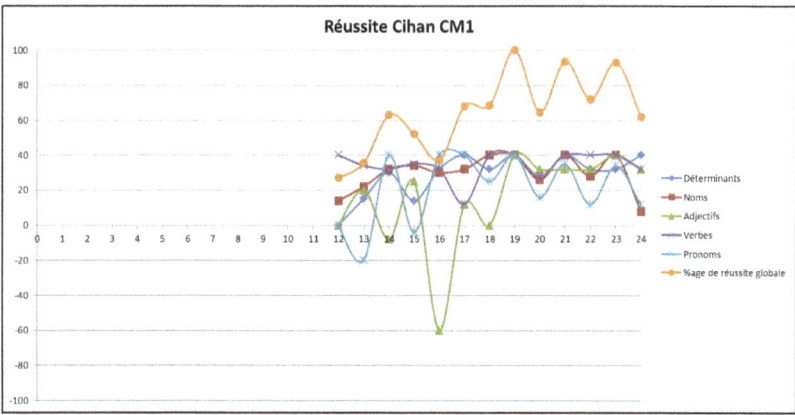

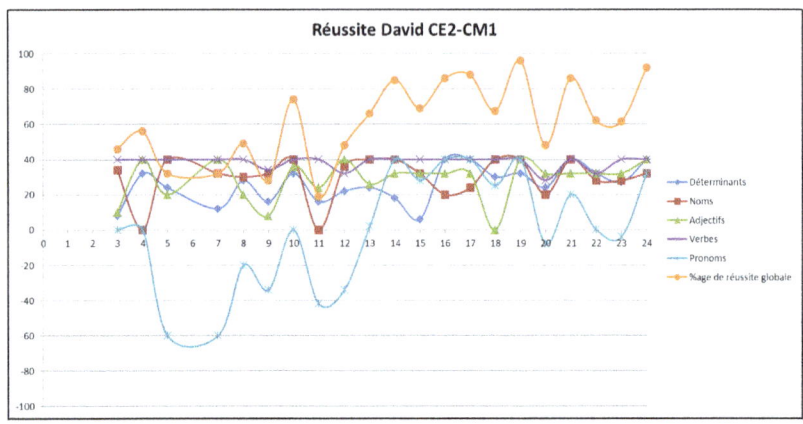

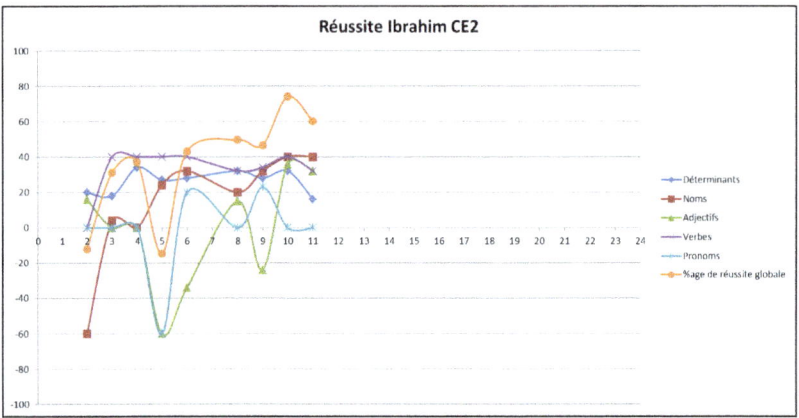

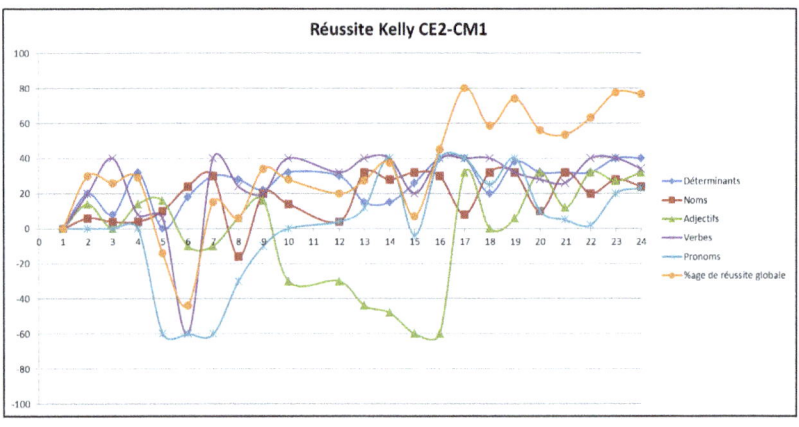

Groupe R2

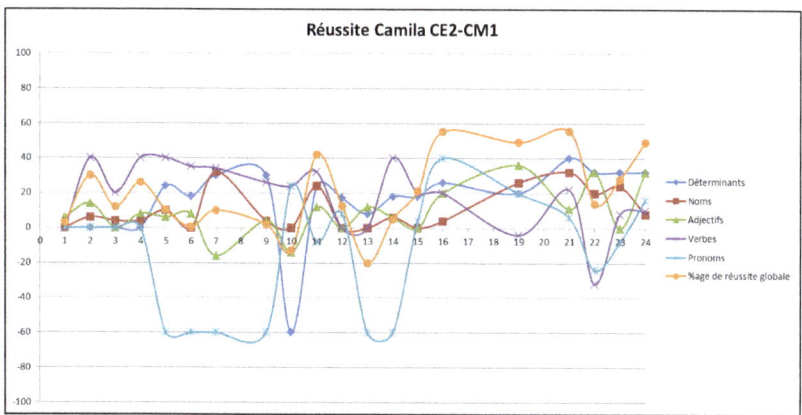

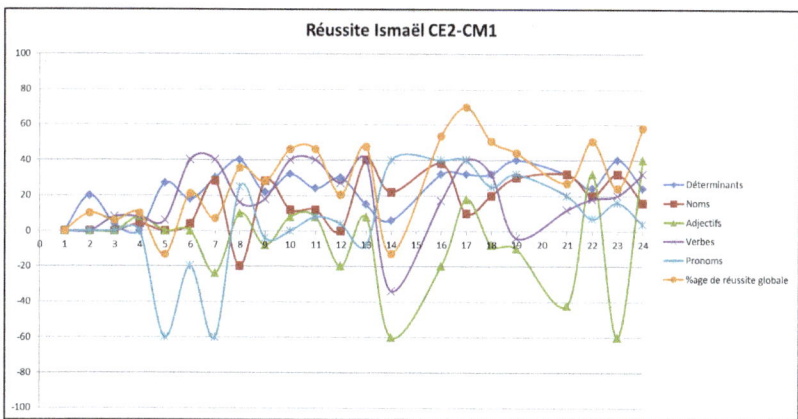

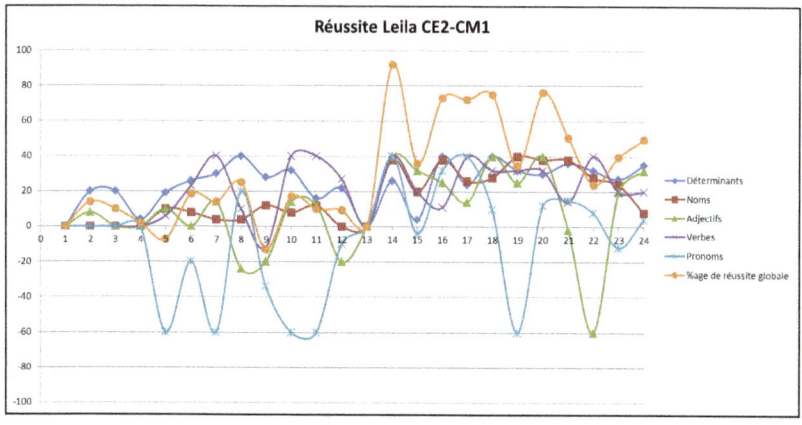

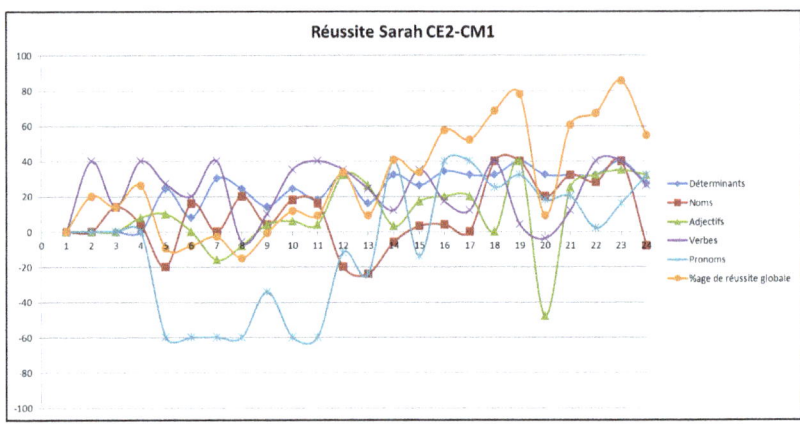

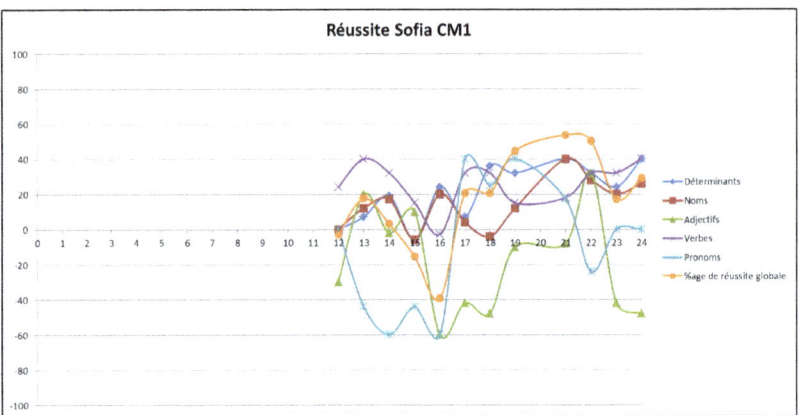

Groupe R3

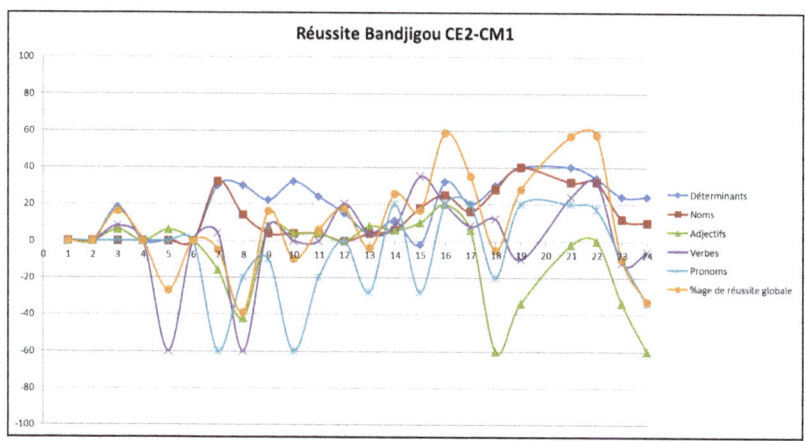

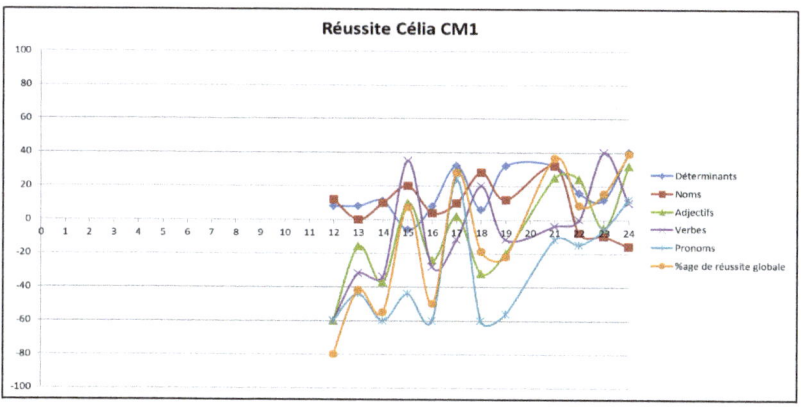

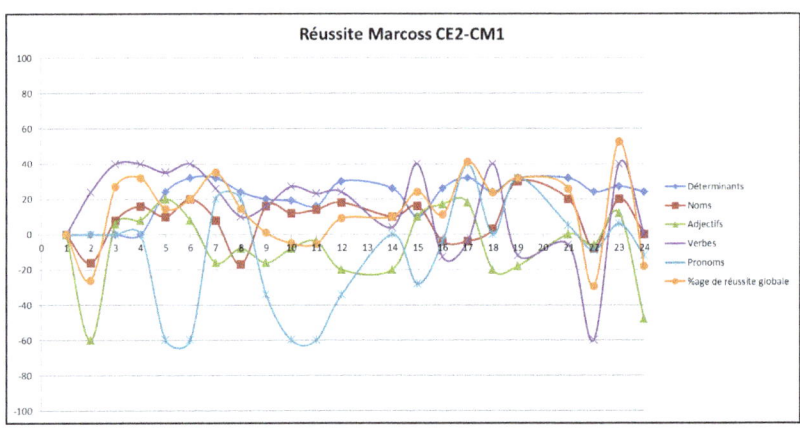

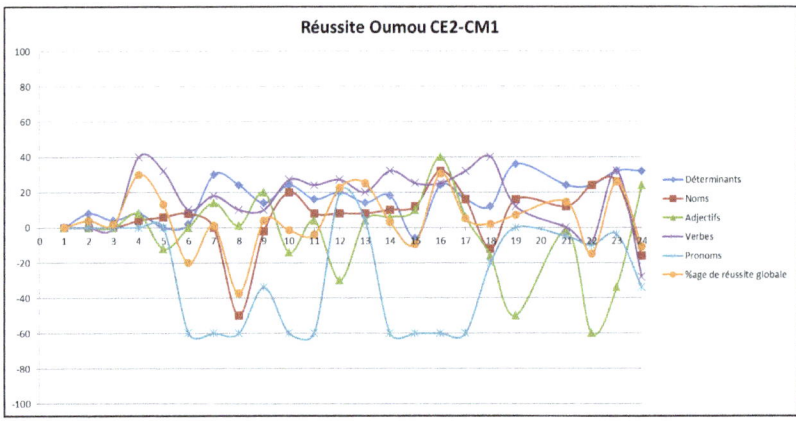

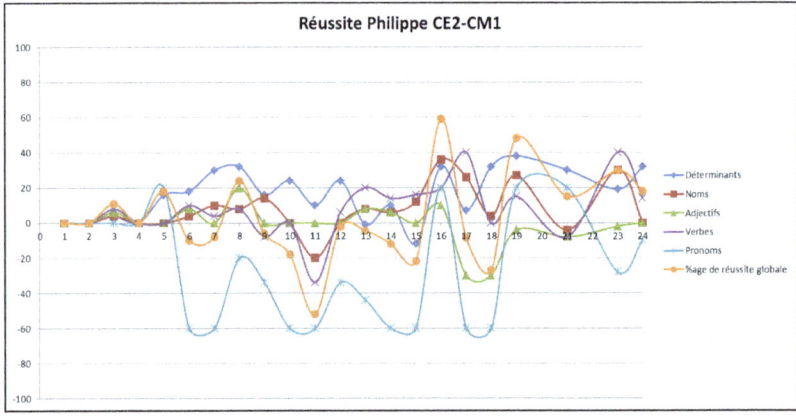

Groupe R4

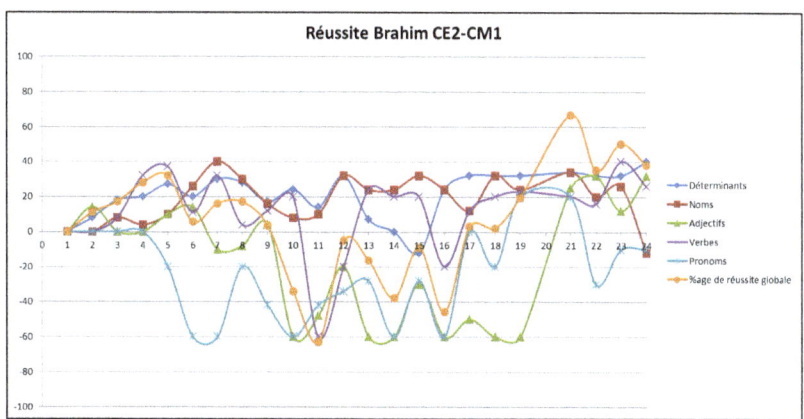

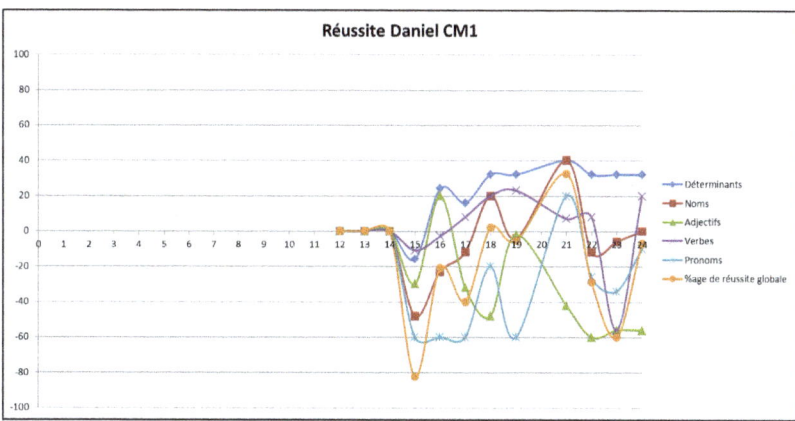

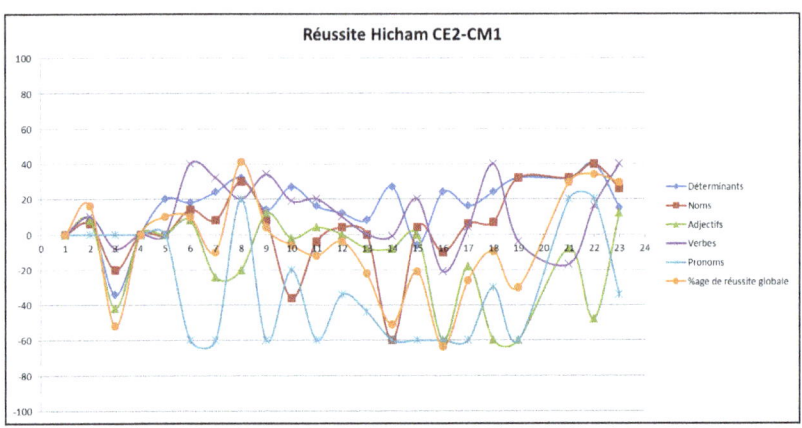
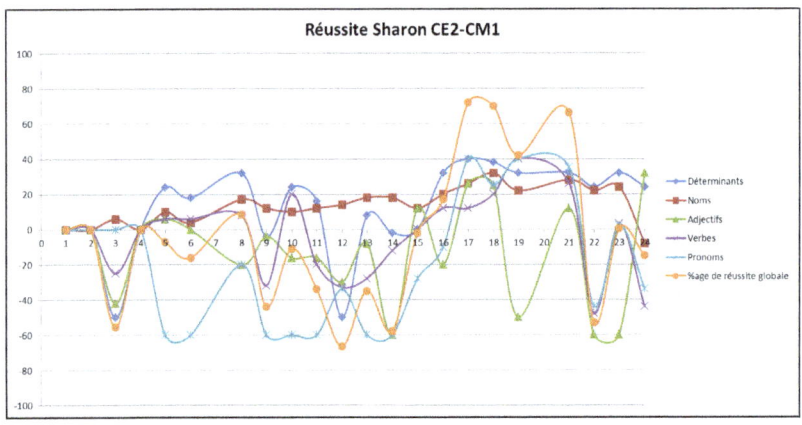
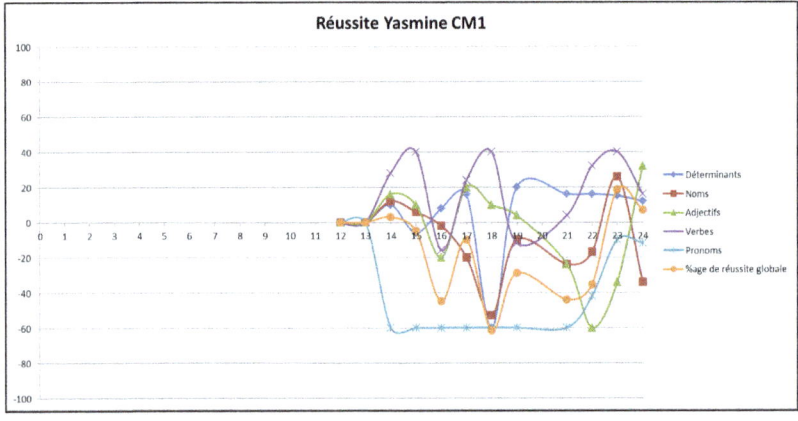

Graphiques de pourcentage de réussite, progressions

Groupe P1

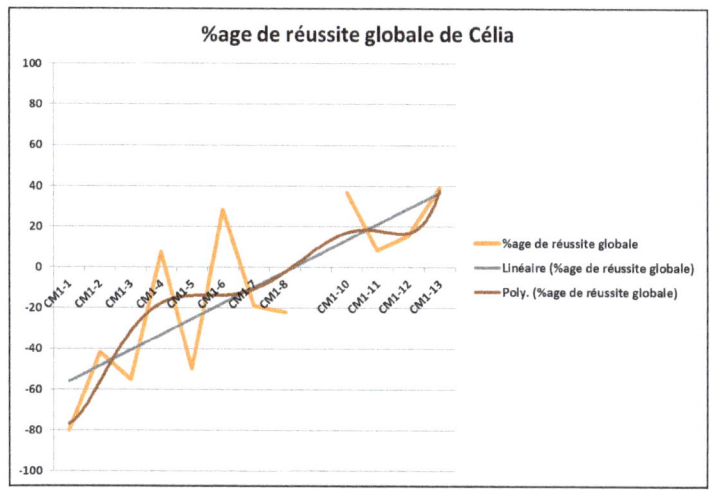

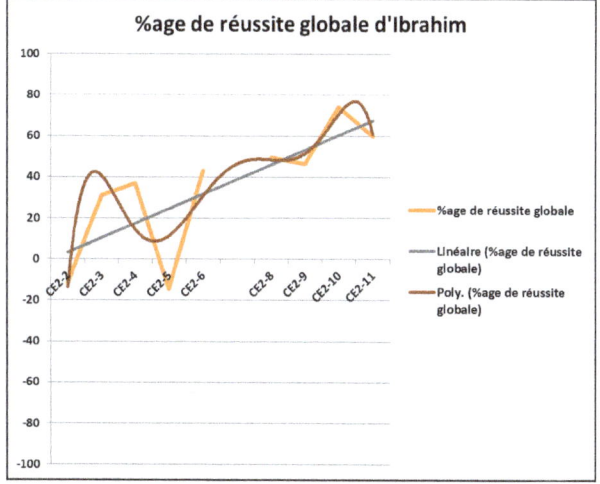

Groupe P2

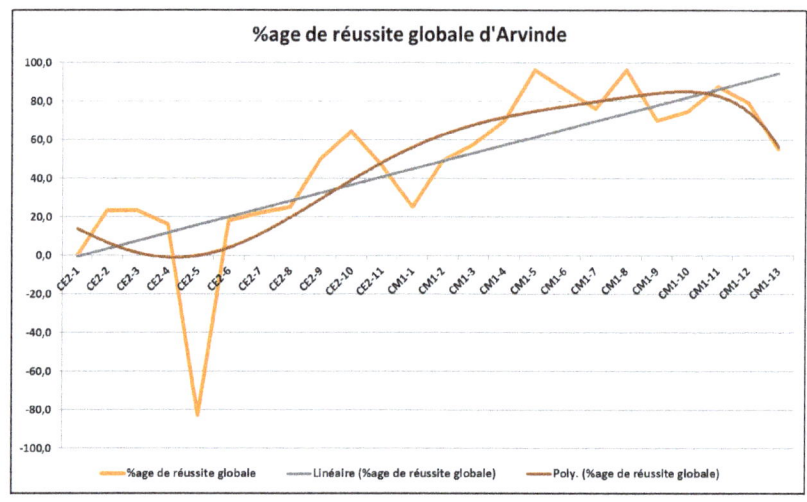

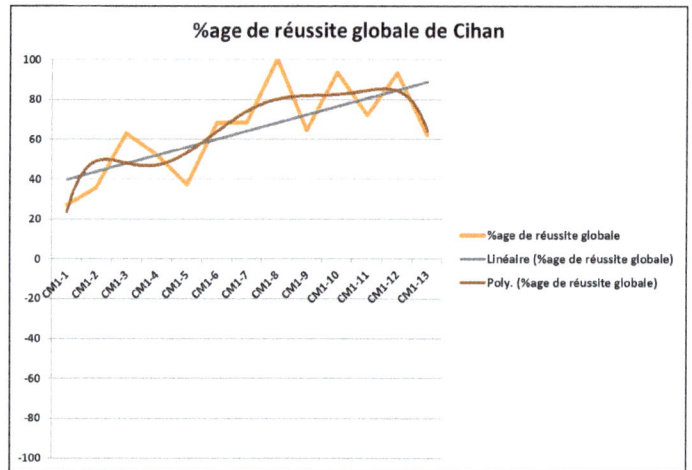

Annexes

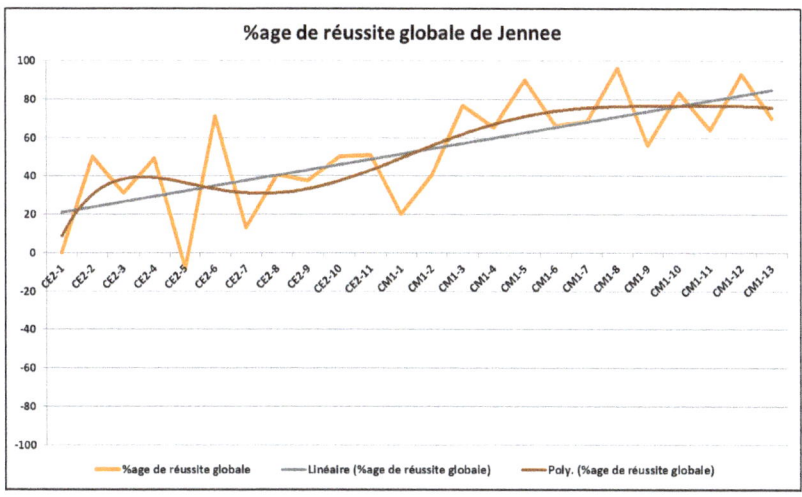

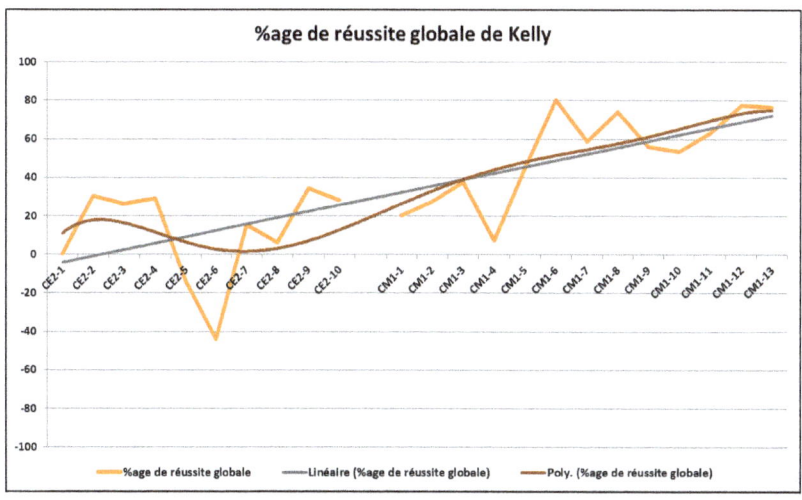

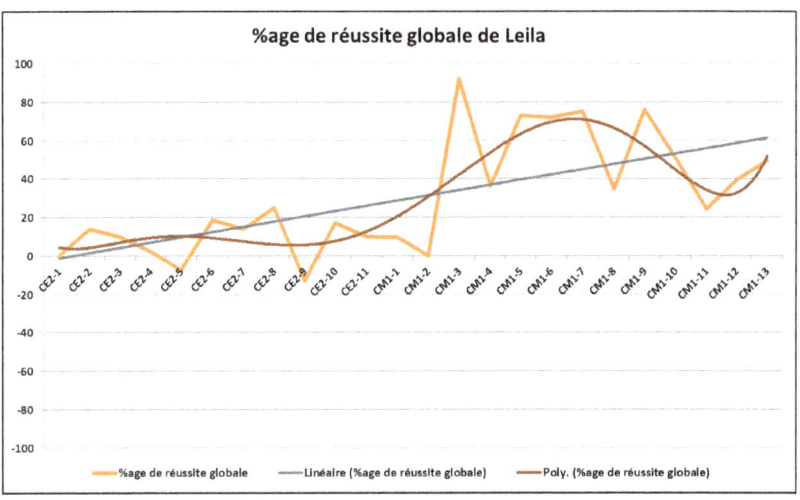

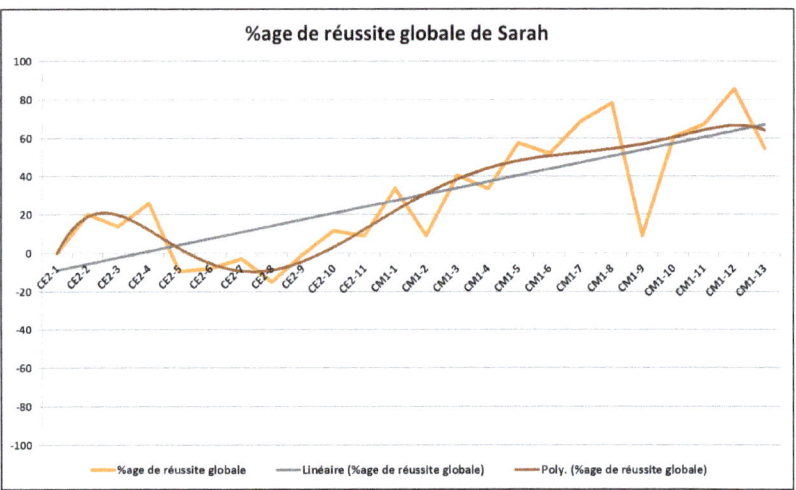

Annexes

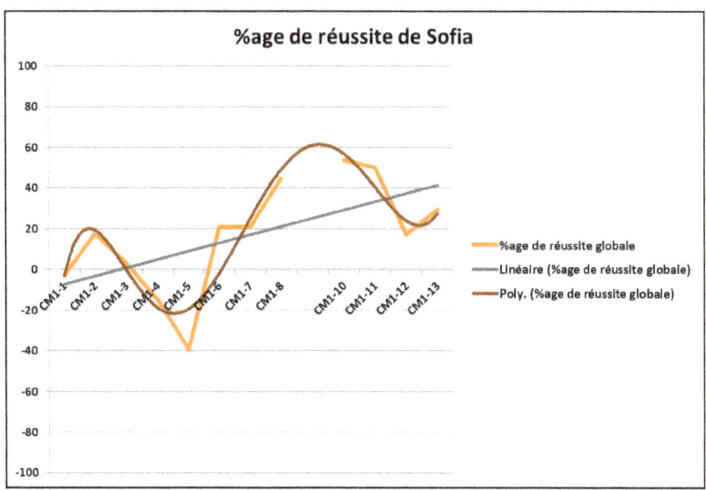

Groupe P3

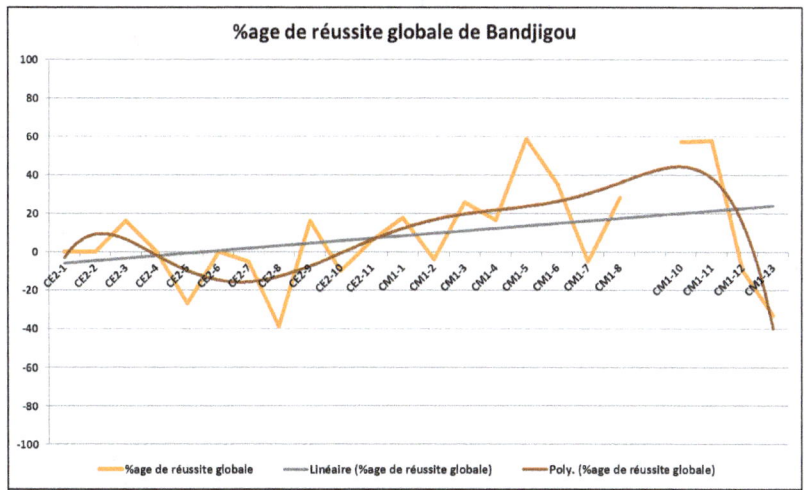

402   *Conceptualiser les classes de mots*

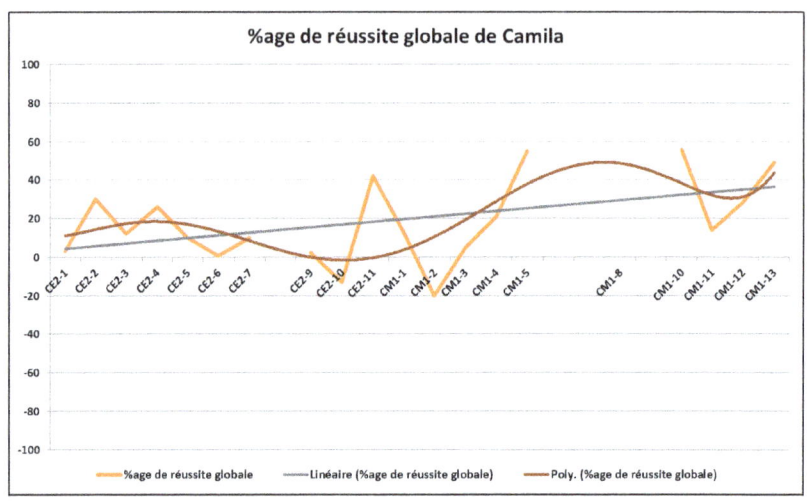

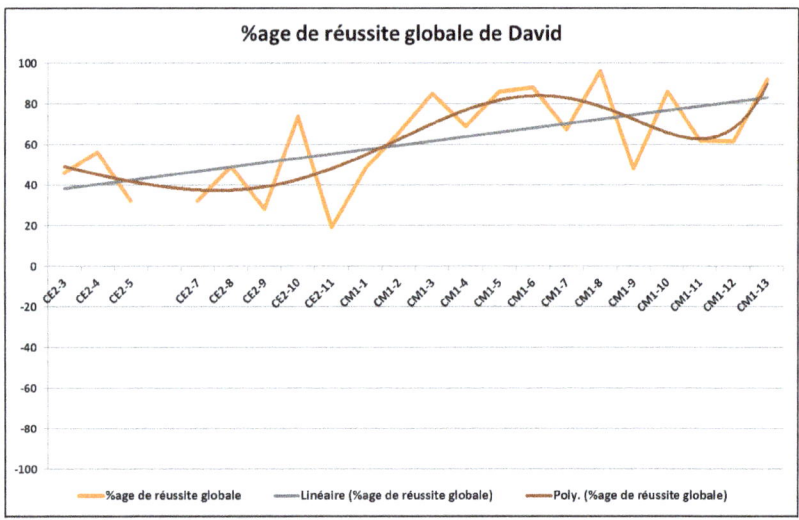

Annexes

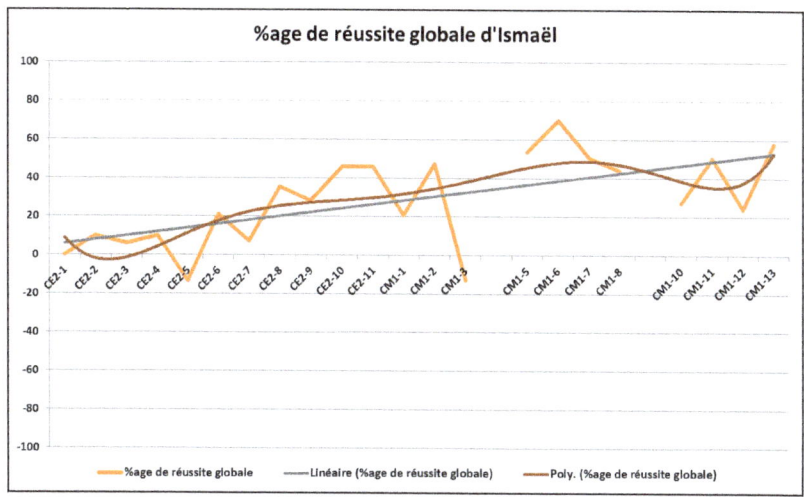

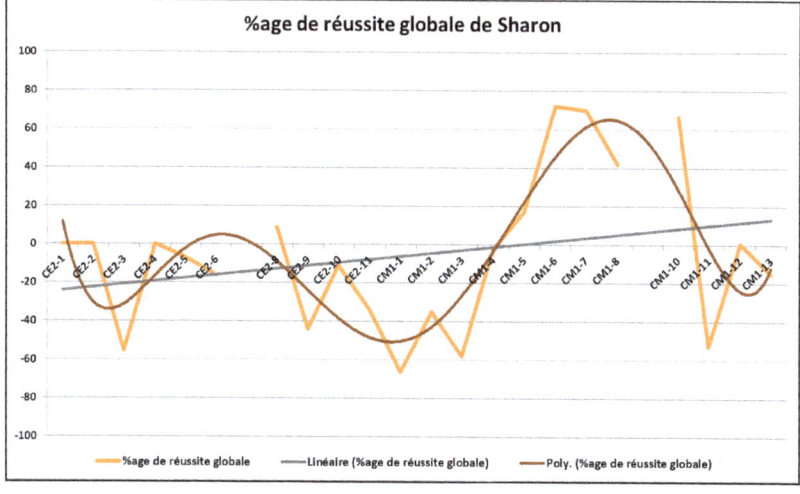

Groupe P4

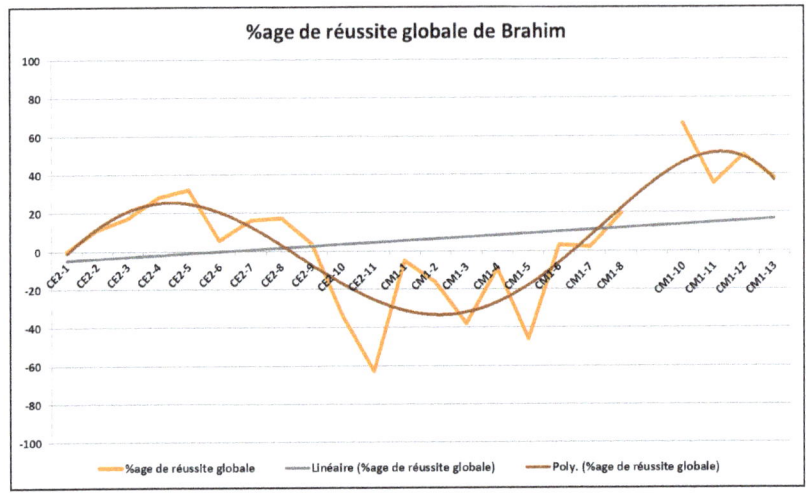

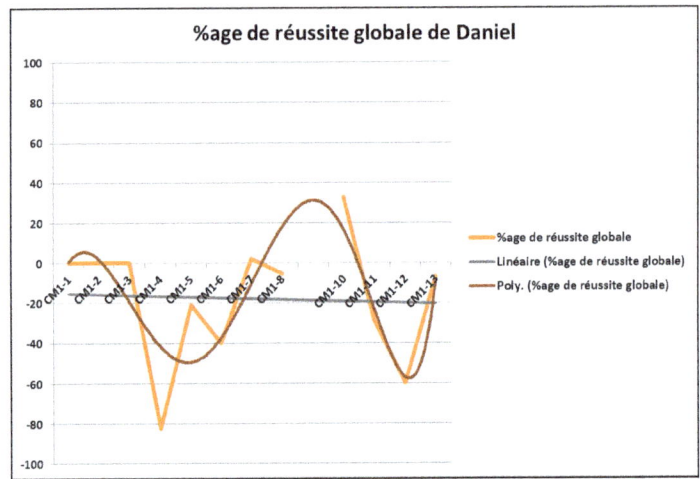

Annexes

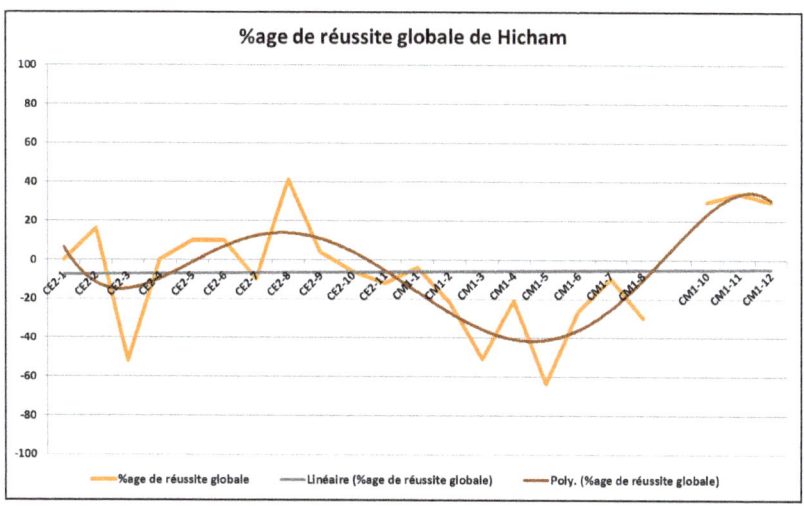

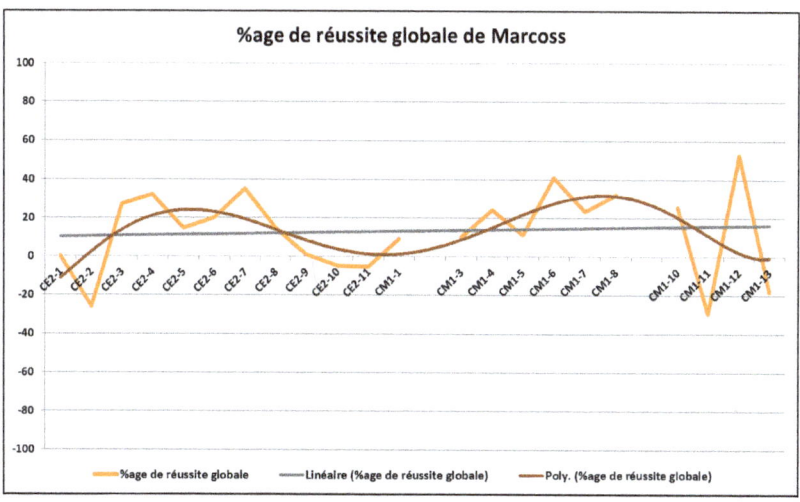

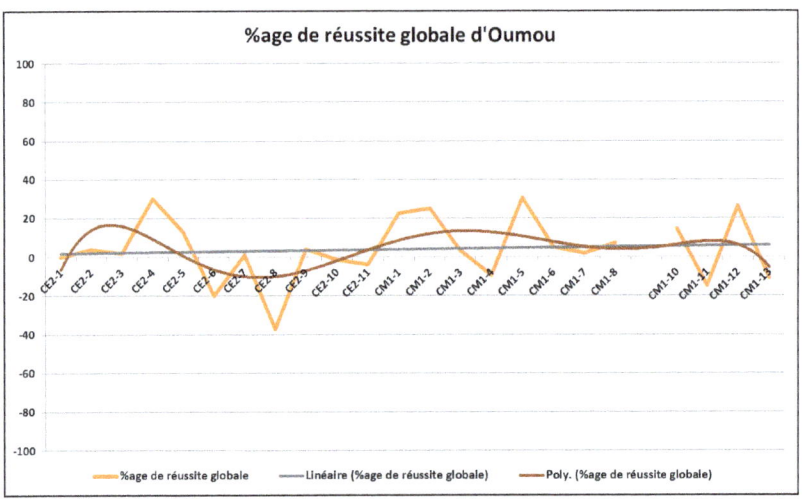

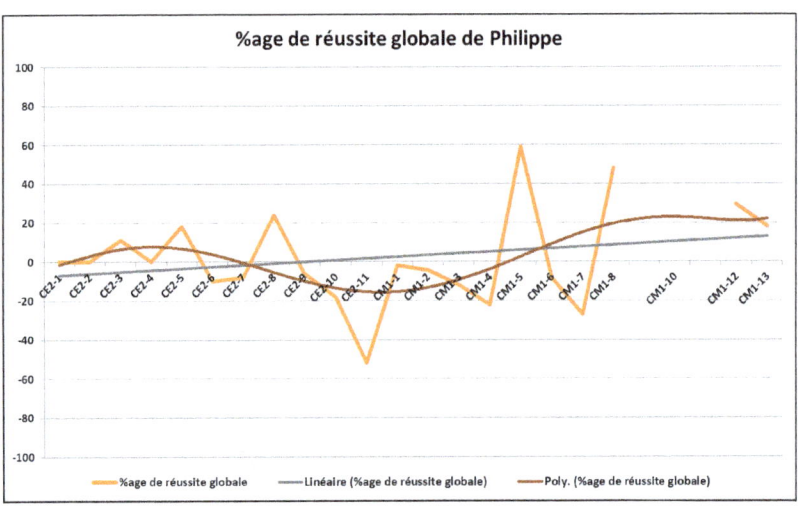

Annexes

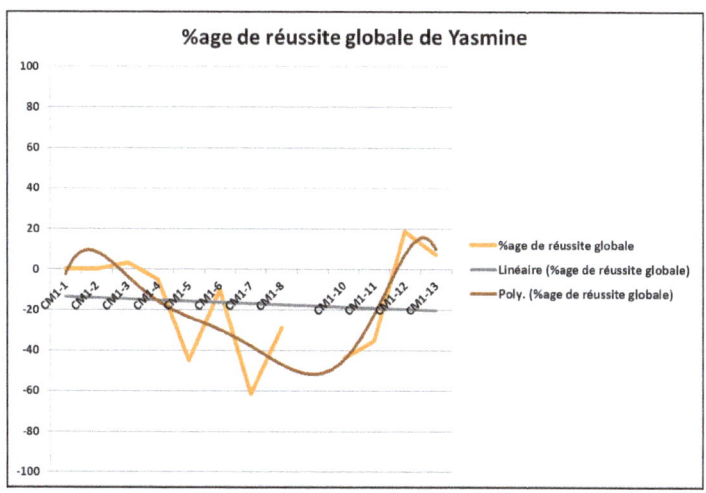

Graphiques de point de vue global et de moyennes

Moyenne d'utilisation des catégories

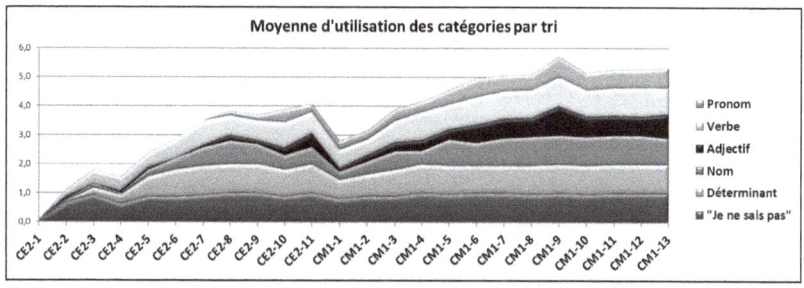

Moyennes de scores de réussite

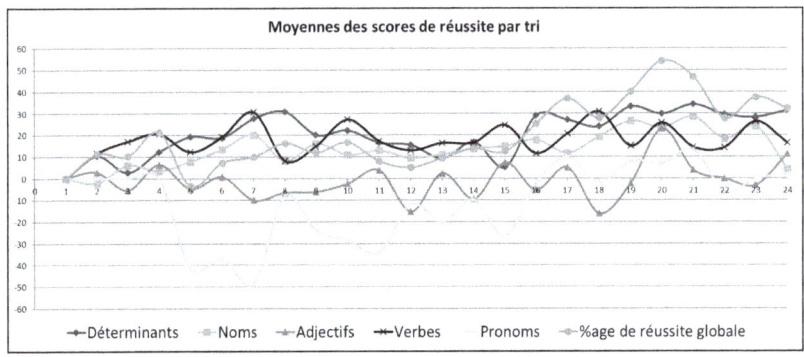

Pourcentage de réussite et tendances de progression

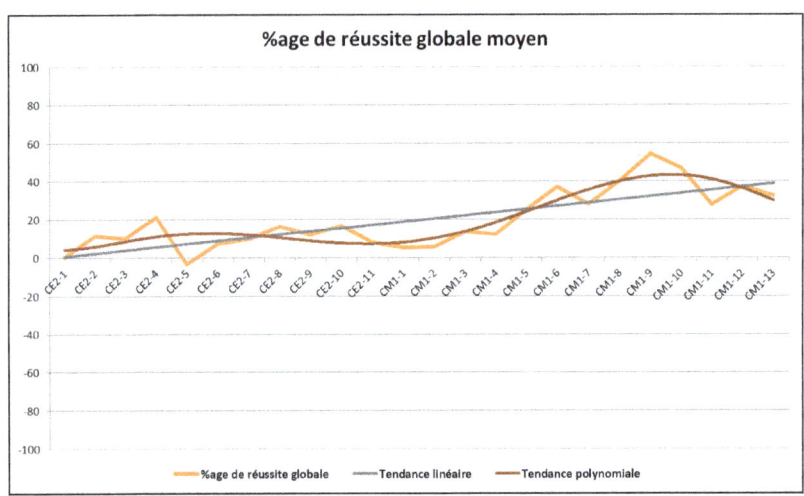

Scores de réussite globalisés sur un même graphique

Cf. pages suivantes, afin de conserver un format lisible, nous avons été amenée à changer l'orientation des graphiques.

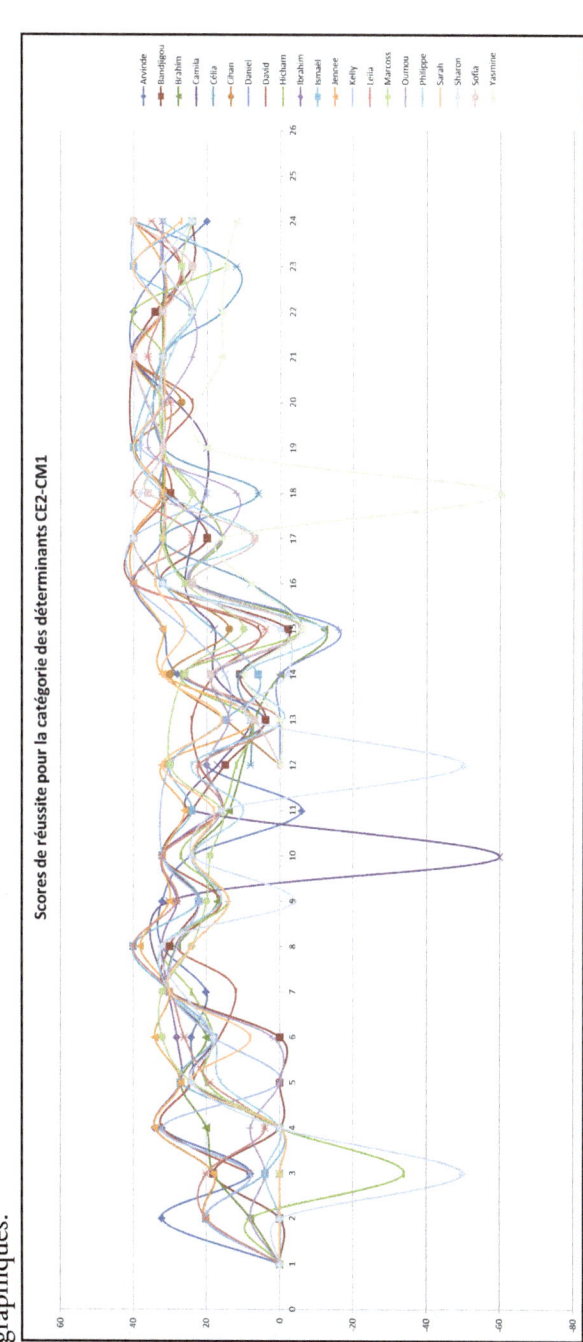

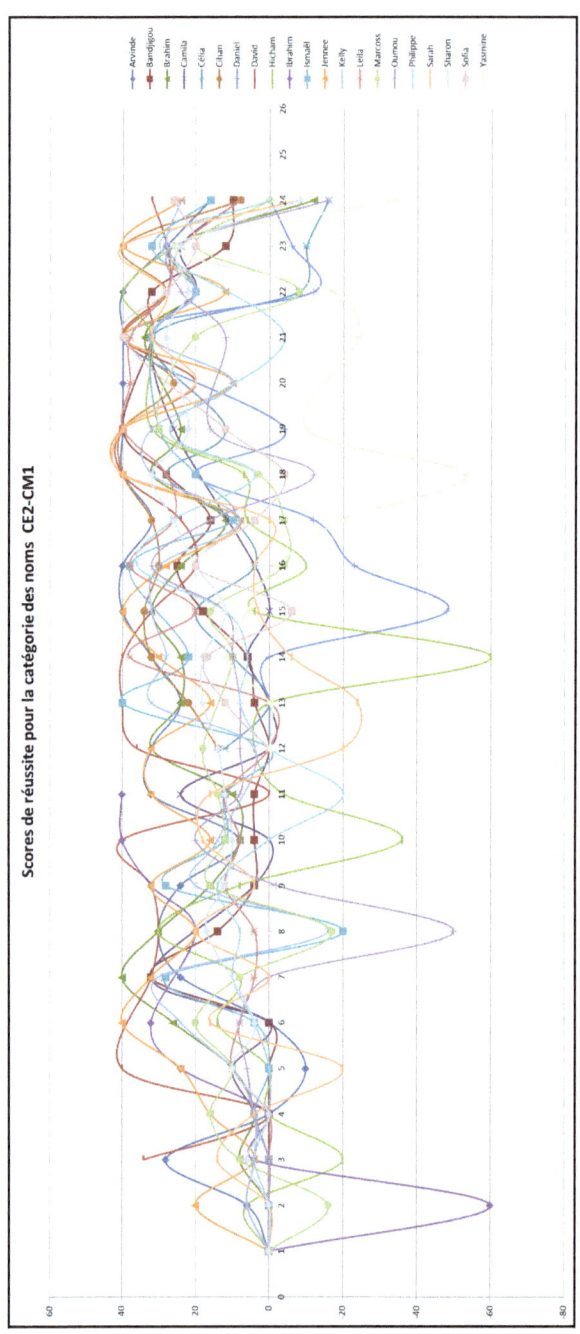

Annexes 411

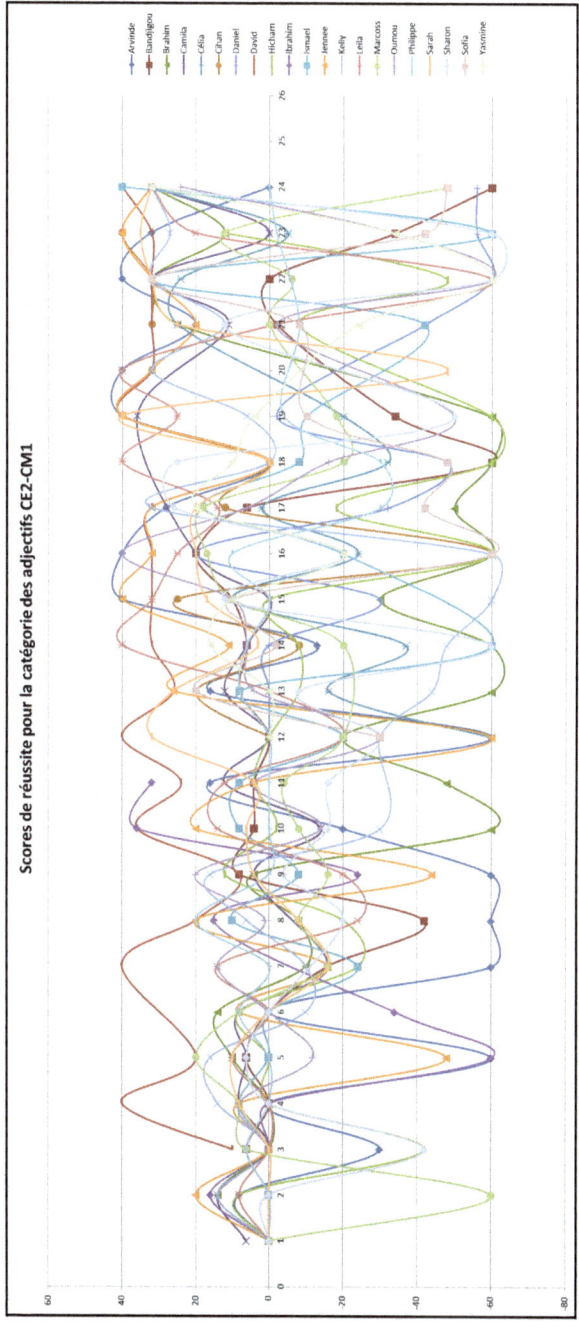

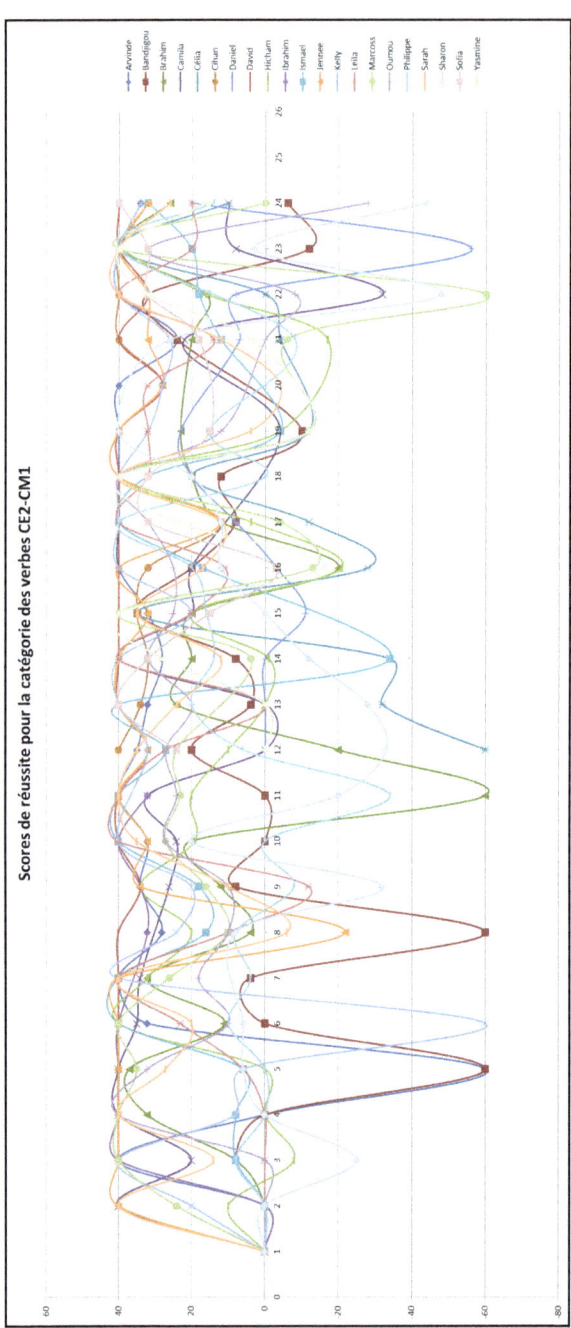

Annexes

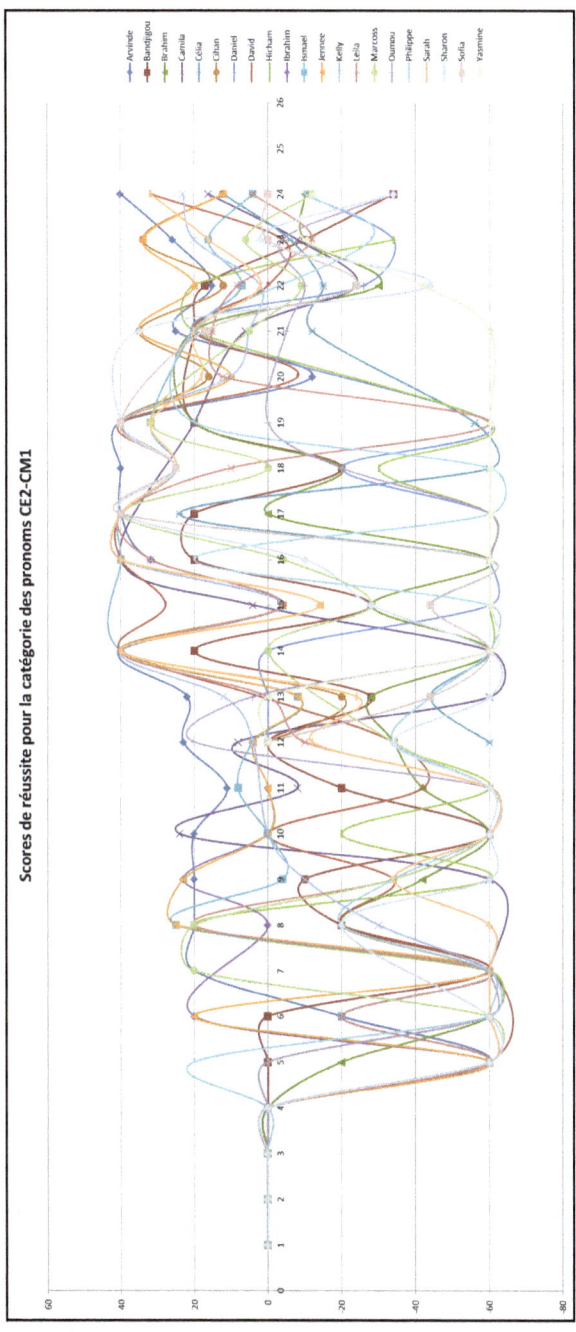

Les conventions pour la transcription de l'oral

Pour les transcriptions, nous avons repris les conventions exposées dans l'ouvrage de Claudine Garcia-Debanc et Sylvie Plane (2004), *Comment enseigner l'oral à l'école primaire ?* Hatier. Les choix de ces auteurs présentent les avantages suivants : respecter la spécificité de l'oral tout en assurant une lisibilité des transcriptions et une ergonomie de saisie.

ORTHOGRAPHE

- Transcription en orthographe standard
- Les aménagements concernent :
- la ponctuation : aucun signe n'est employé dans le texte. Toutefois, dans certains cas, on utilise le point d'interrogation pour guider l'interprétation de l'énoncé transcrit.
- Les majuscules : on ne les utilise pas au début des prises de parole, on les conserve pour l'initiale des prénoms ou les noms propres cités dans le texte.
- Les propos prononcés de façon insistante sont écrits en majuscule.
- Les mots en mention sont en italiques. Ex. : relis le mot *escargot*.

PRONONCIATION

- Pour certaines formes courtes (« tu », « il y a », « parce que », etc.) qui ont plusieurs prononciations, on utilise de préférence l'orthographe standard.
- On utilise d'API (alphabet phonétique international) seulement lorsque la réalisation phonétique constitue un fait pertinent (par exemple si la prononciation est corrigée par un autre locuteur).

Rappelons aussi les conventions usuelles :

[t] : désigne un son

/t/ : désigne le phonème.

TRANSCRIPTION DES PAUSES

Les signes + ou ++ ou +++ notent une pause courte, moyenne ou longue. On n'utilise pas le chronomètre, mais on s'appuie sur le sens :

+ : pause intraphrastique ou équivalent

++ : pause interphrastique ou équivalent

+++ : pause de durée supérieure à une pause interphrastique ordinaire.

NOTATION DES FORMES INCOMPLÈTES, INAUDIBLES OU DIFFICILE À INTERPRÉTER

- Le tiret signale que la prononciation d'un mot est inachevée.

Exemple : *il y avait des ca- canards* (*ca-* est une amorce, terminée par un tiret)

- XXX indique une suite de syllabes inaudibles ou non orthographiables.
- Les barres obliques encadrent des formes pour lesquelles on hésite entre plusieurs interprétations phonétiques.

Exemple : /d'accord ; d'abord/ (correspond à deux écoutes concurrentes)

- Les parenthèses signalent les cas où l'on hésite entre plusieurs transcriptions orthographiques.

Exemples :

– on (n')a pas compris (dans ce contexte, il est impossible de savoir si le *ne* de négation a été réalisé).

– Il(s) le voi(en)t.

COMMENTAIRES

- Les commentaires sont placés entre soufflets, en italiques.

Ex. M <*dictant*>

REPÉRAGE DES LOCUTEURS

- Le maître est le plus souvent identifié par la lettre M (pour *maître*) ou P (pour *professeur*) et numérotés.
- Les enfants sont identifiés par le début de leur prénom, ou par leur prénom

- Un enfant non identifié par la lettre E (pour élève).
- Quand plusieurs enfants parlent simultanément, on utilise plusieurs fois E.
- Lorsqu'il y a un chevauchement de paroles (plusieurs locuteurs parlent en même temps), on souligne les propos.

AMÉNAGEMENTS

Lorsque la transcription vise à attirer l'attention sur un phénomène particulier, les conventions de transcription sont aménagées de façon à mettre en évidence ce phénomène.

Table des annexes numériques

DÉCOMPOSITION DU CORPUS UTILISÉ ET ANALYSE DES ACCIDENTS D'IDENTIFICATION

- ✓ Récapitulation des tris
- ✓ Bilan général
- ✓ Déterminants : recensement par énoncés
- ✓ Analyse Déterminants 1 : recensement par classes et sous-classes, fréquence (liste d'É. Brunet)
- ✓ Analyse Déterminants 2 : recensement sur la base des caractéristiques morphologiques et relevés afférents
- ✓ Noms : recensement par énoncés
- ✓ Analyse Noms 1 : recensement sur la base des caractéristiques sémantiques
- ✓ Analyse Noms 2 : fréquence (liste d'É. Brunet)
- ✓ Analyse Noms 3 : recensement en fonction de la composition du groupe nominal
- ✓ Analyse Noms 4 : recensement selon la fonction du groupe nominal
- ✓ Analyse Noms 5 : recensement sur la base des caractéristiques morphologiques
- ✓ Adjectifs : recensement par énoncés
- ✓ Analyse Adjectifs 1 : recensement sur la base des caractéristiques sémantiques
- ✓ Analyse Adjectifs 2 : fréquence (liste d'É. Brunet)
- ✓ Analyse Adjectifs 3 : recensement selon la fonction du groupe adjectival
- ✓ Analyse Adjectifs 4 : recensement sur la base des caractéristiques morphologiques
- ✓ Analyse Adjectifs 5 : conversions, dérivations
- ✓ Verbes : recensement par énoncés

- ✓ Analyse Verbes 1 : remarques sémantiques
- ✓ Analyse Verbes 2 : fréquence (liste d'É. Brunet)
- ✓ Analyse Verbes 3 : recensement selon les arguments
- ✓ Analyse Verbes 4 : recensement en fonction du temps verbal
- ✓ Analyse Verbes 5 : dérivations
- ✓ Pronoms : recensement par énoncés
- ✓ Analyse Pronoms 1 : recensement par classes et sous-classes, fréquence (liste d'É. Brunet)
- ✓ Analyse Pronoms 2 : recensement selon la fonction du pronom
- ✓ Analyse Pronoms 3 : recensement sur la base des caractéristiques morphologiques et relevés afférents

CODAGE PAR TRI

- ✓ Moyennes par tri
- ✓ Un onglet par tri

CODAGE PAR ÉLÈVE

- ✓ Tous
- ✓ Moyennes par élève
- ✓ Un onglet par élève

CODAGE MOT À MOT

- ✓ Déterminants
- ✓ Déterminants graphiques
- ✓ Noms
- ✓ Noms graphiques
- ✓ Adjectifs
- ✓ Adjectifs graphiques
- ✓ Verbes
- ✓ Verbes graphiques
- ✓ Pronoms
- ✓ Pronoms graphiques

GRAPHIQUES D'UTILISATION DES CATÉGORIES

- ✓ Moyennes
- ✓ Un onglet par élève, intitulé au prénom de celui-ci

GRAPHIQUES DES SCORES DE RÉUSSITE

- ✓ Moyennes
- ✓ Global déterminants
- ✓ Global noms
- ✓ Global adjectifs
- ✓ Global verbes
- ✓ Global pronoms
- ✓ Global réussite
- ✓ Un onglet par élève

RECHERCHES RATIO D'INVERSION DE COURBES

UTILISATION DE LA CATÉGORIE 'MOTS INVARIABLES'

PRÉSENCE D'UN REGROUPEMENT 'COULEURS'

JUSTIFICATIONS CM1-10

- ✓ Général
- ✓ Par groupes de performances

CORPUS PAR ÉLÈVES

- ✓ Un dossier par élève

CORPUS PAR TRI

- ✓ Un dossier par tri

Table des matières

Sommaire 11

Table des figures 13

Introduction 21

Partie 1
Le tri de mots ou comment entrouvrir la boite noire de la conscience grammaticale des élèves

1. **Les données du problème : un état de la recherche et des choix** 31
   - 1.1. Quelle connaissance avons-nous des savoirs des élèves ? 31
     - 1.1.1. Les études portant sur l'identification des classes de mots 32
     - 1.1.2. Des connaissances sur les parties du discours avant la grammaire 40
   - 1.2. L'horizon de la didactique de l'orthographe 43
     - 1.2.1. Pour un champ d'exploration des représentations des élèves 43
     - 1.2.2. Quelles interactions entre grammaire et orthographe ? 46
   - 1.3. Explicitation de nos choix 49
     - 1.3.1. Quel dispositif ? 49
     - 1.3.2. Quelle théorie linguistique ? 53

2. **Présentation du dispositif expérimenté et des conditions du recueil de données qualitatives** 57
   - 2.1. Description du déroulement matériel 57
     - 2.1.1. Les supports et les consignes utilisés 57
     - 2.1.2. Quelques variantes pédagogiques 59

    2.2. Analyse didactique 61
        2.2.1. Les objectifs et compétences visées 61
        2.2.2. Les enjeux cognitifs à plus long terme 62
        2.2.3. Principes de progression 65
    2.3. Dimension sociologique du recueil de données 66
        2.3.1. Description de la classe observée 66
        2.3.2. Carole Deblaere, une professeure des écoles 69
        2.3.3. Périodes de recueil de données 70
    2.4. Présentation du corpus de recherche 70
        2.4.1. Les éléments recueillis dans la classe
              de Carole Deblaere 70
        2.4.2. Les éléments périphériques, liés à
              l'évaluation du dispositif 72

3. Analyse détaillée des énoncés soumis aux élèves 75
    3.1. Le test d'évaluation repère 75
        3.1.1. Analyse a priori 76
        3.1.1.1. Pour ce qui est des verbes 76
        3.1.1.2. Pour ce qui est des adjectifs 78
        3.1.2. Biais observés ou supposés 79
    3.2. Les énoncés supports des tris de mots 80
        3.2.1. Conditions de construction 80
        3.2.1.1. Des énoncés forgés par l'enseignante
               à partir du quotidien de la classe 80
        3.2.1.2. Des infléchissements liés à notre
               collaboration avec l'enseignante 81
        3.2.2. Typologie des mots représentés au sein
              des classes variables 82
        3.2.2.1. Déterminants… et petits mots 82
        3.2.2.2. Analyse des noms 88
        3.2.2.3. Analyse des adjectifs 96
        3.2.2.4. Analyse des verbes 100
        3.2.2.5. Analyse des pronoms 105

4. Le problème statistique.. 109
    4.1. Quel codage de quelles données ?.............................. 109
        3.1.1. Éléments concernant la technique de catégorisation utilisée par l'élève.................. 111
        3.1.2. Éléments concernant le repérage des classes grammaticales 115
    4.2. Quel traitement statistique pour quels points de vue sur le corpus ?................................ 116
        4.2.1. Construction du score de réussite par catégorie 116
        4.2.1.1. Calculs des scores intermédiaires, de rang inférieur 116
        4.2.1.2. Calcul du score de réussite par catégorie grammaticale 118
        4.2.2. Le choix d'un pourcentage de réussite globale 120
    4.3. De la construction des graphiques............................ 120
        4.3.1. Comparer des scores de réussite 121
        4.3.2. Autres données, autres représentations 122
        4.3.2.1. L'apparition des classes grammaticales............ 122
        4.3.2.2. Mot à mot 122

Partie 2
Comment les classes grammaticales viennent aux élèves ?

1. Un regard d'ensemble sur les performances des élèves........... 127
    1.1. Vue panoramique.. 127
        1.1.1. Apparition des catégories 128
        1.1.2. Scores de réussite 131
        1.1.2.1. Moyennes 131
        1.1.2.2. Comparaison des courbes par élèves.............. 132
        1.1.2.3. Essai de synthèse... 136
    1.2. Construction de typologies d'élèves........................... 136
        1.2.1. Utilisation des métatermes............................ 136
        1.2.2. Réussite dans l'identification........................ 139
        1.2.3. Progression 140

| | | 1.2.4. | Affiner la lecture de la progression : de la droite à la courbe .... 141 |
| | | 1.2.5. | Synthèse : construction de groupes d'élèves .... 144 |

2. **Analyse croisée des mots codés : typologies et identification par les élèves** 147
   - 2.1. Les déterminants 148
     - 2.1.1. Le déterminant, ce petit mot 149
       - 2.1.1.1. Suivi longitudinal de *quelques* 150
       - 2.1.1.2. Illustration d'une progression 152
     - 2.1.2. Suffit-il d'être petit ? 155
       - 2.1.2.1. Du côté des possessifs 155
       - 2.1.2.2. Le cas de l'élision 159
     - 2.1.3. Le cas des numéraux 160
     - 2.1.4. Fréquence et enseignement 162
   - 2.2. Les verbes 163
     - 2.2.1. Le cas des verbes *être* et *avoir* : petits mots, verbes, auxiliaires ? 164
     - 2.2.2. Quel appui sur la morphologie verbale ? 169
       - 2.2.2.1. Les verbes du premier groupe 169
       - 2.2.2.2. Impact des morphèmes de temps 169
       - 2.2.2.3. Impact des morphèmes de personnes 174
       - 2.2.2.4. Et la base ? 179
       - 2.2.2.5. L'homophonie comme point d'achoppement ? 181
       - 2.2.2.6. Les verbes, des mots invariables ? 183
     - 2.2.3. Si ce n'est la morpho, alors la syntaxe ? 183
       - 2.2.3.1. Première approche 183
       - 2.2.3.2. Impact de la nature du sujet 184
       - 2.2.3.3. Impact des rupteurs entre sujet et verbe 185
     - 2.2.4. Et du côté de la fréquence ? 187
     - 2.2.5. La nébuleuse sémantique 188
       - 2.2.5.1. Les verbes attributifs 189
       - 2.2.5.2. Les verbes supports 190
       - 2.2.5.3. De l'action au procès ? 191
     - 2.2.6. Tentative de synthèse 195

- 2.3. Les noms 196
  - 2.3.1. Quel impact de la fréquence ? 198
  - 2.3.2. Du côté de la morphologie................................ 199
    - 2.3.2.1. Marques et variations................................... 199
    - 2.3.2.2. Homographie et concurrence...................... 201
    - 2.3.2.3. Petits noms ?.. 201
  - 2.3.3. La délicate mais nécessaire question du sens...... 202
    - 2.3.3.1. Personnages, animaux et autres *créatures*...... 203
    - 2.3.3.2. Abstractions et sentiments 206
    - 2.3.3.3. Action !.. 208
  - 2.3.4. Du côté de la syntaxe 210
    - 2.3.4.1. Composition du syntagme nominal 210
    - 2.3.4.2. Fonction du syntagme nominal................... 214
  - 2.3.5. Hypothèses de synthèse...................................... 215
- 2.4. Les adjectifs... 216
  - 2.4.1. Approche sémantique 217
    - 2.4.1.1. Remarques générales.................................... 217
    - 2.4.1.2. Adjectifs de couleur : pont ou obstacle ?..... 219
  - 2.4.2. Le rôle de la fréquence 222
  - 2.4.3. Les aspects morphologiques 223
    - 2.4.3.1. Variations à l'oral et à l'écrit........................ 223
    - 2.4.3.2. Conversions, dérivations et confusions....... 225
  - 2.4.4. Quel impact pour la syntaxe ? 226
  - 2.4.5. Synthèse 228
- 2.5. Les pronoms.. 228
  - 2.5.1. Trop petits… et autres aspects morphologiques.. 229
    - 2.5.1.1. Confusion, ou étape ?.................................. 230
    - 2.5.1.2. Impact de l'homonymie 234
    - 2.5.1.3. Flexions et « mots invariables »................... 237
  - 2.5.2. Le paradigme des pronoms personnels 240
    - 2.5.2.1. Les pronoms personnels sujets 240
    - 2.5.2.2. Les autres formes du paradigme, portion congrue des représentations des élèves 243
  - 2.5.3. Les enjeux de la terminologie............................. 244

- **3. À la recherche des procédures des élèves**............ 247
  - 3.1. De quelques constats préalables 247
    - 3.1.1. Labilité des métatermes................................. 247
    - 3.1.2. Quelle influence pour le contexte de l'énoncé ? 250
    - 3.1.3. « ? » et l'augmentation régulière du nombre de classes grammaticales...................... 251
    - 3.1.4. Tautologies et difficultés à expliciter................ 252
  - 3.2. Ce que les élèves déclarent de leurs systèmes................... 255
    - 3.2.1. La relation déterminant-nom........................... 255
    - 3.2.1.1. Un ensemble de procédures 255
    - 3.2.1.2. Le risque de la circularité 261
    - 3.2.2. Le verbe, ce mot qui se conjugue 266
    - 3.2.2.1. Le couple pronom personnel sujet / verbe 267
    - 3.2.2.2. Existe-t-il d'autres façons de faire ?................ 269
    - 3.2.3. Grandeur et décadence de l'adjectif................ 273
    - 3.2.3.1. Support de procédures plutôt syntaxiques 273
    - 3.2.3.2. Aléas des indices sémantiques........................ 276
    - 3.2.4. Les apories du pronom................................... 277
    - 3.2.5. Synthèse 280

Partie 3
Les questions ouvertes par cette expérimentation, entre linguistique et grammaire

- **1. Évolutions et évaluations des compétences** 285
  - 1.1. Comparaisons, sous l'angle des performances des élèves... 286
    - 1.1.1. Les verbes 286
    - 1.1.2. Les adjectifs 290
  - 1.2. Comparaisons, sous l'angle qualitatif du mot à mot 296
    - 1.2.1. Les verbes 297
    - 1.2.2. Les adjectifs 303

1.3. Faut-il faire réfléchir les élèves ? 309
    1.3.1. Ce que nous dit notre recherche 310
    1.3.2. Tentative de réponse 311

2. Les élèves et la langue 319

  2.1. La linguistique des élèves 319
    2.1.1. Le continent sémantique 320
      2.1.1.1. Les conceptions intuitives face
      aux constructions systémiques 321
      2.1.1.2. Une grammaire sémantique ? 324
    2.1.2. Le problème de la disparition des noms 326
    2.1.3. La perception des clitiques 329
  2.2. Les outils d'analyse 332
    2.2.1. Terminologie et métalangage 332
      2.2.1.1. Impossible terminologie ? 332
      2.2.1.2. Parties du discours et métalangue 337
    2.2.2. Manipulations et gestion d'énoncés 343
      2.2.2.1. Aller au bout d'une démonstration 344
      2.2.2.2. Dé / re – contextualiser 348
      2.2.2.3. Juger de la grammaticalité 352

3. La grammaire, pour quoi faire ? 357

  3.1. Prétentions scientifiques 357
  3.2. Tentatives de résolution pragmatique 360

Conclusion 363

Bibliographie 367

  Articles et ouvrages de linguistique 367
  Articles et ouvrages de recherches en didactique 368
  Autres ouvrages et articles 374
  Instructions et textes officiels 374

Annexes 377

Évaluation sur texte normé 377
Ensemble des tris de mots 379
Graphiques d'utilisation des catégories 383
    Groupe U1 383
    Groupe U2 384
    Groupe U3 386
    Groupe U4 388

Graphiques de réussite 389
    Groupe R1 389
    Groupe R2 391
    Groupe R3 393
    Groupe R4 395

Graphiques de pourcentage de réussite, progressions 397
    Groupe P1 397
    Groupe P2 398
    Groupe P3 401
    Groupe P4 404

Graphiques de point de vue global et de moyennes 407
    Moyenne d'utilisation des catégories 407
    Moyennes de scores de réussite 408
    Pourcentage de réussite et tendances de progression 408
    Scores de réussite globalisés sur un même graphique 409

Les conventions pour la transcription de l'oral 415
    Orthographe 415
    Prononciation 415
    Transcription des pauses 416
    Notation des formes incomplètes, inaudibles
    ou difficile à interpréter 416
    Commentaires 416
    Repérage des locuteurs 416
    Aménagements 417

Table des annexes numériques 419

Décomposition du corpus utilisé et analyse
des accidents d'identification 419
Codage par tri 420
Codage par élève 420
Codage mot à mot 420
Graphiques d'utilisation des catégories 421
Graphiques des scores de réussite 421
Recherches ratio d'inversion de courbes 421
Utilisation de la catégorie 'Mots invariables' 421
Présence d'un regroupement 'couleurs' 421
Justifications CM1-10 421
Corpus par élèves 421
Corpus par tri 421

GRAMM-R

Études de linguistique française

La collection « GRAMM-R. études de Linguistique française » a pour but de rendre accessibles les travaux de linguistique française, en tenant compte, à la fois, des grandes théories linguistiques, de la multiplication des recherches dans des domaines connexes et de la diversification des points de vue sur le langage.

Pour rendre compte de la richesse que constitue ce foisonnement de points de vue, la collection accueillera les travaux permettant de confronter les données et les observations des recherches centrées sur le système langagier à celles des travaux explorant d'autres aires de recherche sur le fonctionnement de la langue dans des contextes spécifiques : l'aire de l'acquisition, l'aire de l'enseignement/apprentissage, l'aire de la variation diachronique, diatopique, diastratique, diaphasique, diamésique (oral/écrit, clavardage), etc.

Tous les volumes de cette collection sont publiés après double révision à l'aveugle par des pairs.

Directeur de collection : **Dan Van Raemdonck**
Professeur à l'Université libre de Bruxelles
et à la Vrije Universiteit Brussel

Comité scientifique

Dalila AYOUN, *University of Arizona*
Jacques BRÈS, *Université Paul Valéry, Montpellier III*
Bernard COMBETTES, *Université de Nancy II*
Hugues CONSTANTIN DE CHANAY, *Université Lumière-Lyon II*
Jean-Marc DEWAELE, *Birkbeck, University of London*

Ivan EVRARD (†), *Université libre de Bruxelles*
Olga GALATANU, *Université de Nantes*
Pascale HADERMANN, *Universiteit Gent*
Bernard HARMEGNIES, *Université de Mons*
Eva HAVU, *Université d'Helsinki*
Georges KLEIBER, *Université Marc Bloch, Strasbourg*
Jean-René KLEIN, *Université catholique de Louvain*
Dominique LAGORGETTE, *Université de Savoie, Chambéry*
Pierre LARRIVÉE, *Aston University*
Danielle LEEMAN, *Université de Paris X-Nanterre*
Mary-Annick MOREL, *Université de Paris III-Sorbonne Nouvelle*
Florence MYLES, *University of Newcastle*
Henning NØLKE, *Université d'Aarhus*
Marie-Anne PAVEAU, *Université de Paris XIII*
Michel PIERRARD, *Vrije Universiteit Brussel*
Laura PINO SERRANO, *Universidade de Santiago de Compostela*
Katja PLOOG, *Université de Franche-Comté à Besançon*
Audrey ROIG, *Université de Paris V-Descartes*
Laurence ROSIER, *Université libre de Bruxelles*
Gilles SIOUFFI, *Université de Paris IV-Sorbonne*
Marc WILMET, *Université libre de Bruxelles*

Ouvrages parus

N° 43 – Dan Van Raemdonck et Lionel Meinertzhagen, *Le sens grammatical II. Pour une progression curriculaire de l'enseignement de la grammaire française à l'école*, 2018.

N° 42 – Agnès Leroux, *La construction linguistique de la durée en anglais et en français*, 2018.

N° 41 – Rémi Digonnet (dir.), *Inhabiting Language, Constructing Language/ Habiter la langue, construire la langue*, 2017.

N° 40 – Paula Prescod (dir.), *Approches plurielles du nom sans déterminant. Distributions, interprétations, fonctions*, 2017.

N° 39 – Fumitake Ashino, Jean-Jacques Franckel et Denis Paillard, *Prépositions et rection verbale. Étude des prépositions avec, contre, en, par, parmi, pour*, 2017.

N° 38 – Caroline Lachet, Luis Meneses-Lerín et Audrey Roig (dir.), *Les Contraintes linguistiques*, 2017.

N° 37 – Maryvonne Holzem et Jacques Labiche (dir.), *Dessillement numérique. Énaction, interprétation, connaissances*, 2017.

N° 36 – Henry Tyne, Mireille Bilger, Paul Cappeau et Emmanuelle Guerin (dir.), *La variation en question(s). Hommages à Françoise Gadet*, 2017.

N° 35 – Pascale Hadermann, Alex Housen et Dan Van Raemdonck (dir.), *ComplexitéS*, 2016.

N° 34 – Sophie Babault, Margaret Bento et Valérie Spaëth (dir.), *Tensions en didactique des langues. Entre enjeu global et enjeux locaux*, 2017.

N° 33 – Olga Galatanu, Ana-Maria Cozma et Abdelhadi Bellachhab (dir.), *Représentations du sens linguistique. Les interfaces de la complexité*, 2016.

N° 32 – Olga Galatanu, Abdelhadi Bellachhab et Ana-Maria Cozma (dir.), *Sens et signification dans les espaces francophones. La (re-)construction discursive des significations*, 2016.

N° 31 – Jean-Claude Anscombre, Bernard Darbord, Alexandra Oddo et César García de Lucas (dir.), *La phrase autonome. Théorie et manifestations*, 2016.

N° 30 – Antoine Gautier, Eva Havu & Dan Van Raemdonck (dir.), *DéterminationS*, 2016.

N° 29 – Katarzyna Janic, *L'antipassif dans les langues accusatives*, 2016.

N° 28 – Abdelhadi Bellachhab, Olga Galatanu et Rana Kandeel (dir.), *Discours et communication didactiques en FLE*, 2015.

N° 27 – Cécile Barbet (dir.), *Linguistique et stylistique des figures*, 2014.

N° 26 – Eva Havu, Michel Pierrard, *Les co-prédicats adjectivants. Propriétés et fonction des adjectifs et des participes adjoints*, 2014.

N° 25 – Marc Debono (dir.), *Corpus numériques, langues et sens. Enjeux épistémologiques et politiques*, 2014.

N° 24 – Ana-Maria Cozma, Abdelhadi Bellachhab et Marion Pescheux (dir.), *Du sens à la signification, de la signification aux sens. Mélanges offerts à Olga Galatanu*, 2014.

N° 23 – Teresa Ribas, Xavier Fontich et Oriol Guasch (eds.), *Grammar at School. Research on Metalinguistic Activity in Language Education*, 2015.

N° 22 – Antoine Gautier, Laura Pino Serrano, Carlos Valcárcel Riveiro et Dan Van Raemdonck (dir.), *ComplémentationS*, 2014.

N° 21 – Mathieu Avanzi, Virginie Conti, Gilles Corminboeuf, Frédéric Gachet, Laure Anne Johnsen et Pascal Montchaud (dir.), *Enseignement du français : les apports de la recherche en linguistique. Réflexions en l'honneur de Marie-José Béguelin*, 2014.

N° 20 – Marie-Noëlle Roubaud et Jean-Pierre Sautot (dir.), *Le verbe en friche. Approches linguistiques et didactiques*, 2014.

N° 19 – Olga Galatanu, Ana-Maria Cozma et Virginie Renard (dir.), *Sens et signification dans les espaces francophones. La construction discursive du concept de francophonie*, 2013.

N° 18 – Aboubakar Ouattara (dir.), *Les fonctions grammaticales. Histoire, théories, pratiques*, 2013.

N° 17 – Jacques Francois, Pierre Larrivée, Dominique Legallois et Franck Neveu (dir.), *La linguistique de la contradiction*, 2013.

N° 16 – Pascale Hadermann, Michel Pierrard, Audrey Roig et Dan Van Raemdonck (dir.), *Ellipse & fragment. Morceaux choisis*, 2013.

N° 15 – Véronique Delvaux, *Les voyelles nasales du français. Aérodynamique, articulation, acoustique et perception*, 2012.

N° 14 – Jacques Bres, Aleksandra Nowakowska, Jean-Marc Sarale et Sophie Sarrazin (dir.), *Dialogisme : langue, discours*, 2012.

N° 13 – Mathieu Avanzi, *L'interface prosodie/syntaxe en français. Dislocations, incises et asyndètes*, 2012.

N° 12 – Abdelhadi Bellachhab et Virginie Marie (dir.), *Sens et représentation en conflit*, 2012.

N° 11 – Abdelhadi Bellachhab, *Représentation sémantico-conceptuelle et réalisation linguistique. L'excuse en classe de FLE au Maroc*, 2012.

N° 10 – Dan Van Raemdonck, avec Marie Detaille et Lionel Meinertzhagen, *Le sens grammatical. Référentiel à l'usage des enseignants*, 2011 (2e edition 2015).

N° 9 – Catherine Bolly, *Phraséologie et collocations. Approche sur corpus en français L1 et L2*, 2011.

N° 8 – Audrey Roig, *Le traitement de l'article en français depuis 1980*, 2011.

N° 7 – Joelle Aden, Trevor Grimshaw & Hermine Penz (dir./eds.), *Enseigner les langues-cultures à l'ère de la complexité. Approches interdisciplinaires pour un monde en reliance / Teaching Language and Culture in an Era of Complexity. Interdisciplinarity Approaches for an Interrelated World*, 2010.

N° 6 – Lucile Cadet, Jan Goes et Jean-Marc Mangiante (dir.), *Langue et intégration. Dimensions institutionnelle, socio-professionnelle et universitaire*, 2010.

N° 5 – Marie-Ève Damar, *Pour une linguistique applicable. L'exemple du subjonctif en FLE*, 2009.

N° 4 – Olga Galatanu, Michel Pierrard, Dan Van Raemdonck, Marie-Ève Damar, Nancy Kemps et Ellen Schoonheere (dir.), *Enseigner les structures langagières en FLE*, 2010.

N° 3 – Olga Galatanu, Michel Pierrard et Dan Van Raemdonck (dir.), avec la collaboration d'Abdelhadi Bellachhab et de Virginie Marie, *Construction du sens et acquisition de la signification linguistique dans l'interaction*, 2009.

N° 2 – Dan Van Raemdonck (dir.) avec la collaboration de Katja Ploog, *Modèles syntaxiques. La syntaxe à l'aube du XXIe siècle*, 2008.

N° 1 – Pierre Larrivée, *Une histoire du sens. Panorama de la sémantique linguistique depuis Bréal*, 2008.

www.peterlang.com

www.ingramcontent.com/pod-product-compliance
Lightning Source LLC
LaVergne TN
LVHW020417070526
838199LV00055B/3643